跨国公司与国际直接投资

周 燕 编著

南开大学出版社

天 津

图书在版编目(CIP)数据

跨国公司与国际直接投资 / 周燕编著. —天津：
南开大学出版社，2023.5
ISBN 978-7-310-06260-7

Ⅰ.①跨… Ⅱ.①周… Ⅲ.①跨国公司—国际直接投
资—教材 Ⅳ.①F276.7②F831.6

中国版本图书馆 CIP 数据核字(2021)第 275531 号

跨国公司与国际直接投资
KUAGUO GONGSI YU GUOJI ZHIJIE TOUZI

南开大学出版社出版发行
出版人：陈　敬
地址：天津市南开区卫津路 94 号　　邮政编码：300071
营销部电话：(022)23508339　营销部传真：(022)23508542
https://nkup.nankai.edu.cn

天津创先河普业印刷有限公司印刷　全国各地新华书店经销
2023 年 5 月第 1 版　　2023 年 5 月第 1 次印刷
240×170 毫米　16 开本　21 印张　342 千字
定价：75.00 元

如遇图书印装质量问题，请与本社营销部联系调换，电话：(022)23508339

前　言

　　自 2012 年春季学期起，我承担了为所在南开大学国际经济贸易系本科三年级同学开设"国际投资与跨国公司"课程的任务。根据院系教学大纲和系里课程安排，该课程实际内容为跨国公司的国际直接投资活动及其影响分析。十年来的授课内容最终积累为本书，而我首次授课在黑板上写下的"跨国公司与国际直接投资"也被定为书名。

　　授课之初是忐忑的，但很快被同学们的学习热情所感动。在课后骑单车从经济学院前往第二食堂吃午饭的路上，我仍会面对一边骑车同行一边问问题的同学。一些迄今仍记得的问题包括"如果没有反垄断法制约束，那么跨国公司的扩张边界会到哪里？""苹果公司为什么采用代工？""未来的技术进步会从根本上改变当前跨国公司的形态么？"，等等。面对骑行吃午饭路上仍认真探讨问题的同学除了感到鼓舞也倍觉压力，因当时我是讲授这门新课的新老师，同时也是到南开园才学会骑车的新手。

　　后来我的单车技术提高会更快些。2014 年，我同家人骑山地车从西安出发翻越秦岭分水岭回陕南老家。骑行攀升中的痛苦和成就感如影随形，但越过分水岭之后，单车在秦岭夜色苍茫和凉爽微风中沿寂静的旧日国道盘旋而下的过程只有爽朗，伴随头灯的微光与林海树影不断交错，间杂一点风声、车轮摩擦声，感觉像披了星光的苍鹰在山间吟啸穿梭。然而面对"国际投资与跨国公司"的同学们，却始终感觉在爬坡路上无法达到分水岭。随着两轮授课之后，该课程调整成为本系必修课。课堂继续生动活泼，同学们仍然勤学好问，成就感增加不少，授课压力则进一步加大。

　　一方面，近年来国际直接投资和跨国公司的变化日新月异，其深层次原因多样而庞杂。首先，全球直接投资增长迅猛同时也波动剧烈。2001 年全球国际直接投资还不足 8 千亿美元，到 2007 年快速升至近 2 万亿美元；之后经济金融危机下探至 1.2 万亿美元低点，至 2015 年再次回到 2 万亿美元，却再次下跌至 2019 年的 1.5 万亿美元——此时尚未受到新冠肺炎疫情冲击。疫情来袭后投资总额再急跌至 1 万亿美元低点，已低于 2007 年经济金融危机冲击后的水平。这样的波动幅度远非其他宏观经济变量如全球

GDP 总量或贸易总量可比。

其次，跨国公司直接投资方式在延续传统合资或独资等方式的同时，外包代工、战略合作、可变利益实体等各种方式与手段不断创新，仅用传统理论或分析框架来解释跨国公司及其投资行为很难全面深刻地理解上述现象，而上述现象也不仅仅属于国际经济学领域所研究的问题，与产业组织、契约理论、国际商务甚至企业管理等各种不同学科交叉相关。

期间，发展中经济体和新兴经济体在国际直接投资舞台中的地位迅速上升。1975 年发展中经济体和转型经济体吸引国际投资仅为 36%，对外投资仅占 0.5%；而至 2018 年上述数字分别达到 49% 和 45%。中国成为国家直接投资的重要参与者，吸引外资在入世前后始终稳健增长，而对外直接投资则在 2014 年以后快速发展。2020 年中国超越美国成为全世界第 1 大对外投资国。中国已成为国际直接投资中的主角。

并且，跨国公司的组织架构体系也在不断创新——典型的跨国公司"三明治"避税模式已使跨国公司的国籍属性逐渐变得模糊甚至成为真正的"全球公司"，为跨国公司的属地管理带来重大挑战并成为各国政府的难题。然而，在关税与贸易总协定（GATT）已成熟运行半个世纪、世界贸易组织（WTO）成立已 25 年之际，全球却始终未能对国际直接投资协调达成具有约束力的多边框架，反而见证了各国对国际投资并购审查愈加严格，对吸引外资的限制措施不减反增。随着当前互联网信息与人工智能技术快速进步、工业 4.0 带来新的技术竞争、新贸易保护主义趋向抬头、各国不同文化和文明冲突与交叠，未来跨国公司活动和国际直接投资必会出现新的现象与特征，而对跨国公司活动和国际直接投资的监管也必将见证新的历史性挑战。

上述种种现象，既涉及跨国公司直接投资动因的变化和模式调整，同时也与经济全球化和垂直产业链分工深化的进程密切相关。作为一门需要理解国际投资和跨国公司现象及变化并学会分析上述现象背后深层次原因的课程，上述国际投资和跨国公司实践出现的新特征、新趋势及新的理解，都应当成为该课程的教学内容并写入该课程的教材。

另一方面，教学中仅对上述新现象进行概述性介绍或分析是远远不够的。随着数理模型和实证分析在经济学教学与研究中得到越来越广泛的应用，本科教学的课堂也需要与时俱进，采纳吸收研究中的新范式、新方法、新进展。但这对《跨国公司与国际直接投资》课程而言仍是个难题。

一则，跨国公司理论在早期属于对传统新古典经济学的突破，在当代则演进于国际贸易理论或产业组织理论，同时涉及到大量从国际商务视角的分析，各项研究分析框架并不统一，切入点各自相异，不在同一个严密的逻辑分析框架体系内。二则已有主要教材包括学院选定教材仍偏重于早期理论介绍和文字性概述。因此在 2012 年前后，虽然该领域的研究者和教学前辈已开始高水平跟踪跟进国内外最前沿研究，但长期坚持的历史视角和本科教学课堂的审慎使得研究界日新月异的新进展尚未能系统性进入已有教材。这为教学中的与时俱进带来不小的挑战。

为了上述难题的解决，同时也为了响应南开大学"讲练结合"的指导思想，在教学方法上，我采取了小组学习研讨和科研式教学相结合的方式。在教材和参考书目方面，以学院原定教学大纲指定教材为基础，在各章节教学中适当参考国内外较为成熟和前沿的研究成果并呈现在课堂中。在教学内容上，课程以早期跨国公司理论为起点，以时间为线索对研究理论的进展进行了系统性梳理的同时，同时增补部分最新前沿研究作为教学内容，包括水平型与垂直型直接投资的理论与实证分析、企业异质性对跨国公司直接投资活动的影响、倾向评分匹配方法对跨国公司自我选择效应与跨国经营提升效应的甄别、跨国公司股权结构对技术溢出效应的影响等等国内外前沿研究内容。期望保留课程作为社会科学课程的鲜明历史性，同时通过对新理论、新方法、新研究的讲授，为同学们的进一步深造学习奠定学术素养基础。在课后作业上，授课过程根据同学们《计量经济学》的学习进展，逐步在课堂讲授中加入实证分析，并布置了复制文献实证分析的挑战性小组作业，学习小组必须进行充分的协作与研讨，通过文献钻研、数据搜集与整理、实证分析的完整实践过程才得以完成。这样的教学实践获得较好的效果，该课程入围 2017 年南开大学"魅力课堂"决选并获奖，同学们的理论和实证分析能力也在这样的教学实践中得到较为明显的提升。

但该教学方式也带来一定的新问题。最大的挑战在于增补内容和文献没有以系统化教材的形式出现，且同原定大纲和选定教材偏离越来越远。求知欲强烈的同学会对文献逐句探讨甚至主动进行数学推导；而同时有一部分同学则觉得无所适从无法跟上。无论哪一种都大幅度增加了同学们的问题。2017 年春季学期，我答复同学们问题的往邮件达到两百封。于是在 2018 年，我下决心启动了本教材的编写，以克服教学内容偏离大纲和教材过多带来的问题。可以说本书的写作首先是被勤学好问的同学们推进的。感谢优秀而真诚的同学们——数年来课堂和作业中反复探讨过的一些"超纲"问题最终进入了本教材的正文内容，或者留作了课后思考题。

然而写作的困难也超过我的预期。体系化的编写艰巨而困难，从选定文献和知识点，到课程讲授，再到系统化为教材，每一步跨越都是纠结的过程。针对教学实践中的困难和经验总结，在教材写作中注意了以下四点。

第一，在理论分析中注意"知其然，知其所以然"。早期跨国公司理论虽然是文字叙述，但是教材写作中注重还原研究者在当时面对的研究素材、复刻研究者当时的研究思路和逻辑历程，而不是对研究结论进行简单归纳介绍。在对当代水平型和垂直型投资动机、异质性企业背景下的国际投资动因等理论及实证分析的介绍中，则特别强调从早期理论到当代理论的逻辑过渡和前后呼应，使得各类理论及研究在逻辑上浑然一体而不仅仅是堆砌性并列，令同学们和读者能真正理解所分析现象背后的原因，并清晰把握各项研究的发展脉络。

第二，注意突出实证研究进展在教学内容中的应用。当前计量经济学基础知识已成为经济学专业同学们的必修课，一般安排在本科二年级或者三年级上学期。而本课程十年来的实际教学内容也已涵盖大量实证分析文献，因此这部分教学内容也都体现在本教材的编写中，并尽量使这部分内容在教材中由浅入深、循序渐进。书中的实证分析内容最早可追溯至二十世纪六七十年代对产品生命周期理论的验证，最新则仍然是十年内利用专利引用数据对产品生命周期理论的拓展研究—理论之树常青，而研究视角和研究工具则日新月异。

第三，辅以详实的数据、图形和专栏。考虑到简化学习过程并调动读者热爱学习的需要，教材整理了大量详实图表并在每章设立了专栏。全文102张表格，45张图例。图表中的数据从十九世纪末期跨越全2020年。这样便于读者了解跨国公司和国际直接投资的全貌，同时也便于读者减少额外数据查找工作。每章穿插的专栏篇幅不长，可以作为"番外"阅读。它或介绍一个指数，或讲述一本书，或回忆一段历史，甚至是关于日常消费中的饼干。希望在保有教材学术性和严肃性的同时增加阅读的趣味性。

第四，强调中国经济实践发展并设立专章。中国在经济增长、吸引外资和对外投资方面取得举世瞩目的绩效，这不仅是令人引以为豪的数字或者位次，同时是学术研究的重点议题。本书在各章中都会穿插强调中国相关经济实践的发展，并在第十章中专章阐述跨国公司与中国经济发展，期望能有助于达到"知世界服务中国"的教学目的。

本教材的写作获得南开大学教务处和南开大学经济学院资助。但实际编写中的拖延与惰性仍然时常成为拦路石。三年来的疫情带来诸多不便，也对工作效率有所影响。偶尔，我会在经济学院的小树林散步放松一下，或者在居家办公中想象这个散步的过程。在有限的面积里，南开大学经济学院并没有跟进现代审美或气势磅礴的建筑群，而是保持着原貌建筑和这两片小树林。从经济学院主楼走向学院图书馆约五十米的距离铺满了高低不平的旧砖，但却在四季分明中总带来惊喜。春天海棠花开繁盛，像极了青春学子的朝气与笑容；而白蜡则在深秋钩织起一片同样繁密的金色，高大寂静处需抬头仰望，低头时脚下仍是同一片金黄，令人联想起学院深厚的学术积淀。"允公允能、日新月异"的校训，学院浓厚的学术氛围，佟家栋教授、周申教授、胡昭玲教授等各位前辈师长和同事们的鼓励与帮助、南开大学出版社的支持和张维夏编辑的辛苦工作共同激励和推动了本教材的完成。感谢各位老师。

我指导的硕士研究生们参与了部分文献翻译、数据搜集、图表制作工作，为本书终稿的顺利完成提供了帮助。感谢廖晨旸、孙冬韵、宋雪莹、杨晨、牛一雯、超博、王云端和范高科等各位同学。初稿撰写至最终定稿均由本人完成，文责由本人承担。限于水平和精力疏漏错误难免，敬请各位老师和读者联系我指正。

参考文献列出的各项研究为本课程教学和教材编写奠定了坚实的基础，同时还有很多带来有益启发的研究未能写入本书内容。感谢各位研究者，惟愿本书的出版能为本学科教学研究工作发展增添一份力量。

感谢亲友们对我的关心和支持。特别感谢路鹏博士——他既是我先生又是我好友。在那段秦岭穿越中，上山期间他不断为我加油，下山夜行期间把唯一的头灯给我使用，他则在黑夜中的下山盘旋中依靠一点星光在我前面为我开路。星光指引了他，他和星光一起指引了我，带给我力量。

最后感谢每一位翻开此书的老师、同学和读者们——你们是我完成此书的最终寄托。我在教学过程中使用的教学素材或许有助于本教材的使用，采用本书授课的老师如有需要，欢迎与南开大学出版社或我本人联系*。

周　燕

2022 年 10 月 31 日

于南开园

---

　*　联系地址：300071，天津市卫津路 94 号南开大学经济学院国际经济贸易系；工作邮箱：zhouyan@nankai.edu.cn。

目 录

第一章 导论……………………………………………………………………1
  第一节 跨国公司概述……………………………………………………1
  第二节 国际直接投资概述………………………………………………16
  第三节 发展中国家的跨国公司及其直接投资活动……………………23
  第四节 跨国公司及其国际直接投资活动的重要意义…………………27

第二章 跨国公司活动的性质和历史演进………………………………35
  第一节 企业的性质和发展………………………………………………35
  第二节 国际直接投资的发展历程………………………………………46

第三章 早期跨国公司理论………………………………………………57
  第一节 垄断优势理论……………………………………………………57
  第二节 产品生命周期理论………………………………………………68
  第三节 内部化理论………………………………………………………77

第四章 国际生产折衷理论………………………………………………90
  第一节 国际生产折衷理论的提出………………………………………90
  第二节 国际生产折衷理论的主要内容…………………………………92
  第三节 投资发展路径理论和发展中国家对外直接投资………………102

第五章 水平型国际直接投资……………………………………………112
  第一节 水平型国际直接投资概述………………………………………112
  第二节 水平型直接投资的基本理论……………………………………115
  第三节 企业异质性背景下的国际直接投资和贸易均衡………………128
  第四节 水平型国际直接投资的实证分析………………………………136

第六章 垂直型国际直接投资……………………………………………147
  第一节 垂直型国际直接投资概述………………………………………147
  第二节 垂直型国际直接投资的基本理论………………………………153

第三节　垂直型国际直接投资的实证分析 …………………………… 167

第七章　跨国公司的国际市场进入策略 …………………………… 180
　　第一节　跨国公司的国际市场进入策略 …………………………… 180
　　第二节　跨国并购 …………………………………………………… 194

第八章　跨国公司活动的母国影响 ………………………………… 210
　　第一节　跨国公司生产率优势的来源与甄别 …………………… 210
　　第二节　国外直接投资的就业影响 ……………………………… 220

第九章　跨国公司活动的东道国影响 ……………………………… 232
　　第一节　国际直接投资活动对东道国的影响概述 ……………… 232
　　第二节　国际直接投资对东道国经济的影响分析 ……………… 237
　　第三节　国际直接投资和东道国经济发展 ……………………… 257

第十章　国际直接投资与中国经济发展 …………………………… 264
　　第一节　中国吸引外资的概况和特征 …………………………… 264
　　第二节　中国吸引外资的经济影响 ……………………………… 275
　　第三节　中国对外直接投资和中国跨国公司的发展 …………… 286

主要参考文献 ………………………………………………………… 313

表目录

表 1-1　全球大型跨国公司的海外资产和占比情况（2019）⋯⋯⋯ 5

表 1-2　跨国公司的生产经营效率（1997）⋯⋯⋯⋯⋯⋯⋯ 6

表 1-3　跨国公司的生产率优势⋯⋯⋯⋯⋯⋯⋯⋯⋯⋯⋯⋯⋯ 7

表 1-4　全球主要跨国公司的研发经费支出（2018）⋯⋯⋯⋯⋯ 8

表 1-5　全球主要跨国公司拥有的专利数（2020）⋯⋯⋯⋯⋯⋯ 9

表 1-6　美国道琼斯指数主要上市公司市值及成立年份⋯⋯⋯ 10

表 1-7　全球十大跨国公司及跨国经营指数⋯⋯⋯⋯⋯⋯⋯⋯ 11

表 1-8　世界主要国际直接投资流出国家和地区⋯⋯⋯⋯⋯⋯ 20

表 1-9　世界主要国际直接投资流入国家和地区⋯⋯⋯⋯⋯⋯ 21

表 1-10　世界国际直接投资的主要行业分布⋯⋯⋯⋯⋯⋯⋯⋯ 22

表 1-11　发展中国家的跨国公司⋯⋯⋯⋯⋯⋯⋯⋯⋯⋯⋯⋯⋯ 26

表 1-12　跨国公司在部分发达经济体企业就业和营收中的份额⋯⋯ 27

表 1-13　全球十大金融类跨国公司（2007）⋯⋯⋯⋯⋯⋯⋯⋯ 29

表 2-1　距离的消失⋯⋯⋯⋯⋯⋯⋯⋯⋯⋯⋯⋯⋯⋯⋯⋯⋯⋯ 39

表 2-2　美国 19 世纪至 20 世纪初期的经济增长⋯⋯⋯⋯⋯⋯ 41

表 2-3　19 世纪美国吸收国际投资情况⋯⋯⋯⋯⋯⋯⋯⋯⋯ 48

表 2-4　美国对外直接投资累计额的地区和行业分布（1914）⋯ 49

表 2-5　两次世界大战前后的国际投资格局变化⋯⋯⋯⋯⋯⋯ 50

表 2-6　第二次世界大战后的国际直接投资流入和流出⋯⋯⋯ 52

表 2-7　世界各地区跨国并购（1995—2000）⋯⋯⋯⋯⋯⋯⋯ 53

表 3-1　美国部分年份的国际投资（1914—1956）⋯⋯⋯⋯⋯ 59

表 3-2　美国对外投资区域的变化（1929—1956）⋯⋯⋯⋯⋯ 59

表 3-3　美国对外直接投资的资产、股权和负债情况（1950）⋯ 60

表 3-4　美国各行业跨国公司的海外资产情况（1950）⋯⋯⋯ 61

表 3-5　美孚石油公司的资产负债分布情况（1950）⋯⋯⋯⋯ 61

表 3-6　美国各行业对外投资企业的资产分布情况⋯⋯⋯⋯⋯ 64

表 3-7　美国各行业企业拥有的国外直接投资额⋯⋯⋯⋯⋯⋯ 64

表 3-8　美国跨国公司在加拿大的经济活动·················· 65

表 3-9　国际产品生命周期中的贸易及投资模式················· 72

表 3-10　产品生命周期理论的实证研究·················· 75

表 3-11　不同行业的产品生命周期·················· 76

表 3-12　研发密集度和资本密集度对跨国经营的作用········· 81

表 3-13　跨国经营各项指标的行业差异·················· 82

表 3-14　各种影响因素带来的进入成本·················· 84

表 4-1　OLI 优势和国际市场进入模式·················· 98

表 4-2　OLI 优势和不同投资动机·················· 99

表 4-3　日本吸引美国直接投资和对美直接投资的发展趋势········· 107

表 4-4　中国并购市场概况（2013）·················· 109

表 4-5　中国并购市场十大案例（2013）·················· 110

表 5-1　跨国并购类型占比（1987—1999）·················· 115

表 5-2　两类公司的成本与市场份额·················· 123

表 5-3　不同行业的公司规模经济和工厂规模经济·················· 127

表 5-4　贸易理论的拓展·················· 128

表 5-5　集中—接近权衡分析：出口·················· 140

表 5-6　集中—接近权衡分析：跨国公司销售·················· 141

表 5-7　异质性企业、行业离散度与投资—出口权衡········· 143

表 6-1　美国跨国公司的内部贸易占总贸易比·················· 150

表 6-2　制成品平均关税的降低·················· 151

表 6-3　国际直接投资的决定因素：理论预测·················· 168

表 6-4　美国各行业对外直接投资中的垂直化程度衡量········· 170

表 6-5　集中—接近权衡分析：行业总销售额·················· 175

表 6-6　集中—接近权衡分析：当地销售和出口返销········· 177

表 6-7　国际直接投资影响因素的实证分析·················· 179

表 7-1　美国知识产权及许可收支（2009）·················· 185

表 7-2　苹果公司的委托制造商·················· 186

表 7-3　合资企业的行业分布·················· 188

表 7-4　跨国公司的扩张策略比较·················· 191

表 7-5　联合国贸易和发展会议关于跨国并购的分类········· 195

表 7-6　跨国并购的构成·················· 196

表 7-7　历次并购浪潮和动因·················· 199

表 7-8　全球十大股票互换跨国并购（1999）·················· 200

表 7-9　　并购动因总结：管理视角 ……………………………………… 202

表 7-10　全球重要国际并购（1997—2002）………………………………… 203

表 7-11　部分新兴市场与美国市场的相关性 ……………………………… 204

表 7-12　中国并购市场十大案例（2014）………………………………… 208

表 8-1　　英国跨国公司工厂和国内工厂的特征比较 ……………………… 211

表 8-2　　跨国公司与本土企业在全要素生产率方面的差异 ……………… 212

表 8-3　　对外直接投资的可能性评估 …………………………………… 216

表 8-4　　对外直接投资企业的对照组匹配 ……………………………… 217

表 8-5　　海外投资对全要素而生产率增长的影响 ……………………… 218

表 8-6　　对外投资的绩效提升效应：GMM 分析 ……………………… 218

表 8-7　　对外投资和出口的关系 ………………………………………… 221

表 8-8　　美国海外子公司就业同母国就业（1982—1999）…………… 224

表 8-9　　美国对外投资的母国就业影响 ………………………………… 224

表 8-10　美国跨国公司的内部贸易 ……………………………………… 229

表 8-11　对外直接投资和母国就业结构的实证分析 …………………… 230

表 8-12　日本制造业跨国公司的离岸生产和技能升级 ………………… 230

表 9-1　　跨国公司及其国际直接投资活动对东道国经济的重要性 …… 233

表 9-2　　跨国公司的就业效应 …………………………………………… 235

表 9-3　　部分发展中国家出口中的外资份额 …………………………… 236

表 9-4　　国际直接投资占国内资本形成比重 …………………………… 239

表 9-5　　发展中国家的两缺口与外资流入（1966）…………………… 239

表 9-6　　英国国际直接投资企业和本土企业的生产率比较 …………… 241

表 9-7　　跨国公司子公司和墨西哥本土企业的生产率差异（1970）… 241

表 9-8　　部分东亚东道国中跨国公司与本土企业的生产率差异 ……… 242

表 9-9　　跨国公司和本地公司的人均工业增加值差异 ………………… 243

表 9-10　跨国公司的技术溢出效应总结：方法与结果 ………………… 248

表 9-11　跨国公司子公司股权结构与东道国技术溢出 ………………… 250

表 9-12　跨国公司支付的薪酬溢价水平 ………………………………… 252

表 9-13　劳动力需求调整：本地企业与跨国公司的比较 ……………… 255

表 9-14　跨国公司在不同类型东道国的劳动力需求估计 ……………… 257

表 10-1　中国各年度国际直接投资金额（1983—2020）……………… 267

表 10-2　中国近年来各行业国际直接投资企业数 ……………………… 272

表 10-3　部分发展中经济体的外资流入占 GDP 比重 ………………… 273

表 10-4　中国制造业出口百强企业（2015）…………………………… 279

表 10-5　国际直接投资是否带来技术溢出：来自中国的实证证据·········281
表 10-6　国际直接投资和中国私营企业的工资差距····················284
表 10-7　国际直接投资对中国内资企业的工资压力····················284
表 10-8　中国对外直接投资及在世界位次··························290
表 10-9　中国对外投资行业分布（2018—2020）··················291
表 10-10　中国跨国公司前二十位（2015—2019）·················292
表 10-11　浙江省对外投资企业和国内企业的生产率差异·················294

图目录

图 1-1　通用电气经营领域图（2015）…………………………6

图 1-2　世界 GDP、出口及国际直接投资趋势（1970—2020）…………19

图 1-3　全球跨境并购总金额（1987—2009）…………22

图 1-4　跨国公司的全球控制网络（2007）…………28

图 2-1　"U" 形公司结构…………40

图 2-2　"M" 形公司结构…………43

图 2-3　各部门的国际直接投资存量变化…………54

图 2-4　全球国际直接投资流动趋势（2007—2020）…………55

图 3-1　利差和国际资本流动…………58

图 3-2　利率和美国对外直接投资（2012）…………66

图 3-3　国际产品生命周期…………71

图 3-4　产品生命周期和研发密度…………76

图 3-5　内部化理论中的市场规模与跨国公司进入战略选择…………85

图 3-6　内部化理论中的市场风险与跨国公司进入战略选择…………85

图 3-7　美国电气设备行业净出口和对外投资…………89

图 4-1　对外投资路径示意图…………106

图 5-1　水平型国际直接投资…………113

图 5-2　通用的海外子公司和分支机构分布…………114

图 5-3　贸易—投资替代…………117

图 5-4　埃奇沃斯框架中的贸易—投资替代模型…………118

图 5-5　异质性企业的出口自我选择…………130

图 5-6　异质性企业和国内生产、出口、国际直接投资…………133

图 5-7　异质性企业的分布…………133

图 5-8　不同行业的企业异质性…………143

图 6-1　垂直型国际直接投资…………148

图 6-2　波音 787 的全球生产链…………150

图 6-3　两部门生产均衡…………155

图 6-4　世界一般均衡中的跨国公司 ……………………………… 156

图 6-5　不同贸易成本下的垂直化分工模式 …………………… 159

图 6-6　两国不同模式下的增加值和贸易 ……………………… 163

图 6-7　东道国要素禀赋、行业要素密集度和美国对外投资模式 ……… 174

图 7-1　全球生产价值链：四个不同的可能案例 ……………… 182

图 7-2　VIE 结构示例 ……………………………………………… 191

图 7-3　联想收购 IBM 个人电脑业务的交易结构 ……………… 205

图 8-1　跨国公司、转换公司和本土企业的生产率轨迹 ……… 214

图 8-2　意大利三类企业的生产率轨迹（1993—1998） ……… 216

图 9-1　跨国公司的溢出效应和竞争效应 ……………………… 246

图 10-1　中国实际利用外资额变动趋势（1983—2020） …… 268

图 10-2　中国吸引国际直接投资的行业比重 ………………… 271

图 10-3　中国外资流入占国内产出和资本形成的比重 ……… 276

图 10-4　中国外资企业出口比例（1990—2004） …………… 277

图 10-5　中国各行业外资企业出口比例（2007） …………… 278

图 10-6　中国外资企业的城镇就业人数（2000—2020） …… 282

图 10-7　外资在中国经济中的作用（1999） ………………… 285

图 10-8　中国对外直接投资发展（1980—2020） …………… 288

第一章　导论

当今经济全球化和世界经济一体化的最重要特征之一是跨国公司及其国际直接投资活动在各国和世界经济活动中具有重要地位，影响着人们经济生活中生产和消费的方方面面，并深远影响了长期的技术进步和人们的生活方式，甚至通过影响各国之间的对外经济政治关系来改变了世界格局。本章对跨国公司的概念进行简要界定，并对其特征及其国际直接投资活动进行简要阐述。

第一节　跨国公司概述

一、跨国公司的定义与特征

1. 跨国公司的概念

跨国公司或跨国企业（Multinational Corporation，MNC；Multinational Enterprise，MNE）通常指从事国际直接投资活动，并至少在两个或更多国家以某种方式拥有或控制生产经营活动的企业。该定义在目前该领域学术研究中被广泛认可（邓宁等，2008）[1]，包括经济合作发展组织（OECD）、联合国跨国公司中心（UNCTC）、联合国贸易和发展会议（UNCTAD）等国际组织也均采用该定义来界定跨国公司。在很多不同的文献中，跨国公司也同时被称为全球公司、国际企业[2]。

---

[1] John H Dunning, Sarianna M Lundan. 2008. Multinational Enterprises and the Global Economy (Second Edition), Edward Elgar Publishing, Inc, Page3.

[2] 准确来说，跨国公司的英文定义是 Transnational Corporation（TNC），而 Multinational Corporation（MNC）应该翻译为多国公司。但长期约定成俗的表达中，中文一般使用跨国公司，英文使用 MNC 或者 MNE。除此之外，还有其他一些不常见的称呼也指代跨国公司，例如国际公司（International Corporation）、全球公司（Global Corporation）、宇宙公司（Cosmocorp）、超国家公司（Super-national Corporation）等。

上述跨国公司的概念从直觉上较为容易理解，但是法律界和学术界也存在着其他不同的定义方法。究竟如何严格定义跨国公司仍然存在着分歧。分歧的关键在于，如何明确界定"拥有或控制多国的生产经营活动"？跨国公司经营与全球市场的方式纷繁多样且不断变化，包括出口、特许经营、国际间接投资、国际直接投资等，这为如何界定跨国公司不断带来新的难题。为澄清跨国公司的概念，国际组织和学者也为界定方式明确了不同的更具操作性的标准。联合国跨国公司中心（UNCTC）在 1983 年进一步规范了跨国公司的定义，即跨国公司需满足以下三个条件：（1）包括设在两个或两个以上国家的实体，无论其法律形式和活动领域如何；（2）由一个决策体系进行经营决策，并能通过一个或几个决策中心采取一致和共同的决策或战略；（3）各实体通过股权或其他方式形成相互联系，使其中的一个或几个实体可对其他实体施加重大影响，特别是分享知识资源和共担相应责任[①]。自此之后，该定义被研究界普遍认可。

从本质上讲，对多国尤其是外国生产经营活动是否"控制"属于公司的内部信息，对此进行甄别仍然存在一定的困难，外部观察者仅能从可观测数据中进行推测。因此研究者和国际组织往往从操作性角度出发，从直接投资的角度界定跨国公司。比较保守的定义以跨国公司是否在国外经营实体中多数控股为标准，例如纳瓦雷迪等（Navaretti and Venerables，2004）的定义认为"跨国公司是指在国外拥有一家占股 50% 及以上的子公司的企业"[②]。因为 50% 及以上占股，无疑能对生产经营活动产生控制权。但是对于 50% 以下占股，学术界则有不同的看法。部分学者、政府和国际组织主张对外国某公司持股 25% 则可以称为跨国公司，甚至有学者和国际组织认为 10% 占股可以作为定义跨国直接投资和跨国公司的临界点。对此，经济合作与发展组织（OECD）成立了专门研究小组对国际直接投资的界定进行研究和规范，在其 2008 年发布的最新版本国际直接投资界定中，认为通常情况下拥有 10% 以上的控股比例则可被界定为直接投资[③]。邓宁（Dunning，

---

① 引自 UNCTC. 1983. REPORT ON THE SPECIAL SESSION, p29。联合国跨国公司中心（United Nations Centre on Transnational Corporation，UNCTC）属于联合国秘书处的独立机构，成立于 1974 年，旨在处理联合国与跨国公司有关的事务，同时也作为联合国跨国公司委员会的秘书处。该机构于 1992 年撤销。

② G Barba-Navaretti, A J Venables. 2004. Multinational Firms in the World Economy. Princeton University press, Chapter1, page2.

③ OECD. 2008. OECD Benchmark Definition of Foreign Direct Investment (FOURTH EDITION), Chapter3, p49.

2008）也认为 10% 是比较合适的标准[①]。本章下一节将继续对国际直接投资的概念进行详细界定。

与此同时，法律界和学术界也有根据营收占比或营收规模等指标来界定跨国公司的。根据美国《布莱克法律词典》的定义，如果一个公司在本国进行管理，并同时在国内外经营且 25% 以上收入来自本国以外业务，则该公司或集团应被视为跨国公司[②]。而哈佛大学教授弗农（Vernon，1968）等则认为跨国公司的经营规模也应该符合一定标准。他认为："跨国企业是指控制着多个在不同国家的子公司的母公司。这些公司对人力和财力资源实行统筹使用，并根据一个共同战略要领行事。公司规模至关重要，总销售额 1 亿美元以下者则不宜被认为是跨国公司"[③]。联合国贸易和发展会议（UNCTAD，1993）则认为，一般所说的跨国公司是指"营业额在 10 亿美元以上的"，即所谓"10 亿美元俱乐部"（Billion Dollar Club）[④]。

从上述各种不同定义的分歧可以看出，在不同标准下，一家公司是否可以被界定为跨国公司可能会出现不同的结论。如果采用 50% 的股权控制标准，很多对外国经营实体以少数股权进行实际控制的跨国公司会被排除在外；如果采用营收达到 10 亿美元的标准，很多小规模跨国公司将达不到标准。因此，在不同研究对于跨国公司的分析中，研究者往往会根据自身研究目的需要和不同的视角，或者根据数据的可获得性，采取和上述界定类似但不完全相同的定义标准。而随着经济实践中外包（Outsourcing）、可变利益实体（Variable Interest Entities，VIEs）等各种国际经营方式的不断创新，为跨国公司的准确界定不断带来新的难题。

跨国公司概念是随着发达经济体中大型跨国公司的出现与发展而不断被界定的，但同样也适用来自于发展中经济体的跨国公司。当前，以中国为代表的发展中新兴经济体的跨国公司及其对外直接投资活动正处于迅猛发展，中国国内对于跨国公司和国际直接投资的研究也在随之发展。国内研究也基本上沿用邓宁（1996）、联合国贸易和发展会议（UNCTAD）和经济合作与发展组织（OECD）的概念来界定和分析跨国公司（张纪康，

---

① John H Dunning and Sarianna M Lundan. 2008. Multinational Enterprises and the Global Economy (Second Edition). Edward Elgar Publishing, Inc, Page7.

②《布莱克法律大词典》（第九版）（Black's Law Dictionary），2009 年。

③ Raymond Vernon. 1968. Manager in the International Economy. The International Executive.

④ UNCTAD. 1993. World Investment Report 1993: Transnational Corporations and Integreted International Production.

1998；张小蒂等，2004；赵春明等，2009）①。

总而言之，对跨国公司概念的界定都具有以下共识：第一，经营活动涉及不同国家或地区；第二，存在一个母公司或经营控制中心对多国生产经营活动进行控制。以上两点，就足以将一个真正涉及跨国经营和管理的跨国公司，和一个同时服务于本国市场并出口外国的国内本土企业区分开来。而本书也沿用上述定义：从事国际直接投资活动，并至少在两个或更多国家以某种方式拥有或控制生产经营活动的企业可称之为跨国公司。

2. 跨国公司的普遍特征

不同的定义标准中，跨国公司的特征会存在一定差异，但仍然存在诸多方面的共同特征。从目前来看，代表性的跨国公司主要来自发达国家，因此跨国公司的特征除了属于其公司特征和行业特征的属性外，也往往与发达经济体的特征密切相关。

第一，全球化经营的公司体系。一般而言，跨国公司通常有一个完整的决策系统和最高决策中心。虽然每个子公司或分公司也存在具有一定独立性的自身决策机构，并根据其不同的特点和运作来做出决策，但其决策必须从属于最高决策制作中心。同时，跨国公司在全球范围内寻求合理的生产布局、合资或独资的子公司分布和选址、全球化的营销渠道和研发中心，以实现最大的利润。在其全球化经营布局下，跨国公司从全球各国家和地区获取收入和利润，这也是直观上"跨国公司"名称的由来。

表 1-1 展示了 2019 年全球跨国公司巨头的海外营收占比。从表中可以看出，壳牌石油的海外资产占比达到 93.5%，按照海外资产排序的前20 家大型跨国公司中，海外资产占比最低的是中国石油。其占比在表中也偏低，很多企业比如日常生活中熟悉的西门子，其海外资产占比也达到 82.3%。

而一家典型的跨国公司不仅仅是"在海外建厂销售本公司产品"这样的模式。实质上，跨国公司服务国外市场的类型多样，往往同时包括出口、建立海外渠道、独资、合资、并购等多种形式，甚至包括在国外建立研发中心。而同时，跨国公司往往包括多个生产领域，并在多个领域之间进行协同经营。图 1-1 是通用电气的全球经营组织结构图，可以发现其涉及的

---

① 张纪康. 跨国公司与国际直接投资[M]. 上海：复旦大学出版社，1998；张小蒂，王焕祥. 国际投资与跨国公司[M]. 杭州：浙江大学出版社，2004：9；赵春明. 跨国公司与国际直接投资[M]. 北京：机械工业出版社，2009.

表 1-1　全球大型跨国公司的海外资产和占比情况（2019）

公司名称	英文简称	母国	海外资产	海外资产占比
壳牌	Royal Dutch Shell	英国	376417	93.5%
丰田	Toyota Motor	日本	307538	63.4%
英国石油	BP	英国	259860	88.0%
软银	Softbank	日本	253163	73.7%
道达尔	Total	法国	249678	91.2%
大众	Volkswagen	德国	243469	44.4%
百威英博	Anheuser-Busch InBev	比利时	192138	81.0%
英美烟草	British American Tobacco	英国	184959	99.3%
戴姆勒	Daimler	德国	179506	52.8%
雪佛龙	Chevron	美国	172830	72.8%
埃克森美孚	Exxon Mobil	美国	169719	46.8%
沃达丰	Vodafone	英国	168394	91.4%
法国电力	EDF	法国	155021	45.5%
长江和记实业	CK Hutchison	中国	143367	92.2%
本田	Honda Motor	日本	143180	75.9%
意大利国家电力	Enel	意大利	135691	70.5%
西门子	Siemens	德国	134634	82.3%
中国石油	China National Petroleum	中国	133636	22.4%
德国电信	Deutsche Telekom	德国	132443	69.1%
宝马	BMW	德国	126609	49.4%

资料来源：UNCTAD，排名按照海外资产排序，资产单位为百万美元。

生产领域非常广泛而复杂。2015 年，通用电气的各领域生产涉及全球 180 多个国家和地区，是名副其实的"全球公司"。

　　当然，建立全球化经营渠道的企业，不仅只有通用电气、通用汽车这样直观上属于资本—技术密集型，或者生产大型生产设备和耐用消费品的企业。各行各业都具有大型跨国公司，也包括日常生活中的非耐用消费品、服装、体育用品等领域。

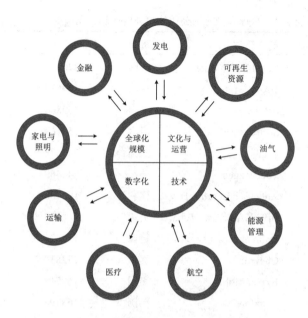

图 1-1　通用电气经营领域图（2015）

注：引自通用电气（中国）2015年年报。

　　第二，跨国公司一般具有显著的规模优势和生产率优势，并具备一定的垄断势力。如表1-2所示，无论是从雇佣规模、营收规模，还是从工业增加值来看，在这五个发达国家经营的跨国公司了公司经营指标均高了国内同行业全部企业的平均水平。从人均营收和人均工业增加值等劳动生产率指标来看，跨国公司同样具备显著优势。跨国公司正是因为存在上述优势，使得跨国公司不仅在行业内部成为领先企业，更具备将信息、技术、资金进行快速内部化转移的能力，因此使得跨国公司在世界上更具竞争力。

表 1-2　跨国公司的生产经营效率（1997）

指标	法国		德国		日本		英国		美国	
	（1）	（2）	（1）	（2）	（1）	（2）	（1）	（2）	（1）	（2）
雇员规模（人）	265.6	130.9	288.9	172.5	313.8	49.1	301.9	25.4	782.5	52.9
营业额	61.1	25.8	105.6	33.8	184.1	11.5	94.5	4.5	234.6	10.7
工业增加值	18.0	7.7	—	6.0	34.6	3.4	32.2	1.9	66.2	3.8
人均营业额	0.23	0.197	0.366	0.196	0.587	0.234	0.313	0.177	0.3	0.202
人均工业增加值	0.068	0.059	—	0.035	0.0	0.068	0.107	0.073	0.085	0.072

　　注：（1）为跨国企业，（2）为国内企业，单位除雇员规模均为百万美元。引自 G Barba-Navaretti, A J Venables. 2004. Multinational Firms in the World Economy. Princeton University Press: Chapter1, p13, Table 1-7.

　　基于新新贸易理论的异质性企业模型，当前研究对跨国公司的上述规模和技术优势进行了系统的阐述，指出只有行业内生产率最高的一批企业才能成为跨国公司，生产率仅次于跨国公司的企业成为出口企业，而生产率较低的企业则仅仅服务于国内市场。赫尔普曼（Helpman，2004）等研究分析并验证了该结论，如表 1-3 所示[①]。

表 1-3　跨国公司的生产率优势

企业类型	生产率差异
跨国公司	0.537（14.332）
出口企业	0.388（9.535）
跨国公司和出口企业比较	0.150（3.694）
样本数量	3202

注：括号为 t 值。

　　第三，跨国公司一般为各行业、各国乃至全球的技术创新领导者。由于跨国公司具有生产率优势，且具备一定的垄断势力，因此跨国公司一般具有较雄厚的经济实力建立实验室，以进行科学技术研究特别是基础创新研发活动[②]。同时，这种技术研发也是跨国公司得以维持其行业领导者和生产率优势的重要来源。可以说技术研发和生产率优势对于跨国公司而言密切相关、相辅相成。从研发活动的国别分布看，近年来发达国家仍然是全球研发活动的主要完成者。1995 年，世界上最大的七个工业化国家（G7）的研发（R&D）占了全世界研发的 84%[③]。随着中国、印度和巴西等新兴发展中经济体的研发经费逐年上升，2018 年 G7 的研发经费在全世界的占比幅度略有下降，但仍以总计 1.05 万亿的总经费占据世界总研发经费的 1/2。美国研发经费则始终位居全球各国的首位，其研发开支从 1987 年的 610 亿美元上升至 2018 年的 5730 亿美元。中国研发经费近年来快速上升，在 2018 年以 3700 亿美元位居全球第二，成为研发占国内生产总值（GDP）

---

　　① 新新贸易理论是指基于梅里茨等（Melitz，2003）等研究所提出的异质企业模型来解释国际贸易中企业差异和出口决策行为的一种理论。基于新新贸易理论，赫尔普曼等（Helpman，Meiltz & Yeaple，2004）进一步分析了企业的跨国直接投资行为，指出具有最高生产率的企业才会进行国际直接投资。参见 Helpman E, M J Melitz, et al. 2004. Export versus FDI with Heterogeneous Firms. American Economic Review: 300-316.

　　② 根据阿吉翁和霍伊特等（Agion and Howitt, 1998），创新活动可以基本分为两类：第一类是基础创新，是指通过有意识的研发投入，选择性地进行新技术研究从而以一定概率获得特定新技术的突破。第二类是次级创新，指在生产活动中由于物质资本积累引起的劳动生产率提高和技术进步（Agion, Philppe and Howitt，1998）。

　　③ G7 指美国、英国、法国、德国、日本、意大利和加拿大，数据引自凯勒（Keller,1995）。

比重超过 2% 的唯一一个发展中经济体①。

从研发活动的公司分布看，发达国家跨国公司的研发投入占比基本保持在其总销售额 5%—10% 的水平，远远超过各国研发占 GDP 比例的平均水平。2018 年全球主要跨国公司的研发经费支出如表 1-4 所示。其中，美

表 1-4　全球主要跨国公司的研发经费支出（2018）

公司简称	英文简称	国别	研发支出	占营收比
三星	Samsung	韩国	13.4	7.2%
谷歌	Alphabet	美国	13.4	14.5%
大众	Volkswagen	德国	13.1	5.7%
微软	Microsoft	美国	12.3	13.3%
华为	HUAWEI	中国	11.3	14.7%
英特尔	Intel	美国	10.9	20.9%
苹果	Apple	美国	9.7	5.1%
罗氏	Roche	瑞士	8.9	19.5%
强生	Johnson & Johnson	美国	8.8	13.8%
戴姆勒	Daimler	德国	8.7	5.3%
默克	Merck	美国	8.5	25.3%
丰田	Toyota Motor	日本	7.9	3.6%
诺华	Novartis	瑞士	7.3	17.5%
福特	Ford Motor	美国	6.7	5.1%
脸书	Facebook	美国	6.5	19.1%
辉瑞	Pfizer	美国	6.2	14.1%
宝马	BMW	德国	6.1	6.2%
通用汽车	General Motors	美国	6.1	5.0%
博世	Robert Bosch	德国	5.9	7.6%
西门子	Siemens	德国	5.5	6.7%

注：数据来源于《世界投资报告 2019》，研发支出单位为十亿美元。

国企业在全球各国企业中的研发投入占比最高，根据欧盟《2020 版欧盟工业研发投资排名报告》公布的数据显示，2019 年全球研发投入前 2500 家公司的研发投入合计达到 9042 亿欧元，占全球商业部门研发投入的 90%，占全球总研发投入规模的比重超 60%。这 2500 家企业区域分布中，美国以 775 家名列榜首，中国则以 536 家排名第二，欧盟 421 家，日本 309 家，世界其他地区 459 家。目前，加大海外研发投入、创立全球研发中心也成

---

① 引自世界银行与联合国教科文组织（UNESCO）统计数据。

为当前跨国公司的一个重要发展趋势①。

由于发达国家的跨国公司在研发活动中居于主要位置，因此全球发明专利的主要权利拥有者也为上述发达国家的跨国公司。根据世界专利组织统计，2018 年全年全球专利数量达到了 25.3 万个，相比 2017 年增长了 3.9%，其中美国以 56142 个专利数量位居全球第一，成为 2018 年申请专利最多的国家，中国、日本、德国、韩国紧随其后②。从全球 2017 年拥有专利数最多的 10 家公司来看，发达国家的跨国公司占据其中 9 席，发展中国家的公司只占一席即中国华为。表 1-5 列出了全球主要跨国公司 2020 年拥有的专利数目。虽然研发活动和技术进步带来的外溢效应从某种意义上可以加快发展中国家经济增长的进程，并能从得自发达国家和跨国公司的技术溢出中获取"后发优势"，但在特定情形下，跨国公司的技术优势和全球专利保护也为发展中国家的技术进步和产业竞争力提升带来一定程度的抑制作用，而围绕知识产权保护、跨国公司的投资措施的全球协调也是 WTO 体系和其他国际组织内部、国家之间谈判的核心问题。

表 1-5　全球主要跨国公司拥有的专利数（2020）

公司简称	英文简称	国别	持有专利数目
三星电子	Samsung Electronics	韩国	80577
国际商业机器公司	IBM	美国	38541
佳能	Canon	日本	36161
微软	Microsoft	美国	30042
博世	Robert Bosch	德国	28235
松下电器	Panasonic	日本	26705
LG 电子	LG Electronics	韩国	24313
通用电气	General Electric	美国	23630
英特尔	Intel	美国	23523
西门子	Siemens	德国	22373

注：数据来源于 IFI CLAIMS Patent Services。

第四，跨国公司的历史悠久，一般自行业发展之初就在行业占据领先地位。如表 1-6 所示，美国道琼斯工业指数中主要上市公司的成立年份均为行业发展初期，如传统机械、运输、石油、航空及食品制造业的在列公司均为 19 世纪末期和 20 世纪初成立③。该时代所形成的工业版图，至

---

① 引自 The 2020 EU Industrial R&D Investment Scoreboard（EU，2020）。
② 引自世界专利组织 WIPO 统计数据。
③ 1898—1908 年为美国工业史上第一次大并购时期。

表 1-6 美国道琼斯指数主要上市公司市值及成立年份

公司简称	公司代码	总市值	行业	成立年份
苹果公司	AAPL.O	9051.53	信息技术	1976
美国运通	AXP.N	856.67	金融	1850
波音	BA.N	2145.87	工业	1910
卡特彼勒	CAT.N	959.39	工业	1910
思科	CSCO.O	2169.81	信息技术	1984
雪佛龙	CVX.N	2170.24	能源	1911
迪士尼	DIS.N	1576.90	可选消费	1923
高盛集团	GS.N	1017.83	金融	1869
通用电气	GE.N	1258.97	工业	1892
家得宝	HD.N	2160.10	可选消费	1978
耐克公司	NKE.N	1106.81	可选消费	1964
IBM	IBM.N	1442.09	信息技术	1911
英特尔	INTC.O	2329.80	信息技术	1968
强生公司	JNJ.N	3532.58	医疗保健	1886
摩根大通	JPM.N	4027.75	金融	1877
可口可乐	KO.N	1860.79	日常消费	1886
麦当劳	MCD.N	1276.44	可选消费	1940
联合健康集团	UNH.N	2250.01	医疗保健	1977
3M 公司	MMM.N	1433.84	工业	1902
默克集团	MRK.N	1475.36	医疗保健	1891
微软公司	MSFT.O	7253.20	信息技术	1975
辉瑞制药	PFE.N	2190.65	医疗保健	1849
宝洁公司	PG.N	2030.42	日常消费	1837
旅行者集团	TRV.N	384.18	金融	1853
联合技术	UTX.N	1070.98	工业	1975
VISA	V.N	2542.09	信息技术	1958
威瑞森电信	VZ.N	1959.79	电信服务	1877
沃尔玛	WMT.N	2711.17	日常消费	1962
埃克森美孚	XOM.N	3283.76	能源	1870

注：2016 年数据，市值单位亿美元。根据 https://www.investopedia.com/terms/d/djia 等网站资料整理。

今除了一些新的行业例如信息和计算机产业崛起之外，并没有产生大的改变。这些年份悠久的公司，到今天仍然在全世界经济中举足轻重，并绝大多数是全球经营的跨国公司。

3. 跨国经营指数

跨国经营在不同的跨国公司经营活动中占据的地位不同。正如表 1-1

所示,部分跨国公司的海外营收占比高达 80% 以上,这也是评价跨国公司的跨国经营度的重要指标之一。研究中在评价跨国公司国际化水平使用的常用指标主要包括两类。

第一类是海外经营指标体系,通过评估跨国公司的海外营业额、海外采购与生产额、海外投资额、海外技术贸易额分别占公司总营业额、总采购与生产额、总投资额和总技术贸易额的比重来测算指数。联合国贸易和发展会议(UNCTAD)基于该指标体系每年对全球前列跨国公司测算跨国经营程度指数(Transnationality Index,TNI),跨国化指数越高表明企业国际化程度越高。2008 年及 2019 年十大跨国公司及 TNI 指数如表 1-7 所示。

表 1-7 全球十大跨国公司及跨国经营指数

排名	TNI	公司简称	国别	海外资产	总计	海外销售额	总计	海外雇员数	总计
2008 年									
1	75	通用电气	美国	401290	797769	97214	182515	171000	323000
2	32	壳牌	英国	222324	282401	261393	458361	85000	102000
3	6	沃达丰	英国	201570	218954	60196	69250	68747	79097
4	20	英国石油	英国	188969	228238	283876	365700	76100	92000
5	74	丰田	日本	169569	296249	129723	203954	121755	320808
6	42	埃克森美孚	美国	161245	228052	321964	459579	50337	79900
7	27	道达尔	法国	141442	164662	177726	234573	59858	96959
8	67	意昂	德国	141168	218573	53019	126924	57134	93538
9	90	法国电力	法国	133698	278758	43914	94043	51385	160913
10	10	安赛乐米塔尔	卢森堡	127127	133088	112689	124936	239455	315867
2019 年									
1	83	壳牌	英国	376416	402680	276518	331683	59000	83000
2	65	丰田	日本	307538	485422	187768	275390	227787	359542
3	82	英国石油	英国	259859	295194	215203	278397	58900	72500
4	66	软银	日本	253163	343306	29285	56909	55272	74953
5	79	道达尔	法国	249678	273865	137438	175984	71456	107776
6	60	大众	德国	243469	548271	227939	282775	374000	671000
7	84	百威英博	比利时	192138	237142	44351	52250	148111	171915
8	78	英美烟草	英国	184958	186194	25232	32997	31196	53185
9	60	戴姆勒	德国	179505	339742	163875	193356	124842	298655
10	58	雪佛龙	美国	172830	237428	75590	140156	22800	48200

注:排名依据海外资产,单位为百万美元(除海外雇员数外),根据联合国各年度《世界投资报告》整理。跨国化指数的具体计算方法为:TNI=(国外资产/总资产+国外销售额/总销售额+国外雇员数/总雇员数)/3×100%。

第二类指数则基于管理职能的国际化发展的定性指标体系，包括跨国公司战略与决策的协调力、当地市场的适应力、外籍人力资源状况和财务管理控制力等主要定性评价指标，更多适用于国际商务领域或者公司管理领域对跨国公司的专门研究中。

二、跨国经营面临的风险

任何企业的经营活动都面临一定的不确定性和经营风险，从而使得企业存在投资失败甚至无法继续生存并退出市场的可能。跨国公司虽然具有较为显著的技术和生产率优势，得以从事跨国经营活动，但实际上跨国经营活动面临较高的风险。而随着国际市场竞争的日益激烈和国际局势的不断变化，一国企业在开拓海外市场的过程中面临的各种可以预见和难以预见的风险因素也非常复杂，不一定因全球生产总值、贸易和国际直接投资的增长而显著降低。归纳起来，跨国经营风险主要包括以下类型。

第一类为政治、社会及法律风险。政局不稳定是海外投资所面临的最大风险。虽然第二次世界大战以来全世界的政局总体趋向平稳，但局部地区的军事冲突和政权更迭不断，为全球海外经营企业带来较大的经营风险。

其他政治风险例如当地政府将外国资本收归国有。20世纪70年代末，智利、秘鲁、利比亚等国部分外资采掘业被收归国有，而相对高技术的产业此类风险较小。在保险业相对发达的国家，投资母国会对海外投资的政治风险进行保险，企业对外进行投资经营可以采用海外投资保险对风险进行适当的规避，但并不能规避所有风险。

此外，有些政府的相关法律法规体系对外商直接投资存在歧视和监管性政策，比如对外资企业同本国民族工商业有不同待遇即对外资企业持歧视态度；对投资利润汇回母国存在一定的限制。因此对在特定国家建立外资企业并进行投资时，除了考虑军事冲突、政权更迭的可能性之外，必须考虑当地政策的稳定性和连续性，即当地政府所制定的有关政策方针是否具有持续性、可信性、权威性，以及当地政府对待外国投资的态度。同时，投资母国与投资东道国之间的政治关系是否密切，高层互访的频率和效率，都是企业对外直接投资需要考虑的因素。

各国和相关国际组织也试图对跨国投资所面临的政治、法律风险进行双边或多边谈判，以努力对正常跨国经营活动中面临的上述风险进行规范和协调，将上述影响对跨国直接投资和经营活动的负面影响降到最低。

第二类风险为自然灾害风险。现代经济发展和工业化水平提升虽然在一定程度上能够减轻自然灾害对人类社会生存和发展的影响，但自然灾害对全球经济和人类生存的影响不可低估。自 1989 年联合国大会发起"国际减轻自然灾害十年"以来，联合国减灾行动已持续 30 年。分析评估显示，1989 年至 2019 年全球较大自然灾害频次年均约 320 次，呈现先增后减的趋势；其中，洪涝和风暴灾害最为频发，占比超过 60%。30 年来全球自然灾害死亡人数呈现波动下降趋势，而直接经济损失、保险损失却均呈现增加趋势[①]。各类自然灾害的频繁发生改变了企业生存的环境，调升了企业的风险等级，给企业的经营带来严峻的挑战。2020 年爆发的全球新冠肺炎疫情带给世界经济巨大挑战，而国际直接投资和跨国公司经营则首当其冲。全球直接投资大幅下降至 8590 亿美元新低，与 2019 年的 1.5 万亿美元相比下降了 42%，也是 2005 年以来全球国际直接投资流量首次低于 1 万亿美元[②]。

第三类风险为文化沟通障碍。文化距离主要考量跨国公司母国与投资目标国之间的文化差异，具体表现在两国是否相邻、官方语言是否相同、过去或者现在是否存在殖民或从属关系，以及是否为同一个国家（例如中国内地企业在香港地区进行投资）等方面。一般认为，文化差异会增加对外直接投资过程中的交易成本，使得对外直接投资沟通过程更加困难。同时，文化在投资后企业的生存与发展中同样有着很重要的作用，许多跨国投资的失败会有较大因素源自文化整合的失败。

第四类为制度不确定性。投资东道国的制度因素对并购成败有很大作用。如果目标企业所在国的制度质量较差，企业对外直接投资过程中则会面临制度不确定性并相应增加直接投资成本，并对直接投资成效产生负面影响。另一方面，跨国公司所在母国一般为发达国家，当投资东道国为发展中国家和转型经济体时，二者的制度也存在类似文化差异的沟通障碍，从而为直接投资带来障碍和负面影响。

由于各国制度存在较大的差异，如何衡量制度的差异或者好坏就成为一个难题。世界银行对此问题进行了系统性的研究和评估，最终形成一套世界治理指标（World Governance Indicators，WGI）来对不同国家的制度风险进行评估。具体地说，WGI 将制度风险指数分为 6 个指标衡量，包括话语权和问责等六个方面。如果该国的六个指标得分较高，则表明该国的

---

① 参见联合国，《2019 年全球自然灾害减灾评估报告》，2020 年。

② 值得注意的是，中国当年吸引国际直接投资逆势增长 4%，达 1630 亿美元，在 2020 年超过美国成为全球最大外资流入国。

制度质量较好。专栏1对WGI指标的测算进行了详细介绍。

第五类风险为经济风险。经济风险包括的因素较多,现有主流研究主要将其归结为宏观经济风险、经营财务风险、汇率风险①。

东道国陌生的经营环境可能给跨国公司经营带来较大的市场波动和不确定性。而对母国经营环境较为熟悉的跨国公司,可能较难成功复制其既往经验到东道国,或者无法对东道国的经济增长、通货膨胀、要素市场、行业链完整性及劳动力的素质等各方面情况进行准确的判断,这就为后续企业的跨国经营带来一定的不确定性和经营风险。

财务风险同样因为经济环境与跨国公司母国的不同而形成,具体包括经营过程中融通资金的融资风险、在当地采购原材料、零部件并雇佣劳务的物价风险、以及在东道国需要缴纳面临不同税制和税率所产生的税务风险。

汇率风险主要包括两个方面:一是可兑换性。许多投资东道国对资本项目实行一定程度的管制,从而对跨国公司的货币兑换造成一定的影响。上述管制措施一般出于两个角度的考虑,一个角度是从外汇的稀缺或外汇储备的规模角度出发,从而限制对外汇的兑换和汇出;另一个角度是扩大本地投资的需要,希望跨国公司的经营利润留在当地转化为新的投资。无论出于何种动机,如果跨国公司的专利权使用费、投资利润和投资资本金无法兑换并汇回母国,特别是海外子公司的投资利润不能兑换成外汇汇回投资公司,则海外投资的目的就难以实现。二是汇率波动的风险。跨国公司子公司通常会在全球生产链模式中形成大量中间品、产成品的进出口,以何种货币进行结算、如何规避汇率波动所带来的结算风险也是跨国公司经营所要面临的重要问题。

上述种种跨国经营活动所面临的不确定性和风险远远高于仅仅进行国内经营所面临的风险,对跨国公司的全球化生产链管理和风险规避能力提出了更高的要求。因此,跨国公司也必须具备前文所述的规模、生产率、技术、品牌及无形资产优势和从业经验等各方面优势。成功克服上述风险的跨国公司能够继续维持并扩大其优势,进一步成为行业乃至全球企业领导者。

---

① 参见张纪康. 跨国公司与国际直接投资[M]. 上海:复旦大学出版社,1998.

专栏 1　世界治理指数 WGI

　　跨国经营区别于国内经营的本质特征是面临多国经营环境的差异性和复杂性。世界银行通过测评世界治理指数（World Governence Index, WGI）对各国治理情况进行量化评价，以用作进行广泛的跨国比较和评估时间趋势的工具。其评价体系包括选择、监督和更换政府的过程；政府有效制定和执行健全政策的能力；以及对公民的尊重和国家对管理他们之间的经济和社会互动的机构的尊重等方面。在测评中则具体化为以下六点：话语权与问责（Voice and Accountability, VA）；政治稳定和无暴力（Political Stability and Absence Violence, PSAV）；政府效率（Government Effectiveness, GE）；监管质量（Regulatory Quality, RQ）；法制规则（Rule of Law, RL）；腐败控制（Control of Corruption, CC）。

　　基于 30 多个基础数据源，世界银行对上述六个维度中的各项指标进行评估，并最终得到 WGI 的六个汇总指标并在《全球治理报告》中发布。基础源数据主要包括四种类型：第一类是对家庭和公司的调查，包括盖洛普世界民意调查和全球竞争力报告调查；第二类是商业信息提供商，包括经济学人智库等；第三类是非政府组织提供的信息，包括全球诚信组织、无国界记者组织；第四类是全球公共部门组织，包括世界银行和区域开发银行的 CPIA 评估、欧洲复兴开发银行报告。

　　其评价过程分为三个步骤：第一步将各个来源的基础数据分配给六个汇总指标。各相关问题的调查结论被分配给六个汇总指标中的单项指标，例如，将有关监管环境的鉴定调查问题分配给监管质量，将新闻自由度分配给话语权和问责制。第二步将单个源数据问题转换成标准化分值，值越高表示结果越好。例如，如果调查问题要求回答的范围是从 1 到 4，那么得分 2 可标准化为：（2-min）/（max-min）＝0.33。第三步使用成分模型构建各个指标的加权平均值以使得不同数据源和问题的评估分值经过标准化后具备可比性。最后使用成分模型构建各个指标的加权平均值，以使得不同数据源和问题的评估分值经过标准化后具备可比性。经过上述三个步骤最终得到 WGI 指数体系的六个 WGI 指标。最终的 WGI 指标以两种方式呈现：(1)以其标准正态单位表示，范围从约-2.5 到 2.5；(2)以百分等级表示，范围从 0 到 100，值越高表示结果越好。

　　一个国家在 WGI 评分中随时间的变化反映了以下三个因素的结合：(1)基础源数据的变化；(2)为该国家/地区添加仅在最近时期才可用的

新数据源；（3）用于汇总数据的权重变化。长时间内且具有统计意义的大幅更改往往来源于基础源数据的更改，但所有这三个因素微小变化的组合也会导致国家得分的变化。对各个基本数据源的了解可以帮助用户更好地了解特定国家的总体指标发生变化的原因。

需要注意的是，对国家治理指数的评估需要考虑指标的误差范围。如果两个时期的治理估计的置信区间重叠，则 WGI 数据不应被解释为表示治理发生了有意义的变化。WGI 的绝大多数逐年变化相对于误差范围而言都太小，以至于在统计上或实践上均不被视为重大变化，因此不应过度解释为表明治理绩效发生了重大变化。同时，短时期例如一年内的治理变化很难用任何类型的数据来衡量。但是，在较长的一段时间（例如 10 年）中，WGI 数据确实显示了许多国家的治理显著趋势[①]。但是，它们也很难在特定国家的环境下制定具体的治理改革。此类改革及其进展评估需要更多详细的、针对特定国家的诊断数据作为参考。

第二节　国际直接投资概述

一、国际直接投资的概念

资本的国际流动分为国际直接投资（International Direct Investment）和国际间接投资（International Indirect Investment）。对于这两种不同的投资方式，研究界存在不同的具体区分定义，各种定义的共同之处仍然是"控制"。根据国际货币基金组织（IMF）的定义，国际直接投资是指投资者在其所在国以外的国家（地区）经营的企业中所进行的具有长期和持续利益的投资活动，并在该企业的经营活动中具备一定的控制权[②]。在有些情况下，一个实体在与其他企业的关系中，可能同时是直接投资者、直接投资企业和联属企业。控制或影响可以直接实现，即通过拥有股权，获得对一个企业的表决权；也可间接实现，即通过在另一个对该企业具有表决权的企业中拥有表决权。因此，实现控制或影响的两种方式是：（1）直接的直接投资关系，即投资者直接拥有股权，并且这种股权使其在直接投资企业

---

① 世界银行 WGI 官方网站对上述数据源进行了具体说明，也可下载相关数据，详见 http://info.worldbank.org/governance/wgi/。

② 参见国际货币基金组织（IMF）. 国际收支手册第 6 版 [R]. 2009：88.

中享有 10% 或以上的表决权。如果投资者在直接投资企业中拥有 50% 以上的表决权，则认为存在控制。如果投资者在直接投资企业中拥有 10%—50% 的表决权，则认为存在重要影响。（2）间接的直接投资关系，即一个实体能够通过直接投资关系链施加间接控制或影响。例如，一个企业可能通过第二个企业对第三个企业施加控制或影响，但间接影响在实际统计中往往难以界定。

国际间接投资则是指投资者以资产增值为目的，以获取利息或股息的方式，购买其他国家（地区）的债券或股票的投资活动。因此国际间接投资又被称为国际证券投资（International Portofolio Investment）。对于部分投资者购买其他国家（地区）企业股权的投资活动，两类投资在实践操作上并没有本质的区别，因此直接投资或间接投资的划分标准在于其对投资企业的经营活动是否具备一定的控制权。若投资人可以控制国外企业的生产经营管理活动，那么这种投资称为直接投资；若投资者不能控制所投资企业的经营管理活动，那么其投资则被归结为间接投资或证券投资。

但正如前文界定跨国公司时所指出的那样，对于控制权进行定义在实践中并不是一件简单的事情。不同国际组织和研究会存在不同的标准。根据美国商务部的界定，对企业经营的控制权可以分为控制（Control）和影响（Influence）两种。当美国居民或企业拥有某外国企业 10% 以上的投票权则可界定为对该企业具有影响（Influence），此时的投资性质即从间接投资转为直接投资；当美国居民或企业拥有外国企业 50% 及以上投票权即可视为控制（50%）[1]。一旦符合上述任意一种情况，该外国企业则被认为是美国控股的，对这家外国企业的美国投资则属于国际直接投资。而美国投资者对于不属于美国控股的企业的投资或对外国政府债券的投资则被界定为证券投资。

经济合作发展组织（OECD）于 2008 年对外国直接投资进行了非常详细的系统性界定。根据其发布的《OECD 关于外国直接投资的基准规范》，在符合下列全部条件的情况下，该项投资可以视同外国直接投资：（1）属于一个经济体中的居民（投资者）对属于另一个经济体居民的企业（被投资者）所进行的投资[2]；（2）投资者和被投资者之间存在着长期持续的利益关系；（3）投资者对被投资企业的经营有很大程度的影响。一般情形下，

---

[1] U.S. Department of Commerce. Bureau of Economic Analysis. U.S. International Economic Accounts: Concepts and Methods: 56.

[2] 这里的居民指国际收支平衡表中的居民，详细见《国际收支手册第 6 版》（IMF，2009）对居民的界定。

直接或以某种方式间接拥有 10% 以上的被投资企业的表决权视为对该企业的经营具备此类影响。这个定义非常简明，但事实上考虑到各种经济实践中的特殊情形，分辨企业控制权或是否属于国际直接投资仍然非常困难。因此《OECD 关于外国直接投资的基准规范》用了很长的篇幅对于居民和非居民、投资者和被投资者、长期持续利益关系、普通股和债权是否对应于相应的投票权等涉及的概念都进行了详细厘清。尤其需要注意的是，拥有 10% 的投票权却不会导致行使任何投票权的情形，或者说投资者拥有少于 10% 的股份但却拥有有效的企业经营管理权的情形都是可能存在的，因此 10% 的限定并不应该在各项研究中严格使用。但如果不采用该标准，应当确保对各国统计数据的一致性[①]。

鉴于国际直接投资与国际间接投资之间的主要区别在于其是否寻求控制权，因此跨国公司从事的国际直接投资活动一般也相应表现出如下特征：（1）国际直接投资是属于长期资本流动的一种主要形式，不会在时间周期上表现为一种短期资本流动；（2）国际直接投资表现为资本的国际转移和拥有经营权的资本国际流动两种形态，既有货币投资形式，又有实物投资形式；（3）国际直接投资要求投资主体必须在国外拥有企业实体或参与控制企业经营权，以通过直接从事各类经营活动而获取经营利润。

二、当代国际直接投资活动的主要特征

第二次世界大战以来，跨国公司及其国际直接投资活动成为全球经济中的重要现象，并且起到越来越重要的作用。其呈现的主要特征如下：

第一，总体而言，国际直接投资活动的增长非常迅速，但同时波动也非常大。图 1-2 表明了 1970 年至今世界 GDP、世界出口和跨国公司直接投资流量的增长情况，可以看出国际直接投资流入的增长总体快于同期世界出口和 GDP 增长。从 1970 年到 1984 年，国际直接投资流入的增长速度为平均 4.2%，世界 GDP 和总出口的速度则分别为 3.1% 和 5.2%。1985 年之后至 2000 年，世界实际 GDP 增长速度为 2.5%，出口的增长速度是 5.6%，但是国际直接投资的年均速度是 17.7%，与 1985 年之前的情况相比增长非常迅猛。2000 年后国际直接投资所有回落，继而再次快速上升，并在 2007 年达到 1.98 万亿美元。可以说 20 世纪 90 年代中期至 21 世纪初近 10 年间是国际直接投资发展最为迅猛的阶段，期间全球的海外直接投资额增加到

---

① OECD. 2008. OECD Benchmark Definition of Foreign Direct Investment (FOURTH EDITION), Chapter3, p49.

近 4 倍, 资金流量规模达到约 3 倍, 跨国公司海外子公司销售额增加到 2.5 倍, 远远超过全球的货物和服务贸易的增长规模。

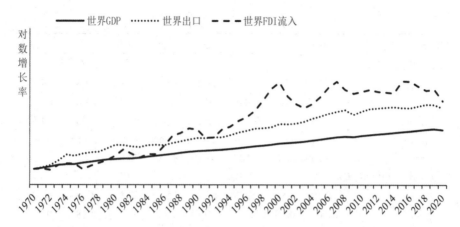

图 1-2   世界 GDP、出口及国际直接投资趋势（1970—2020）

注: 根据 UNCTAD 和世界银行数据绘制。各变量数值均以 1970 年为标准化起点。

从图中还可以注意到, 类似于投资在国内 GDP 中波动较大, 国际直接投资的波动也非常剧烈。2007 年开始的经济及金融危机对国际直接投资带来巨大的负面影响, 国际直接投金额下降剧烈。2009 年随着世界经济在低迷中复苏, 国际直接投资也开始复苏并在 2015 年再次回到 2 万亿美元的总规模, 但之后再次经历振荡回落, 2017 年跌至 1.43 万亿美元, 2020 年更因疫情冲击跌至 1 万亿美元。国际直接投资的大幅度振荡是世界经济和 GDP 增长的晴雨表, 而一旦复苏则成为经济发展的重要引擎。

第二, 国际直接投资的区域分布不均衡。长期以来, 国际直接投资主要从发达国家流出。表 1-8 展示了国际直接投资的流出地分布变化趋势, 从中可以发现直到 2001, 仍有 91% 的国际直接投是从发达国家流出, 而 2000 年世界上最大的 100 家非金融跨国公司中有 90 个左右将总部设在美国、日本和德国三个国家[①]。虽然自 2001 年以后, 发达国家对外投资占比随着发展中经济体对外投资上升而逐渐下降, 2015 年下降至 75%, 2018 年再次下降至 54%, 但仍以较少的投资来源占据了超过一半的投资金额。在发达经济体内部, 对外直接投资流出也呈现不平衡特征。美国长期以来是最大的对外直接投资国家, 但其所占比重已经大幅度从 20 世纪 70 年代初期的 49.8% 下降至 2000 年前后的 15.7%。而欧洲在 1992 年实行单一市

---

① 引自《世界投资报告 2001》（UNCTAD）。

场及 1998 年成立欧盟之后，区域投资急剧增长，已成为发达经济体最主要的国际直接投资流出地区。

表 1-8 世界主要国际直接投资流出国家和地区

FDI 流出地区	1975	1985	1995	2001	2005	2010	2015	2018
高收入国家（%）								
美国	50.00	21.56	25.81	18.27	1.84	19.90	15.48	-9.19
欧洲	37.27	52.38	48.64	60.94	80.07	45.38	48.81	46.15
日本	6.19	10.37	6.34	5.61	5.49	4.03	7.98	14.51
大洋洲	0.64	3.32	1.21	1.37	-4.46	1.47	-0.55	0.69
合计	98.49	94.0	85.21	91.19	84.57	70.81	74.68	54.14
发展中国家和转型国家（%）								
亚洲	0.50	4.80	12.74	8.17	10.74	20.89	21.80	41.24
非洲	0.61	0.58	0.83	-0.39	0.25	0.75	0.38	0.83
拉丁美洲	0.41	0.62	1.03	0.63	2.20	3.91	1.26	0.01
合计	1.51	6.00	14.79	8.81	15.43	29.19	25.32	45.86
世界总计（亿美元）	284.8	621.0	3567.2	6835.1	8331.8	13960.3	17080.9	9863.5

注：根据 UNCTAD 各年度《世界投资报告》整理。[1]

发展中国家对外国际直接投资近年来增长迅速。上世纪七十年代，发展中国家对外直接投资占全球份额低于 2%，进入八十年代后占比快速上升，至九十年代中期达到约 15%的占比。但是受 1997 年东南亚金融危机影响之后有所下降，进入 21 世纪后恢复上升趋势。而中国在 2001 年入世后经济快速增长，自 2015 年以来对外直接投资迅猛发展，才进一步提升了发展中经济体在全球对外直接投资中的份额占比。到 2018 年，发展中经济对外投资已经接近 46%。

同样，发展中经济体的对外直接投资格局比起发达经济体更加不平衡。新兴经济国家是发展中经济体对外投资的主要力量，尤其是亚洲新兴经济体。在发展中国家对外直接投资发展的起步阶段，亚洲部分国家和地区的对外直接投资流出居于重要位置，因此也造成 1997 年东南亚金融危机对发展中经济体对外投资影响较大。随着中国在 2015 年后成为重要的对外直接投资国，发展中国家对外直接投资总量占据世界对外直接投资总额的比重逐渐上升，现在已接近发达国家的对外投资总量。发展中国家向外

---

① 数据中出现流出的负值是因为当年投资撤回超过了对外投资（UNCTAD. UNCTAD Handbook of Statistics 2018, 2019）。

投资的动因包括寻找资源、贸易推动和学习先进的管理和技术，甚至许多发展中国家的中小规模企业也开始参与到对外投资中来。

国际直接投资的流入地分布相比对外直接投资流出较为分散，但以美国和欧洲为主的发达国家仍然是重要的投资流入目的国，吸收了超过40%的国际直接投资（见表1-9）。发展中国家作为承接发达国家对外直接投资的重要东道国地区，在吸收国际直接投资总量则始终占据一席之地，但具体到个别国家和地区，其承接国际直接投资流入的波动较大，并未实现稳定和持续的增长。从国别来看，美国吸引的国际直接投资在世界总资本中的占比始终首屈一指，但比重不断下降。随着新兴国家的兴起，亚洲地区吸引资本的比重不断上升，拉美地区有所下降，反映了外商投资由资源向制造业的转变。此外，中国内地和香港地区自20世纪90年代以来投入的外资出现了显著增长。

表1-9 世界主要国际直接投资流入国家和地区

FDI 流入地区	1975	1985	1995	2001	2005	2010	2015	2018
高收入国家（%）								
美国	9.70	36.70	17.21	20.64	11.05	14.18	22.9	16.96
欧洲	38.07	30.18	40.44	45.35	52.79	34.78	36.3	25.97
日本	0.86	1.09	0.012	0.81	0.29	-0.09	0.15	0.66
大洋洲	2.31	4.32	4.42	1.01	-2.83	2.77	1.51	4.76
合计	76.42	78.88	72.40	79.22	72.02	65.67	76.10	66.27
发展中国家和转型经济体（%）								
亚洲	19.95	9.91	23.92	15.92	23.67	29.57	25.19	33.34
非洲	3.43	4.37	1.66	2.58	3.09	3.33	2.82	3.38
拉丁美洲	12.67	10.76	8.74	9.42	8.14	11.51	7.66	9.96
合计	36.14	25.23	35.65	29.02	38.19	49.12	37.58	49.08
世界总计（亿美元）	263.9	558.31	3415.2	7727.2	9477.1	13962	20417.7	14592.2

注：引自 UNCTAD 各年度《世界投资报告》。因统计原因，流入总量与表1-8流出总量并不相等。

第三，国际直接投资的行业分布不均衡。对外直接投资主要集中在资本和技术密集型制造业和服务业。特别是近年来服务行业国际直接投资迅速增长至超过50%。同时，初级原材料部门吸引投资规模显著下降，从二战结束后到2000年，其占投资总额占比从55.1%下降至8.1%，这反映了世界生产总值在第二次世界大战后从初级原材料部门和农业部门到制造业和服务业的转向。世界国际直接投资的主要行业分布如表1-10所示。

表 1-10　世界国际直接投资的主要行业分布

行业	初级材料	制造业	化学化工	金属加工	电子设备	汽车交通	机械设备	纺织服装	非金属矿	服务业	贸易	金融	商业
份额	8.1	41.6	6.7	3	3.6	3	2.5	1	1	50.2	10.5	15.9	10.4

注：数据为 1998 年-2000 年平均值，引自 UNCTAD（2001）。

在制造业内部，吸引国际直接投资最多的行业是化学、电气和电子设备、交通运输设施等行业部门，美国和欧洲国家的跨国公司子公司就业份额均在化学和交通设施等部门占据份额最高。这说明国际直接投资流入主要的行业分布都是属于资本和技能密集型，可能需要大量熟练和技术劳动力，且产品生产技术较为复杂的部门。对发展中国家而言，基础设施和劳动密集型行业制造业吸引外资的比例则高于发达国家。

考虑到国际直接投资活动是跨国公司决策的结果，因此直接投资的行业分布可以成为一种间接证据来对跨国公司活动进行分析。从国际直接投资活动的上述行业分布特征来推测，国际直接投资的发动者——跨国公司为其资本扩张提供了一种可以被各子公司吸收而不需要重复进行的技术诀窍或工程知识，因而在跨国公司内部产生了规模经济并有利于全球生产活动的不同分布和管理。在本书的后续章节中将讨论这一特征对于跨国公司投资活动的重要性。

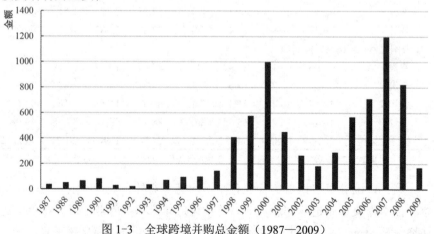

图 1-3　全球跨境并购总金额（1987—2009）

注：根据 UNCTAD 各年《世界投资报告》数据整理，单位为十亿美元。

第四，近年来跨国并购（Merger & Acquisition）的重要性占比逐渐增加。在国外建立子公司，可以采取不同的两种方式，一种是绿地投资，即新建一个新厂；另一种是并购，即收购或兼并现存的一个公司或现存公司的部分股份。如图 1-3 所示，20 世纪 90 年代末期以来，全球跨境并购金额增长迅猛同时波动迅猛，2000 年达到 1 万亿美元并成为全球国际直接投资的主导方式，随后在 2003 年猛跌至 1840 亿美元。2007 年随着全球直接投资的迅猛增长再次达到 1.2 万亿美元。当今，跨境并购在国际直接投资中的重要性与日俱增，成为研究跨国公司和直接投资现象的重要问题之一。

第三节　发展中国家的跨国公司及其直接投资活动

一、发展中国家的跨国公司活动概述

正如前文分析所提到，来自发展中国家的国际直接投资在 1995 年以前占据比例较低，但是在 1995 年世界贸易组织成立后快速上升，2015 年后更是迅猛发展，占据世界直接投资份额的比例已接近一半（参见表 1-9 和表 1-10）。发展中国家对外直接投资猛增的背后是来自发展中国家特别是中国的跨国公司正在快速崛起。1990 年，《财富》杂志全球 500 强中只有 19 家公司来自发展中国家，而这一数字在 2005 年增长到 47 家。根据联合国《世界投资报告 2006》统计，全球最大 100 家非金融类跨国公司中，已有 5 家来自发展中国家和地区的跨国公司跻身其中，包括中国和记黄埔公司、马来西亚石油公司、新加坡电信公司、韩国三星电子公司和中国中信集团。表 1-11 对 2005 年发展中国家根据海外资产排序的前 25 个跨国公司进行了总结。

这些数据上的变化说明发展中国家的跨国公司崛起已使国际直接投资格局发生了一定程度的转变，其中来自中国、印度、巴西等国跨国公司的品牌在全世界变得日益家喻户晓。特别值得一提的是，中国跨国公司及对外直接投资发展非常迅猛。2000 年以后，随着中国入世后的经济快速增长，中国对外直接投资逐渐起步并在 2015 年后迎来快速增长，成为带动发展中国家对外直接投资的重要引擎力量。在 2002 年至 2005 年，中国跨国公司对外直接投资流量年均增长速度达到惊人的 65.6%，而 2005 年则首次突破了百亿大关达到 122.6 亿美元。2006 年全球 100 家最大的发展中国家跨国公司排名中，来自中国的公司为 50 家。到 2019 年，中国已成为发展中国家中的最大对外直接投资国，中国对外直接投资以 1369.1 亿美元位居世界第二，而对外直接投资存量也居世界第三。

　　除了中国等新兴经济体因经济快速发展、经济绩效突出而逐渐跻身于跨国公司和国际直接投资的国际舞台之外，跨国公司不再局限于发达国家的原因也是多方面的。关税与贸易总协定和世界贸易组织推动的贸易自由化趋势使得发展中国家，特别是新兴经济体国家的经济融入世界经济的深度充分拓展，也带动了发展中国家的国内公司从国内走向国际。同时，国家和区域层次的多种政策改革推动了"南南合作"的深度，一些低收入发展中国家也吸引了一定规模的其他发展中国家对外投资，这种南南合作也对一些最不发达国家的经济发展起到了重要的作用。包括东南亚国家联盟等以发展中国家为主体的自由贸易区的协定也进一步推动了"南南投资"的迅速增长。以亚洲地区为例，该地区已成为外国直接投资的一个重要来源，而东亚内部和东南亚经济体之间的区域性投资占比较高则是重要推动力。此外，发展中国家的跨国公司往往在发展中国家自身的基础设施建设和服务业发展中占据重要比例，因此随着基建投资的增加和国际直接投资开始从制造业逐渐转向电信等服务业，发展中国家的跨国公司的重要性也与日俱增。例如，在 2008 年的基础设施跨国公司全球百强中，多达 22 家公司的总部设在发展中国家或转型期经济体，其比重超过传统制造业或金融业[①]。

二、发展中国家跨国公司活动的特殊性

　　无论是来自发达国家或发展中国家的跨国公司，从其规模较大、在行业内具有垄断地位等基本特征上都具备一定的共性。但尽管如此，发展中国家的跨国公司及其对外直接投资活动也表现出一定的固有特征或特殊性，同一个世纪以来的发达国家跨国公司及其直接投资活动存在显著的区别。

　　第一，跨国公司活动分布不均衡。前文已对此进行过简要论述。从表1-8 可以看出，美国、欧洲和日本三个地区分别都占据了对外直接投资的重要份额，不存在严重分化和差异。但是发展中国家和地区的对外直接投资流量的分布较为集中，以 2018 年为例，90%的对外直接投资来自亚洲地区，其他所有发展中国家和地区的对外直接投资总和仅仅占到 10%。发展中国家和地区吸引国际直接投资的分布同样存在较大差异（参见表 1-9）。出现上述特征的原因是多方面的，但经济发展程度和经济发展水平的层次

---

　　① 引自《世界投资报告 2008》。

性是差异性是发展中国家国际直接投资发展不平衡的重要原因。虽然不同发展水平、不同行业和领域在特定下都可以吸引适宜的外资进入，但国际直接投资对发展中国家经济发展水平、政局稳定性、市场环境、要素规模与质量、制度成熟度、政策透明度等各方面都具备一定的门槛要求。而发展中国家的企业能成长为跨国公司并跻身于对外直接投资的行列，则在上述宏观制度环境之外，对国内行业和本土企业的发展提出了更高的要求，使得在国际直接投资舞台上的发展中经济体跨国公司更为集中。在后续章节中，对这一现象会进行深入的理论剖析。

第二，跨国经营程度与发达国家相比较低。无论从跨国公司经营活动的地理范围来看，还是以联合国专门用以评估跨国公司在国外活动的范围和程度的"跨国性指数"来衡量，发展中国家公司的跨国经营程度与发达国家公司存在很大差距。2004年发展中经济体的100强企业所拥有的国外资产总额之和低于通用电气一家公司的国外资产数。表1-11中也可以发现各发展中国家的跨国公司除少数地产旅游酒店行业的公司外，海外子公司数目很少，很多公司甚至只有数家海外子公司。换言之，发展中国家的跨国公司相对于发达国家的巨型跨国公司而言，更容易辨别其母国特征和属性，而"全球公司"的特征基本上仍属于发达国家跨国公司的特征。

第三，产业比较集中。已跻身世界前列的发展中国家的大型跨国公司主要出现在第一产业，比如石油、天然气、矿业，以及基于资源类的制造业，如金属、钢铁等行业。以中国对外直接投资为例，其主要推动因素之一是国内高速增长的经济发展带来对自然资源需求的扩大。另一类跨国公司集群出现在各类非贸易服务和相对不易出口的货物领域，如水泥、食品和饮料；或基于本国市场的发展再拓展成为跨国公司的行业领域，比如信息技术领域。但该领域特征也在近年来逐步发生变化，中国和印度跨国公司已经实现对制造业领域的欧美公司大规模收购，例如中国联想集团收购国际商用机器公司（美国）的个人电脑业务。

除了上述特征之外，从创新和研发活动、在制定行业标准中的作用、参与和讨论全球议题等方面来看，目前来自发展中国家的跨国公司和发达国家的跨国公司之间也存在差距。但随着发展中国家尤其是中国的对外直接投资和跨国并购在近年来快速发展，未来它们在世界经济体系中的作用必会进一步加强。

表 1-11 发展中国家的跨国公司

排序	公司名称	公司母国	经营行业	资产单位		销售额单位		雇员		TNI 指数	子公司数目		海外子公司占比
				国外	总计	国外	总计	国外	总计		国外	总计	
1	和记黄埔 a	中国	多种经营	59141	80340	10800	18699	104529	126250	71.4	1900	2350	80.85
2	新加坡电信	新加坡	电信	17911	21668	4672	68848	8642	21716	43.1	23	30	76.67
3	国家石油公司	马来西亚	石油	16114	53457	8981	25661	3625	30634	25.7	167	234	71.37
4	三星电器	韩国	电器和电子设备	12387	56524	41362	54349	19026	55397	44.1	80	89	89.89
5	Cemex S.A.	墨西哥	建材	11054	16021	5189	7167	17051	25965	69.0	35	48	72.92
6	America Movil	墨西哥	电信	8676	13348	3107	7649	8403	18471	50.4	12	16	75.00
7	中国海运集团	中国	运输和仓储	8457	18007	6076	9163	4600	64586	40.1	22	56	39.29
8	巴西石油公司	巴西	石油	7827	53612	8665	42690	5810	48798	15.6	13	79	16.46
9	LG 电器	韩国	电器和电子设备	7118	20173	14443	29846	36268	63951	46.8	134	151	88.74
10	怡和集团 a	中国	多种经营	6159	8949	5540	8477	57895	110000	62.3	16	23	69.57
11	赛佩公司	南非	纸业	4887	6203	3287	4299	9454	16939	70.4	115	456	25.22
12	萨索尔公司	南非	工业化学品	4226	10536	5033	9722	5643	31150	36.7	21	25	84.00
13	中国石油公司	中国	石油	4060	97653	5218	57423	22000	1167129	5.0	119	204	58.33
14	嘉德置地	新加坡	房地产	3936	10316	1449	2252	5033	10175	50.7	2	61	3.28
15	宁城市开发公司	新加坡	旅馆	3879	7329	703	930	11549	13703	70.9	228	275	82.91
16	香格里拉有限公司 a	中国	旅馆	3672	4743	436	542	12619	16300	78.4	29	31	93.55
17	中信泰富有限公司 a	中国	建筑	3574	7167	2409	3372	8045	12174	62.5	2	3	66.67
18	中电控股有限公司 a	中国	电气水供应	3564	9780	298	3639	488	4705	18.3	3	11	27.27
19	中国国家建筑工程公司	中国	建筑	3417	9677	2716	9134	17051	121549	26.4	28	75	37.33
20	MTN 集团有限公司	南非	电信	3374	4819	1308	3595	2601	6063	49.8	6	16	37.50
21	亚洲食品及不动产有限公司 a	新加坡	食品和饮料	3331	3537	1232	1273	32295	41800	89.4	2	4	50.00
22	伟创万国际	新加坡	电器和电子设备	3206	5634	4674	8340	80091	82.000	70.2	92	106	86.79
23	Vale do Rio Doce	巴西	采矿和采石	3155	11434	6513	7001	224	29632	40.5	16	55	29.09
24	杨忠礼国际电力	马来西亚	公用服务	2878	6248	489	1060	1518	4895	41.1	24	115	20.87
25	鸿海精密 b	中国	电器和电子设备	2597	6032	4038	10793	78575	93109	54.9	25	33	75.76

注: 引自《世界投资报告 2008》(UNCTAD)。其中 a 指来自中国香港地区，b 指来自中国台湾地区。资产和销售额单位为百万美元，雇员单位为人，占比为%。

第四节　跨国公司及其国际直接投资活动的重要意义

一、跨国公司及其国际直接投资活动的重要性

跨国公司及其国际直接投资活动在全球经济中扮演重要角色。从前文国际直接投资的增长趋势就可以看出，在经济快速增长时期，增长趋势和波动幅度均大于世界生产总值；而一旦受到经济危机或疫情等外生因素的冲击，国际直接投资可能会剧烈下滑（如图 1-3 所示）。事实上，自 2007 年全球经济金融危机以来，全球国际直接投资已经历两次大幅度下滑，且2020 年投资量仅为 2015 年阶段高点的 50%。因此，国际直接投资是全球经济增长中的重要引擎，同时也是全球经济活动的一项重要指征性指标。从跨国公司在贸易和其他经济活动中的直观统计中，同样可以发现跨国公司及其国际直接投资活动的重要性。

分析国际直接投资和世界贸易之间的关系可以发现，从绝对量上国际直接投资规模仍然不能与世界出口相比，但在很大程度上影响着世界贸易的发展。2001 年世界出口为 7.66 万亿美元，同期国际直接投资流入为 8230亿美元，但是根据相关研究统计，世界贸易的大部分实际上是由跨国公司主导的，部分研究甚至认为跨国公司的母公司和子公司的生产和贸易网络占据了世界 75% 的贸易量，与此同时世界上有 1/3 的贸易是公司内部贸易，或者说是由世界跨国公司的母公司和子公司之间的贸易所造成的（UNCTAD，2000）。

跨国公司不仅仅在世界贸易中占据主导作用，同时也是各国就业与经营中的重要力量。表 1-12 给出了跨国公司在美国等五个主要发达经济体经济中的就业和营收占比。以欧洲和美国制造业就业为例，跨国公司占据的就业份额大致为 1/5 和 1/7，营收份额分别为 1/4 和 1/5（OECD，2001b）。

表 1-12　跨国公司在部分发达经济体企业就业和营收中的份额

各项	美国		日本		英国		德国		法国	
	1994	1998	1994	1998	1994	1998	1994	1998	1994	1998
就业份额	12.24	13.12	0.8	0.8	18.1	17.8	7.2	6.0	23.1	27.8
营收份额	15.9	21.16	1.4	1.8	30.6	31.4	13.1	10.8	28.7	31.7

注：数据来自 OECD Database 统计。

    当然，跨国公司活动在各国之间的差异同样是非常大的，从表 1-12 可以看出日本经济对于跨国公司准入比较保守，20 世纪 90 年代中后期跨国公司只占据日本制造业就业的 1%。正如我们之前在跨国经营风险中所讨论的，各国经济的不同特征和外资政策，对于跨国公司面临的经营风险有重要的差异性影响，同样也能在一定程度上解释跨国公司地理分布、选址战略和进入方式。

    由于跨国公司日益推动全球分工网络朝多阶段和多国生产发展，当前经济中的一件产品，已经很难定义产品的"国籍"。比如一辆美国车，其中 30% 的增加值可能来自在韩国组装，17.5% 的增加值来自于从日本购买中间核心技术，7.5% 的比例来自于德国的技术增值，4% 来自中国台湾地区和新加坡的部分组件，2.5% 来自英国的部分销售和广告，1.5% 则来自爱尔兰的数据处理，仅仅有 37% 的增加值真正产生于美国（WTO，1998）。

    同时，跨国公司的全球生产链和相互控股关系也在某种意义上超越国家和国境的概念，而形成了少数巨头跨国公司的全球控制网络。而这个跨国公司网络的顶端则是数十家全球金融类跨国公司巨头，其中很多为金融类跨国公司。维塔利（2011）的研究形象展示了跨国公司巨头所控制或连接的全球生产网络（图 1-4），而在这个网络的顶端为数十家金融类跨国公司巨头（图 1-4 及表 1-13）[1]。

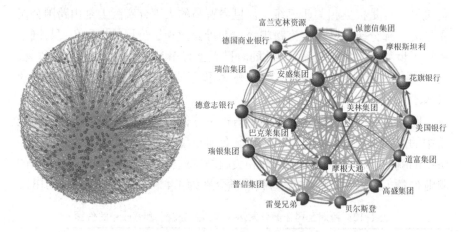

图 1-4　跨国公司的全球控制网络（2007）

注：左图为包括 1318 个控制节点和 12191 个控制链的全球经营网络；右图为该控制网络的核心金融类跨国公司。

① 引自 Vitali S, J B Glattfelder, et al. 2011. The Network of Global Corporate Control. PloS one.6 (10).

表 1-13　全球十大金融类跨国公司（2007）

排名	名称	国家	经营类型
1	巴克莱集团（Barclays plc）	英国	综合性银行
2	美国资本集团（Capital Group Companies Inc）	美国	资产管理
3	富达公司（FMR Corporation）	美国	基金
4	安盛集团（AXA）	法国	保险
5	道富集团（State Street Corporation）	美国	资产管理
6	摩根大通公司（JP Morgan Chase & Co）	美国	综合性银行
7	法通保险集团（Legal & General Group plc）	英国	保险
8	美国先锋集团（Vanguard Group Inc）	美国	基金
9	瑞士银行集团（UBS AG）	瑞士	资产管理及投资银行
10	美林公司（Merrill Lynch & Co Inc）	美国	资产管理及投资银行

注：按照维塔利等（2011）所测算的全球控制力排序。

　　由于跨国公司在经济中占据如此重要的位置，但同时又能给投资母国和东道国产生巨大的影响，因此各国公众和政策制定者却对跨国公司怀有非常复杂的情绪，既把它们看作国外财富和技术知识的载体，同时又把它们看作对本国民族产业和财富的威胁。政策制定者往往在希望吸引外资来到本国，并对本国企业占据《财富》杂志榜单引以为豪的同时，对本国企业关闭国内厂商投资海外厂商感到担忧，或者对外国品牌挤出本国品牌心存忧虑。而从理论上对跨国公司及其国际直接投资活动的分析，正是本书所要探讨的主题。

二、各国和国际组织对跨国公司直接投资活动的规范

　　跨国公司及其国际直接投资活动在世界经济发展中如此重要，可以说国际投资和国际贸易二者共同成为促进世界经济发展的支柱。随着世界贸易成立后发展中经济体的经济发展和对外直接投资增长，国际贸易和国际投资的协同作用更加成为推动世界市场整合、全球经济发展和各国经济融合的重要力量。在这个过程中，国境的概念不断被淡化。但是各国不同的主权、利益、制度、文化也使得跨国公司经营和国际直接投资面临各种不确定性和风险，跨国公司活动给各国跨国公司和国际直接投资治理带来一定的难题，而各国对跨国公司和国际直接投资的约束政策不统一又反过来影响了国际直接投资的流动和经济一体化。因此，形成国际上对跨国公司及其国际直接投资活动的共同规范和必要监管，对规范跨国公司行为、促进国际直接投资健康发展和提高世界经济包容性显然大有裨益。遗憾的是，

目前对于投资的约束仍严重依赖于各国之间的双边投资协定（Bilateral Investment Treaty，BITs），而不是基于多边协议框架。世界贸易组织等国际组织虽致力于达成国际多边协议对国际直接投资进行统一规范，仍未取得实质性的进展。

双边投资协定（BITs）是指资本输出国与资本输入国之间签订的，以促进、鼓励和保护国际私人投资为目的，并约定双方权利与义务关系的协议。这是目前各国保护私人外国投资普遍行之有效的重要手段，被视为有关国家投资环境的重要标志之一。截至 2021 年 10 月，全球已有 2837 个双边投资协定，已生效协定为 2269 个。但是双边投资协定的网络存在严重的不均衡问题。从签订双边投资协定的经济体分布来看，发达国家之间普遍签署了双边投资协定，发展中国家中具备签署双边投资协定实力的国家主要是较大的新兴经济体，比如中国和印度。中国目前已签订 105 个双边投资协定，而具有重要意义的中欧投资协定谈判正在进行①。但是，31 个最不发达经济体之间签署的双边投资协定仅仅有 64 个，更多的是与发达经济体所签署的协定（351 个），但很多不发达经济体与发达国家所签署的双边投资协定往往属于从"老宗主国"获得官方经济援助（Official Development Assistance，ODA）的必要条件签订的②。从资金流向看，投向 49 个最不发达国家的投资资金仅为 2%。尽管有效运用国际投资资金对发展经济是非常重要的，但是很难认为不发达经济体目前已成功建立连接它们和世界经济的桥梁。前文分析国际直接投资的流向时也提到，国际直接投资的主要输出国和接受国仍以发达国家为主。

除了双边投资协定，部分区域性经济一体化框架为促进国际直接投资的区域内自由流动，协调区域内成员的统一政策做出了一定尝试。目前欧盟（Eureapion Union，EU）、北美自由贸易协定（North American Free Trade Agreement，NAFTA）、亚太经济合作组织（Asia-Pacific Economic Cooperation，APEC），以及最新签署和推进中的区域全面经济伙伴关系协定（Regional Comprehensive Economic Partnership，RCEP）等区域经济与贸易合作协定是当前区域性投资自由化框架的主要协议，分别在欧洲、北美和亚太地区对于投资议题进行了不同程度的规范③。但由于上述区域化

---

① 据商务部官方网站数据整理（http://tfs.mofcom.gov.cn），截至 2020 年，中国签订已生效的双边投资协定协议为 105 个。

② 参见 UNCTAD 官网统计，https://investmentpolicy.unctad.org/international-investment-agreements。

③ 区域全面经济伙伴关系协定（RCEP）中的第十章对投资保护、自由化、促进和便利化四个方面进行约束，是推动区域投资便利化的重大进展。

一体化框架在参与国家的经济发展和平衡程度、内部的投资自由化和便利程度上仍然差异较大，仍然不足以推动全世界各国的全面投资便利化。

多边国际投资协定的前景并不明朗。有关国际投资协定的多边谈判大多以失败告终。而国际投资协定的谈判历史也基本上是发达国家和发展中国家的对立史。联合国为构建对发展中国家有利的国际经济体系付出了努力，并在 1974 年通过"建立新国际经济秩序宣言"的大会决议。1983 年，联合国起草"联合国跨国公司行为守则案"，也致力于签订综合性国际投资协定，可是由于发展中国家和发达国家之间的隔阂没有消除，1990 年放弃了谈判。

世界银行（World Bank，WB）则为各国解决投资方面的争端提供了一定的解决方案。1962 年，在世界银行主持下，各国开始起草《关于解决国家和其他国家国民投资争端公约》（也简称为《华盛顿公约》）协议草案，在经过激烈论战和多次修改后，该公约与 1965 年正式通过，并据此于 1966 年成立了国际投资争端解决中心（International Centre for Settlement of Investment Disputes，ICSID）。国际投资争端解决中心是依据《关于解决国家与其他国家国民投资争端公约》而建立的世界上第一个专门解决国际投资争议的仲裁机构，旨在通过调解和仲裁的方式，专为解决政府与外国私人投资者之间争端提供便利而设立的机构。提交该中心调解和仲裁完全是出于自愿。作为解决缔约国与其他缔约国国民投资争议的常设机构，具有独立的国际法人地位，但仍然保持着与世界银行的密切关系[1]。目前，该公约的争端解决框架包括 163 个成员方，涵盖了世界大多数经济体，中国于 1993 年加入该框架[2]。但是，作为新兴发展中经济体的巴西、印度等国因为内部实行以保护主义为宗旨的投资政策，都未加入该协定[3]。

经济合作与发展组织（OECD）自 1995 年就《多边投资协定》（Multilateral Agreement on Investment，MAI）展开谈判，希望达成通过全面的成员国投资协定，以减少国际投资障碍和扭曲、优化经济资源配置，从而最终促进各成员国对外投资、经济增长和就业。该谈判构想可追溯至

---

[1] 根据公约 67 条规定，世界银行或者国际法院的成员国，或者经理事会 2/3 多数同意的其他国家方有权加入公约。而根据公约第 5 条，ICSID 的理事会由各国指派的世界银行理事组成，世界银行的行长担任理事会主席。

[2] 数据引用自 https://icsid.worldbank.org/about/member-states/database-of-member-states。

[3] 值得注意的是，印度和巴西于 2020 年 1 月签署《投资合作与便利化条约》（Investment Cooperation and Facilitation Treaty Between the Federative Republic of Brazil and the Republic of India，简称《巴印 ICFT》）。该协议同 ICSID 协议框架的区别在于，ICSID 旨在促进国际投资和解决投资争端，巴印协议强调东道国权利，对抗 ICSID 和预防投资争端。

1961 年以来 OECD 对国际直接投资自由化框架的设想。MAI 谈判的最初设想非常宏大，并不仅仅是在经济合作与发展组织内部达成统一框架，也希望能逐步向其他发展中国家开放。协议的谈判框架包括投资保护、投资自由化和争端解决三个部分，但因为在国民待遇、最惠国待遇等例外待遇方、各成员国主权和次主权处理、争端解决问题等方面存在较大分歧，导致《多边投资协定》谈判于 1998 年终止，未能达成实质性的协议。当然，虽然最终协议未能达成，MAI 谈判过程也达成了一些关于资本流动自由化的初步协议，从制度安排上对促进发达国家相互之间的投资便利化起到了一定的作用。

世界贸易组织也为规范和约束国际直接投资做出了努力和尝试。乌拉圭回合就与贸易有关的投资措施协议（Agreement on Trade-Related Investment Measures，TRIMs）达成了一致，针对部分投资东道国对吸引外资的种种附加限制，规定不得采用与贸易有关的两大类针对外资企业的限制性措施，主要涉及那些要求购买或使用特定数额国产品的措施（"当地含量要求"）和把进口数额限制在与出口水平相应幅度上的措施（"贸易平衡要求"）等 5 项具体措施[①]。同时，在货物贸易理事会下设立与贸易有关的投资措施委员会，监督该协议的运行并磋商与本协议的运行和执行相关的事宜。基于该协定，巴西、印度尼西亚、印度、菲律宾的国产汽车发展政策作为争端解决案例，曾被起诉并部分接受了 WTO 调解。从这个意义上，TRIMs 协定在促进世界贸易自由化的同时，也在一定程度上对便利国际投资起到了非常积极的推动作用。世界贸易组织也曾设想以该协定为基础，进一步推动构建多元化的投资自由化框架，但由于阻碍重重也未能取得进一步的实质性进展，仅仅停留在探讨阶段和多哈发展计划的理念上。

综上所述，目前国际上并未形成类似世界贸易组织关于贸易问题所达成的具有全面性、约束性和一致性的多边协议来规范各成员方的国际直接投资问题。其中最大的一个难题是，目前发达国家仍然是主要的投资母国和跨国公司母国，因此多边谈判中很容易令发展中成员认为发达国家是跨国公司的利益代言人和投资母国的代言人，而未能照顾到发展中国家的利益。因此，如何构建多元化和包容性的投资框架，使得发达国家和发展中国家都可以进行承诺并约束各自政策，最终使得各成员方从中长期受益，仍然是一个前景尚未明朗的重大挑战。

---

① 需要注意的是，被 TRIMs 协议所限制的投资相关措施是因为违反了 1994 年《关税与贸易总协定》（GATT）第 3 条第 4 款（国民待遇）和第 11 条第 1 款（取消数量限制）而被列为禁止性措施，因此本质上这仍然是关于贸易而不是关于投资的协定。

三、本书所要探讨的主要问题

综上所述，跨国公司及其对外直接投资行为是影响世界经济和各国经济发展的重要因素，而大型跨国公司则以其巨大的影响力成为全球经济体中的主要参与角色并对市场运行和科技发展起到重要作用。在特定的历史环境下，跨国公司及其投资行为甚至会影响国际政治经济关系和地缘政治。对上述跨国公司活动进行全面而多角度的阐述分析是较为艰巨的任务，而本书的侧重点则是跨国公司投资动机及其带来的经济影响，阐述相应基本理论和实证研究。后续章节将着重阐述以下问题。

第一，企业何以成为跨国公司？这涉及企业成为跨国公司的动机，也同时涉及跨国公司得以存在和发展的基础。为了分析这个问题，本书将利用大量篇幅来进行探讨，而探讨的起点最早追溯到 20 世纪 60 年代海默博士对此问题的系统性论述，同时也要涉及到当前关于跨国公司对外投资动机的前沿研究。而对企业进行跨国经营活动剖析的关键在于两方面：第一点，企业在成为跨国公司之前，究竟具有什么样的特征让跨国公司与一般性国内企业区别开来？第二点，跨国公司进行不同类型的国际直接投资活动时究竟会面临什么样的权衡取舍，使得公司最终做出这样的决策？很显然，不是所有的行业都成为国际直接投资的主要行业，而在那些产生大量国际直接投资的行业中，也不是每个企业都成了跨国公司。

第二，关于跨国经营活动的地理分布。跨国公司的生产活动布局集中于部分国家和地区，为什么跨国公司投向一些国家（地区），而不去另外的国家（地区）？从前文可以发现跨国公司活动实际上在各国之间分布得非常不平衡，而当地理区位差异同行业技术差异交织在一起，国际直接投资模式和区位也会相应变得更为复杂。那么，不同类型的国家和地区究竟在吸引国际直接投资上面存在何种具体差异？究竟什么样的影响因素，决定了跨国公司国际直接投资活动的地理或区位分布？

第三，关于跨国公司的进入策略和海外经营实体的所有权结构。当跨国公司决定在国外进行投资与生产时，可以采取的具体进入策略包括哪些？这些不同的进入策略之间的区别和联系是什么？采取这些不同的进入方式主要基于什么样的考虑，会在海外子公司带来何种控制结构的差异和后续影响？这也是本书所要探讨的重要问题。

第四，跨国公司和国际直接投资活动对于母国和东道国经济分别有什么影响？跨国公司及其国际直接投资活动在全球生产链中占据重要地位，甚至是产业链国际分工的发起者，无论是对母国还是对东道国势必产生非常深远的影响，而影响也会涉及一国经济增长、资本积累、要素市场、收入分配、产业结构变化、技术变迁等各个方面。探讨跨国公司及其国际直接投资活动对母国和东道国上述各个方面产生的影响，也是本书将要着重讨论的问题之一。

第五，对中国吸引国际直接投资和对外直接投资进行简要剖析。中国自改革开放特别是 20 世纪 90 年代建立社会主义市场经济体制以来，以稳定的政治环境、快速的经济增长、巨大的发展潜力、丰富的要素资源等各方面吸引了大量对华投资。而入世以来特别是中国经济成为世界第二大经济体之后，中国企业对外直接投资的步伐更不断加快，在"走出去"的政策促进和企业自身成长等各方面因素推动下，中国已经成为净对外直接投资国。那么，如何看待上述现象，它又会给中国经济的未来发展带来怎样的变化？这是本书将要探讨的最后一个问题。

本章思考题

1. 思考并解释跨国公司和国际直接投资的定义。根据上述定义并搜索相关资料，分析下列公司的全球经营活动，并界定它们是否属于跨国公司：中国石油化工集团公司、中国工商银行股份有限公司、华为技术有限公司、联想控股股份有限公司、大疆创新科技有限公司、字节跳动科技有限公司。

2. 假设南开大学王江东同学经过在软件学院的刻苦学习和努力钻研，掌握了一项领先的"通过手机语音输入自动完成视频拼接与剪辑"的创新技术。那么王江东同学使用该技术服务于国内外消费者，并因此获取利润的方法有哪些？在何种情况下，王江东同学会考虑成立一家跨国公司？

3. 爱尔兰被称为"欧洲硅谷"，吸引了包括苹果（Apple）、谷歌（Google）、脸书网（Facebook）等世界著名计算机和互联网公司设立欧洲总部。其中，苹果公司于爱尔兰设立的苹果国际运营公司（Apple Operations International，AOI）和苹果国际销售公司（Apple Sales International，ASI）实际上是苹果公司的全球利润中心。2009 年至 2012 年，ASI 实现税前利润 740 亿美元，占苹果公司全球利润总额的 63%。但是，ASI 仅就其来源于爱尔兰境内的所得进行纳税申报，其全球所得的实际税率平均只有 0.08%。上述情形俗称为"爱尔兰三明治夹心避税"。你认为苹果公司的上述运营管理安排是否合理？应该如何看待苹果公司的国别属性？

第二章　跨国公司活动的性质和历史演进

跨国公司首先是一个企业。因此分析跨国公司的前提是要探讨企业在经济实践中为何存在并发展，继而如何跨越了国境成为跨国公司。本章简要回顾企业的扩张和发展过程，以及企业如何发展成为跨国公司的历史演变，介绍国际直接投资活动的发展趋势，并简要梳理关于企业性质的早期研究，为后续跨国公司及其直接投资活动的理论及实证分析提供一个必要的理论基础和历史背景铺垫。

第一节　企业的性质和发展

一、企业的性质

在跨国公司成为世界经济中的普遍现象之前，现代工业社会和经济体系首先接受的是"大型企业"这样一个概念。或者说，大型企业是跨国公司的前身。绝大多数跨国公司都是从一个国内的大型企业演化而来的。因此，在探讨跨国公司的演化和发展之前，有必要回顾企业的演化历程，而厘清企业的性质是分析企业演化进程的前提。

在任何历史阶段，企业的首要活动都是从事生产（包括有形商品或无形商品）。从基本经济概念出发，企业是要素的雇佣者和生产活动的组织者。企业雇佣劳动者并向他们支付报酬，同时投入原材料、中间产品和金融资产以进行特定规模的生产活动。从企业的目的出发，企业生产是一种价值创造或价值增值活动，通过较小的经济价值投入实现更大的经济价值输出，并从这个过程中实现企业所有者的利润。为了实现上述增值目标，企业必须在市场活动中从事市场交易。但值得注意的是，企业的交易活动并非完全基于市场机制交易方式来达成。例如大型制造业企业内部，不同车间甚至不同工厂之间的零部件可能采用直接调配的制度；而对劳动力的雇佣也通常实行年薪制而并非简单地实行市场化计件工资。

对于企业的上述特征，在古典经济学和新古典经济学的相关论述中都有所涉及。究竟什么是企业呢？斯密在《国民财富的性质和原因的研究》一书中以制针厂为例对劳动分工过程进行了分析，但没有明确界定企业的性质。斯密认为一国国民财富积累最重要的原因是劳动生产率的提高，而劳动生产率的提高则是劳动分工的结果。斯密指出："有了分工，同等劳动者的劳动时间就能完成比过去多得多的工作量，其原因有三：第一，劳动者熟练程度的增进，必能增加他所能完成的工作量，因为劳动者始终从事一种单纯操作，当然能够达到增进自己的熟练程度；第二，由一种工作转移到另外一种工作，通常要损失一些时间，比我们就开始所想象的要大得多，而分工则能节省这部分时间；第三，用适当的机械能在极大程度上简化劳动和节省劳动，而简化劳动的机械的发明也是归因于分工。"[①]因此，斯密指出，劳动生产率的进步是劳动分工的结果，而劳动分工程度则受到交换能力大小的限制，即受到市场广狭的限制。简而言之，分工受市场范围的限制，这就是闻名的"斯密定理"。斯密虽然没有直接解释企业的定义和企业的性质，但是通过上述对于市场分工和劳动分工的阐述，其理论分析已经以企业为分析载体，"制针厂"作为一个企业是劳动分工完成并提升劳动生产率的必备组织者。因此，企业内部的分工与组织对劳动生产率的提升和分工的深化至关重要。

与斯密论述劳动分工类似，马克思在其对资本主义生产方式的分析中，详细探讨了协作生产与个体小生产的不同，其分析明确涉及企业的性质。马克思指出，随着商品流通的发展和对商品需求的增长，个体小生产在生产上的局限性导致了企业内协作这种联合生产方式的产生："资本主义生产实际上是在同一资本同时雇用较多的工人，因而劳动过程扩大了自己的规模并提供了较大量的产品的时候开始的。较多的工人在同一时间、同一空间（或者说同一劳动场所），为了生产同种商品，在同一资本家的指挥下工作，这在历史上和逻辑上都是资本主义生产的起点。"[②]从这一段分析中可以看出，协作生产实际上是在资本家[③]的组织下所进行的，而进行协作生产的空间和劳动场所，实质上就是企业。换言之，企业作为资本主义

---

① 亚当·斯密，国民财富的性质和原因的研究[M]. 北京：商务印书馆，2015：4.
② 马克思等，中共中央编译局译. 资本论：第一卷[M]. 北京：人民出版社，2004：374.
③ 即企业主。

生产方式的重要载体，为将个体小生产的生产方式转换为协作联合大生产的生产方式提供了基础。随着资本主义生产方式大规模替代封建农业生产和个体小生产，规模生产的企业也登上历史舞台，成为资本主义至当前世界经济中重要的基本经济单位和协作化生产组织者。

随着马克思《资本论》对古典经济学时代的终结，经济学理论体系自此开始了不同方向的发展。马歇尔《经济学原理》作为对古典经济学的部分继承和后续新古典经济学体系的奠定之作，从边际学派引入了主观效用这一概念，用比较完整的理论体系对资本主义生产方式进行了阐述，而企业和企业家也是其分析的重要概念。马歇尔指出，协作是工业组织的前提，工业组织是大规模生产所必不可少的承载，而企业则是工业组织体系中的重要一环。马歇尔进一步明确指出，生产规模扩大所带来的优势可以分为两类：一类有赖于社会生产力的发展，可以叫作外部优势；另一类有赖于从事该行业的个别企业的资源利用效率和经营管理效率的提高，可以称为内部优势。而企业的组织和这种内部优势对于大规模生产如此重要，因此可以视作一种独立的生产要素并获取相应的报酬，从而可以把生产三要素扩充为生产四要素，即劳动、资本、土地和组织（企业家才能）。马歇尔上述关于企业和企业家的论述，特别是企业组织作为第四种生产要素的分析把经济学理论体系对于企业的性质及其重要性的研究进一步推进。[①]

然而，上述早期理论体系都没有把"企业"本身放置于理论体系的核心。直到 1937 年科斯发表《企业的性质》，经济学理论才触及企业的本质，对"既然有市场，那么为什么还需要企业？"这样一个问题展开回答。科斯在《企业的性质》的开篇就指出，当时经济理论普遍忽视了企业性质这一重要的经济问题。"过去，经济理论因始终未能清楚地阐明其理论假设而备受困扰……例如，值得一提的是，'企业'这个词在经济学中的含义与一般人的理解就有所不同。由于经济理论的分析起点往往是从私人企业开始，而并不是直接从某产业开始，因此，不仅有必要对'企业'这个词给出明确的定义，而且必须要澄清经济理论中的'企业'与'现实世界'中的企业有何不同之处。"[②]具体的，马歇尔所说的企业内部组织究竟是何种机制呢？科斯对于企业的剖析也正是从企业内部决策机制和市场机制的不同开始的。科斯指出："在经济理论中生产要素在各种不同的用途之间的配置是由价格机制决定的。如果要素 A 的价格在 X 行业比在 Y 行业高，则 A 就

---

① 马歇尔. 经济学原理[M]. 陈良璧，译. 北京：商务印书馆，1965.
② Coase R H. 1937. The nature of the firm. Economica, 4 (16): 386-405.

会从 Y 行业流向 X 行业，直到 X 和 Y 之间的价格差消失为止……然而在现实世界中，我们发现这种说法在许多地方并不适用。如果一个工人从（企业内的）部门 Y 流向部门 X，他这样做并不是因为相对价格的变化，而是因为他被命令这样做。"[1]或者说，在企业之外，价格变动决定生产，这是通过一系列市场交易来协调的。在企业之内，市场交易被取消，伴随着交易的复杂的市场结构被企业家所替代，企业家指挥着生产。

换言之，生产存在不同的两种方式：第一种可以在不需要任何组织的情况下由市场机制独立完成。例如制针厂中的分工，可以由多个独立的个体劳动者完成制针厂中的某个独立环节，再以市场机制将其产品出售给下一个环节的生产者，并不一定需要一个制针厂来组织劳动者的分工[2]。第二种则是企业内部的组织机制，该机制由命令和计划完成，而并非市场机制来完成。因此，回答企业的性质，就等于需要回答这样一个问题：企业内部组织生产要素的配置同外部市场机制配置生产要素相比有何优势？

科斯认为，市场交易存在交易成本从而使得"建立企业有利可图"，这是企业存在的根本原因。科斯（1937）指出："企业的显著特征是作为市场价格机制的替代物。建立企业有利可图的主要原因似乎是，利用价格机制是有成本的。通过价格机制'组织'生产的最明显的成本就是所有发现相对价格。同时，利用价格机制也存在着其他方面的不利因素（或成本）。为某种物品或劳务的供给签订长期的契约可能是人们所期望的。这可能缘于这样的事实：签订一个长期契约以替代若干个短期契约时，签订每一个短期契约的部分费用就将被节省下来。或者，由于人们为了防范某些风险，他们可能宁愿签订长期契约而不是短期契约。"[3]因此，考虑到市场交易的成本，用市场交易来组织生产要素的配置并非唯一或最优的方案。而现代经济学的发展对于市场失灵、市场交易中的信息不对称等研究的推动，也使得人们对于市场交易的交易成本有了更为深入的理解。

需要注意企业并不能完全取代市场机制。企业存在于市场之中，市场机制仍然是资源配置的基础[4]。企业根据内部组织交易的成本和外部市场组织交易的成本的比较，来确定企业的边界。而企业的本质是倾向于扩张

---

① Coase R H. 1937. The nature of the firm. Economica, 4 (16): 386-405.

② 迄今为止，这样由独立生产者各自完成不同工序，最终由市场机制调配各不同生产阶段半成品的生产方式在各国很多传统制造业中仍然存在。

③ Coase R H. 1937. The nature of the firm. Economica, 4 (16): 386-405.

④ 科斯在论文中引用 D. H. 罗伯逊的比喻，认为企业和市场的关系类似 "企业在市场中犹如大海中的小岛，黄油牛奶桶中的黄油颗粒"。

的，只要企业内部组织交易的成本低于市场组织交易的成本，企业就会持续扩张。

在这样的权衡取舍中，一旦企业规模的扩张跨越了国界，那么企业就从一个国内公司成长为一个跨国公司[①]。但由于国界和边境给公司生存和经营带来的挑战不同于国内不同地区或行业市场，所以成为跨国公司所要面临的问题也不再是企业进行普通规模扩张的问题的简单延续，本书的后续章节则会进一步深入探讨企业何以成为跨国公司。

二、企业的发展

实践中企业的发展往往领先于理论对企业的系统探讨。17、18 世纪，农业及其相关商业活动居于经济的重要地位，经营工商业的所有者或合伙人无须采取公司制，即可有效从事工商业，个体企业和合伙制是市场中企业的主体。但随着工业革命的成功，新技术不断出现，运输方式不断高效发展，经济范围随着距离的消失不断扩大（见表 2-1）。伴随这个过程，公司的能力自从资本主义生产方式在西方确立以后得到极大的拓展，使之后出现的工厂和与今天大致相似的企业组织成为市场经济的主流。这个过程是市场规模伴随着运输效率的提升而不断扩大的过程，继而引发市场规模扩大促进劳动分工深化的进程，并最终因为劳动分工的深化促进劳动生产率进一步提升的过程[②]。最终，世界经济的基本面貌得到极大的改变，而企业的面貌也从 17、18 世纪农商经济和资本主义萌芽中的个体和合伙形态进入到工业资本主义大生产方式的新形态。

表 2-1　距离的消失

时期	交通工具	时速（公里/小时）
16 世纪初—19 世纪早期	人力船只和马车	16
19 世纪中期—19 世纪末	蒸汽轮船	50
	蒸汽火车	100
	机动车	150
20 世纪初至今	高速铁轨列车	350
	喷气式飞机	1000

[①] 需要指出，现当代经济中跨国经营的成本随着信息化和经济全球化降低，从而导致部分小规模企业从诞生开始就面向国际生产经营活动，成为"天生的国际企业"。

[②] 奇波拉认为，日常生产和贸易活动中的主流长距离贸易范围半径为一个月往返。这个贸易半径随着交通方式的改变，逐渐从地中海扩展至大西洋并最终拓展至全球。参见奇波拉的《欧洲经济史》。

随着工业资本主义时代的来临，公司制逐渐开始发展并成为市场经济中企业的主体形式，它们不再由一个企业家个人或家族拥有和经营，也不局限于由少数人合伙而形成的合伙制企业。企业开始在法律上具备独立法人资格，企业持股人可以通过有限责任制度区分责任范围，并可以通过由特定经理人阶层进行专事管理而实现所有权与经营权分离。企业组织革新和工业资本主义增长导致企业内和企业间的专业化和分工程度逐步加深，这反过来又促使企业间为了降低成本和增加收益进行分工的深化和专业化交换。传统个人和合伙企业基于个人信任和相互宽容的合作关系被以具有法律约束力的合同和详细的监管制度所全面取代。

这个阶段不仅仅是公司规模和组织形式的革新。由于工业革命大幅提高技术能力在生产过程中的作用，技术创新对于公司的重要性越来越强，并且很多技术以主动研发的方式来获取。一旦创新成功，它们往往成为所有者的专有权利，形成一定的技术垄断，使得公司规模可以进一步扩大[1]。

以美国为例，1812 年战争后新英格兰地区工业发展很快，企业规模迅速扩大，公司制开始发展。在之后的半个世纪内，运输、通信和金融领域公司制已非常普遍，但此时其他领域仍以个人所有者和合伙制企业为主。到十九世纪七十年代，基于有限法律责任的各类公司制和股份制逐渐趋于成熟。虽然经历了 1893 年经济萧条，但是 1897 年至 1908 年美国企业开始了第一次大规模兼并浪潮，此时大部分美国行业中的公司制已经非常普遍[2]。大兼并运动的另一结果是美国工业经济的大部分部门都转向高度集中的发展方式，"U" 形公司组织结构成为主流（结构如图 2-1 所示）。正如钱德勒（1987）所述："到了 1917 年，大部分的美国工业都已经具备了自己的现代结构，此后，大企业继续集中在那些它们于 1917 年时就已集中于其内的行业组中。而且这些公司持续保持其在各自行业中的优势地位。"[3]

图 2-1 "U" 形公司结构

---

① 后续各章会深入分析这种公司特定的所有权优势对于跨国公司活动的重要性。

② 斯坦利・L. 恩格尔曼，罗伯特・E. 高尔曼. 剑桥美国经济史：第三卷[M]. 高德步，等译. 北京：中国人民大学出版社，2008：674-676.

③ 小艾尔弗雷德・D. 钱德勒. 看得见的手——美国企业的管理革命[M]. 重武，译. 北京：商务印书馆，1987：425.

这次跨世纪的企业大兼还开启了美国公司史上的"20 世纪",奠定了迄今仍基本不变的工业组织结构,同时也促进了美国经济发展和全要素生产率的快速增长(见表 2-2)。正如本书第一章表 1-6 所示,在这个阶段通过兼并发展的很多大型公司,至今仍在美国经济中居于行业领头位置。而后续公司规模和组织形式的很多变化,也与公司的跨国经营活动密切相关。

表 2-2　美国 19 世纪至 20 世纪初期的经济增长

各项	1800—1855 年	1855—1900 年	1900—1927 年
美国人均 GDP	0.87	1.47	1.74
美国 TFP 增长	51%	35%	69%
美国 GDP	2.7	6.3	3.5
世界人均 GDP	0.3	1.2	1.2
世界 TFP 增长	0.6	1.8	2.1

注:美国数据引自《剑桥美国经济史(第三卷)》第 1 章;世界人均 GDP 增长引自 Carlos Sabillion. 2005. World Ecnomonic Historical Statistics. Algora Publishing.

三、跨国公司的发展

虽然跨国公司的快速发展是第二次世界大战后由美国大型公司所推动的,但追溯其起源则与资本主义工业革命和对外殖民活动的历史密切相关。工业革命极大地改变了国家和企业从事国际贸易与殖民活动的能力和诱因。19 世纪伴随欧洲到北美的大规模国际人口迁移,大量人力、资本、技术、管理和创业精神也从英国转移到北美。同时新的诱因促进英国公司进行海外投资,以获取英国工业发展所需要的矿物和原材料,同时扩大其殖民地。在这个阶段,许多企业家和资本一起伴随殖民活动甚至军事入侵迁移到国外,比较典型的如英国东印度公司、瑞典非洲公司和哈德逊湾公司。因此严格意义上该时期的对外投资与本书所界定的对外投资意义和性质并不相同。但这些资本无论其动机和对东道国经济发展的影响都有许多外国直接投资的特点,因此仍然可以被视为现代跨国公司及其直接投资活动的早期案例。

20 世纪初期,世界经济经历了较大的波动。第一次世界大战和 1929 年世界经济危机极大地影响了公司的对外直接活动,同时也影响公司对外直接投资的格局。战争使得俄罗斯在欧洲边缘化,而主要投资国家中只有美国在战争中免受损害。美国的跨国公司在大萧条中受到的损害小于平均水平,所以美国公司的直接资本股权份额从 1914 年的 18.5%上升到了 1938

年的 27.7%。美国的跨国公司自第一次世界大战后得到了很好的发展，其对外投资不断增长，终于成了净债权国；同时美国的对外投资广泛分布，各种公司渗透到了各个行业。这个阶段的对外直接投资形式混杂，既包括现代意义的股份制公司对外投资，也包括传统家族式企业的投资或企业主迁移；同时兼顾国际贸易和国际投资的企业也占据了一定的比例，而前往殖民地的投资活动也仍然在这个阶段占据较为重要的比例。跨国公司的组织形式在总体上没有突破性的改变。从投资动机上看，对资源矿产类的控制是该阶段跨国公司的主要目的，美国在墨西哥湾、东印度群岛和中东进行了大量石油投资，在非洲则进行铜矿和铁矿投资，在荷兰和英属圭亚那群岛进行铝矿投资，在智利进行硝酸盐矿投资，在南非进行贵金属投资，在马来西亚和东印度群岛则进行了橡胶行业投资[①]。

第二次世界大战以后，国际生产越来越像国际贸易活动一样成熟。受益于劳动与生产的国际分工和区域性甚至全球性市场，跨国公司迅速发展，也呈现出新的特征。这些新特征主要表现在以下三点[②]：首先，跨国公司已经从最初追求市场和资源到追求效率，或者追求战略资产。前两种投资已经成为战略投资的一部分。其次，跨国公司生产活动的组织形式也更加多元化，特别是非股权合作形式势如雨后春笋发展。最后，许多跨国公司对它们的国际活动已经进化出新的态度和策略。内部治理和激励结构不断调整以满足新环境、技术和社会挑战。越来越多的跨国公司成为一个系统的连锁全球生产链的增值活动，通过对外活动不断调整企业的策略。

跨国公司商业组织形式在第二次世界大战后产生了显著的革新。战后经济复苏为跨国公司的发展提供了巨大的增长机会，许多国家希望有管理经验的企业来进行投资，而母公司在外国建立子公司也可以扩大母公司的生产能力和利润积累。在经济复苏的初期，跨国公司的发展历程一般仍然遵循先进行进出口，随着进出口规模的扩大和对市场的熟悉，再逐渐进行东道国的投资和本地生产的乌普萨拉模式（Uppsala Model）。在乌普萨拉模式中，跨国投资一般仍以服务于东道国市场为目的，从贸易和投资的关系上来讲属于对贸易的替代，因此对外投资活动一般遵循渐进发展路径[③]。但随着各国经济复苏，国际商业的活动不断增多，跨国公司投资动机开始多样化。同时中间品贸易大幅发展，跨国公司体系的内部化生产和贸易比

① Dunning J H, S M Lundan. 2008. Multinational Enterprises and the Global Economy. Edward Elgar Publishing: 164.

② Dunning J H, S M Lundan. 2008. Multinational Enterprises and the Global Economy. Edward Elgar Publishing: 164.

③ Johanson J, J E Vahlne. 1990. The Mechanism of Internationalisation. International marketing review.

例也开始上升。跨国公司的规模显著增长，一个公司内部可以调动的资源和涉及的市场范围空前扩大，也对其组织形式提出了更新的要求。

同时，法律和技术上的变化也为这种组织形式的革新提供了历史背景。首先，美国国内的反垄断法使得寡头难以为继，因此大量的原垄断性或寡头公司拆分；技术的进一步发展使得公司管理的交易成本降低，例如民用飞机的普及使得多子公司的跨国公司管理难度极大程度地降低。通用公司创立的"M"形公司管理结构也在跨国公司的结构中普及，并在全世界进行推广（见图2-2）。第二次世界大战后，美国在经济实力上进一步夯实了主导地位，并伴随着其跨国公司的全球投资，开始形成经济和公司发展史上的"美国世纪"。

图 2-2 "M"形公司结构

进入20世纪90年代以来，跨国公司再次经历了重要的发展和转型。由于互联网技术得到普遍应用，各国之间的通信和沟通成本急剧下降，经济全球化和经济一体化程度空前加深，跨国公司的经济规模和全球生产链管理也达到了历史新高。据联合国统计，1992年，世界共有跨国公司3.7万家，国外分支机构达17万家，年销售总额达0.55万亿美元，超过世界贸易总额。到2008年经济金融危机之前，全球跨国公司达到约8.5万家，仅1%的大型公司年投资就超过国际投资的50%[①]。各行各业的跨国公司不断涌现，甚至不再局限于少数行业的巨头企业，也不再局限于发达国家的领先企业，来自发展中国家和新兴经济体的跨国公司快速发展，而很多规模较小却从企业初创阶段就立足于国际经营的"天生国际化企业"也开始崭露头角。不同形式的非股权合作经营企业如雨后春笋般出现。在过去的30年里许多跨国公司已经出现了新的国际活动态度和策略，新的跨国公司联盟不断形成。而对于那些传统跨国公司巨头来说，其跨国化经营程度之高，已成为名副其实的"全球企业"。与此同时，随着金融市场的全球化和跨国购并活动的大量出现，跨国公司的股东也进一步国际化。仅1989年，

---

① 参见《世界投资报告2008》（UNCTAD）。

美、英、日、德之间跨国的股权投资就增加了 20%。在这样的背景下，跨国公司逐渐呈现出"全球公司"的特征，跨国公司特别是一些巨型跨国公司以全球为范围来统一配置资源和从事经营活动，其国家特性越来越弱。

而当前随着跨国公司朝"全球公司"发展，其公司利益与母国利益之间的冲突也越来越多，逐渐呈现出其利益同母国传统国家利益相脱离的一定趋势。甚至有部分国外学者认为，随着跨国公司生产经营的全球化，其国籍属性已经淡化。例如日本学者大前研一指出，"海外子公司"或者"母国"这样的概念，对于一家真正的全球公司而言是不存在的[①]。特别是进入 21 世纪以来，苹果（Apple）、谷歌（Google）、脸谱网（Facebook）、等计算机互联网跨国公司巨头的全球化经营和爱尔兰—荷兰"三明治"框架[②]，逐渐淡化了公司的母国属性，给各国特别是母国对跨国公司的监管带来新的挑战。

然而即使是在全球化条件下，跨国公司在当前的发展阶段仍然不可能摆脱作为所在母国公司的性质，或者说其国籍属性依然非常鲜明。首先，巨型跨国公司的经营活动目前主要还是在其母国展开的，而母国也会以各种方式支持本国跨国公司的国际经营[③]。在当今世界，国家的经济实力和国际竞争力往往通过本国所拥有的跨国公司的数量和质量体现出来。正因为如此，各国尤其是发达国家经常运用各种政策和外交手段，帮助本国公司在国际竞争中赢得优势。例如，2000 年 11 月美国时任总统克林顿访问越南时，随行人员有 2000 人之多，其中包括通用电气、可口可乐和甲骨文等多家美国跨国公司的商务代表[④]。此外，跨国公司的母国运用税收减免、优惠信贷和投资保障等经济手段扶持本国跨国公司对外投资经营，也是不争的事实。其次，一旦跨国公司的经营活动不符合其母国的根本利益，可能就会受到母国政府的行政措施的干预甚至制裁。例如，美国特朗普政府对中国华为公司的制裁措施，实际上也对华为公司的美国供应商活动进行

---

① 大前研一. 无国界的世界[M]. 凌定胜，张瑜华，译. 北京：中信出版社，2011：20.

② 具体是指"双爱尔兰单荷兰三明治结构（Double Irish With a Dutch Sandwich）"，参见 Duhigg C, D Kocieniewski. 2012. How Apple Sidesteps Billions in Global Taxes. New York Times.

③ 例如英国学者彼得·迪肯（Peter Dicken）利用联合国贸发会议公布的 2001 年统计数据，计算出了当今世界最大的 100 家跨国公司的跨国指数（TNI，即外国资产占总资产比例，外国销售额占总销售额比例和外国雇员人数占总雇员人数比例三者的平均），结果发现平均 TNI 指数仅为 52.67，只有 58 家公司的 TNI 指数高于 50%，指数最高的 16 家公司来自瑞士、荷兰、比利时和加拿大等国。而人们耳熟能详的一些一流跨国公司的 TNI 指数普遍较低，如通用电气为第 85 位，通用汽车和丰田汽车分居 82 位和 83 位。

④ 引自《世界投资报告 2004》（UNCTAD）。

了干预。最后，跨国公司全球化经营和配置资源总体上对其母国是有利的。跨国公司在各个东道国投资经营后的收益除在当地增资，还会以各种形式汇回了母国。正是通过对外直接和间接投资，跨国公司增强了实力，扩大了市场，使利润源源不断地流入母国，而资金的增加则有利于母国投资和就业的增加，以及本国产业结构的升级。虽然跨国公司进行对外投资有可能使母国出现产业转移或就业替代，但本国跨国公司的海外投资经营，对于发达国家保持在国际分工格局中的顶层地位，无疑发挥了巨大的作用。

因此，当前跨国公司朝向"全球公司"发展也为各国政府和国际组织带来一个新的挑战：如何断定跨国公司的国籍并如何对跨国公司进行管理。既然跨国公司仍然保持着其国籍属性，应当受到各国的管辖和规范，那么就有必要依据一定标准来明确判定它们的所属国别。学术界和政府部门也不断确立这些标准，而这些标准也在不断表明这样一个事实：跨国公司依然是从事国际经营的国内企业，或者说首先是某国的国内企业。无论其具备多长时间的国际经营历史，在海外拥有多少比例资产，跨国公司依然与其母国密切相连。

具体看这些标准主要包括：（1）公司的大部分资产和雇员配置在哪个或哪些国家？（2）世界各地的分支机构被谁拥有和控制，母公司在哪国被拥有和控制？（3）在母公司的组织机构中，重要职位人员（如执行官和董事会成员）的国籍如何？在东道国的分支机构中，最高决策者的国籍如何？（4）母公司的法定国籍是什么？（5）在出现突发事件情况下，公司整体向哪国寻求外交保护和政治支持？（6）哪国的政府税收机构有权向公司的全球收入而非其在当地的收入课税？而在现实当中，上述标准能否完全判定跨国公司的属性，或者说跨国公司是否因上述标准而完全服从母国的管理，仍然是一个实践中的难题。

专栏 2　通用电气

通用电气公司即美国通用电气公司（General Electric Company，简称 GE）创立于 1892 年，是世界上最大的技术和服务提供商，总部位于美国波士顿。自从托马斯·爱迪生创建了通用电气公司以来，GE 在公司多元化发展当中逐步成长为出色的跨国公司，业务遍及世界上 100 多个国家。GE 公司由多个多元化的基本业务集团组成（参见图 1-1），如果单独进行排名，通用有 13 个业务集团可单独名列《财富》杂志 500 强。这家公司的电工产品技术比较成熟，产品品种超过 25 万种，大类包括消费电器、工业电器设备、武器装备、制造宇宙航空仪表、喷气飞机引航导航系统、多弹头弹道导弹系统、雷达和宇宙飞行系统等。

1892 年，爱迪生通用电气公司、汤姆逊·豪斯登国际电气公司等三家公司合并组成为 GE。第一次世界大战后，该公司在新兴的电工技术部门——无线电方面居于统治地位。1919 年，通用成立了美国无线电公司，几乎独占了美国的无线电工业。第二次世界大战后，通用公司的产量和利润额急剧增长。并开始以各种方式并购国内外多家企业，公司规模也不断扩大。1939 年，通用公司国内所辖工厂仅有 30 多家，到 1947 年就增加到 125 家，1976 年底在国内 35 个州拥有 224 家制造厂。在国外，通用也开始逐步合并意大利、法国、德国、比利时、瑞士、英国、西班牙等国电工企业，到 1972 年计有欧洲 33 家、加拿大 10 家、拉丁美洲 24 家、亚洲 11 家、澳大利亚 3 家、非洲 1 家海外子公司。到 1976 年底，通用在 24 个国家共拥有 113 家海外子公司或制造厂，成为一个庞大的跨国公司。

通用电气公司经营多样化，品种规格复杂，市场竞争性强，同时在企业组织管理方面也积极进行改革。20 世纪 50 年代初，通用公司采用了"分权的事业部制"，将整个公司一共分为 20 个事业部，每个事业部各自独立经营单独核算，该"M 型"组织模式被其他大型跨国公司纷纷跟进（参见图 2-2）。而随着时间的推移，企业经营对对组织机构提出了新的要求，1963 年，波契接任董事长时公司共分为 5 个集团组、25 个分部和 110 个部门，但公司销售却处于低迷时期，面临其他公司的激烈竞争，年销售额大约只有 50 亿美元。波契认为原有的组织机构已不能适应，于是他进一步扩充了集团和部门的独立性，5 个集团组扩充至 10 个，25 个分部扩充至 50 个，110 个部门扩充至 170 个。1967 年以后，几乎每一个集团组的销售额都达 16 亿美元。到 1971 年，通用的企业管理体制又采取了一种新的战略事业单位，以便能够机动有效地集中分配使用，对各种产品、销售、设备和组织制订严密的预见性战略计划，公司在销售额和利润额方面都创出了纪录。

20 世纪 70 年代中期，美国经济又出现停滞，于 1972 年接任通用电气公司董事长的琼斯又进一步改组公司的管理体制，从 1978 年 1 月实行"超事业部制"来统辖和协调各事业部的活动。在改组后的体制中，董事长琼斯和两名副董事长组成最高领导机构执行局，专管长期战略计划、政府公关和税制研究。而执行局下面设 5 个"执行部"（即"超事业部"，具体包括消费类产品服务执行部、工业产品零件执行部、电力设备执行部、国际执行部、技术设备材料执行部),每个执行部由一名副总经理负责,对之前过于分散和独立的部门进行了适当集中。这一系列改革对公司绩效提升和保持行业领先地位起到有益的影响。

1981 年 4 月,年仅 45 岁的杰克·韦尔奇成为通用电气历史上最年轻的董事长和首席执行官。在短短 20 年间,这位商界传奇人物使通用电气的市场资本增长 30 多倍,达到了 4100 亿美元,排名从世界第 10 提升到第 1。他所推行的"六西格玛"标准、全球化经营和电子商务几乎重新定义了现代企业。可以说,通用电气几乎每次商业组织形式的内部调整都会成为引领跨国公司相应调整的范例。

当前,通用电气仍然在全球各类跨国公司榜单居于前列。2016 年,通用电气公司位居全球 100 大最有价值品牌第十名;2018 年位居世界品牌实验室编制的"2018 世界品牌 500 强"第 14 位;2019 年位居"财富世界 500 强"中第 48 位;2020 年,位居"福布斯 2020 全球品牌价值 100 强"第 20 位。同时,通用在智能制造方面也开始了同中国等发展中经济体的合作,2017 年 6 月,通用宣布在天津空港经济区启用其首个美国以外、服务于多个业务部门的智能制造技术中心,也成为连接发达国家经济与发展中经济体的重要桥梁之一。

第二节 国际直接投资的发展历程

一、19 世纪的国际直接投资发展

19 世纪前半叶,以英国为主的小规模对外资本输出已经出现,但投资并不具备当今国际直接投资的典型特点,仍然有依附于海外贸易的性质。从 19 世纪下半叶至第一次世界大战爆发的 1914 年,是国际直接投资发展的起步阶段。而正如上一节对公司发展概述中所指出,该阶段英国对外投资是上述直接投资活动的主要发起国。

19 世纪下半叶,已经基本完成工业革命的英国积累了充裕的资本,英国的工业资本家为满足工业革命造成的对原材料和生活资料的极大需求而大举向海外投资,其投资总额大约占了全球对外直接投资总额的 45%,是吸引投资最多的国家。美国西部吸引了大量英国公司投资于牧场、农牧机械、灌溉工程、酿酒厂和矿山等。随着本国工业化和经济的发展,德国、

法国、美国、瑞士、荷兰和日本等国相继加入了对外投资的行列，美国是最大的资本目的地，同时也是对外直接投资的主要国家之一，其对外投资大约占总额的20%。表2-3是19世纪美国每年净投资流入的情况[①]。

表2-3　19世纪美国吸收国际投资情况（百万美元）

年份	净直接投资流入	年份	净直接投资流入
1790—1799 年	21	1860—1869 年	768
1800—1809 年	11	1870—1879 年	402
1810—1819 年	97	1880—1889 年	1146
1820—1829 年	-6	1890—1899 年	97
1830—1839 年	209	1900—1909 年	-600
1840—1849 年	80	1910—1914 年	341
1850—1859 年	196	—	—

这一时期的国际投资主要是有价证券等间接投资，直接投资则主要投向农产品、资源矿产和交通运输业，制造业直接投资份额相对较少。该时期在伦敦证券交易所挂牌的3373家以海外经营为主的英国企业中，有1802家（占53.4%）主要从事原材料生产，其余的从事制造业和服务业。以美国为例，1914年美国公司在矿业上的对外投资共达14.2亿美元，其比重占同期美国对外直接投资额的54%；而对制造业的投资额为4.78亿美元，仅占其对外直接投资额的18%。1914年美国对外直接投资累计额的地区和行业分布如表2-4所示。

至1914年，全球对外投资总额达到15亿到18亿美元，其中英国占最大份额。当年对外直接投资总额占全球总产出的9%，这个比例一直到1990年才再次达到。这段时期的全球对外直接投资扩张也同时是第一次经济全球化阶段，而到了20世纪30年代，可以基本认为第一次经济全球化告一段落[②]。

该阶段国际直接投资的发展对于当今世界经济格局的形成有着重要的意义。从马克思政治经济学的国际投资理论分析，该阶段资本输出型国际投资属于19世纪末20世纪初的垄断资本主义阶段，其增长与变化属于相对过剩资本的积累，推动了国际投资的形成与发展。英国以其附属国和

① 引自 Lipsey R E, M Schimberni, et al. 1988. Changing patterns of international investment in and by the United States. The United States in the world economy, University of Chicago Press: 475-538.

② 在英国和美国分别在第一次全球化和第二次全球化过程中起到了主导型作用。参见佟家栋、刘程. "逆全球化" 浪潮的源起及其走向：基于历史比较的视角[J]. 中国工业经济，2017（6）.

表 2-4　美国对外直接投资累计额的地区和行业分布（1914）[1]

地区/国家	总计	铁路	公共工程	石油	矿业	制造业
总计	26.32	2.55	1.33	3.43	7.2	4.78
拉丁美洲	12.81	1.76	0.98	1.33	5.49	0.37
墨西哥	5.87	1.1	0.33	0.85	3.02	0.10
古巴及西印群岛	2.81	0.24	0.58	0.06	0.15	0.20
中美洲	0.9	0.38	0.3	—	0.11	—
南美洲	3.23	0.04	0.04	0.42	2.21	0.07
加拿大	6.18	0.69	8	0.25	1.59	2.21
欧洲	5.73	—	1.1	1.38	0.05	2.20
亚洲	1.20	0.10	0.16	0.40	0.03	0.10
大洋洲	0.17	—	—	0.02	—	0.10
非洲	0.13			0.05	0.04	—

注：单位为亿美元。

殖民地为输出对象；美国以拉丁美洲国家为输出目的地；德国和法国以非洲和拉丁美洲为重点；日本则集中在亚洲特别是东南亚地区。这种资本输出型国际投资中的 70% 以上投向亚非拉落后国家，但是并不能促进亚非拉落后国家和地区的发展，反而是通过控制甚至掠夺投资目的国的资源的方式，促成了投资母国的经济发展，抑制了被投资国家和地区的经济发展。正如马克思所预言，该阶段的对外直接投资是资本从国内过剩状态转向输出到世界的阶段，最终结果是"使未开化和半开化的国家从属于文明的国家，使农民的民族从属于资产阶级的民族，使东方从属于西方"[2]。

二、两次世界大战期间的国际直接投资发展

20 世纪前半段，即从第一次世界大战爆发至第二次世界大战结束是国际直接投资发展的成形阶段。受两次世界大战和 1929—1933 年经济危机的影响，这一时期国际直接投资不断波动，未能呈现稳定的增长态势。全世界国际直接投资总额由 1914 年的 143 亿美元，逐渐上升到 1938 年的 264 亿美元，又下降到 1945 年的约 200 亿美元。至 1914 年，各国输出资本总额已达 480 亿美元，但受到第一次世界大战及经济危机的双重影响，到 1938 年仅增长 10%，为 528 亿美元。

该时期国际直接投资发展有三个特点引人注目。首先，国际直接投资

① 陈继勇. 美国对外直接投资研究[M]. 武汉：武汉大学出版社，1996：2.

② 中共中央编译局. 马克思恩格斯选集：第 1 卷[M]. 北京：人民出版社，1995：277.

在国际投资中的地位不断上升，国际直接投资总额在国际投资总额中的比重由 10% 上升到 1938 年的 25% 和 1945 年的 39%。以美国为例，其 1940 年在国外制造业的直接投资额已达 19.3 亿美元，居单项行业的首位，在全部对外直接投资金额中的比重已由 1914 年的 18% 上升为 27.5%。

其次，英国仍然一直保持着第一对外投资国的地位，但美国在国际投资领域的地位大幅提升，由第一次战后的大战前的第四位一跃成为仅次于英国的第二位，并由战前的国际债务国转为战后的主要债权国之一。1914 年，英国输出资本总额为 193 亿美元，占 45.3%，1938 年略有下降至 39.8%；美国输出资本由 1914 年的 35 亿美元上升到 1938 年的 115 亿美元，位列第二。其间德国对外直接投资则急剧减少（见表 2-5）。至第二次世界大战结束，以美国为首要对外投资国，以美国跨国公司为跨国公司代表的对外直接投资格局已基本成形。

表 2-5　两次世界大战前后的国际投资格局变化

国家	1914 年		1938 年		1960 年	
	GDP 占比	对外投资占比	GDP 占比	对外投资占比	GDP 占比	对外投资占比
美国	19.1	14.7	84.7	27.7	39.1	48.3
英国	21.1	45.3	27.5	39.8	5.3	16.2
德国	8.8	14.4	46.0	1.3	—	1.2
法国	5.3	9.7	16.2	9.5	4.5	6.2

注：GDP 数据中 1938 年为名义水平值，单位为 10 亿美元[①]。

最后，跨国公司活动和国际直接投资与各国政治地位和国际金融体系密切相关。事实上，从 GDP 衡量的经济规模，或者从全要素生产率增长来看，美国经济实力在 19 世纪末和 20 世纪初就已经超过英国本土。但是由于英国在全世界仍然保持对大量殖民地和附属国的经济控制，同时英镑仍然位居国际金融体系的中心地位，因此英国始终保持全球对外直接投资第一为位置，直到第二次世界大战以后才被美国超越[②]。

三、第二次世界大战后的国际直接投资发展

二战后到 80 年代末，随着战后的经济复苏，国际直接投资的首要特

---

① GDP 数据引自 OECD，其中 1938 年引自 The Economics of World War II: Six Great Powers in International Comparison. 1998. Edited byMark Harrison. Cambridge: Cambridge University Press. 对外投资存量引自 Dunning et al (2008), p174.

② 第二次世界大战后的 1948 年到 1960 年期间，美元替代英镑取得国际货币体系中心的位置，并且由布雷顿森林体系的 N+1 结果，获取了更为中心的货币地位。

征是进入迅猛发展阶段。1938 年，国际直接投资累计余额仅为 264 亿美元，1958 年已超过 1000 亿美元，1971 年达到 1584 亿美元，年均增长率 5.8%。之后 70 年代更以超过 10% 的年增长率增长至 1983 年的 6000 亿美元，到 80 年代末期，国际直接投资存量总额已近 2 万亿美元，较二战结束时增加了 38 倍以上。而美国成为最大的资本输出国，1987 年 9 月，美国在海外资产达 10390 亿美元。

第二次世界大战后国际直接投资的第二个重要特征是国际直接投资的双向流动。虽然美国是最大的投资国，但随着欧洲发达国家和日本的对外投资在 20 世纪 70 年代后快速发展，美国也成为最大的投资目的国。到 1987 年底，欧洲国家在美国资产总额达 7450 亿美元，日本在美的资产总额达到 1870 亿美元。从总体上看，发达国家之间的投资占据了世界对外直接投资的主要比例。20 世纪 70 年代末 80 年代初，英国在海外投资的 80% 投向北美、西欧和日本等国；西德 75% 的海外投资集中在发达国家。1985 年至 1989 年，西欧对美直接投资由 1071.05 亿美元增加到 2341.2 亿美元；日本对美国直接投资由 191.13 亿美元增加到 696.9 亿美；美国对西欧直接投资由 1984 年的 915.49 亿美元增加到 1767.36 亿美元；日本对西欧直接投资累计达 358.9 亿美元[①]。在这个阶段，随着国际直接投资的双向流动，解释跨国公司和国际直接投资的相应理论和实证研究也开始逐渐成为国际经济研究领域的重要课题。第二次世界大战后的对外直接投资流入和流出如表 2-6 所示。

第三个重要特征是高增长发展经济体国家和地区开始成为投资的热点。第二次世界大战以后，亚非拉等地区的发展中国家纷纷独立，而发达国家和联合国等国际组织也开始正视发展中国家的发展权利并进行一定的经济援助，发展中经济体开始逐渐发展，其中部分发展中经济体和新兴经济体发展迅速。20 世纪 90 年代，西方经济增长缓慢，中国、东亚、拉美、加勒比海地区经济高速增长，成为国际投资的热点地区。到 1993 年，世界对外投资总额中已有 1/3 以上投向发展中国家，其中以跨国公司为主体的私人投资流向发展中国家的就达创纪录的 1130 亿美元，并呈进一步增长趋势。其中，亚洲发展中国家吸引直接投资占发展中国家吸引直接投资总额的主体。

---

① 数据引自各年度《世界投资报告》（UNCTAD）。

表 2-6　第二次世界大战后的国际直接投资流入和流出

国家/地区	1970—1973	1974—1978	1979—1983	1984—1988	1989—1991
FDI 流入					
美国	8.97	13.4	26.4	39.1	24.6
欧洲	44.2	43.4	32.4	28.1	46.4
日本	0.79	0.47	0.59	0.38	0.39
大洋洲	6.82	5.11	4.56	5.24	4.33
高收入国家总计	76.6	75.3	69.3	77.5	78.7
亚洲（除日本）	5.85	7.36	15.1	11.8	12.1
拉丁美洲	11.6	13.7	12.7	7.9	6.4
非洲	5.17	3.41	2.49	2.57	1.89
大洋洲	0.70	0.20	0.23	0.16	0.13
中东欧地区	0.00	0.02	0.03	0.03	0.71
发展中和转型经济体总计	23.4	24.7	30.5	22.4	21.3
世界总计（百万美元）	15392	26521	54875	103311	184665
FDI 流出					
美国	49.78	42.19	30.94	16.56	15.44
欧洲	41.01	43.64	46.91	53.32	54.67
日本	4.23	6.56	7.97	14.45	19.29
大洋洲	0.89	0.92	1.38	3.75	1.39
高收入国家总计	99.62	98.33	94.87	93.27	93.39
拉丁美洲	0.12	0.52	1.03	0.83	0.93
非洲	0.19	0.62	2.29	1.41	0.63
亚洲（除日本）	0.07	0.51	1.78	4.47	5.03
大洋洲	0.00	0.00	0.01	0.01	0.00
中东欧地区	0.00	0.03	0.02	0.01	0.01
发展中和转型经济体总计	0.38	1.67	5.13	6.73	6.61
世界总计（百万美元）	17588	29768	49002	104970	219429

注：根据 UNCTAD 各年度《世界投资报告》整理。

四、当代国际直接投资发展趋势和不确定性

20 世纪 90 年代以来，尤其是世界贸易组织（WTO）成立以来，国际直接投资也迎来新一波高峰。总体延续了第二次世界大战之后的快速增长状态，发达国家仍然居国际直接投资主导地位，但是也呈现出重要的新特征。

首先，发展中国家的重要性与日俱增。发展中经济体和转型经济体吸

引外资的份额增长较快，其中"金砖四国"①成为吸引外资的重要力量。2006 年，金砖四国利用国际直接投资的规模总和达到 1338.6 亿美元，占到世界比重的 6.4%；占到发展中国家吸引外资比重的 21.5%。同时，金砖四国的对外直接投资数量也快速增长，2006 年对外直接投资达到 719.9 亿美元，占直接总对外投资的 5.9%②。随着中国入世和入世后的高速经济发展，中国已经成为世界上吸引外资最多的发展中国家，并在 2020 年以 1630 亿美元超越美国成为全球最大的投资目的地。但从本质上，目前国际经济体系和全球直接投资格局中的"中心—外围"体系仍然没有得到本质上的改变，而全球直接投资中的各国利益协调，特别是发达国家和发展中国家之间的利益协调和共同发展问题，仍然是横亘在各国政府和国际组织面前的一个重要难题。

其次，跨国并购替代新建投资成为国际直接投资中最主要的投资形式。从资产的取得方式上来说，企业进行国际直接投资主要采取两种方式：第一种方式是新建投资，也称为绿地投资，即在东道国新建企业进行独资或合资经营。第二种方式是跨国并购（M&A），即通过跨国收购或兼并方式来控制东道国的企业。2000 年，全球跨国直接投资达到了创纪录的 1.3万亿美元，而跨国公司在全球的跨国并购规模也创纪录地达到 1.1 万亿美元，占跨国直接投资总流量的 85%，并购金额则提高近 50%（见表 2-7）。

表 2-7　世界各地区跨国并购（1995—2000）

地区／国家	1995	1996	1997	1998	1999	2000
发达国家	164.6	188.7	234.7	445.1	881.1	1057.2
欧盟	75.1	81.9	114.6	187.9	357.3	586.5
美国	53.2	68.1	81.7	209.5	251.9	324.4
日本	0.5	1.7	3.1	4	16.4	15.5
发展中国家	18	34.7	64.6	80.8	73.9	69.7
非洲	0.2	0.7	1.7	0.7	1.2	2
南亚东亚及东南亚	8.3	9.7	18.6	15.8	28.4	21.1
拉美及加勒比	8.6	20.5	41.1	63.9	41.9	45.2
西亚	0.2	0.4	0.4	0.1	0.3	0.9
中欧和东欧	5.9	3.6	5.5	5.1	9.1	16.9
世界	186.6	227	304.9	531.6	786	1143.8

数据来源：《世界投资报告 2001》（UNCTAD）。

---

① 指中国、俄罗斯、巴西和印度。
② 张为付."金砖四国"国际直接投资比较研究[J]. 国际贸易，2008（10）.

再次，国际直接投资的重心已转向服务业。在 20 世纪 70 年代初期，服务业部门仅占全世界外国直接投资存量的 1/4；1990 年这一比例上升至不到一半；而 2002 年，它已上升到约占 60%约 4 万亿美元（见图 2-3）。

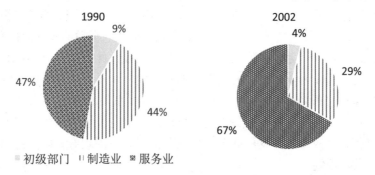

图 2-3　各部门的国际直接投资存量变化（%）

数据来源：《世界投资报告 2001》（UNCTAD）。

在同一时期，初级部门占全世界国际直接投资存量的比例由 9% 下降到 6%，而制造业降幅更大，由 42% 降至 34%。平均而言，2001—2002 年，服务业占国际直接投资总流入量的 2/3，约为 5000 亿美元。国际直接投资大幅度向服务业转移的原因主要有两点：一是现代服务业为主的第三产业在国民经济结构中的比重逐渐提升；二是由于母国和东道国服务部门的跨国度落后于制造业，因此国际投资也越来越多地出现进一步向服务业转移的空间。

最后，国际直接投资的波动剧烈，且面临更多的不确定性。从第二次世界大战后到 20 世纪末，跨国公司的兴起和国际直接投资的迅猛发展与第二次世界大战后经济复兴的资本主义黄金时期、欧洲经济趋于一体化、冷战结束的大调和时代和世界贸易组织成立等因素密切相关，同时也受益于贸易成本和计算机互联网技术带来的信息沟通方式的彻底变革的有力推动。但是自从 2007 年世界经济金融危机重创国际直接投资以后，全球经济发展长期低迷，各国经济恢复和国际直接投资复苏并不乐观，直到 2014 年才开始逐渐回升，但到 2017 年又剧烈下降 23%，从 2016 年 1.87 万亿大幅降至 1.43 万亿；之后至 2019 年缓慢回升至 1.5 万亿。但是 2020 年受新冠肺炎疫情影响，再次重挫跌落 42%，至 0.89 万亿，其中发达国家降幅最大，是 25 年以来的最低水平（见图 2-4）。中国则经济恢复较快，吸引外资不降反升并成为世界吸引外资最多的经济体。

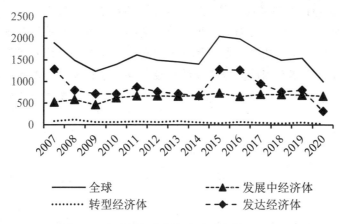

图 2-4　全球国际直接投资流动趋势（2007—2020）

注：根据 UNCTAD 各年度统计数据绘制，单位为 10 亿美元。

除了新冠肺炎疫情的冲击，英国脱欧、美国贸易保护主义抬头、各国经济贸易关系尤其中美经贸关系的变化，也都为未来的国际直接投资发展带来各种不确定性。未来世界各经济组织、各国政策该如何促进和监管国际直接投资，以促进国际直接投资和各国包容性经济增长也成为政策和研究领域的重要难题。

本章思考题

1. 回顾并思考跨国公司和国际直接投资发展的基本历程。跨国公司形成的条件和前提是什么？国际直接投资为何在第二次世界大战后迅猛发展？

2.《世界投资报告 2021》指出，2020 年，全球外国直接投资流量从前一年的 1.5 万亿美元降至 1 万亿美元。为应对新冠肺炎疫情，全球各地的封锁放慢了现有投资项目的速度，经济衰退的前景导致跨国公司对新项目进行重新评估。外国直接投资的下降尤其体现在发达经济体上，降幅达到 58%，部分原因是企业重组和公司内部资金流动。流向发展中经济体的外国直接投资降幅较小，仅为 8%，这主要是因为亚洲的外资流动弹性较强。请问如何看待国际直接投资的波动幅度？发展中经济体和发达经济体吸引外资流入在新冠肺炎疫情冲击下的不同表现是何种原因？

3. 第一章曾指出，经济合作与发展（OECD）曾发起多边投资协定

（MAI）的倡议和谈判但最终未能达成，世界贸易组织（WTO）虽达成《与贸易有关的投资措施协定》，而与跨国公司和国际直接投资相关的更多市场准入、转移定价、税收规避、监管管辖等问题均未涉及。查询并了解上述协定谈判的过程，结合国际直接投资的发展趋势，分析当前达成具有较强约束性多边投资协定所面临的困难，并对未来的国际投资多边协议前景进行展望。

第三章　早期跨国公司理论

随着第二次世界大战后跨国公司活动和国际直接投资迅猛发展，关于跨国公司性质和国际直接投资发展的理论也逐渐创立并快速发展。本章介绍国际直接投资理论早期发展阶段的代表性理论，主要包括垄断优势理论、产品生命周期理论和内部化理论。上述理论从不同角度介入并分析跨国公司进行国际直接投资的动因和基础，为跨国公司理论后续进一步发展奠定了重要的起点。

第一节　垄断优势理论

一、垄断优势理论的提出

垄断优势理论也称为特定优势论，认为跨国公司凭借其特定垄断优势从事国外直接投资。该理论也是产业组织理论在跨国公司和直接投资领域应用研究的结果。1960 年，美国经济学家海默在其博士论文《一国企业的国际经营：对外直接投资研究》中首次提出垄断优势论[①]。20 世纪 70 年代，海默的导师金德伯格修正发展而形成了现代跨国公司理论的基础——垄断优势理论，并从此推动跨国公司与直接投资理论从传统国际经济理论中独立出来。垄断优势理论的创立同时也开创了国际直接投资理论研究的先河，奠定了之后跨国公司和国际直接投资理论的发展。

20 世纪 50 年代，国际直接投资已成为全球经济发展中举足轻重的现

---

① 海默的博士论文最终于 1976 年出版。参见 Hymer S H. 1960. The International Operations of National Firms: A Study of Direct Foreign Investment. PhD Dissertation. Published posthumously. The MIT Press, 1976. Cambridge, Mass.

象，却缺乏解释跨国公司和国际直接投资的专门理论，仍以新古典国际资本利差论为模型来解释国际资本流动。根据新古典国际资本流动模型，资本流动的主要原因是利率差异，即资本从低利率国家和地区（资本相对丰裕）向高利率国家和地区（资本相对稀缺）流动。根据传统要素禀赋论，各国的产品和生产要素市场是完全竞争的；资本从资本过剩国流向资本短缺国；国际资本运动的根本原因是各国间利率的差异，对外投资的主要目标是追求高利率[1]。

如图 3-1 所示，横轴 MN 代表两国总计资本存量，纵轴代表资本收益率即利率水平。在产生国际资本流动之前，国家 1 的资本存量较为丰富，由 MA 所表示，国家 2 的资本存量为 NA 段。EC 和 FD 线则分别代表两国的资本边际收益率曲线。此时国家 1 由于资本存量较高，因此利率水平较低位于 H 点。国家 2 资本存量较少，利率水平较高位于 T 点。两国的利率水平存在利差。一旦放开两国间的资本流动限制，该利差会导致国家 1 的 BA 段资本向国家 2 流动，直到两国的资本收益率达到一致，即交点 O 所代表的利率水平，由 IS 线表示[2]。

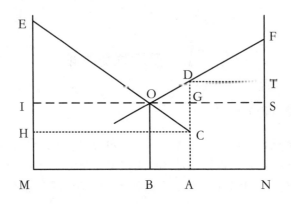

图 3-1 利差和国际资本流动

海默对此理论提出了反驳。根据美国商务部对直接投资与间接投资的区分准则和美国 1914—1956 年对外投资的有关资料，海默认为，对外直接投资与对外证券投资有着不同的行为表现，而传统利差理论难以对直接投资做出科学解释。海默首先从区分直接投资和间接投资入手，观察并分析

---

① Nurkse, Ragnar. 1933. Causes and Effects of Capital Movements. International Investment, Harmondsworth: Penguin: 97-116.

② 可以证明三角形 OCD 面积代表了国际资本流动所带来的福利改善，具体不再赘述。

上述两种不同投资行为的特征。根据 1914—1956 年美国的直接投资和间接投资的对比，海默发现如下特征：（1）1914 年美国拥有大量对外直接投资，而对外间接投资几乎没有。事实上美国是一个证券资本接收国。（2）20 世纪 20 年代，美国的直接投资和间接投资都在迅速地增长。（3）20 世纪 30 年代，间接投资急剧下降而直接投资只是稍微下降。（4）战后美国直接投资急速上升，但间接投资只是微弱上升。如果进一步观察表 3-1 和表 3-2 中美国上述两种投资的地区分布，可以发现 1929 年美国在加拿大的直接投资和间接投资相差无几，但间接投资大于直接投资。而在欧洲的直接投资则是间接投资的 2.5 倍。1956 年的数据也显示出两种不同的分布。从以上这两个例子中，可以得出一个结论：直接投资和间接投资有不同的行为表现。这表明必须有新理论来解释两种投资不同的行为表现。

表 3-1　美国部分年份的国际投资（1914—1956）

投资方式	1914	1919	1930	1939	1946	1956
美国对外投资						
直接投资	2.6	3.9	8.0	7.0	7.2	22.1
间接投资	0.9	2.6	7.2	3.8	5.1	7.9
外国对美投资						
直接投资	1.3	0.9	1.4	2.0	2.5	4.5
间接投资	5.4	2.3	4.3	4.3	4.5	8.8

注：数据引自海默的研究（1976）[①]。

表 3-2　美国对外投资区域的变化（1929—1956）

地区	1929 年		1956 年	
	直接投资	间接投资	直接投资	间接投资
加拿大	1.7	2.0	7.5	4.3
欧洲	1.3	3.5	3.5	1.7
拉丁美洲	3.7	1.7	7.4	0.8
其他地区	0.7	1.0	3.7	1.2
总计	7.4	8.1	22.1	7.9

注：同表 3-1。

---

　① 海默（1976）所使用的原始数据引自 Growth of Foreign Investments in the US and Abroad（Pizer and Cutler，1914—1946）

    表 3-3 给出了 1950 年美国对外直接投资的资产负债情况。从中可进一步看出，美国所控制的外国公司总资产中美国股权资产不到过半。美国公司不仅在国外投资，而且同时在国外大量借贷。如果这种直接投资是处于在国外获得更高利息的动机，那么就无法解释既对外直接投资却又从国外大规模借贷的行为。

表 3-3   美国对外直接投资的资产、股权和负债情况（1950）

国家/地区	总资产	股权资产	资本	负债	对外负债
世界	22.2	9.9	1.9	2.3	8.1
加拿大	6.8	3.0	0.6	1.0	2.2
拉丁美洲	7.4	3.9	0.8	0.3	2.4
西欧	4.4	1.5	0.2	0.4	2.3
欧洲其他地区	0.8	0.3	0.1	0.2	0.2
其他国家和地区	2.8	1.1	0.2	0.4	1.1

注：数据引自海默的研究（1976）。

    进一步考察美国对外直接投资的行业特征和企业特征，海默发现大部分对外直接投资都是由美国少数行业中的领先企业所完成的。表 3-4 列举了 1950 年拥有超过 1 亿外国投资的 442 家美国公司情况，这部分公司的对外直接投资总计占美国外国投资的 85%。但当时这些企业的国外资产仅只其总资产的小部分，且这些企业大多不是金融企业。因此，假设这些投资的激励因素是利率差，很难解释非金融企业进行巨大规模的国外投资，除非有非利率激励因素存在并吸引公司对外直接投资。而表 3-4 中反映的行业分布差异更加说明了这一点。如果投资仅仅由利率驱动，资金的流向应该是向部分国家的所有行业，而不是向部分行业流动。因此从利差论出发的推理与经济事实是背离的。

    美孚石油公司的 1958 年资产负债表提供了更详细的例证（见表 3-5）。美孚石油公司的总资产在美国和其他国家大致各占一半，但公司债务却主要分布于世界其他国家，现金和有价证券等资产却主要在美国。从公司的这种行为来看，可以推断出在资金市场上美国的利率较高，而世界其他国家和地区的利率反而偏低，因此公司倾向于在外国借款，而现金和证券投资则在美国进行。这进一步说明跨国公司的国际直接投资活动另有动因。

表 3-4　美国各行业跨国公司的海外资产情况（1950）

行业	投资企业数	总资产 （百万美元）	国外资产 （百万美元）	国外资产比例 （%）
初级材料类	64	20367	4705	23.1
农业	12	747	544	72.8
矿业	26	6639	881	13.3
石油	26	12981	3280	25.3
制造业类	298	31522	3417	10.7
食品制造	31	4096	446	10.9
纸制品	21	1427	304	22.9
化学化工	39	5122	387	7.6
纺织品	32	2228	178	8
机械制造	50	3718	546	14.7
电气制造	19	2960	897	9.4
汽车交通	19	6222	—	—
其他制造业	87	5849	659	14.8
商业贸易类	80	66411	1803	2.7
公用设施	27	19206	1085	5.7
贸易	15	2359	316	13.4
其他服务	15	1156	155	0.6
金融保险	23	43690	247	1.3
总计	442	118700	9925	8.4

注：海默（1976）引自美国商务部商业经济管理局数据。

表 3-5　美孚石油公司的资产负债分布情况（1950）

指标	美国	其他国家	世界总计
总资产	4880	4598	9478
总负债	979	2042	3021
净资产	3901	2556	6457
现金收入	1190	108	1298
净收入	147	416	563

数据来源：Annual Report of the Standard Oil Company（1958），单位百万美元。

二、垄断优势理论的主要内容

从美国 20 世纪前半叶的直接投资和间接投资的概况可以看出，国际利差并不能够解释美国国际投资特别是对外直接投资。如果利率差异论不能解释国际直接投资行为，那么跨国公司为何要冒着巨大的国际投资风险去进行直接投资呢？海默认为，垄断优势是国际直接投资的根本动因。国际直接投资与企业的国际化经营密切相关，企业对其国际化经营的控制导致了国际直接投资。

1. 不完全市场与企业垄断优势

海默指出，现实市场是不完全竞争市场。虽然同一市场的各国企业之间存在着竞争，但企业的垄断势力可使其他企业难以进入市场，因此获得垄断利润的同时减少因竞争而造成的损失。而跨国公司则是垄断者或寡占者。所以市场的不完全竞争是跨国公司进行国际直接投资的根本原因，而跨国公司持有的垄断或寡占优势是其实现对外直接投资利益的条件。

换句话说，厂商之所以对外直接投资，除了拥有足以抵消与当地企业竞争中的不利因素的特定优势外，还因为存在外部市场不完全，使得厂商能够保持对特定优势的独占性。跨国公司垄断优势是外部市场不完全的结果。因此用传统完全竞争理论无法解释跨国公司在国际市场的厂商行为。这一外部市场的不完全性主要体现在以下四方面。

（1）产品和生产要素市场的不完全，即有少数买主或卖主能够通过控制产量或购买量来影响市场价格的决定。比如在商品性质、商标、特殊市场技能或价格联盟等方面的控制权，都会导致产品市场的不完全。

（2）由规模经济引起的市场不完全。存在规模经济的情形下，规模越大，单位产品成本越低，边际收益越高。规模经济使企业在本行业中处于垄断地位，达不到这种规模的中小企业被挤出，从而导致不完全竞争的出现。

（3）由于政府干预经济而导致的市场不完全。第二次世界大战后各国经济发展的一个特点是增加了政府干预经济的力度。虽然政府的经济干预行为往往出自于对市场失灵进行纠正，但可能因对市场准入的限制带来市场不完全。

（4）国际市场上还存在由关税引起的市场不完全。二战后各国为了促进经济发展贸易保护主义有一定抬头，发达国家竞相实行战略性贸易政策，保护或支持某些特殊产业并设置了关税壁垒。发展中国家也会出于保护幼稚民族产业的动机设置高关税壁垒。关税的存在阻碍国际贸易的正常进行，并导致国际市场不完全。

上述市场不完全迫使企业选择国际直接投资方式来克服这些市场不完全所带来的风险。而且正如第一章所指出，与东道国当地厂商相比，跨国公司在海外经营面临额外成本，只有在具备垄断性优势的前提下，才足以有效克服这些额外成本且保持竞争优势。这些额外成本或者来自于文化、法律、制度、语言差别所形成的障碍，也可能来自缺乏对当地市场了解带来的影响，甚至来自于东道国政府和消费者对跨国公司的敌意心理。此外，由于空间距离遥远导致的交通通信成本、与东道国相关的其他风险因素诸如国有化、汇率变动、政策变化等都可能给跨国经营带来额外损失。

因此企业进行对外直接投资必须满足两个条件：第一，企业自身必须具有竞争优势，足以抵消海外经营的成本劣势和相关风险；第二，市场必须是不完全的。在满足这样的条件下，国际直接投资得以发生。正如海默指出"一个有经验支持的有趣归纳可以在这里总结。在外国进行一定量的直接投资必要的，否则难以获得对外国经营的控制权。但除了这一目标所需的最低资本额外，企业可能倾向于在发生国际投资的东道国市场向当地借款，而不是通过在母国金融市场筹集资金。换句话说，资本运动由获得控制权的目标所推动，而不是通过不同利率来推动的。因为利率高的国家的公司可以在利率低的国家进行国际投资，而这样直接投资向利率反方向的移动才揭示了国际资本运动的理论[①]。"或者说，在市场不完全条件下对控制权的获得和维持，是跨国公司进行国际直接投资的根本动因。

2. 美国及发达国家企业的垄断优势与国际直接投资

海默对美国对外直接投资的行业和企业进行了进一步研究，总结出美国对外直接投资还具有如下特点，进一步阐明了垄断优势理论。这些特点包括：直接投资发生在特定少数行业；上述典型行业对利差反应不明显；行业中少数前列公司完成该行业主要的直接投资；这些行业在国际上存在相互投资现象；行业内部的集中度很高。其他国家在该阶段的研究也符合上述特征。表 3-6 和表 3-7 说明了上述特征。

从表中可以看出，石油、橡胶、电气设备等制造业行业中处于前列的跨国公司完成了主要的国际直接投资。以石油化工行业为例，该行业美国海外总资产 33.9 亿美元，海外资产占总资产比达到 19.4%（表 3-6）；而该行业领先的 26 家企业海外投资额高达 32.8 亿美元，仅前 7 家企业总投资额就达到 31.2 亿美元（表 3-7）。对外投资行业和行业中的对外投资企业高度集中。海默认为，跨国公司拥有的垄断优势主要有以下四个方面：

（1）技术优势。跨国公司所在行业的技术水平较高，且跨国公司拥有

---

① Hymer S. 1976. The International Operations of National Firms: A Study of Direct Foreign Investment.

最先进的技术。这是最重要的垄断优势。大型跨国公司拥有较强的科研力量并能够投入巨额资金开发新技术和新工艺，同时擅长采用专利等法律手段防止新工艺和新技术外泄，最终维持其技术优势并进一步维持垄断地位。

表 3-6　美国各行业对外投资企业的资产分布情况

行业	美国公司海外资产	美国公司总资产	海外资产占比%
石油化工	3390	17439	19.4
橡胶制品	182	2053	8.9
纸制品	378	4515	8.4
电气设备	386	4691	8.2
汽车交通	485	8153	6.1
化学化工	513	9659	5.3
机械制造	420	9546	4.4
非石油类制造业	3831	93836	4.1

注：1950 年数据，单位百万美元。引自海默（1976）。

表 3-7　美国各行业企业拥有的国外直接投资额

行业	100 万—500 万		600 万—2500 万		2500 万以上		汇总	
	企业数	投资额	企业数	投资额	企业数	投资额	企业数	投资额
石油	10	27	9	129	7	3124	26	3280
制造业	192	439	79	1010	27	1968	298	3417
食品	9	25	17	212	5	209	31	446
纸及相关	12	25	5	70	4	209	21	304
化学品	21	43	14	170	4	174	39	387
初加工金属	25	54	7	124	—	—	32	178
机械	34	78	11	137	5	331	50	546
电子设备	26	60	9	121	3	716	38	897
其他	65	154	16	176	6	329	87	659

注：1950 年数据，投资额单位百万美元，引自海默（1976）。

（2）规模经济优势。跨国公司大都属于资金密集型行业且规模巨大。规模越大则单位产品成本越低，从而获得内部规模经济。跨国公司还可以利用各国生产要素差异，通过横向一体化加强这种内部规模经济优势。另外，同行业在地域上的集中可能促成专业化供应商队伍的形成，使一些关键设备和服务由专业供应商提供，并实现高技术劳动力的共享和知识外溢，以实现外部规模经济。跨国公司的纵向一体化可以加强这种外部规模经济。两种规模经济最终都能转化为公司的利润。

（3）雄厚的资金实力。资金实力也属于规模的一部分，但也有重要的特殊性。跨国公司的资金一部分为公司自有资金，另一部分为金融市场融资。首先，跨国公司本身具有雄厚的资金实力，还可以在公司内部的各子公司之间灵活调度数额庞大的资金，这是一般东道国企业无法与之相比的。其次，跨国公司可以在国际金融市场上利用公司良好的资信顺利地融资，极大地降低融资的成本。

（4）全球化生产的管理和沟通能力。跨国公司要克服全球化经营的困难，必须要在全球经营管理上具备一定的优势和经验，得以处理国际经营中的复杂局面。这种管理和沟通能力包括对东道国和全球市场的熟悉、同时也包括人力资本优势、沟通成本较低等诸多方面。

拥有上述垄断优势的跨国公司除了能在本国成功经营，还得以成功经营海外子公司，甚至在海外市场的部分行业中占据主导地位。表 3-8 说明美国跨国公司在加拿大各行业经济活动中的占比情况，可以发现美资企业的工业增加值在加拿大多个行业总增值中占比超过一半，甚至在个别行业达到 97%。这进一步加强了这些跨国公司的垄断地位。

表 3-8　美国跨国公司在加拿大的经济活动

行业	行业总增值额 （百万美元）	美资企业增值额 （百万美元）	美资企业比 （%）
机动车辆	274	266	97
有色金属冶炼和精炼	310	259	84
橡胶制品	173	138	80
家用电器和办公用品	53	33	61
汽车零件	151	87	61
石油产品	160	93	59
电器及物料供应	457	231	50
肥皂、洗涤化合物及清洁制剂	50	24	49
油漆、清漆和漆	57	26	46
其他有色金属产品	88	40	46
其他化学品及相关产品	260	108	41
谷物加工产品	90	36	41
医药和药物制剂	62	24	38
纸浆和纸张	600	219	37
黄铜及铜制品	60	19	32
机械、工业和机床	157	49	31

注：1953 年数据，引自海默的研究（1976）。

三、垄断优势理论的后续发展

垄断优势理论不仅开创了国际直接投资理论研究的先河，而且许多内容具有前瞻性。该理论首次提出了"不完全竞争市场是导致国际直接投资的根本原因"，并对市场不完全的类型进行了阐述，认为跨国公司拥有的垄断优势是其实现对外直接投资获得高额利润的条件。同时，海默也提出了知识转移是跨国公司直接投资过程的关键，这为后续基于知识技术探讨跨国公司动因的理论发展奠定了基础。海默垄断优势理论还对许可和国际直接投资进行了比较，提出水平型投资和垂直型投资的概念，并探讨了跨国公司的寡占反应行为是导致其对外直接投资的主要原因。这些理论对于国际直接投资理论和实践的发展都具有十分重要的意义。如果用今天的数据来进行简单验证，也可以发现海默对于国际利差引致直接投资论的驳斥仍然可以符合现实（图 3-2）。

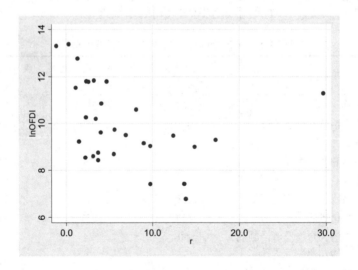

图 3-2　利率和美国对外直接投资（2012）

注：笔者绘制，横轴代表美国投资东道国的利率水平，纵轴代表美国对该东道国的直接投资金额（取对数）。数据来源于美国经济统计局（BEA）和世界银行（World Bank）

当然，垄断优势理论也存在历史局限性。垄断优势理论主要是对美国对外直接投资研究的成果，研究对象为技术经济实力雄厚、独具对外扩张能力的美国跨国公司。受限于当时的历史背景，垄断优势理论未对发展中国家的对外直接投资及中小企业的对外直接投资没有进行分析。但是自 20

世纪 60 年代以来许多发达国家的中小企业也积极进行对外直接投资,广大的发展中国家企业也在 20 世纪 80 年代以来跻身于国际直接投资行列。垄断优势理论并不能全面解释这些新现象。

自海默和金德伯格由垄断优势论开创跨国公司理论起,大量学者也沿着垄断优势理论进一步对跨国公司活动展开研究。海默所采用的产业组织理论和市场结构理论在该领域研究中也被大量应用,成为跨国公司研究的重要方法。后续各类跨国公司和国际直接投资理论对跨国公司垄断优势来自其独有核心资产达成共识,但也分别从不同视角进行了理论拓展。

从知识技术在垄断优势中所起作用出发,约翰逊(Johnson,1970)在继承海默和金德尔伯格基本观点的基础上提出知识技术是跨国公司拥有垄断优势和展开对外直接投资的关键[①]。知识包括技术、专有技术、管理与组织技能、销售技能等一切无形资产,具有生产成本很高但使用边际成本很低的特点。因此跨国公司的子公司可以低成本利用总公司的知识资产创造更高的利润和优势;而东道国本土企业则无此优势。

从寡占反应论的角度,尼克博克(Knickerbocker,1973)对垄断优势论进行了重要补充[②]。他指出寡占反应行为是导致战后美国跨国公司对外直接投资的主要原因。尼克博克将对外直接投资划分为两大类:一类是进攻性投资,指在国外建立该行业首家海外子公司的直接投资,一般来说要承担更大的风险;另一类是防御性投资,指在同行业已有进攻性海外投资后,其他寡头公司在同一东道国展开的追随性投资。由于在寡头市场中,每一家大公司对其他寡头竞争对手的行动都十分敏感,因此紧盯竞争对手的行动并根据竞争对手进行对外直接投资在寡头市场结构中成为常见现象。根据尼克博克的研究,1948—1967 年美国跨国公司在国外的子公司中有一半是集中在三年内建立的,并且这些跨国公司的集中程度也高。西欧对美国的直接投资也同样反映出上述集中性和跟随性特征。

除上述沿着产业组织理论拓展的研究,国际生产折衷理论等后续诸多研究也都继承发扬了海默垄断优势理论的思想和分析体系,而垄断优势的概念也成为跨国公司理论的核心。

---

① Johnson, Harry Gordon. 1970. The Efficiency and Welfare Implications of the International Corporation. Studies in International Economics: Monash Conference Papers: 83-103.

② Knickerbocker F T. 1973. Oligopolistic Reaction and the Multinational Enterprise. Harvard University Press, Cambridge.

第二节　产品生命周期理论

一、产品生命周期理论的提出

国际产品生命周期理论的基础是由弗农（Vernon，1966）在《产品周期中的国际投资与国际贸易》中奠定的。该项研究从一项创新产品的生产和消费出发，将产业组织理论的产品生命周期与国际贸易理论相结合，系统性提出了产品生命周期理论。产品生命周期理论不同于此前新古典理论和垄断优势理论的重要特征在于它是一个动态的理论，不仅对国内市场的产品创新到产品标准化阶段进行了详细分析，还有机结合了不同阶段中的国际贸易和国际投资发生发展。产品生命周期理论也以其对现实经济敏锐的刻画、对贸易和投资的统一解释在解释国际贸易和国际直接投资中占据着重要地位。

在弗农（1966）之前，已经有学者首先注意到古典贸易理论不能很好地解释工业品国际贸易，而技术差距对于解释贸易模式至关重要。波斯纳（Posner，1961）提出了国际贸易的技术差距论，认为技术差距是导致国际贸易的关键，技术先进国家通过创新技术而获得产品出口优势[1]。勒里特（Leritte，1965）则进一步提出应将产品生命周期分成介绍期、成长期、成熟期、衰退期[2]。弗农则对上述理论进行了吸收，系统提出了产品生命周期理论。

产品生命周期理论的起点是新产品创新。经济实践表明，一个行业的最终技术进步需要大量前期基础科学、应用科学和商业创新活动作为铺垫，并在横向联系上涉及诸多行业。以农业研发投入为例，从基础科学知识到最终一项农业研发获得成功进入市场，纵向上涉及一般科学、前期技术、技术发明、产品创新、产品拓展和市场使用六个环节；而在每一个环节上都涉及数以十计的其他行业，贯穿数学计算、物理、生化、社会科学四大领域。例如仅仅在产品拓展这一环节涉及的行业就包括农业设备、农业用地建筑、计算机硬（软）件、水利灌溉、土壤保护、虫害控制、农药、育种、动物饲养、食品健康、动植物纵向（横向）种类保护、管理、市场分

---

① M V Posner. 1961. International Trade and Technical Change. Oxford Economic Papers, V13 (3): 323-341.

② Levitt T. 1965. Exploit the Product Life Cycle. Harvard Business Review, 43: 81-94.

析、预防卫生 14 个行业[①]。然而，世界不同国家的经济发展水平存在差异。具体而言，在同一时间点上不同国家的经济发展水平相差较远，往往只有发达国家，才能具备相应的完整生产链和技术储备，以获取新产品的创新。

但是随着未来的经济发展，不同国家的经济发展情况和需求偏好会存在一定的趋同性，这是产品生命周期理论发展的另一重要前提。当创新国家发展出一项新产品并投放于本国市场的时候，其他发达国家、发展中国家和欠发达经济体尚不会对该产品产生有效需求，但随着其他国家的经济发展和收入水平的提升，这些国家的消费者也会逐渐产生对该项产品的市场需求，此时创新产品除了满足本国的需求以外，还需要满足国际市场，这为公司进行国际扩张并满足国际市场需要提供了重要的市场前提。

二、产品生命周期理论的主要内容

1.产品生命周期的主要阶段

产品生命周期理论的发展与产品研发动态、国家创新能力和经济水平差异密切相关。弗农的系统化理论基于以下前提假设而展开。第一，国际技术转让市场不完美。第二，消费者有效需求因收入不同而有所差别。第三，企业之间及企业与市场间沟通成本随空间距离增加而增加。第四，各国的经济发展水平和要素禀赋不同。在上述理论假设前提下，产品周期影响国际贸易和国际直接投资。而典型的产品生命周期可以分成三个阶段，即产品引入期、成长期、成熟期（如图 3-3 所示）。

第一，产品引入期。产品引入期指产品从设计投产到投入市场的阶段。该阶段对于产品市场化是最为重要的阶段。从产品供给方面而言，由于新产品引入需要投入大量的研发成本，同时潜在市场仍处于开发阶段，因此生产规模往往十分有限。从产品需求角度看，此时新产品的市场正在开拓阶段，顾客不熟悉产品性能，需求量总体较少，但潜在消费者可能愿意为此支付较高的价格，产品一旦创新成功会呈现需求价格弹性较低的特征。

因此，新产品的引入期对市场环境有较高的要求。开发新产品的生产商必须能够敏锐地察觉到本国市场上对新产品的潜在需求，对能转化为有效需求的潜在需求和商业机会能够有准确的判断。而这种敏锐的觉察和准确的判断，并不仅仅来自企业家的天赋——虽然企业界的才能和天赋起到一定的作用，更重要的是需要一个适宜于新产品引入的市场环境。

---

① Huffman W E, Evenson R E. 1993. The Effects of R & D on Farm Size, Specialization, and Productivity. Industrial Policy for Agriculture in the Global Economy, 12: 41-72.

准确地说，仅有发达国家可以为新产品引入和创新企业家提供合适的环境。弗农根据对当时美国市场的研究指出，美国作为领先发达国家具有以下特征，从而足以为新产品的引入创造必备条件。首先，美国市场由平均收入较高的消费者组成，这使得新产品能及时得到消费者的响应，因为支付能力是购买昂贵新产品的关键；其次，美国市场的特点是高单位人力成本，这使得人力替代型的新型产品，无论是消费品例如家用洗衣机、免熨衬衫等产品，还是工业领域如自动化生产设备等，都可以拥有广阔的市场前景。这是其他国家所不具备的条件。

而对于开发新产品的企业家而言，新产品的非标准化特性对市场环境提出较高的要求，同样只有领先发达国家可以满足。首先，这个阶段的生产者需要特别关注改变投入组合的自由度，以满足灵活设计和生产新产品的需要。同时，生产者需要产品面临较低的需求价格弹性，产品投放市场后能具备一定的垄断势力，以在售价上弥补早期研发的高昂成本。最后，生产者需要能够与消费者、供应商，甚至同行业对手进行迅速而有效的沟通，以解决新产品开发投放过程中的各项难题。

第二，产品成长期。产品成长期指产品通过产品引入期的市场推广后，逐渐被消费者接受并扩大销量的阶段。该产品从市场需求角度看，产品的市场需求大幅增加，销售额迅速上升。从产品的生产角度看，生产成本开始下降，利润迅速增长。但与此同时竞争者开始进入市场参与竞争，使同类产品供给量增加，价格也相应下降，企业利润增长开始减慢。

该阶段更重要的变化体现在技术方面。新产品的生产技术和性能在该阶段逐渐走向成熟。而这并不是要避免产品的差异化，在市场需求扩大、竞争者逐渐进入市场后，出于避免过度竞争和满足不同消费者需要的双重目的，产品部分特性的差异化甚至有可能增大。但是从产品大类或所在行业来看，某些行业通用标准已开始酝酿甚至落地实现。该技术变化具有重要意义。首先，生产者对投入灵活性的需求下降。产品逐渐走向标准化为大规模生产并实现规模经济开辟了技术可能性，而针对特定生产过程进行固定设施投资也能降低大规模生产的生产成本。其次，生产者对生产成本的关注开始取代对产品特性的关注，开始致力于减少生产运营的不确定性并准确评估成本，以为进入价格竞争做充分的准备。

第三，产品成熟期。成熟期又称为标准化时期，指产品进入大批量生产和销售的阶段。经过成长期之后，随着购买产品的人数增多，市场需求趋于饱和，此时产品普及并日趋标准化，成本低而产量大。销售增长速度缓慢直至下降。由于竞争的加剧，导致同类产品生产企业之间从产品的创新竞争进入成本竞争。需求价格弹性变大，但是需求收入弹性仍可能较大，在中低收入国家逐渐得到普及。

前三阶段即弗农国际产品生命周期的三个阶段。部分后续研究将标准化的后期阶段独立为第四个阶段即衰退期。衰退期是指产品进入了淘汰阶段。随着科技的发展和消费习惯改变等原因，产品已不能适应市场需求或者被其他性能更好的新产品所替代，此时该项产品的生产企业就会因无利可图而陆续停止生产，直到最后完全撤出市场。

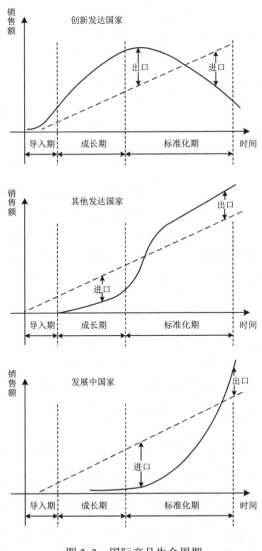

图 3-3　国际产品生命周期

2. 产品生命周期中的国际贸易与国际直接投资

产品生命周期的三个阶段不仅说明了产品技术的不同阶段，还能解释不同国家在该产品国际贸易和国际投资当中的不同阶段。而产品市场需求弹性的变化和产品技术的不同阶段共同决定了上述国际贸易和国际投资的发展。表 3-9 对国际产品生命周期中的贸易及投资模式进行了总结。根据表 3-9 和图 3-3，产品生命周期中的贸易和投资演变模式得以清晰的展示。

表 3-9　国际产品生命周期中的贸易及投资模式

阶段	创新国家				其他发达国家				发展中国家			
	贸易	投资	EP	EI	贸易	投资	EP	EI	贸易	投资	EP	EI
引入期	出口	无	小	大	进口	无	小	大	无	无	小	大
成长期	出口	对外投资	增加	大	出口	吸引投资	增加	大	进口	无	增加	大
标准化	进口	对外投资	大	大	出口	吸引投资	大	大	出口	吸引投资	大	大

注：笔者根据弗农（1966）的研究总结得出。其中 EP 表示需求价格弹性，EI 表示需求收入弹性。

第一，产品引入期。产品创新国家是该产品的唯一生产国、出口国。在产品的引入期，产品创新及其生产只能在创新国家完成，此时别的国家都无法生产该创新产品。除了满足本国的需求之外，产品还会销售到与创新国比较接近但是发达程度略低的其他发达国家。这个阶段创新国成为出口国，其他的发达国家成为进口国。发展中国家和欠发达国家受其市场经济发展的阶段和人均收入水平的限制，甚至还没有开始进口该项产品。

第二，产品成长期。该阶段产品创新国家继续保持该产品的生产优势，产品的生产技术逐渐趋于成熟，产量迅速扩大并超过本国的消费需求。同时，创新产品具有的高需求收入弹性，随着其他国家的收入水平上升，对该产品的需求则迅速上升，因此创新国家将国内的超额供给转化为出口且出口规模迅速上升。

另一个重要变化关于产品的生产地。在产品成长期，生产设施的位置可能会开始发生变化。产品引入期在领先发达国家进行生产，但在进入成长期后，随着大规模生产和技术趋向标准化，此时在国外的生产成为可能；而相对发达国家较领先发达国家更低廉的非熟练劳动力成本、逐渐增加的对该项产品需求，为这种可能性在相对发达国家生产提供必要要件。那么，从产品引入发展至国际直接投资阶段需要多长的时间？企业家需要根据现实条件进行权衡取舍。一旦跨国生产的边际成本低于从领先发达国家的进口成本（在领先发达国家生产的边际成本和运输成本之和），那么领先发达国家的企业家们则会考虑将生产设施进行跨国转移，从而产生国际直接投资。例如，美国企业辛格（Singer）早于 1890 年就开始前往苏格兰投资可能就出于上述考虑（Dunning，2008）。对于某些运输成本较高、安装较为复杂的企业，跨国直接投资并于东道国当地生产显然会非常便利，典型的例子比如奥提斯电梯（OTIS）。

第三，产品标准化时期。随着产品进入标准化时期，产品的生产技术逐渐被全行业所掌握，此时对该产品进行模仿比较容易，而产品竞争也从创新竞争进入成本竞争。为了保证在其他发达国家的市场占有率，同时发挥本国创新产品所具备的技术优势，创新国家进一步向其他发达国家进行国际直接投资，以接近其他发达国家的消费者。由于此时向其他国家的国际直接投资替代了创新国家的生产和出口，所以创新国家产量及出口量逐渐下降。其他发达国家产量逐渐上升，除了能够满足本国的市场需求之外，能进一步变成该项产品的出口国。

产品标准化时期还会发生国际贸易和国际直接投资模式的转变。由于此阶段该项产品的生产技术已经完全成熟，并且不需要生产国的其他经济环境和产业配套即可进行成熟生产；同时产品成本竞争到非常激烈的程度，为了降低成本，创新国家开始向发展中国家进行国际直接投资，以通过利用发展中国家廉价的劳动力资源实现生产成本最小化。最终发展中国家在获取这些投资以后，会成为该项产品的产品生产及出口平台，企业产量会大幅度超过发展中国家的本国需求，成为该项产品的主要出口国，而创新国家此时的产量大幅度减少，甚至不再生产，成为该项产品的纯进口国。

国际产品生命周期用产品的微观概念来整合国内的产业组织变迁、国际贸易模式和国际投资模式，是跨越各具体学科领域并得到极强现实解释力的一个模型。该模型表明技术变迁对于国际贸易和国际投资起到非常重要的作用。同时，相对于其他早期理论，产品生命周期理论对产品生产、国际贸易和直接投资的分析能够解释各国因收入水平差异和变化而随之带来的动态，对世界经济实践做出了较好的现实拟合。因此，该理论在国际直接投资理论中同样具有重要的理论和实践价值。产品生产周期理论的缺陷则主要在于视角局限于该项产品的生产与贸易，而对于对外直接投资的具体选址和影响因素缺乏系统化的阐述和分析。同时，该理论也未能考虑发展中国家的对外投资。

三、产品生命周期的实证研究与发展

1. 国际产品生命周期理论的早期实证验证

国际产品生命周期对上述贸易和投资模式的分析，将产品创新和生产过程与国际贸易、国际直接投资紧密相连，并且沿着经济发展和收入提升的演变，将创新国家、其他发达国家和发展中国家统一在动态分析框架中，对现实有很强的解释力。而该分析框架所预测的国际直接投资模式，既蕴含了发达国家向其他发达国家进行的水平型投资，也包括了发达国家向发展中国家进行的垂直化投资。因此，这也是对于国际贸易理论和国际投资理论的重要拓展，在文献研究中具有重要地位。沿着该分析框架，对产品生命周期的后期研究涌现出了丰富的成果。

国际产品生命周期理论首先引起实证验证研究的兴趣。但是在早期实证研究中，如何界定创新产品是一个重要的难题。韦尔斯（Wells，1969）做了初步的探索，并验证了产品生命周期理论[1]。该研究通过对美国耐用消费品出口的分析，检验是否存在某些特定的根据产品周期模型所预测的规律和特点。根据产品周期模型，美国在创新产品生产上更具比较优势，其出口相对于标准化或者过时产品出口会持续增长。从这个角度出发，韦尔斯利用来自 1952 年—1963 年的美国家庭调查数据，分析产品需求收入弹性和家庭的产品消费饱和度对美国产品出口的影响。具体实证模型分别如（3.1）～（3.5）式所示：

$$R = a + be \qquad\qquad (3.1)$$
$$R = a + b\log S_{no} \qquad\qquad (3.2)$$
$$R = a + b\log S_{no} + ce \qquad\qquad (3.3)$$
$$R = a + be + cS \qquad\qquad (3.4)$$
$$R = a + b\log S + ce \qquad\qquad (3.5)$$

其中，R 表示美国该项产品 1962—1963 年的平均出口对 1952—1953 年平均出口的比值；S_{no} 表示被调查产品的数量除以拥有该项产品的家庭数目的比值；S 表示至少拥有一项该产品的家庭在报告家庭中的比值，e 为经测算得出的需求收入弹性。实证分析结果见表 3-10（Wells，1969）。

---

① Wells L T. 1969. Test of a Product Cycle Model af International Trade: US Exports of Consumer Durables. The Quarterly Journal of Economics, 83 (1): 152-162.

表 3-10　产品生命周期理论的实证研究

模型	1	2	3	4	5
a	0.784	10.745	1.399	5.380	4.829
b	3.171	-2.404	2.786	-0.908	-0.696
c	—	—	-0.717	2.512	2.656
F 值	74.46	21.32	36.33	37.13	40.63

　　根据产品周期模型，相对于家庭饱和度比较高的成熟产品，美国在创新产品出口上会有更好的表现，因此产品饱和度较高则出口增长较为缓慢，产品饱和度变量的系数应该为负；同时，创新产品的产品收入弹性较高，与美国出口增长则应该呈正相关关系。这符合表 3-10 中的实证分析结论，表明产品生命周期理论可以被实证研究很好的验证。

2. 产品生命周期实证研究的发展

　　早期研究虽在实证分析中验证了产品生命周期理论，但对于不同类别产品的具体生命周期长度未能进行测定。近年来随着微观数据尤其是专利数据在研究中的引用，产品生命周期重新得到了研究者的重视。霍尔等（Hall et al.，2001）提出用专利"引用滞后"的方法来衡量产品的技术周期，开创了采用专利测算产品生命周期的系列研究[1]。比利尔（Bilir，2014）则借鉴霍尔的相关研究，结合东道国的专利保护程度对产品生命周期和国际直接投资的关系进行研究，发现长周期行业的国际直接投资对东道国专利保护较为敏感，而产品生命周期长度中等的行业对专利保护的敏感程度最高[2]。

　　具体而言，该方法首先通过确定技术的经济耐用性来捕获产品生命周期长度的跨行业差异。产品的生命周期长度可以用产品相应专利被后续专利所引用的时间跨度来进行度量。平均而言，一旦专利的"引用滞后"时期越长，即产品专利被持续引用的日期和专利授予时间的间隔越长，则产品生命周期越长；反之则越短。表 3-11 说明了不同行业的平均产品生命周期长度（Bilir，2014）。

---

[1] Hall, Bronwyn H, Adam B Jaffe, and Manuel Trajtenberg. 2001. The NBER Patent Citation Data File: Lessons, Insights and Methodological Tools. NBER Working: 8498.

[2] Bilir. 2014. Patent Laws, Product Life-Cycle Lengths, and Multinational Activity, Product life-cycle, American Economic Review 2014, 104(7): 1979–2013.

表 3-11　不同行业的产品生命周期

行业	SIC 行业码	周期长度
短生命周期行业		
电子设备	383	6.73
钟表仪器	387	7.37
计算机和办公设备	357	8.38
农业化学	287	8.69
电子零部件	367	8.83
中生命周期行业		
杂项工业制品	359	9.68
杂项化学制品	289	9.73
医疗设备仪器	384	9.75
家用设备	363	9.78
长生命周期行业		
金属结构制品	344	10.25
螺丝类机械产品	345	10.42
金属罐集装箱制造	341	10.63
取暖设备	343	10.89

产品生命周期和研发密集度密切相关。表 3-11 也直观说明研发密度更高的部分行业例如计算机电子设备属于短生命周期行业。比利尔（2014）以各行业 1982 年至 2004 年研发经费（R&D）和行业销售额之比来衡量研发密度，发现行业研发密度与生命周期长度的确呈现负相关关系。研发密度较高的行业技术更新较快，旧产品更容易过时（图 3-4）。

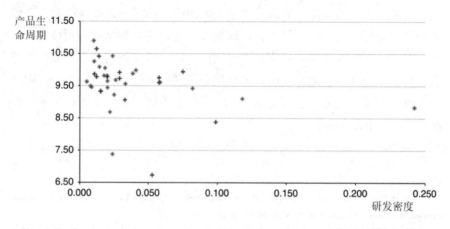

图 3-4　产品生命周期和研发密度

在弗农产品生命周期理论对国际直接投资分析的基础上，比利尔（2014）对跨国公司对外直接投资的探讨更加深入。根据弗农的理论，当创新国家的创新产品进入标准化阶段后，此时跨国公司会先后进入次发达国家甚至发展中国家进行国际直接投资。换言之，此时产品的创新性就不再重要，生产从创新竞争进入成本竞争，因此对外投资降低成本则变得更为关键。但弗农没有关注到东道国可能会进行技术模仿，也未考虑到专利保护对产品生产和国际投资的影响。在东道国专利保护制度较为完善的情况下，跨国公司的投资决策可能不需要考虑产品被仿制的风险；但在专利保护制度不完善情况下，跨国公司可能不会把尚在专利保护期的长周期产品进行国际直接投资转移。但一旦东道国对专利保护制度进行了完善，那么跨国公司则可能将长周期产品转移至东道国进行生产。因此，长周期产品对东道国专利保护会更加敏感，而这也正是比利尔（2014）所证实的结论。

第三节　内部化理论

一、内部化理论的提出

从 20 世纪 70 年代中期开始，巴克利（P. Buckley）、卡森（M. Casson）等学者提出了内部化理论（The Theory of Internalization）。内部化理论指从企业内部资源配置和交换机制形成过程出发阐述跨国公司为何进行国际直接投资的理论，又称之为"内部化优势"理论（Internalization Advantage Theory）。该理论由巴克利与卡森于 1976 年在《跨国公司的未来》一书中系统性地提出，主要回答为什么和在怎样的情况下，到国外投资是一种比出口产品和转让许可证更为有利的经营方式[①]。

所谓内部化是指以公司内部组织交易替代外部市场机制的过程。以内部市场取代原来的外部市场是企业在规模扩张过程中的必然。该机制并非由内部化理论首先提出。第二章中提到，1937 年科斯已在《企业的性质》中对市场手段和企业计划二者之间的权衡取舍进行了分析。那么为什么在 20 世纪 70 年代，内部化理论又会重新以这个角度来阐释跨国公司的国际直接投资行为呢？它与科斯理论或海默垄断优势理论之间有什么不同呢？

---

① Buckley P J, M Casson. 1976. The Future of the Multinational Enterprise, Macmillan London. 中文版见彼得·J. 巴克利，马克·卡森. 跨国公司的未来[M]. 冯亚华，池娟，译. 北京：中国金融出版社，2005.

探讨该问题之前有必要追溯一下该理论提出的背景。自海默垄断优势理论提出以来，对直接投资的经验分析已经成为国际商务研究的重点内容，垄断优势理论和产品周期理论研究的重点分别是行业的领先企业对外直接投资、出口贸易与对外直接投资，而现实中的国际直接投资实践在不断发展后，已经逐渐超出了上述理论所能解释的范围。

正如本章第二节所介绍，该阶段国际直接投资的新特征主要包括以下四点：（1）跨国公司规模大型化。由于战后的经济复兴，跨国公司广泛出现，跨国经营在大公司中的发生率相对较高，并且巨型公司的经济实力扩大了其政治影响；（2）跨国公司行业多样化，除了海默垄断优势理论所指出的垄断或寡头行业，研发密集型行业、人力资本密集型（熟练劳动力密集型）行业的特征也显著促进国际直接投资；特别是第二次世界大战后的知识型产品需求的增长、知识化生产的效率和规模经济的发展，以及市场交易的困难，促使跨国公司发展。同时，国际直接投资的迅猛发展也得益于通信费用减少和不断增大的减税幅度。（3）形式多样化。垄断优势理论所分析的国际直接投资更接近于水平多样化，但是在 20 世纪中后期，垂直多样化与混合多样化的国际直接投资占比不断提升。（4）跨国公司和国际直接投资呈现出显著的国别差异性。准确地说，国际直接投资的流动反映了全球社会、地理和政治的关系，从特定国家来说，最能反映国际直接投资的资本来源国往往是那些与特定国家的结构最接近的国家。英国等国家外资的显著特征是国内产品生产有较多的外国资本参与，且其中美国投资占优势；荷兰和瑞士的跨国公司表现出相对高的跨国度；而日本的公司即使在研究密集型产业中也表现出相对较低的跨国度。

在这样的情况下，内部化理论认为海默垄断优势理论仍然不能完全解释跨国公司和国际直接投资活动的新特征，主要在于以下两点：第一，市场不完全对于跨国公司的重要性不仅仅表现在最终产品市场，更多地表现在中间品市场；第二，中间品市场，尤其是知识、技术等中间品的外部市场失灵，是跨国公司进行国际直接投资的关键原因，而跨国公司在转移中间品上的能力不同是跨国公司之间的重要区别，或者说跨国公司区别于国内公司的重要区别。

因此，利润最大化仍然是跨国公司的唯一目标，而知识技术市场的不完全使公司通过内部化来取代成本高昂的外部市场更为有利，从而产生对外直接投资。从这个角度看，内部化理论同科斯创立的企业理论一脉相承，但针对国际直接投资和跨国经营进行了更为系统的分析和设定，从而在国际直接投资理论中占据了一席之地。

二、内部化理论的主要内容

1. 内部化理论的前提假定

内部化理论的建立仍然以市场不完全为前提。企业在不完全市场上从事经营并追求利润最大化，而当生产要素特别是知识技术等中间产品市场不完全时，企业可能以内部市场取代外部市场。一旦内部化过程超越国界，跨国公司得以产生。

具体而言，内部市场比外部市场效率更高的必要条件是外部市场有缺陷。在本章第一节介绍垄断优势理论时已经提到，现实经济中存在诸多原因可能导致市场不完全。而在这些原因当中，巴克利（1976）等人认为由于中间产品的性质和买方的不确定性导致外部市场交易的失败是最为重要的因素。这里的中间产品不仅包括材料等有形产品，更包括诸如技术、商誉和信息等无形产品，而其中知识技术的市场因其特殊性，使得企业对知识技术中间产品具有很强的内部化动机。或者说只是技术产品的外部交易成本过于高昂，因此只能进行内部化。

首先，研发新产品等的知识生产是长期项目，因此知识生产和交易要求进行市场内部化。其次，知识具备"自然垄断"性质，便于企业通过某种差别定价获得最佳利润，内部化具备可行性。第三，知识拥有者和预期购买者一般而言都是垄断者，双头垄断使得议价交易难以进行。第四，信息不对称使得知识技术难以进行交易。最后，知识的流动及其外部效应的影响难以评估和控制。上述因素为公司采用外部市场进行交易带来极大的困难，而将市场建立在公司内部，则可以降低交易成本并提高利润。

2. 内部化的成本与收益

内部化可以从多方面带来收益。跨国公司可以统一安排各分支机构生产经营活动，协调不同生产阶段的长期供需关系，即可避免外部市场不完全所带来的影响，也可以规避外部交易带来的生产经营"时滞"，降低避免外部市场价格波动或信号失真所带来的冲击与扰动。而面对更易波动的国际市场，内部化更能减轻国际市场不完全的负面影响，缓和出口贸易的不稳定性，还可以利用中间产品差别价格或转移价格获取更大利润。更重要的收益体现在技术方面。内部化使知识产品限制在公司内部转移，减少知识产品外溢，避免外国竞争者的迅速仿制，可长期确保了跨国公司在技术上的优势地位。

当然，实行内部化带来利益的同时也会带来成本。具体而言，内部化成本包括以下几方面。首先，市场分离所带来的资源成本。跨国公司实行内部化会将中间产品的完整市场分割为若干个内部小市场，所以从全社会的角度来看，实行市场内部化并不能实现资源的最佳配置，可能会在低于最优经济规模水平上从事研发、投资和生产经营活动并造成资源浪费。第二，沟通和管理成本。跨国公司实行全球化经营，需要面对不同的东道国和子公司，跨越不同文化、语言、宗教和习俗会带来内部沟通成本增加。第三，政治歧视或社会歧视成本。跨国公司在东道国的投资和生产经营活动势必会形成对东道国市场一定程度的垄断和对当地企业的控制，这些都会对东道国经济产生不利影响，导致东道国政府的干预甚至采取歧视性政策，对外资股权份额加以限制或实行国有化等，为跨国公司在东道国的投资和生产经营活动带来较大风险。

当获得的收益大于成本时，中间市场就会内部化。而上述成本和收益在不同的行业、东道国等背景下，会有不同的体现。因此企业在进行内部化决策过程中，还受到以下四方面因素的制约。第一，行业因素，主要包括产品的特性、产品外部市场的竞争结构、规模经济等。第二，国别因素，主要包括东道国政治制度、法律制度和经济制度特别是财政金融政策等对跨国公司经营的影响。第三，地区因素，主要包括由于地理位置、社会心理、文化环境等的不同所引起的交易成本的变化。第四，企业因素，主要包括企业的组织机构、管理经验、控制和协调能力等。

在以上四个因素中，行业因素和企业因素是主要的因素，其中又以知识产品因素最为关键。随着科技的进步，企业生产经营活动的内容和范围均发生了很大的扩展，企业的生产经营活动需要有良好的外部环境，特别是发达的中间产品市场，但有些产品市场，特别是知识产品市场是不完全的。这就导致企业只能将不完全的外部市场进行内部化。

三、内部化理论与知识密集型国际直接投资

在《跨国公司的未来》一书中，巴克利和卡森以知识的内部化为主要切入点，对跨国公司在第二次世界大战后的高速发展进行解释（Buckley & Casson，1976），同时也利用部分行业数据对内部化理论提供了实证分析。

从供需两方面解释，战后研究开发活动的规模迅速增长。对研究开发活动的需求增加主要体现在对高科技工业产品的需求部分归因于武器装备和空间竞赛。而对精密复杂消费品的需求增加则归因于消费者收入增加对创新产品和产品质量带来的需求。而教育带来的熟练劳动力增加和科技的

发展使得研发活动的成本大幅下降。供需两方面促成了研究密集型公司得到了极大的增长空间。同时，知识产权保护制度的完善带来专利激增，进一步促进了知识研发型跨国公司的发展。

在这样的背景下，跨国公司主要集中在研发密集型行业中。例如，美国大型跨国公司涉及的产业几乎都是"高技术"的。在这些产业中，研究与开发、高度培训过的劳动者的技能、先进的设备和优质的服务，在提高生产效率上起到关键的作用，对于研发费用比较密集的公司来说，它们有很强的知识技术内部化动力。除了水平型投资活动增加，研究密集型跨国公司内部出口占跨国公司总出口的百分比也在较高，说明垂直型投资活动也在逐渐增加，即一家公司同时从事生产序列中不同阶段不同产品的生产。研究密集型产业的贸易活动则不仅包括普通中间产品的交换，也包括管理费和特许权使用费的国际转移。这种知识专利的增加、跨国公司的发展和政府对研究活动的补助相互作用，使研发密集型的跨国公司更加致力于投资于发达经济体，或者在与其所在国发展水平相当的国家进行国际直接投资，从而促进了第二次世界大战后尤其是 20 世纪 70 年代经济增长与跨国公司蓬勃发展的"黄金时期"。

根据内部化理论，可以预测在研发密集型行业里，公司的增长和盈利性都和跨国经营正相关。具体的推论包括：（1）研发投入巨大且同时为资本密集型的公司的跨国经营程度会超过平均水平；（2）研究密集型公司的增长与研发密集度正相关；（3）研究密集型公司的盈利性与研发密集度正相关；（4）研究密集型公司的增长和盈利性与跨国经营程度正相关；（5）在研发密集产业中企业跨国经营和公司增长及盈利性的关联强于非研发密集产业。表 3-12 和表 3-13 对内部化理论进行了检验，实证结果较好地证明了上述理论预测。

表 3-12　研发密集度和资本密集度对跨国经营的作用

模型	研发密集度	资本密集度
1	7.15**	—
	（4.41）	
2	—	2.35
		（1.25）
3	7.45**	3.25*
	（4.58）	（1.76）

注：括号为 t 值，**、*分别表示 1%和 5%显著性水平。引自《跨国公司的未来》2005）第 80 页。

表 3-13 跨国经营各项指标的行业差异

行业	因变量			
	跨国经营	增长	盈利性	资本密集度
研发密集行业				
石油	17.09**	27.88**	0.43	0.44**
	(5.06)	(2.70)	(0.57)	(5.29)
汽车	-1.59	32.16*	-1.87*	-0.18*
	(-0.37)	(2.48)	(1.94)	(-0.67)
橡胶	10.82*	0.79	-1.18	-0.19
	(1.65)	(0.04)	(-0.79)	(-1.19)
烟草	11.97*	57.19**	1.72	0.43**
	(1.80)	(2.82)	(1.14)	(2.63)
化工	12.79**	15.65	1.53*	0.16*
	(4.06)	(1.63)	(2.14)	(1.99)
飞机	-8.13	-50.21**	-1.89	-0.36*
	(-1.4)	(-2.84)	(-1.44)	(-2.51)
食品和饮料	1.54	16.46*	0.44	-0.31
	(0.48)	(1.69)	(0.61)	(-4.03)
电气工程	3.26	19.70*	0.02	-0.17
	(1.09)	(2.17)	(0.03)	(-2.26)
非电气工程	9.55**	17.31*	-0.26	-0.22
	(3.34)	(1.98)	(-0.4)	(0.33)
非研发密集型行业				
造纸	4.36	6.90	-0.04	0.1
	(0.97)	(0.50)	(-0.04)	(0.89)
钢铁	-12.62**	-1.24	-1.15	0.37
	(-3.44)	(-0.11)	(-1.38)	(4.14)
包装	8.36	3.26	-0.26	-0.02
	(1.35)	(0.17)	(0.19)	(0.13)
纺织品	-4.39	-1.65	-0.82	-0.16
	(-0.98)	(-0.12)	(-0.81)	(1.46)

注：括号为 t 值，**、*分别表示 1%及 5%显著性水平。引自《跨国公司的未来》(2005) 第 81 页。

那么，未来跨国公司的增长模式会有哪些改变呢？内部化理论认为，未来以市场营销为基点的跨国公司将是具有技能、能够使现有产品适应于发展中国家市场状况的公司。没有这种技能的公司，只能将他们的对外投资限定在发达国家，通过特许权的方式向发展中国家提供经济服务。另外，由于发达国家会走出经济增长和技术变迁的"黄金时期"，因此跨国公司的总体发展趋势会减缓，对于那些具有技术优势却无法适应环境改变的公司，当公司新技术知识的流动下降到公司内部化利益比公司内部化成本还要低时，内部化基础就不复存在，跨国经营基础也随之消失。因此，巴克利等（1976）预测跨国公司的研究活动可能会有所减少，而越来越多地使用特许权交易，跨国经营的运行程度相应降低。但是节约能源型产品等特定行业、基础研究突破行业如生物工程行业、具有丰富收入弹性商品的行业的跨国经营程度可能仍会增加。当然，从 20 世纪 80 年代及之后的经济发展实践来看，跨国公司活动并非按照巴克利等（1976）所预计的那样在经济中减少，而是在经济中占据着越来越重要的位置，当然也在经济全球化中发展出更新的特征。本书后续章节会对这些新特征进行深入探讨。

三、内部化与跨国公司进入方式选择

从跨国公司的国际直接投资模式的进入方式来看，巴克利等（1976）则认为，未来的合资企业将会非常普遍，因为这能够很好地将对外投资者利润最大化的目标和东道国政府的社会政策协调起来。尤其考虑到随着发展中国家的经济发展水平提高，在发展中国家与发达国家之间的逐渐趋同和发展中国家的发展差异、政府限制、制度因素等各种影响因素并存的局面下，合资是比独资更为适合跨国公司的进入模式。在后续的相应内部化理论研究中，他们也对跨国公司在进入外国市场时可以采取的各种策略分析进行了重点探讨。本小节分析巴克利和卡森（1996）所创建的模型，以更好地说明内部化理论和跨国公司的发展[①]。

在该研究中作者认为国际合资企业（IJV）是一种重要的战略选择。而理解为什么一个国际合资战略被跨国公司所选择，也必须了解其搭配和替代方式的缺点。所谓的替代方式，是建立在内部化理论基础之上的两种其他选择，主要包括并购（M&A）和许可证协议。所有的战略选择都要结合双方企业的关键知识（技术和市场营销），但结合方式不同。

假定跨国公司企业甲考虑进入某目标国市场展开国际经营，目标国存在企业乙为潜在合作对象。企业甲面临的三种策略按内部化程度升序排列：k=1 表示许可证，k=2 表示同企业乙进行合资，k=3 表示直接并购企业乙。此外，空策略（k=0）表明不进入目标国市场，即同企业乙不展开任

---

① Buckley P J, M Casson. 1996. An Economic Model of International Joint Venture Strategy. Journal of International Business Studies, 27 (5): 849-876.

何合作[①]。企业均追求利润最大化,企业甲在利润最大化的原则下选择策略,利润用 π 表示并由三部分组成。第一部分是合作的潜在收益,和选择的策略无关,只和目标市场规模的大小有关。第二是内部化收益,和策略有关,并根据市场大小而有所不同。第三是内部化成本和市场大小无关,但取决于所选择的策略变化和合作伙伴更换的频率。表 3-14 所描述的其他因素也都影响了企业各项进入决策的成本。

表 3-14　各种影响因素带来的进入成本

决定因素		许可证	国际合资	并购
许可证方式的障碍	规模经济	+	0	-
	专利权缺失	+	0	0
	技术能力的不确定性	+	0	0
国际合资的障碍	文化距离	0	+	+
并购障碍	企业对独立性的保护	0	0	+
	其他技术的范围经济	0	0	+

注:+表示成本增加,-表示成本减少,0表示无关。

具体地,进入国际市场的跨国公司主要考虑市场规模(x)和市场波动(v,风险或成本)并调整最优策略。该关系也可以直观的用图 3-5 及图 3-6 来表明。图中的 A_0 表示不进入国际市场,A_1 表示以专利许可方式进入,此时得到的内部化收益最小,但同时成本也最小。A_2 表表示 IJV 即合资方式进入国际市场,合资方式风险和收益都比较适中,A_3 表示并购。从图 3-5 中可以看出,市场规模大小与利润正相关,因此市场规模越大企业越倾向于进行内部化投资。而市场波动或者不确定性风险和成本与利润的关系反映在图 3-6 中,二者呈反向相关关系。最终可以得出选择各项战略的条件。当市场规模很大波动性(风险)较小时选择并购。当市场波动性较大市场规模却很小时不选择进入。合资方式则适合市场风险会随着市场规模的扩大而扩大的场合。对于具备较大市场规模或者潜力,但存在一定风险或者不确定性的目标市场,合资方式是跨国公司较好的进入策略[②]。

基于该项研究,巴克利和卡森(1996)对《跨国公司的未来》中的预测进行了修正,认为跨国公司的活动并不会减少,但合资企业将会非常普

---

① 当然,企业进入国际市场的方式多种多样不限于上述选择,本书第七章将对此展开详细探讨。

② 图中 a、b_2、b_3 为收益系数,c_1、c_2、c_3 为成本系数,具体推导略。参见巴克利等的研究(Buckley and Casson,1996)。

遍，因为该方式能很好地把对外投资者利润最大化的目标和东道国政府的政策更好地协调起来。而之后国际直接投资发展的历程表明，在转型经济体、发展中国家的经济发展和制度变迁过程中，合资企业确实成为国际直接投资的重要形式和手段。

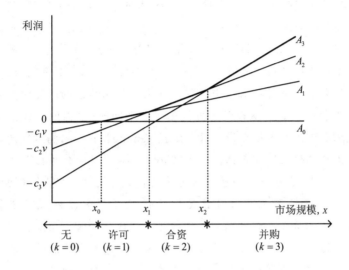

图 3-5　内部化理论中的市场规模与跨国公司进入战略选择

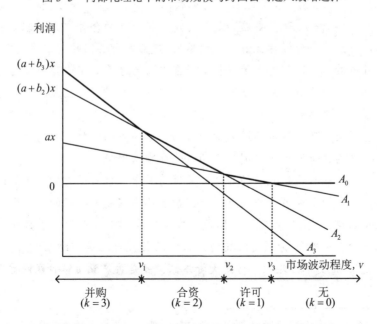

图 3-6　内部化理论中的市场风险与跨国公司进入战略选择

专栏 3 中国汽车工业引进外资的历程

1978 年，中国改革开放的步伐在国内外都引起了重要的反响。1978 年 10 月，美国通用汽车董事长托马斯·墨菲率领代表团访华，并参观访问了位于十堰的第二汽车制造厂。中方计划通过通用的来华访问引进重型汽车项目的先进技术。时任第二汽车制造厂计划处副处长和发动机厂党委第一书记及第三汽车制造厂建设指挥部副指挥长、重型汽车厂筹备处负责人的李岚清负责接待通用汽车代表团并谈判相关技术引进问题。

谈判的起点是技术引进，但是在引进技术的谈判过程中，通用汽车的董事长汤姆斯·墨菲向中方提出了一个问题："你们为什么只同我们谈技术引进，而不谈合资经营（Joint Venture）？"根据李岚清回忆，尽管中方谈判代表懂得英语，知道"Joint"是"共同或共担"，"Venture"是"风险"，连在一起似乎应当是"共担风险"，但对它的确切含义并不清楚。于是汤姆·墨菲就让他的一位经理向中方详细介绍了"Joint Venture"的含义：就是双方共同投资并"合资经营"企业。这位经理还详细介绍了合资经营企业的好处，以及具体怎样合资经营，包括他们与南斯拉夫建立合资经营企业的经验等等。这位经理介绍以后，墨菲还补充说："简单地说，合资经营就是把我们的钱包放在一起，合资共同办个企业，要赚一起赚，要赔一起赔，是一种互利的合作方式。若要再说得通俗一点，合资经营就好比'结婚'，建立一个共同的'家庭'。"①

可以看出，通用汽车董事长墨菲在当时已经看到了中国市场的巨大增长潜力，因此从通用汽车的战略角度出发，面对具有巨大增长潜力，但改革开放刚刚开始，仍具有一定不确定性的中国市场，墨菲的考虑是通过合资企业在获取市场规模所带来的长远收益的同时，又通过合资这样的方式避免全资进入中国市场的风险和准入困难。

听了墨菲及通用代表的介绍，李岚清等中方代表感觉增长了知识的同时，对合资是否可行并没有把握，甚至认为这是不可能的。李岚清在回忆中写道："当时我想：你们是资本家，我们是共产党，怎么能同你们搞合资经营呢？特别是他提到，合资经营就好比是'结婚''建立共同家庭'，就更不可思议。你是大资本家，我是共产党员，我能同你'结

---

① 李岚清."合资经营"是我国对外开放的重大战略举措：纪念邓小平同志诞辰 100 周年[J]. 求是杂志，2004（16）.

婚'吗？"尽管这样，按照当时对外谈判项目要向国务院相关办公室写简报的规定，李岚清等中方代表也将谈判情况进行了汇报。

李岚清等中方代表关于通用汽车代表团谈判的这份简报引起党中央、国务院的高度重视。分管该方面工作的谷牧副总理看到简报后认为该简报介绍的情况很重要，立即请中央政治局和国务院各位领导同志批阅。邓小平阅后不但画了圈，还在简报中关于通用汽车公司建议搞合资经营的内容旁注上了"合资经营可以办"这样一个十分重要的批示。

邓小平的批阅进一步解放了大家认知和工作中的思想。和通用汽车的合资谈判也正式展开。1979 年 3 月 21 日，由副部长饶斌同志带队，第一机械工业部赴美与通用汽车公司进行合资经营谈判。但意外的是，通用公司最终否决了董事长墨菲与中国进行合资经营的意向，使谈判未能继续进行。但中国与外方举办合资企业的决心并未因此项目的失败而停止。1979 年 7 月，《中华人民共和国中外合资经营企业法》获全国人大五届二次会议审议通过。1980 年 4 月，国家外国投资管理委员会批准成立第一批中外合资企业，如北京航空食品公司、北京长城饭店公司等。

在与通用汽车的合资谈判失败以后，中国第一机械工业部远涉重洋，同当时世界各主要汽车制造商都进行了合资意向的接洽。最终德国大众汽车公司对在中国开展合资经营表示了浓厚的兴趣，正式开启了合资谈判。1985 年 3 月，中国汽车工业领域的第一家合资经营企业——上海大众汽车公司宣告成立。上海大众也成为中国改革开放后第一家轿车合资企业，中德双方投资比例各占 50%，合同期限为 25 年。上汽大众的成立同时标志着中国现代汽车工业的重要改革，中国汽车工业进入由计划经济体制向市场经济体制转变的转型期。自此，众多国际知名厂商纷纷进入中国进行合资经营，开启了中国的汽车制造和消费新时代。

2002 年 4 月 12 日，上海大众投资双方将合营合同延长 20 年至 2030 年。2005 年 7 月 5 日，上海大众累计生产的第 300 万辆轿车下线，成为国内首家也是当时惟一一家累计生产达到 300 万辆的轿车企业。上海大众桑塔纳、帕萨特、波罗等车型开进了中国的千家万户，在 2020 年 2 月 28 日，上海大众的第 2000 万辆车下线。2020 年，中国汽车年销量连续五年超过 2500 辆，总汽车保有量达到 2.81 亿辆。

通用汽车最终迟至 1997 年 6 月与上海汽车集团股份有限公司合资建立上汽通用汽车有限公司，此后产销增长迅速，在 2020 年 8 月累计产销量突破 2000 万辆，成为继上汽大众和一汽大众之后，第三家达到这一累积产量水平的中国汽车合资企业。

四、内部化理论的发展与评价

内部化理论是跨国公司理论研究的一个重要拓展。海默垄断优势理论和产品生命周期理论主要研究发达国家（主要是美国等创新发达国家）企业海外投资的动机与决定因素，而内部化理论则不仅仅限于发达国家企业的对外直接投资，而是从企业交易成本的角度来提炼内部化和国家直接投资的一般性，虽然它所要解释的现实实践中以美国等发达国家对外直接投资为主。

同时，内部化理论对于知识产品的中间产品市场不完善的分析，奠定了后续国际直接投资理论沿着中间品的市场交易和组织的研究框架出发，得出了更为丰富的研究结论。而对于合资、并购和许可证模式的探讨，无论是在理论研究和实践分析中都极具洞察和前瞻性。

当然，内部化理论的视角，局限在跨国公司的内部化收益和成本的分析框架中，因此对于不同的投资动因、不同的投资类型都缺乏更加深入的分析，对于发展中国家对外直接投资的可能动机和类型也缺乏探讨。而对于跨国公司未来的对外直接投资活动会随着第二次世界大战后黄金时代的结束而下降，取而代之的是许可证交易，也并不符合后续的实践发展。而以此为基础，更多理论丰富起来并为解释不断发展的国际直接投资实践提供新的视角和分析框架。

本章思考题

1. 回顾思考垄断优势理论、产品生命周期理论和内部化理论，三者之间是否存在共同点？

2. 根据产品生命周期理论，产品在创新导入期、成长期、标准化期三个不同阶段，在创新国、其他发达国家和发展中国家所面临的产品需求价格弹性和产品需求收入弹性分别是怎样的？

3. 近年来，高科技计算机、信息与互联网技术行业领域的并购频繁。请结合内部化理论和该行业的特征解释这一现象。

4. 巴克利和卡森在《跨国公司的未来》（1976）结尾中写道："未来跨国公司所担任的主要角色将是继续进行知识的生产和扩散。不过，对跨国公司最重要的知识类型正在进行变迁。未来将减少对生产新产品所需的特定技能的依赖，而更多依赖于使现有产品和工序更适应于新环境的一般性的技能。专业化的公司倾向于更多地使用特许权的方式，而不是对外投资来利用它们的专有知识。合资企业将会非常普遍，因为这种方式能很好地把对外投资者利润最大化的目标和东道国政府的政策更好地协调起来。"结合 20 世纪 80 年代至今的跨国公司和国际直接投资变化，你认为上述预测是否正确？哪些方面并不一致？为什么？

5. 简要说明图 3-7 的含义并回答：

（1）该图是否能够解释生命周期理论，为什么？

（2）该图是否能够解释里昂惕夫之谜，为什么？

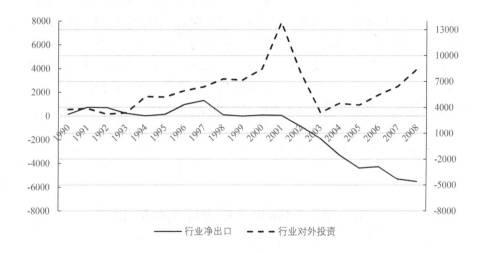

图 3-7　美国电气设备行业净出口和对外投资

注释：图中左侧纵轴表示净出口，右侧纵轴为对外投资，单位千美元。

6. 查找相关中国各行业的贸易和国际直接投资数据，选出你认为比较符合产品生命周期理论的行业，并对该行业的发展、贸易流和投资流进行简要分析。

第四章　国际生产折衷理论

早期理论对跨国公司活动从各种角度进行了不同的解释，但是各种不同的理论却都始于一个比较特殊的出发点和视角，因此分析框架存在较大的差异，也很难统一在同一个理论体系中对跨国公司的国际直接投资行为进行完整分析和相互比较。邓宁（J.Dunning,1977）运用综合方法对早期跨国公司理论进行了比较和吸收，从而形成了在研究跨国公司国际生产活动中吸收区位理论，并融合要素禀赋理论和内部化理论的综合性理论[①]。由于该理论寻求提供一般性的框架分析一国企业对外直接投资的动机，属于对早期的理论进行后期综合而成，因此被称为"国际生产折衷"理论。

第一节　国际生产折衷理论的提出

一、邓宁对早期理论的总结

到 20 世纪 70 年代，学者们已经逐渐发展出系列早期理论解释国际直接投资活动。然而这些理论却缺乏普遍意义。根据邓宁的总结，此前的理论主要沿着以下四个不同的分析框架展开：（1）根据产业组织理论，研究跨国公司发展对外直接投资所拥有的净优势，集中表现为海默的垄断优势理论和由金德伯格等贡献的后续发展；（2）采用动态分析方法，将直接投资与对外贸易结合起来研究，其代表是弗农的国际产品生命周期模型；（3）根据生产区位理论研究跨国公司为什么在某国进行直接投

---

① 参见 Dunning, J. H. (1977). Trade, Location of Economic Activity and the MNE: A Search for an Eclectic Approach. The International Allocation of Economic Activity, Springer。后续该理论进一步总结在其 2008 年著作，参见 John H. Dunning and Sarianna M. Lundan, 2008, Multinational Enterprises and the Global Economy（Second Edition），Edward Elgar Publishing, Inc 及中文版邓宁著，马述忠等译，《跨国公司与全球经济》，中国人民大学出版社，2016 年。

资而非在其他国家进行直接投资，即直接投资的区位选择理论；（4）基于厂商理论，强调外部市场不完全对跨国公司国际直接投资的影响，即内部化理论。

上述理论产生了不同的贡献。海默驳斥了用国际利差来解释资本转移的传统理论，明确指出外国直接投资涉及一揽子资源包括技术、管理技能的转移，而不仅仅是金融资本。产品生命周期则首次以动态视角对国际贸易和投资活动的决定因素进行解释，并重点探讨了需求的刺激以及创新技术的作用。邓宁对内部化理论进行了充分肯定，认为该理论本质上解释了为什么中间产品的跨境交易会通过企业内部的层次结构来组织而不是由市场力量决定。但是，上述理论仍都是各自在不同的理论框架去分析跨国公司活动，未能形成一个能够解释所有直接投资活动的理论框架体系。

二、国际直接投资活动的新特征

虽然上述早期理论各自做出了不同的贡献，但考虑到当时国际直接投资实践在数十年来已经发生了较大的变化尤其体现为国际直接投资格局发生的重大变化，因此邓宁认为需要更全面综合的新理论才足以解释现实。

这些变化主要体现在四个方面：第一、国际直接投资主体呈现多元化发展趋势，西欧各国成为国际直接投资领域的重要力量，日本作为后起之秀，对外直接投资也迅猛发展，形成了美、日、欧"大三角"的国际投资新格局，而发展中国家，无论是作为引资主体还是投资主体，对外直接投资也迅速增加。第二、对外直接投资部门开始分散化，除制造业外，资源开发业、服务业和其他行业等成为直接投资越来越重要的投资领域，且发展速度显著。第三、国际直接投资流向呈现出多样化趋势，既有传统的发达国家向发展中国家进行的纵向直接投资，也有发达国家之间自二十世纪六十年代开始就占据主导地位的横向直接投资，另外九十年代还开始出现了一定规模的发展中国家向发达国家的逆向直接投资。第四、国际直接投资形式也呈现出多样化，除了独资形式外，合资、合作企业也得到了迅速的发展，其中跨国公司之间建立在战略联盟基础上的合作投资更是引人注目。

在这样的情况下，跨国公司决策行为更注重将中间品出口（选用投入本国相对优势的禀赋）和东道国优势禀赋要素使用相结合。同时，无论哪一方面因素都无法成为国际直接投资的全部动因。如果知识产权或中间品贸易是国际直接投资的唯一关键，那也不需要相对独立的国际生产理论，中间品贸易的相关理论就可以进行解释。另外，也很难不从区位优势禀赋和国家能力的分布和差异入手来解释跨国公司及其选址的不同模式。更进一步，中间品贸易和东道国要素禀赋的结合，是在市场不完全的背景下发生的，最终可以看作企业控制权跨越国界的延伸。

因此，一个结合要素禀赋理论、地理经济学和厂商理论的国际直接投资理论和分析框架是解释上述现象和特征的必然，这就是邓宁提出国际生产折衷理论的原因。

第二节　国际生产折衷理论的主要内容

一、国际生产折衷理论的分析框架

1. 国际生产的主要类型

邓宁对国际生产折衷理论进行详细分析之前，首先界定了企业对外直接投资的动因和企业对外直接投资的前提条件。邓宁借鉴贝尔曼（Behrman，1972）[①]提出的概念，将国际直接投资活动区分为四种类型。

第一类是资源寻求型。这类企业通过境外投资来获取低于国内成本或高于国内质量的特定资源，资源寻求类子公司的多数产出可能会被出口至工业化发达国家。具体而言，资源寻求者具有三种主要类型：一是寻求某种实体产品资源的企业，包括成本最小化动机和供应安全动机驱动；或者从事初级产品生产商和制造业的企业，其寻求的资源包括矿物染料工业矿产、金属矿物和农产品等特定的原材料和初级产品。二是那些寻求大量较低成本的非熟练劳动力供应的国际直接投资。从事这类国际直接投资的制造业和服务业的跨国公司通常来自劳动力成本较高的国家，因此在低劳动力成本国家进行直接投资能够降低其生产成本。三是由企业出于获取技术、管理及营销技能需要而进行的国际直接投资，包括在具有高技术产业的国家建立企业或组建合作联盟，设立研发中心、信息处理中心的国际直接投资，以期获得技术等资源。

第二类是市场寻求型。市场寻求型企业投资于特定国家或地区并向这些地区及其邻国市场提供商品或服务。大多数情况下，该企业在进行上述投资之前可能以出口方式向上述市场和地区进行产品供应，但是由于关

---

① Behrman J N. 1972. The Role of International Companies in Latin America: Autos and Petrochemicals. Lexington Books.

税或其他由东道国施加的贸易障碍，或者由于当地市场的规模提升使得通过贸易供应产品方式不再是最优选择，而进行直接投资则成为更优选择。

市场寻求型投资的具体动因包括四个方面。首先，由于企业的主要供应商或客户在境外经营生产机构，因此需要跟随供应商或客户前往海外进行投资。其次，某些产品需要与当地偏好需求、文化习俗和本土资源能力相适应，因此采取国际直接投资而不是出口。再次，从某个国家和地区子公司向当地和邻近市场提供服务的成本低于远距离贸易成本，特别是贸易成本较高或东道国施加各种贸易限制的情况下，国际直接投资往往成为贸易替代品。最后，跨国公司把此类投资视作其全球生产和营销战略的一部分，并且有助于其在竞争对手所在市场获取竞争性地位。

第三类是效率寻求型。效率寻求型投资指跨国公司不完全出于资源需求或者市场寻求需要，而是侧重于对全球生产链进行重组优化导致的新增国际直接投资。此类国际直接投资会使跨国公司的全球管理框架变得更为合理，从而使得跨国公司可以改善内部化效率并从全球分散生产经营中获取更多的收益。效率寻求型跨国公司通常是经验丰富的大型多元化跨国公司，生产比较标准化的产品，并且实施国际公认的生产流程。效率寻求型国际直接投资又可以分为两种具体类型，第一类在于利用不同国家之间要素禀赋获得性的差异和相对成本差异，第二种发生在经济结构和收入水平广泛相似的国家之间，旨在利用规模经济和范围经济，以及消费者偏好和供给能力的差异。

第四类是战略资产寻求型。战略资产寻求型投资主要指通过收购境外公司资产来推进其长期战略目标的投资行为，而这样的长期战略目标通常是以维持或提升其全球竞争力为最终目的。此类投资企业既包括追求全球和区域一体化战略的跨国公司，也包括进入陌生市场或购买某种竞争优势的初次境外直接投资者。战略资产寻求动机与之前各种投资动机的区别主要在于它可能不一定利用企业自身特定成本或营销优势，也可能通过收购特定企业资产来提升其竞争优势，或者通过进入目标市场，削弱竞争对手的所有权优势。

需要指出的是，邓宁所划分的这四种投资动机之间，并不具有严格的界限，甚至某些投资动机相互交叉或重叠。市场寻求和资源寻求动机之间的差异较为明显，但效率寻求可能仍以资源寻求或市场寻求为基础，因此企业的具体投资可以同时被看作为资源寻求和效率寻求，或者同时被看做市场寻求和效率寻求。例如，资源寻求型当中对廉价劳动力资源的寻求，和寻求效率型动机中利用不同国家之间的要素价格相对差是类似的。而市场寻求型动机当中的第四类，即向竞争对手已提供服务的市场进行跟随性投资以获取竞争性地位，和战略资产寻求型所指出的以削弱竞争对手为目的而进行的直接投资的本质也是近似的。因此对于上述四种动机的划分，更多是侧重点的不同和分析视角的不同，而跨国公司的国际直接投资行为则很可能是复杂的、包括上述多种动机组合而进行的直接投资。

2. 国际直接投资的前提

国际生产折衷理论首先将传统贸易理论对各国生产格局的分析和市场不完全相结合。显然，要素禀赋的地理分配对决定国际生产格局至关重要，但是要将不同的国家和地区通过国际直接投资活动相联系，必须存在两种市场不完善。第一是结构性失灵，指公司或企业资产所有者在获得所有权或控制分散型增值活动的能力之间有所区别，即垄断的存在。第二是交易性失灵。当中间产品在外部市场很难以低于内部组织交易的成本进行交易时，属于市场的交易性失灵。

这些变量和交易成本会对企业战略决策带来重要影响。公司不再是一个黑匣子，市场也不是交易的唯一发生地。自然资源禀赋的地理分配与经济组织形式两者都与交易及生产结构有关。而交易及生产结构则决定了公司扩张的边界。跨国公司则在规模扩张并同时供应国内外市场的经济活动中，恰到好处地利用各国不同要素禀赋和各种交易成本之间的差异。因此，要素禀赋理论和厂商理论则通过市场不完全进行有机结合，共同决定跨国公司的国际直接投资活动。

具体而言，跨国公司的外资增值活动的水平和结构依赖于四个条件的满足。这四个条件是：

第一，跨国公司在服务特定市场或地区时，与其他国家公司相比在多大程度上拥有独特且可持续的所有权优势，同时这些所有权优势可以使得公司资产持续增值或创利。

第二，假设条件一满足，那么在多大程度上公司认识到自己的最佳利益是正确利用或增加其所有权优势而不是出卖它们，即形成市场内部化优势。市场内部化优势能更好地提升组织效率或改善公司内部激励机制，并优化其资产管理能力。

第三，假设上述两个条件满足，公司的全球利益在多大程度上、由在外国获得或使用其所有权优势提供。假定区位资源、生产能力和制度优势的空间地理分布是不均匀的，那么在拥有区位优势的国家投资就可能具备竞争优势，而在不存在区位优势的国家则不具备竞争优势。

第四，假设一家公司面对所有权优势、区位优势、内部化优势都具备，公司在多大程度上相信国际生产是与公司股东的长期目标、与公司治理制度相一致的。

以上就是国际生产折衷理论的核心前提，而国际生产折中理论也就围绕这几个条件展开[①]。

二、OLI 理论与国际市场的进入方式

国际生产折衷理论所分析的四个前提，实际上就是该理论的内容之一，即一国公司要进行国际直接投资活动，必须具备三种优势：所有权优势（Ownership Advantage）、区位优势（Location Advantage）和内部化优势（Internalization Advantage）。三种优势构成了跨国投资的基础，因此该理论也被称为 OLI 理论。

1. OLI 优势的定义

（1）所有权优势

跨国公司能够进行国际直接投资，并从国外生产基地供应产品给东道国或其他国家的能力首先源自于公司拥有一种其他公司所不具备的专有资产[②]，这种专有资产即公司的所有权优势。所有权优势表明公司在系列不同国家的不同公司中是独一无二的。属于所有权优势的专有资产可能包括受法律保护的技术专利权，也可能以商业垄断形式存在，或产生于公司的规模、生产多样性、技术特点以及协作生产采购的经济性。它们还包括独特的自然资源、知识资本、金融势力、创业方案甚至管理经验。具体而言，某公司相对于其他公司的所有权优势可能包括以下三类：

第一，知识产权或无形资本优势。具体包括公司的资源（或资产）结构、产品创新与产品管理、组织和市场系统、创新能力与知识、营销和融资经验，以及减少公司内部或公司间交易成本的能力。邓宁将这种所有权优势定义为来自技术的所有权优势。

第二、共同治理的所有权优势。共同治理优势既包括某种组织优势也包括某种互补型资产的优势。具体包括多分支机构或者多国经营的独特优

---

① 约翰·H. 邓宁，萨林安娜·M. 伦丹. 跨国公司与全球经济[M]. 2 版. 马述忠，等译. 北京：中国人民大学出版社，2016：90.

② "资产"指资源和带来未来收入流的能力，它不仅包括有形资产（自然禀赋、人力资本），还有无形资产（技术、信息、管理、市场营销和创业技能、组织性系统、激励机制、中间或最终产品市场上拥有消费者偏好）。

势。多分支机构的优势包括规模经济、产品多样性、以特定方式获得投入或资源的能力、达成生产和合作关系的能力等。多国经营则为产品种类变化和投入品全球采购提供更广阔的机会，提高了运作的灵活性。同时获得国际市场也是获取知识的重要途径。

第三，制度资产的所有权优势，指公司内部正式的和非正式的管理增值过程的制度、公司和其利益相关者之间的管理规则、制度规范和企业文化、激励机制和评价、领导能力和多样化管理。

（2）区位优势

区位优势是指东道国或母国所固有的、不可移动的要素禀赋优势，如优良地理位置、丰富自然资源、潜在市场容量等。具体到区位优势的来源和使用，可能对特定的东道国或地区是非常具体的，但是区位优势是所有公司都可以获得的。这不仅包括要素禀赋理论所分析的要素禀赋，也包括文化、法律、政治、金融、制度环境。

具体而言，区位优势涉及自然资源禀赋和市场的地理属性，包括以下几类。第一类是投入品价格、质量和生产效率（劳动力、能源、原材料、组件和中间品）；第二类是国际运输、通信等沟通成本；第三类是各东道国的各项政策措施，包括投资激励或限制措施、对商品和服务贸易的限制；第四类则是各国之间的多方面差异，包括语言、文化、商业、政治制度、经济聚集、政府透明度以及在专利权保护等方面的法律和监督体系

在制度上具有相关区位优势的国家，与那些不具备区位优势的国家和地区有显著的差别。例如，东亚国家更有利于促进创造和使用的资源、能力和市场，比大多数拉丁美洲和几乎所有撒哈拉以南的非洲国家能更好地推进其发展目标。根据诺斯（North, 1991）的研究，各国制度、激励结构差异和执法机制是解释各国增长率差异和发展道路的关键因素，同时也是其吸引外国直接投资差异的重要因素[1]。来自中东欧部分转型经济体和东亚新兴经济体的经验，形成了一系列关于东道国如何形成区位优势的理论体系，包括健全的宏观经济政策、机构安全的财产和契约权利与政府的透明度和问责制等。当然，除了需要明确的产权、法律体系和可靠的执行，非正式的社会规范和价值观同样影响社会的制度演化。而系列实证研究也表明，良好的国家治理和制度会有助于吸引外国直接投资，强有力的产权保护也对国际直接投资的流入产生显著性积极影响，而不良治理则会排斥

---

[1] North D C. 1991. Institutions. Journal of Economic Perspectives, 1991, 5 (1): 97-112.

而不是吸引外国直接投资。

（3）内部化优势

内部化优势即公司逃避或利用市场失灵的能力，或者指公司将生产投资活动以低于外部市场交易置于公司内部的能力。具体包括避免搜索和谈判成本、避免道德风险和逆向选择、避免合同违约成本及诉讼成本、规避信息不对称问题、保护中间产品或成品质量、控制供给和投入品交易条件、控制市场渠道和维持竞争策略等方面。

注意，所有权优势和内部化优势都属于公司特定的优势和能力，因此从直观上看或许难以区分，但二者之间具有重要区别。所有权优势可以内部产生（例如通过多样化产品和创新）或获得（例如通过兼并收购或通过与其他公司的合同协议），事前可以推定和预测。但内部化优势更类似于一种无形能力，是公司在分散化经营中才能提升，很难直接获得或直接传授。

将三种优势有机地结合起来，就可以完整分析国际直接投资活动和其他替代方式。同时三种优势可以相互影响。邓宁认为以下四个命题都是可以论证的：第一，来自技术和无形资产的所有权优势、治理方面的所有权优势共同决定跨国公司内部化程度；第二，上述所有权优势和治理优势共同使得跨国公司在东道国保持着区位优势；第三，上述所有权优势使公司内部化程度加深以形成区位优势；第四，区位优势反过来深化和发展跨国公司在技术、无形资产、治理和公司制度上的所有权优势。

2. OLI 范式和国际市场进入方式

那么当企业拥有上述一种或数种优势之后，企业该如何决定其进入国际市场的方式呢？沿袭内部化理论对于许可证、出口和国际直接投资的讨论，邓宁的系列研究探讨了上述优势和不同国际市场进入方式之间的关联。而 OLI 理论分析体系表明，所有国家的所有形式的国际生产都可以通过以上所列条件进行解释。

首先，所有权优势是企业从事国际直接投资的前提。所有权优势从产业组织理论视角解释了企业从占有特定资源、技术或无形资产中获得的所有权优势，也可称之为特有资产优势。所有权优势既是公司从事国际直接投资活动的前提，也是公司以非直接投资方式服务国际市场的前提。在许可证方式情形下，公司直接将这种特有权优势市场化为收益，而在出口贸易的情形下，公司将所有权优势物化为产品并出口到目的市场。

其次，区位优势。区位优势解释了跨国公司国际生产活动的地理分布和直接投资选址的决定因素。一个国家和地区的区位优势既影响了出口贸易，同时也影响到国际直接投资。需要注意在不同贸易类型下，OLI 范式对解释经济活动的地理分布也存在差异。对于比较优势理论所解释的产业间贸易而言，出口国仅需拥有相对于进口国的区位优势（区域所特定的资源）。即可出口。此时相对于进口国竞争者，出口国或出口企业不必拥有任何所有权优势资产。发展中国家的大部分出口都属于这种类型。但是产业内贸易（往往发生在发达国家之间）通常涉及规模经济、新技术和新产品，因此产业内贸易以出口公司的所有权优势和区位优势为前提。当然，一旦公司通过内部化将所有权优势与区位优势资产相结合，可能会进一步以国际直接投资替代出口。

最后，内部化优势。内部化优势揭示公司为何要将全球地理分散化的增值活动置于公司内部进行。能够分散生产活动并获得交易成本最小化是跨国公司的重要能力和优势。第三章以知识产权中间品为核心的内部化理论详细解释了公司为何要从事国际直接投资，而 OLI 理论则是对内部化理论的拓展和补充。

综上所述，企业的 OLI 优势与其可能采取的国际市场进入模式的关系如表 4-1 所示。三者优势均具备的企业进行国际直接投资，具备所有权优势和区位优势的企业进行出口，而仅仅具备所有权优势的企业可以许可的方式获取收益。

表 4-1　OLI 优势和国际市场进入模式

优势	直接投资	出口	许可
所有权优势	+	+	+
内部化优势	+	−	−
区位优势	+	+	−

注：笔者总结。

那么，一旦企业因为不同的投资动机进行国际直接投资，上述 OLI 优势又如何促进每一种投资动机的实现呢？邓宁对此也给出了详细的解释和示例，详见表 4-2。

根据国际生产折衷理论，那些拥有最显著所有权优势、并且成功结合区位优势和内部化优势的企业，将会成为国际市场上的成功者。企业在国际化进程中也将根据其优势选择优直接投资类型。例如，研发密集型企业会倾向于内部化管理和控制；而来自本国资源比较贫乏的企业更容易因寻求资源产生国际化动机；最有效率的跨国公司会最大限度利用外国市场，并同时参与到东道国企业规模比较大的生产部门。国际生产折衷理论进一步验证了科斯定理：企业的规模与其中间产品市场内部化倾向密切相关。

表 4-2　OLI 优势和不同投资动机

类型	（O） 所有权优势	（L） 区位优势	（I） 内部化优势	战略目标	典型行业
资源寻求	资本/技术/互补型资产	拥有自然资源	价格控制和市场控制	获取资源	石油/矿产
市场寻求	资本/技术/信息与管理	原材料/劳动力/市场规模	减少交易和信息成本	市场准入	计算机/药物/汽车
效率寻求 a 产品 b 生产过程	同上，以及范围经济/区域多样性/集聚效应/投入品采购	a 产品专业化和集中化 b 低劳动力成本	a 协同收益 b 纵向一体化/横向多元化	区域化或全球化/流程专业化	a 汽车电子产品/R&D b 消费电子产品/服装
战略寻求型	同上，提供与现有资产的协同作用	同上，提供技术/组织和弥补特定资产	战略性竞争/减少或分散风险	全球创新竞争力/新产品线或市场	知识密集型产业

注：引自邓宁（2016），对原表有删减。

三、国际生产折衷理论的评价

国际生产折衷理论为解释跨国公司行为的规模、形式和发展，以及这些行为以何种方式组织提供了丰富的概念性框架。此外，折衷理论也为分析国际直接投资在经济增长和发展中扮演的角色，为预测跨国公司行为对于母国和东道国产生的经济后果提供了解释基础，同时为评估母国和东道国政府政策和跨国公司活动之间关系提供了有力的分析工具。作为另一种国际生产理论，国际生产折衷理论被认为是经济和商业理论的包络。

OLI 优势是一个有机整体。国际生产折衷理论指出跨国公司不仅在销售拥有技术的商品胜过外国市场上的其他竞争者，并且还会因此获得内部化收益的提升。而企业也并不仅仅是由于企业资源本身优势导致了对外直接投资，而是企业将这些资源与其他结合来创造经济规模和范围上的优势。

因此，国际直接投资活动的成功，也不仅仅是每一个外国直接投资决定因素的加总，也是其相互依存度提高的结果。折衷理论强调区位优势、所有权优势和内部化优势的整体价值要远大于每一部分价值的加总。如果没有内部化无形资产市场的动机，以及共同治理商业活动所提供的经济规模和范围，基于技术产业的对外直接投资将让位于许可证跨境交易。这是折衷理论区别于其他理论的贡献。

专栏 4　迪士尼乐园的全球经营成败

迪士尼乐园（Disneyland）是全球知名乐园品牌，也是迪士尼公司旗下主题乐园的总称。世界第一家迪士尼乐园于 1955 年 7 月开园，由迪士尼公司的缔造者——华特·迪士尼亲自创办，迪士尼乐园一开园就立刻成为世界上最具知名度和人气的主题公园。华特·迪士尼逝世后，迪士尼公司陆续开办了其他迪士尼乐园，至 2016 年底，全世界总共已开设了 6 个迪士尼乐园。它们分别是美国加利福尼亚州安纳海姆迪士尼乐园度假区（1955年开业）、美国佛罗里达州奥兰多迪士尼乐园（1971 年开业）、日本东京迪士尼乐园（1982 年）、法国巴黎迪士尼乐园（1992 年开业）、中国香港迪士尼乐园（2005 年）、中国上海迪士尼度假区（2016 年开业）。

2018 财年，迪士尼实现营业收入 594.34 亿美元，实现净利润为 125.98亿美元。在迪士尼的价值链中，迪士尼乐园的收入成为重要且稳定的来源，2016 财年，媒体网络（电视）、乐园度假、影视娱乐（电影）及产品销售（周边产品）占营收比分别为 42.58%、30.51%、16.97% 及 9.93%。但是，迪士尼海外主题乐园的经营状况大相径庭。

东京迪士尼乐园是迪士尼第一个海外乐园。自营业开始就始终深受游客喜爱，获得了巨大的成功。1983 年开园后首年，东京迪士尼乐园迎来游客 1036 万人次，到 20 世纪 90 年代，流量已超过美国加州迪士尼，达到每年 1700 万人，创造了客流神话。2018 年，东京迪士尼的年度游客量超过 2500 万，带动旅游经济消费超过 170 亿美元，占日本旅游业营收的 12%。

巴黎迪士尼是继美国加利福尼亚、佛罗里达和日本东京之后世界上第四个迪士尼乐园，也是欧洲最大的文化娱乐度假中心，于 1992 年 4 月 12日正式对外开放。当时迪士尼公司踌躇满志，对巴黎迪士尼乐园的前景十分看好。然而事与愿违，乐园首年的经营就亏损了 9 亿美元，所有的乐观预期都变成了幻想，迪士尼公司遭遇到了前所未有的失败。到 1995 年，巴黎迪士尼终于实现 2300 万美元盈利。但这很大程度上得益于其利息成本从 2.65 亿美元降至 0.93 亿美元，而且当年美国迪士尼总部减免了其管理费。此后巴黎迪斯尼的盈利并不稳定，亏多赚少。自 1992 年开园至 2012 年的 20 年间，巴黎迪士尼共录得 14 次年度亏损。自 2008 年起，巴黎迪士尼便不再盈利。

香港迪士尼乐园的经营之路充满波折。该乐园于 2005 年 5 月开放，由迪士尼公司与中国香港特区政府合资创立，由中国香港特区政府控股，美国迪士尼总部持股 47%。不过从开业一直到 2011 年底，香港迪士尼始终处于亏损状态。为增加游客数量，香港迪士尼在 2009 年与美国迪士尼总部合资扩建乐园并增设多个大型景点。但也正是该年度香港迪士尼亏损额达到惊人的 13 亿港元。此后，香港迪士尼的亏损额逐步收窄，直到 2011 年亏损额减至 2 亿多港元。2012 年香港迪士尼终于实现盈利 1.09 亿港元，当年香港迪士尼的总营业额达 42.72 亿元，成为香港营业额最高的主题乐园。但是到了 2016 年，香港迪士尼乐园的亏损达 1.71 亿港元。

开业于 2016 年的上海迪士尼乐园则延续了东京迪士尼乐园的成功模式，甚至比东京乐园表现更好。上海迪士尼是第一个在开园后首个财年就实现收支平衡的迪士尼乐园，首年成功接待游客 1100 万人次，也是全球最快盈利的迪士尼乐园。

各个迪士尼海外乐园的盈利情况差别巨大，引起了大量关注和解读。不少观察者认为股权结构可能是其中的一个原因。东京迪士尼乐园采用了特许经营模式，美方从利润中的分成较少；而巴黎和香港则是合资经营模式运作，而管理运作由美方独资持股的迪士尼乐园管理公司控制。因此，部分观点认为股权结构导致巴黎和香港乐园"不接地气"。但是上海迪士尼乐园的股权结构同样是以合资经营模式运作。上海申迪持有乐园 57% 的股权和 30% 的经营权，剩余 43% 的股权和 70% 的经营权由华特·迪士尼持有。双方同股同权，风险共担。或许股权结构并不是巴黎和香港经营不善的最重要原因。

也有评论指出巴黎迪士尼的失败主要是文化冲突和选址错误。从文化冲突的角度来看，由于美国文化在日本经济成长期受到广泛欢迎和大力推广，因而东京迪士尼乐园开业至今吸引了大量日本当地和到日本旅游的游客，经营状况较好。但是，欧洲传统文化对美国文化存在一定的优越感和排斥心理,因此乐园从建立到开业都受到了来自当地部分居民的各种阻挠,代表美国文化的宣传推广也受到抵制。例如,不准在乐园内饮酒的规定就使巴黎迪士尼乐园的游客不能接受,因为他们把在午餐与晚餐时喝酒视为一种习惯。从选址来看,巴黎是世界上最著名的旅游胜地之一,迪士尼乐园距巴黎只有不到 35 公里,且巴黎的公共交通十分便捷,这样一来,迪士尼乐园就成了人们巴黎游的其中一站,只有很少的游客愿意专程在迪士尼公园度假并停留数天,这极大影响了巴黎迪士尼乐园的营收。

迪士尼的各个海外乐园经营状况的差异和分化,较好地说明了跨国公司的成功经营往往需要所有权优势、内部化优势和区位优势条件同时具备。仅仅具有品牌商誉、技术知识、专利权等所有权优势,并不一定能导致海外投资的成功。而进行海外经营管理的内部化优势,可能也无法成功应用于所有东道国和子公司。而区位优势更会在不同的东道国发生变化,且投资母国和投资东道国之间的文化距离、习俗差异等诸多因素,可能会是海外投资获取成功的关键,但同时可能成为海外投资的滑铁卢。

第三节　投资发展路径理论和发展中国家对外直接投资

一、投资发展路径理论的基本内容

投资发展路径理论也称为对外直接投资"U"形发展曲线,由邓宁(Dunning,1981)在 20 世纪 80 年代初所提出。该项研究分析 56 个国家的人均国民生产总值和人均对外直接投资间的关系,从动态角度解释各国在国际直接投资中的地位与经济发展水平密切相关,以进一步发展和完善国际投资折衷理论[①]。在投资发展周期理论中,邓宁提出了"净国际直接投资地位"的概念,即一国对外直接投资总额减去引进国外直接投资总额。他认为一国的净国际直接投资地位与其经济发展水平密切正相关。邓宁通过对上述国家在 1967—1979 年直接投资和经济发展阶段之间的研究,按人均国民生产总值把这些国家分为四组,相应地提出了投资发展周期四阶段理论。在后期针对韩国和中国台湾地区的发展经验所进行的相应研究和实

① Dunning J H. 1981. Explaining the International Position of Countries: Towards a Dynamic or Developmental Approach, Weltwirtshaftliches Archiv, 117: 30-64.

证分析中，邓宁进一步验证了该理论的适用性（Dunning et al., 2001）。

投资发展路径理论旨在解释一个国家内部资源、经济发展与国际直接投资地位的关系。更具体地讲，随着一国提高人均国民生产总值和其资源开发能力，其对外直接投资地位也会随之变化。具体的，一国的发展路径可以分为以下四个阶段，而这四个阶段都可以用国际生产折衷理论来解释。

第一阶段为人均国民收入总值低于 1000 美元的发展阶段。此时这些国家处于最不发达状态，只有极小规模的外资进入，对外直接投资流出几乎没有，其净对外直接投资为负值。

在这个阶段，国家竞争优势主要取决于它拥有的自然资源。而外来国际直接投资会主要流向初级产品部门和简单劳动密集型制造业部门，起生产的产品可能流向当地市场或出口市场。在这个阶段，国家几乎没有创新能力，仅有的竞争力来自传统手工艺行业、采矿业或依靠自然资源禀赋的农商业。该阶段的制度往往也简单落后，发展水平较低且技术力量薄弱，因此本地企业无法积累并形成所有权优势或内部化优势。即使因自然禀赋获得部分特定优势，往往也只能通过出口贸易的方式加以利用，很难具备足够能力从事对外直接投资。因此，在该阶段对外直接投资活动非常受限，基本不会对外进行直接投资。

同时，该阶段经济体倾向于参与资源基础性部门和中低端资产密集型部门的进出口，对外国子公司也几乎不会施加经营要求。此时的资本积累会非常受限，因为国内市场狭小，工业、商业、法律、运输和通信等基础设施非常薄弱，尚未形成足够的区位优势来大量吸引外国直接投资，且跨国公司的当地经营也严重受制于供给能力和市场规模。如果没有这样的能力，外来投资产生的结果可能是导致飞地经济出现并产生或扩大二元经济部分之间的差距。

第二阶段为人均国民收入总值位于 1000—4000 美元的阶段。大多数发展中国家处于该阶段。该阶段国家引进外资的规模不断扩大，但对外直接投资额仍较小，净对外直接投资为负。

在这一阶段国家往往实施进口替代政策，基础设施有所改善，国内市场得到扩大，投资环境也得到了一定的改善，形成了较强的区位优势，对外资的吸引力增加，从而导致外国直接投资大量流入，并主要集中于进口替代行业、资源开发行业和劳动密集型行业。但由于生产要素市场不完善，仍然影响了外国直接投资的流入。此外，因为经济实力和技术水平有限，企业尚未具备较强的所有权优势，所以还不足以克服直接在国外从事生产经营的各种障碍，对外直接投资额仍然保持在一个较低水平。

这个发展阶段的经济体以工业增值和资本聚集为主要特征，并可能发展出某些专业化经济活动的产业集群，同时国内中等教育、公共健康事业、交通和通信等基础设施在该阶段得到较大改善。此时，外来国际直接投资可能会对国家经济发展起到重要辅助作用，尤其对出口导向型发展战略的经济体而言——这是日本和韩国开始于 1952 年之后的战略，也是一些拉丁美洲经济体在 20 世纪六七十年代所采取的经济发展战略。

由于资本进一步集聚，该阶段经济体的显示性比较优势结构开始向资本密集型行业转移，如基础药业、钢铁、机械设备制造业；或者部分具有中等技术含量的劳动密集型消费品行业如电子产品制造、服装、皮制品、食品加工业。虽然该阶段吸引更多外来国际直接投资，但是本国跨国公司进行对外直接投资仍较为困难。此时的贸易和国际直接投资仍发生在不同行业之间，行业内贸易和行业内国际直接投资占比仍然很低。

第三阶段，指人均国民收入总值在 4000—10000 美元的新兴工业化国家和地区的发展阶段。此时该经济体已形成较强的所有权优势和内部化能力，对外直接投资可能开始大幅度上升，其发展速度甚至可能超过引进国外直接投资的发展速度，但净对外直接投资仍为负。

进入这一阶段标志着一国已走上了国际生产专业化道路。所有权优势最强、区位优势最弱的行业进行对外直接投资，所有权优势最弱、区位优势最强的行业引进国外直接投资。在国内企业竞争力增强的同时，国外直接投资者的所有权优势和区位优势相对下降，外国企业必须更多地依赖于内部化优势。

该阶段的国家经济收入水平和工业结构开始与发达国家相似，并根据各经济体的规模、资源和技术能力的结构特征及制度竞争力，发展成为工业化或混合型经济体。该阶段另一重要特征是经济增长从强调投资驱动转向强调创新驱动，急剧城镇化和急增创新活动支出会成为该阶段经济当中的重要标志。由于生活标准提高，人均收入水平大幅度提升，消费者有可能偏好高质量和差异化的商品，因此高技术密集型的商品和部分消费品的进口开始大幅度增长，而政府在高等教育、通信设施、基础建设上的花费也会有令人瞩目的增长。同时该国的企业竞争力开始较少依赖于对本国自然资源的拥有，而是更依赖于创新活动管理、组织竞争力和企业家精神。

此时，外来国际直接投资仍有助于东道国升级本国的制度和能力，同时也帮助该国重构其经济体系，例如从自然资源型或物质资本密集型活动转向创新密集型和资本技术密集型。生产高质量差异化产品的比重会在国际直接投资进入之后显著提升。在该阶段后期，国内经济对外资的态度有可能会发生转变,开始逐渐重视外资竞争带给本地投资和本地企业的挤出。

随着该阶段经济体对教育水平的进一步提升和政府对创新的激励,其国内企业开始逐渐形成自己的所有权优势。该国企业有可能首先通过以出口利用所有权优势,并在出口大幅度提升之后开始通过对外直接投资的方式在外国市场进行生产,形成一批该国的跨国公司。此时该国对外直接投资根据动机可分为资源寻求型和市场寻求型投资,也有可能参与到效率寻求型和战略资产获取型的跨国公司活动。

第四阶段指人均国民收入总值在 10000 美元以上的发达国家所处的经济发展和直接投资阶段。该阶段的经济体拥有强大的所有权优势和内部化优势,也善于发现和利用国外的区位优势。因此这些国家的对外直接投资的增长速度和总量一般高于引进国外直接投资的增长速度和总量,净对外直接投资额为正。

在该阶段国家已经成为发达经济体,因此该国企业在研发上处于领先地位,并且研发活动大部分是用来进行新产品和生产方法的创新。而计算机和电信技术的急速进步,已经模糊了制造业和服务业之间的传统界限,特别是包含创新活动的服务内容,因此会在公司完成的产品当中占据越来越大的比例。此时该国的经济活动要么直接由服务组成,要么由包含大量服务内容的商品组成,可以被称为后工业经济或知识经济体。

政府在该阶段的作用依然十分重要,重点在于减少结构性市场扭曲,转向强调协助公司绕开和克服地方市场失灵,去和诸多东道国国家协调知识产权和国际投资措施安排。此时该国有更多的企业从事国际直接投资活动成为跨国公司,其对外直接投资的方式既有非股权方式参与方式也有股权参与方式。而此时国家的制度体系,在结合其国家文化体系后也可能成为一种独特的资产,帮助该国跨国公司在国际市场保持并提升其全球竞争力。而跨国公司活动也反过来在实质上帮助提升该国的文化影响力,与该国文化影响力形成互相促进的效应。

二、投资发展路径理论的实证分析

邓宁对所提出对外直接投资发展路径(Investment Development Path,IDP)理论也进行了实证分析。在对韩国和中国台湾地区的代表性研究中,邓宁将研究的视角从国际生产折衷理论的单个投资维度拓展到同时包括投资和贸易两个维度,研究投资、贸易在经济发展的四个不同阶段中的数量和结构变化。在该实证研究中,经济发展的阶段通过人均国民生产总值的水平高低来区分；而投资贸易结构上的变化具体体现在投资和贸易在不同对外直接投资密集度行业中的演变。根据投资发展路径理论，邓宁按照对外直接投资密集度将行业分为高对外投资密集度行业、中等对外投资密集度行业和低对外投资密集度行业三类[1]，并提出了如下理论假设。

第一，对贸易流的估计。在投资发展路径的前两个阶段，一国中高对外投资密集度行业的进口比例将会急剧上升，但从第三阶段开始，其进口将不再上升甚至下降。同时，前两个阶段的出口可能是低对外投资密集度行业，但自第三阶段开始可能转向为中高对外投资密集度行业。

第二，关于投资流的估计。整体吸引对外直接投资会与人均国民生产总值正相关，但是对外直接投资会落后于吸引直接投资。中高对外投资密集度行业吸引的外商直接投资比例将随着该国在投资发展路径的阶段发展而上升；但对外直接投资行业比例将会落后于吸引外国投资的相应比例。

第三，关于投资流和贸易流的关系。中高对外投资密集度行业吸引投资和对外投资金额都与其相应贸易份额正相关；但是吸引对外直接投资的过程滞后于该行业进口，领先于该行业的出口；而对外直接投资则滞后于行业的出口。

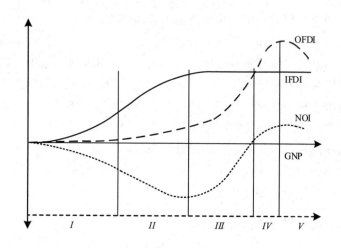

图 4-1　对外投资路径示意图[2]

---

① 对外直接投资密集度＝行业海外资产总额/行业总资产额。对各行业的该密集度取平均值得到行业平均对外投资密集度。

② Dunning J H, R Narula. 2010. Multinational Enterprises, Development and Globalization: Some Clarifications and a Research Agenda. Oxford Development Studies, 38:3, 263-287.

根据投资发展阶段理论，发展中国家随其经济发展，资本技术密集型产品进口在前两个阶段迅速增加，第三阶段后会增速减慢。行业出口随经济发展而增加并滞后于进口。吸引外资和对外投资都和国民生产总值及贸易相关，行业吸引外资滞后于进口领先于出口，对外投资滞后于吸引投资也滞后于出口。而吸引外资（IFDI）、对外投资（OFDI）和净对外投资（NOI）和国民生产总值（GNP）的具体关系可以如图 4-1 所示（Dunning and Narula. 1996）。需要注意，邓宁等（1996）在该图中将第四阶段以净对外投资的峰值为界继续划分为两阶段，第五阶段意味着国家对外投资的衰减。

邓宁等（1996；2001）和其他研究者对日本、韩国和其他发展中经济体国家和地区的实证研究表明，后发经济体或发展中经济体的对外投资路径总体上符合投资发展路径（IDP）理论所预期及上述具体猜想[1]。邓宁等（1996）还对日本吸引美国投资和日本对美投资的发展趋势进行了分析，发现日美之间的投资同样证实了理论预期，如表 4-3 所示（Dunning & Narula, 1996）。从表中可以发现，日本作为后起发达国家，吸引美国直接投资和对美直接投资展示了一个典型的先大量吸收美国外资，再逐渐发展至对美投资，最终到对美投资与吸引美资比较持平的发展过程。日本总体吸引美资金额比日本对美投资金额的比值顶峰出现在 1973 年；具体到制造业该顶峰则出现在 1972 年。

表 4-3 日本吸引美国直接投资和对美直接投资的发展趋势

年份	总计			制造业		
	IFDI	OFDI	IFDI/OFDI	IFDI	OFDI	IFDI/OFDI
1960	254	88	2.89	91	50	1.82
1965	675	118	5.73	276	56	4.93
1970	1482	229	6.47	768	70	10.97
1972	2323	−154	N.A.	1185	72	16.46
1973	2671	152	17.57	1399	141	9.92
1975	3339	591	5.65	1557	325	4.79
1980	6243	4723	1.32	2971	1033	2.88
1985	9235	19313	0.48	4584	2738	1.67
1990	20994	83498	0.25	10623	15169	0.70

对于其他国家的不同研究也可以发现，由于各国在资源禀赋情况、相

---

[1] Dunning J H, R Narula. 1996. The Investment Development Path Revisited. Foreign Direct Investment and Governments: Catalysts for Economic Restructuring: 1-41.

应制度体系和针对吸引外资和对外投资政策的差异性，各国在对外直接投资路径轨道上的具体路径也存在很大差异，但总体上仍然支持对外投资发展路径理论所分析的基本趋势。但是部分发展中经济体展示出与其人均GDP 水平不相符合的对外直接投资在近年来引起文献的注意。根据 IDP 理论，进行对外直接投资是经济发展到较为成熟阶段才会具备的能力和阶段特征，但是 21 世纪早期，部分发展中国家仍然在处于第二阶段的总体经济发展水平上展开了对外直接投资，例如中国、印度、巴西等新兴经济体。邓宁认为，上述特征的出现是因为早期吸引了大量的外资，因此伴随着外资流入提前进入对外投资的阶段；另外，上述国家的政策鼓励体系促进了对外直接投资更早的出现。但该特征并不影响对外直接投资路径理论对一国对外投资发展阶段的总体判断。

三、发展中国家对外直接投资的其他理论

除了投资发展阶段理论可以解释发展中经济体渐进的对外直接投资发展过程，对于发展中经济体或小规模经济体的对外直接投资进行解释的其他理论主要包括以下两种。

一是小规模技术理论，由美国经济学家威尔斯（Wells，1977）提出[①]。该理论是继韦尔斯在对弗农的产品生命周期理论进行实证检验分析后，继承了产品生命周期理论来解释发展中国家企业可以利用其小规模生产技术在竞争中获得优势。发展中国家的企业拥有为小市场服务的生产技术，这些技术具有劳动密集型的特征，成本较低，灵活性较高，适合小批量生产，能够满足低收入国家制成品市场的需要，也可能发展成为跨国公司进行海外经营，而发达国家跨国公司拥有的大规模生产技术在这种市场无法获得规模效益。同时，发展中国家企业对外投资有很多是满足海外同一种族团体的需要，形成"民族纽带"性投资，在这种情况下，独特文化特色也会加强企业的竞争优势。

二是跳板理论（Springboard），该理论也比较有代表性，由罗亚东等（2007，2018）在一系列研究中提出[②]。该理论针对新兴发展经济体企业的国际扩张战略进行分析，认为新兴经济体国家的企业可以通过国际化战略

① Wells L T. The Internationalisation of Firms from Developing Countries[M]//Agmon T, Kindleberger C. Multinationals from Small Countries Mass, MIT Press, 1977.

② Luo Y, R L Tung. 2007. International Expansion of Emerging Market enterprises: A Springboard Perspective. Journal of International Business Studies, 38 (4): 481-498.; Luo Y, R L Tung. 2018. A General Theory of Springboard MNEs. Journal of International Business Studies, 49 (2): 129-152.

这一跳板寻求战略资产以强化自身的竞争力，同时缓解母国的市场约束和技术劣势。因此，发展中经济体的企业可能在本国经济尚不够发达的情况下就开展对外直接投资和国际经营。

值得注意的是，正如邓宁所指出，发展中经济体的经济发展水平、经济制度和相应政策体系千差万别，使得针对发展中经济体的对外投资理论即使是对于发展中经济体而言也并非完全适用，或者是一个历史发展阶段的总体分析，或者是某种特定动机的分析。但无论跨国公司是来自发达经济体，还是来自发展中经济体，垄断优势、创新地位、内部化优势和折衷优势都是各国跨国公司具有的共性。下一章将根据当前最新理论和实证研究的最新进展，结合跨国公司对外直接投资类型对跨国公司的对外投资动机进行更进一步的深入剖析。而中国作为对外直接投资规模最大的发展中经济体，其经济发展与国际投资特征在本书最后一章中将展开专门论述。

本章思考题

1. 简述国际折衷理论的主要内容。该理论和前述垄断优势理论、产品生命周期理论和内部化理论有何联系？

2. 查找相关数据，阐明中国自人均 GDP 从 1000 美元发展到 10000 美元期间，中国进出口结构、产业内贸易、吸引外资和对外直接投资的结构变化和趋势，并结合对外直接投资发展路径理论对其特征进行分析。

3. 阅读中国 2013 年并购的相关材料和数据（见表 4-4、表 4-5 及案例材料），回答以下问题：

（1）中国 2013 年前后跨境并购的趋势和特征。

（2）利用国际生产折衷理论分析表 4-5 中十大并购案例的并购动因。

（3）2013 年前后中国跨境并购的发展是否符合本章所学的对外投资路径理论？为什么？

表 4-4　中国并购市场概况（2013）

并购类型	案例数	比例	并购金额（US$M）	比例	平均并购金额（US$M）
国内并购	1094	88.8	41739	44.8	40.17
海外并购	99	8.0	38945	41.3	493.53
外资并购	39	3.2	12968	13.9	463.1
合计	1232	100	93203	100	81.40

注：国内指国内企业之间并购，海外指国内企业对外并购，外资指外资企业并购国内企业。

表 4-5　中国并购市场十大案例（2013）

并购方	行业	被并购方	行业	金额（US$M）
中国海洋石油有限公司	能源	加拿大尼克森公司	能源	15100
正大集团	农林	中国平安保险股份有限	金融	9379.8
双汇投资发展股份有限公司	食品	史密斯菲尔德食品	食品	7100
绿地集团	房地产	布鲁克林大西洋广场	地产	5000
中国石油化工集团公司	能源	阿帕奇公司埃及油气资产	能源	3100
宝山钢铁股份有限公司	能源	宝钢湛江钢铁有限公司	能源	1944.6
百度在线网络技术有限公司	信息技术	福建博动文化传播有限	电信	1900
清华紫光股份有限公司	信息技术	展讯通信有限公司	半导体	1780
中国石油天然气股份有限公司	能源	必和必拓公司	能源	1712
国家开发投资公司	金融	安信证券股份有限公司	金融	1553.4

　　案例材料下：中国并购市场 2013 年较过去几年活跃度提升明显，并购案例数与涉及的交易金额双双达到历史最高点，堪称"中国并购大年"。在清科研究中心的研究范围内，中国市场全年共完成并购 1232 起，同比上升 24.3%，涉及的并购金额达 932.03 亿美元，同比涨幅为 83.6%。其中，国内并购完成 1094 起，同比增长 30.7%，交易量占全部案例数的 88.8%，共涉及交易金额 417.40 亿美元，较 2012 年大涨 141.6%，占总交易金额的 44.8%；海外并购（指对外直接投资）99 起，较 2012 年的 112 起下跌 11.6%，案例数占比为 8.0%，而并购金额同比上涨 29.1% 达到 384.95 亿美元，在总交易额的占比高达 41.2%；外资并购（外资对国内企业并购）总计 39 起，表现微降 7.7%，总体占比仅为 3.2%，并购交易金额 129.68 亿美元，同比激增 254.5%，占比 13.8%。

　　4. 中国商务部 2009 年 3 月 18 日正式宣布，根据《中华人民共和国反垄断法》，禁止可口可乐收购汇源。这是该法自 2008 年 8 月 1 日实施以来首个未获通过的案例。2011 年 8 月 26 日，商务部通过了瑞士雀巢集团对厦门银鹭食品集团 60% 股权的收购。查询上述案例相关情况，分析为何商务部对上述两个案例的决议结果不同？请结合所学的经济学相关理论和本章国际生产折衷理论进行分析。

　　5. 本章的专栏中讲述了迪士尼海外乐园的经营差异。实际上迪士尼的海外经营存在多种合作形式。2012 年 4 月 10 日，中国动漫集团有限公司、华特·迪士尼有限公司（上海）和深圳市腾讯计算机系统有限公司在北京共同签署动漫创意研发合作项目协议，标志着我国第一个国际化、专业化、高端化的动漫创意研发合作项目正式启动。就在 2 个月前，美国梦工厂动画公司（DreamWorks Animation SKG，DWA）、中国华人文化产业投资基金（CMC）、上海文广（SMG）和上海联和投资有限公司（SAIL）达成合资意向，共同在上海组建东方梦工厂，致力于发掘中华传统文化题材，打造国际水准的原创动画影视及各类衍生产品和互动娱乐形式。结合本章所学理论，阐述迪士尼和梦工厂进入中国投资的动机和 OLI 优势，并分析两家公司进入中国市场的时间节点如此接近是巧合还是另有原因。

第五章　水平型国际直接投资

随着经济全球化和全球价值链分工日益深化，国际直接投资的参与主体、参与形式、投资动机也逐渐多样化。第四章介绍的国际生产折衷理论从综合角度分析了跨国公司对外直接投资的基础和动机，并认为资源寻求、市场寻求、效率寻求和战略资产寻求是企业对外直接投资的主要动因。联合国贸发会议沿用该概念和分析框架，将国际直接投资分为市场寻求型、资源或资产寻求型和效率寻求型（UNCTAD，1998）[①]。同时，更多代表性研究对跨国公司的投资动机区分为水平型直接投资和垂直型直接投资（Markusen，1984）[②]。水平型直接投资和垂直型直接投资的分类分析框架为探讨跨国公司及其国际直接投资活动提供了更严谨简明的分析范式，而以该理论范式为基础，利用微观数据来实证检验跨国公司活动的研究成果近年来也不断涌现。本章对水平型国际直接投资的理论及实证研究做简要介绍。

第一节　水平型国际直接投资概述

一、水平型国际直接投资的概念

水平型国际直接投资指跨国公司在不同的国家复制同样的生产活动（Markusen & Markus，2001；Venerables，2008）。当跨国公司分别在母国和东道国进行直接投资，在每一个国家分别完成生产的整个过程（如产品设计、中间品生产、最终产品组装等），并且在当地销售最终产品，这种直接投资战略就叫作水平型国际直接投资战略。例如，雀巢公司的工厂分

[①] 但实际上正如本书第四章对该理论的分析，上述动机之间存在一定重复。

[②] Markusen J R. 1984. Multinationals, Multi-Plant Economies, and the Gains from Trade. Journal Of International Economics, 16 (3): 205-226.

布在 74 个国家，每个工厂生产的产品基本上没有差异，工厂主要从当地购买原材料，产品主要在当地销售。因此，雀巢公司的国际直接投资战略可以看作典型的水平型国际直接投资战略。这种水平型国际直接投资活动可如图 5-1 所示。

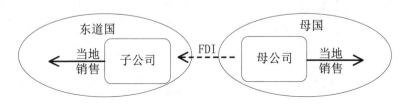

图 5-1　水平型国际直接投资

水平型国际直接投资和出口在跨国公司服务国外市场中都具有重要的地位。1999 年，美国跨国公司的外国子公司所产生的增加值约为 5664 亿美元（约占美国国内生产总值的 6%），销售额约为 22190 亿美元。而在美国的跨国公司母公司作为美国主要的出口商和进口商，其 1999 年出口占美国总出口的 57%，同时占美国商品进口总量的 35%。在跨国公司母公司的进出口中，40%的母公司出口被运往跨国公司子公司，而 44%的母公司进口来自外国子公司[①]。因此从某种意义上，跨国公司的部分对外直接投资和公司的对外出口在该历史阶段主要服从同一个目的：市场寻求，或者说水平型直接投资。

二、水平型国际直接投资的甄别

那么实践当中的证据是否如此？有多大比重的国际直接投资属于水平型直接投资呢？从统计资料来揭示水平和垂直型国际直接投资可能会存在一定的困难。因为定义水平或垂直是基于跨国公司的某个投资行为，但从浩如烟海却并不直接的统计资料中来断定公司行为很难准确。一个较为简单粗糙的方法就是根据投资目的地，如果投资的目的国家和投资母国的经济发展水平比较接近，比如投资目的和投资来源国者都是发达国家，那么这种国际直接投资可能比较接近于水平型国际直接投资。如果母国是发达国家，而投资目的地是发展中国家，那很可能是属于利用各个国家不同要素价格差异的垂直型投资。但这种划分比较简单粗糙。根据联合国贸易

---

① Brainard S Lael. 1997. An Empirical Assessment of the Proximity-Concentration Trade-off Between Multinational Sales and Trade. American Economic Review, 87 (4): 520-544.

和发展会议 2000 年的统计，在全世界的跨国公司子公司分支机构中，有550857 家分布在发达国家，只有 53089 个子公司或分支机构分布在发展中国家（UNCTAD，2001）。从这个简单定义上看，水平型国际投资可能在国际直接投资中占据主流。以专栏 2 介绍过的通用电气公司为例，其海外子公司和分支机构分布如图 5-2 所示，在其 123 个海外制造业子公司中，"横向"子公司（水平型直接投资）为 68 个占据多数比例。

图 5-2　通用的海外子公司和分支机构分布

注：《世界投资报告 2008》（UNCTAD）。

　　另一个更准确的方式是从水平型国际直接投资的定义入手来分析和甄别直接投资的类型。根据定义，跨国公司子公司在东道国当地销售的，属于水平型国际投资，所以可以根据跨国公司子公司的销售流向来进行甄别。根据布莱纳德的研究（Brainard，1997），在美国对外的跨国投资经营中，64%属于当地销售，只有 13%销售回美国。外国在美机构的销售额中则有 92%占比为美国市场销售[①]。同样，可以从企业微观层面来判断。例如通用 2000 年的海外子公司实体为 445 个，其中 123 个为制造业子公司或分支机构，其中以当地销售为主的水平型为 68 个，垂直型为 42个，所以对于该阶段的通用公司而言，其制造业对外直接投资中水平型占据多数。

　　对于并购而言，则可以用类似方法进行判定。如果并购标的为和母公司同行业的类似公司，则可以简单地界定为水平型并购。如果并购标的是母公司的上下游行业的企业，则可以简单地界定为垂直型并购。以 20 世纪90 年代的并购为例，可以发现无论从并购案例数量或者并购金额占比看，水平型并购在该阶段并购案例中都占据多数。表 5-1 提供了联合国贸发会议对 1987—1999 年的并购类型统计，可以发现垂直型并购占比较低，以水平型并购为主，混合型并购其次。

---

　　① Brainard S Lael. 1997. An Empirical Assessment of the Proximity-Concentration Trade-off Between Multinational Sales and Trade. American Economic Review, 87 (4): 520-544.

表 5-1　跨国并购类型占比（1987—1999）

年份	并购案例数量占比（%）			并购价值占比（%）		
	水平型并购	垂直型并购	混合型并购	水平型并购	垂直型并购	混合型并购
1987	51.3	4.6	44.1	54.6	17.3	28.1
1988	54.6	4.8	40.6	61.1	1.4	37.5
1989	55.8	5.3	38.9	58.6	6.6	34.8
1990	54.8	5.0	40.2	55.8	3.4	40.9
1991	54.1	5.6	40.3	54.5	4.0	41.5
1992	54.6	5.4	40.0	60.9	4.4	34.7
1993	54.5	5.7	39.9	53.3	5.2	41.5
1994	54.1	5.6	40.4	61.0	7.3	31.8
1995	53.0	5.6	41.4	65.5	2.7	31.8
1996	54.0	5.7	40.3	56.9	5.5	37.6
1997	54.1	5.2	40.7	58.1	4.9	37.0
1998	56.5	6.2	37.3	68.8	5.9	25.3
1999	56.2	6.2	37.6	71.2	1.8	27.0

数据来源：Thomson Financial SecuritiesData Company（UNCTAD）.

既然水平型国际直接投资在 20 世纪 90 年代跨国直接资本流动当中占据如此的地位，那么是什么因素促使跨国公司要进行水平型国际直接投资呢？从理论上来讲，服务于当地市场可以采用出口或国际直接投资的方式，而出口也是非常普遍和便捷的服务方式，公司采取水平型国际直接投资的优势又在何处呢？前文的早期理论对此问题做出了一定的回答，但却未能从出口和投资的关系上对此做出深入探讨。下文对此展开详细分析。

第二节　水平型直接投资的基本理论

一、蒙代尔贸易—投资替代模型

当企业面对国际市场消费者时，出口和水平型国际直接投资都是可以采用的方式。换言之，出口是商品的跨国流动，国际直接投资是要素的跨国流动，这二者可以相互替代。在新古典贸易和投资模型中，并没有注意到这二者可能存在的关系。单独的贸易模型中一般假定不存在国际资本流动，而是国际贸易流动；而讨论国际资本流动时，新古典模型有单纯地以利率差为假定，来探讨国际资本流动。而海默等早期国际直接投资理论也已阐释利率差并不是国际直接投资流动的原因。那么，资本流动和商品流动的关系究竟如何？具体地，一旦国际生产要素的流动性提高，国际贸易是会上升，还是会下降呢？

蒙代尔（Mundell，1957）最早对此问题进行了研究，证明国际贸易和国际资本流动具有完全替代性。在赫克歇尔–俄林模型中，在不存在贸易壁垒的情况下，即使要素不进行流动，当商品价格趋于均衡时要素价格也有趋于均等化的倾向（要素价格均等化定理），即国际贸易替代了国际资本流动。反之，如果两个国家对国际资本流动完全开放且国际要素流动无成本，那么这将导致要素价格均等化，因此即使没有发生商品的流动，商品价格也最终会趋于均等化，即商品的国际贸易和资本的国际流动是完全替代品①。

具体地说，假定中美两国初始处于零贸易成本但资本不可跨国流动的自由贸易情形，中国出口劳动密集型产品，自美国进口资本密集型产品，其他条件也均符合赫克歇尔—俄林模型假设。那么达到均衡时，自由贸易会导致两国要素价格均等化，此时即使放开跨国资本流动管制，两国之间也并不因此发生资本的国际流动。进一步假设美国政府突然决定对自中国进口的劳动密集型产品征收关税，关税会导致自中国进口的劳动密集型产品相对价格上升，根据斯托尔珀—萨缪尔森定理，美国的工人工资上升，而资本的收益率会下降。如果资本此时可以进行国际流动，资本将从美国流向中国。由了资本流入增加，中国的资本密集型产品相对价格下降，从美国进口资本密集型产品的需求会下降，直到中国不需要从美国进口资本密集型产品为止。最终，因为资本的跨国流动导致了国际商品的价格均等化，同自由贸易导致的国际要素价格均等化对应。这正是蒙代尔（1957）在论文开篇中就明确指出的："商品运动和要素运动是替代品。不存在贸易障碍则意味着商品价格均等化，即使要素是不动的，也意味着要素价格均等化的趋势。同样，完美的要素流动会导致要素价格均等化，即使商品无法发生移动，也会导致商品价格均等化"②。下文的模型中具体分析了这个问题。

在标准赫克歇尔—俄林模型，假定 H、R 两国存在要素禀赋差异，H 国属于劳动相对丰裕，R 国属于资本相对丰裕。两国具有相同的技术水平和需求偏好，生产两种产品 X 和 Y，其中产品 X 为资本密集型产品，Y 为

---

① 虽然要素包括资本和劳动，但现实中劳动力要素流动障碍较大，一般只讨论资本的跨国流动。

② Mundell R A. 1957. International Trade and Factor Mobility. American Economic Review, 47 (3): 321-335.

劳动密集型产品，且不存在要素密集度逆转①。同时，假定 R 国代表"世界其他地区"，而 H 国相对 R 国为小国，因此其生产条件和要素禀赋对 R 国的价格没有影响。分析从自由贸易且要素不流动的初始情形开始。

在该假设前提下，不存在贸易障碍的自由贸易会导致商品价格和要素价格均等化。国家 H 出口劳动密集型产品 Y 并进口资本密集型产品 X，贸易均衡如图 5-3 所示。其中，TT 是国家 H 的生产可能性曲线，生产均衡点位于 E，消费均衡点位于 Ec，其总支出或总收入为 OR。

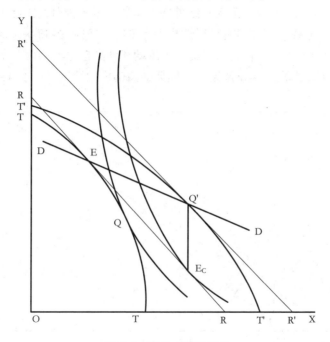

图 5-3 贸易—投资替代

如果 H 国对产品 X 实施禁止性关税，使 H 国无法进口 X 产品，那么经济均衡点将转移至 TT 生产可能性边界能达到的最高无差异曲线切点 Q。相对于 E 点，X 产品在 H 国的相对价格增加，导致 X 产品所密集使用资本的要素报酬增加。一旦此时资本可以国际自由流动，那么 H 国增加的资本要素报酬会吸引资本流入，直至资本在 H 与 R 的资本报酬差异消失。

在资本流入 H 国的情形下，相当于 H 国国内的要素总量增加和要素

---

① 要素密集度逆转指产品生产的要素投入比例在不同要素相对价格空间下逆转的特殊情形，即当要素价格变化时产品可能会从劳动密集型产品变为资本密集型产品。

结构变化，因此生产可能性边界扩张至 T′T′，在达到要素报酬与 R 相同的新均衡时，新的生产点和消费点位于 Q′。与展开国际贸易而不存在资本自由流动的均衡点 Ec 相比，Q′位于更高的无差异曲线。可以证明，在扣除掉归 R 国资本所有者的资本收入之后，H 国的实际消费仍然与 Ec 等价[①]。

在 Q′点，H 国的国内生产总产值由 R′R′线给出，而在给定生产要素价格的情形下，其拥有的国内要素的总产值线显然仍然由 RR 线给出。两条线中间的差额 Q′Ec 段即为支付给外国资本所有者的报酬，因此 H 国国内要素拥有者最终的实际消费点仍然相当于 RR 线所能达到的最高无差异曲线切点，即 Ec 点。换言之，要素自由流动和商品自由流动可以完全替代。该结论也可以由采用埃奇沃斯分析框架的两国模型给出（图 5-4）。

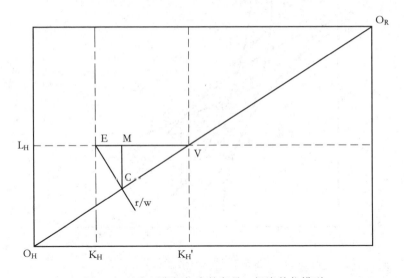

图 5-4　埃奇沃斯框架中的贸易—投资替代模型

如图 5-4 所示，O_H、O_R 分别代表本国（H 国）和外国（R 国）的要素禀赋原点，要素禀赋初始状况如 L_H、L_R、K_H、K_R 所示。两国生产两种产品 X 和 Y，其中产品 X 为资本密集型产品。那么在两国同时生产两种产品、不存在要素密集度逆转的情况下，两国展开自由贸易的情形可以推导出：（1）两国的资本收益率唯一取决于商品价格，也即 $r=r(p^X, p^Y)$；其中 r 为资本收益率，p^X 和 p^Y 分别为 X 和 Y 的价格；（2）生产点为 E 点，消费点位于埃奇渥斯图的对角线例如 C 点；（3）线段 EC 表示国家 H 出口劳动密

[①] 注意到此时增加的资本及其收益归外国所有者所有，但其生产活动是在 H 国国内进行的。

集型产品 Y 并进口资本密集型产品 X。如果此时国家 H 对进口的资本密集型产品 X 征收从量关税允许资本的跨国流动，根据 S-S 定理，$r^H(p^X+t, p^Y)>r^R(p^X, p^Y)$，因此资本将从国家 R 向国家 H 移动，国际贸易规模则在资本移动过程中不断缩小，资本移动则不断增加，直到两国的要素禀赋到达 V，此时两国的资本/劳动比完全相同，贸易消失且经济转入封闭经济状态。

因此，蒙代尔贸易—投资替代模型实质上在 H-O 理论框架下说明了货物贸易和投资的完全替代关系。或者说，商品自由流动引起要素价格均等化和要素自由流动引起商品价格均等化是对偶关系，单一的资本流动可以达到与单一贸易均衡相同的状态。如果进一步拓展资本流动为资本与劳动的无成本自由流动，图 5-4 中的从 E 到 C 的贸易流动等同于资本和劳动力的国际转移（由 EM 和 MC 给出）。

上述理论推导同样可以应用于对现实经济的解释。一旦某项商品（特别是资本密集型商品）面临贸易壁垒增加，那么通过贸易实现该商品服务于贸易壁垒增加市场的难度就会增加，直接表现为该项商品的生产者通过出口方式不再有利可图。那么原有出口商可能会采用直接投资的方式前往目的地设厂，从而替代原有出口方式服务于该市场，达到有效规避贸易壁垒和获取利润的目的。此时国际投资出现了对国际贸易的替代，但它仍然基于两国各自的比较优势，而跨国公司只是承载这种要素转移的载体。

虽然蒙代尔（1957）认为贸易和投资是替代关系，但小岛清（Kojima，1977)基于与蒙代尔的不同假定条件及对于外国直接投资本质的不同理解，提出了投资与贸易的互补关系[①]。小岛清指出，直接投资并不是将资本作为一般生产要素分配到东道国的行业中去，而是具备两个鲜明的特点。第一，国际直接投资不单是资本的流动，而是包括资本、技术、经营知识的总体转移，其核心不是货币资本流动，而是机器、设备等生产资料及技术、管理、营销等技能的转移。因而在理论模型中，可以不考虑投资母国与东道国间相对为数不多的货币资本的增减与转移，而只须把直接投资视为包括销售阶段的先进生产函数的转移、移植，这就意味着投资母国与东道国间存在不同的生产函数。第二，国际直接投资是资本、技术、管理知识的综合体，由投资国的特定产业部门的特定企业，向接受投资国的同一产业

---

① Kojima Kiyoshi. 1977. Theory of Foreign Direct Investment. Tokyo: Diamond. 中文版参见小岛清. 对外贸易论[M]. 周宝廉，译. 天津：南开大学出版社，1987.

部门的特定企业的转移，而不是作为流动性很高的一般货币资本流入东道国。

假设有 H（本国）、F（外国）两国，本国相对外国资本丰富、技术先进，对 X（劳动密集型产品）、Y（资本密集型产品）两种商品均采用先进的生产技术。此时本国的资本密集型产品 Y 具有比较优势。但是出于资本转移的复杂性，此时 Y 产品生产难以移植到 F 国，但投资 X 商品反而更为容易且技术转移的风险更小。因此，本国 X 产业会对 F 国 X 产业进行国际直接投资，并充分利用 F 国的劳动力资源优势。而一旦本国将 X 产业转移到 F 国后，会更加专注于自己的 Y 产业，生产出更多的 Y 产品用于出口到 F 国，以交换 F 国生产出的 X 产品。这样，国际直接投资就成为国际贸易的互补品而不是替代品。

基于以上观点，小岛清（1977）得出结论认为，由技术先进国家的"边际产业"（实际上为比较劣势产业）进行的直接投资将会促进商品贸易。小岛清指出，日本企业的国外直接投资，正是通过这种"边际产业扩张"，由本国处于"比较劣势"的企业进行国外直接投资，因而是促进贸易的；但美国企业则是以跨国公司为主导，凭借技术优势，在优势产业进行国外直接投资，因而是替代贸易的。

上述关于贸易—投资关系的争论，虽然并不涉及水平型国际直接投资的核心内涵，但是投资与出口之间的替补或互补关系，以及贸易成本对国际直接投资的影响，始终贯彻于后续相应的理论研究中。从该视角出发，不同于早期从产业组织理论方面的垄断优势理论，基于微观经济学和国际经济学范式的国际直接投资活动分析逐渐成为跨国公司理论主流。而蒙代尔投资—贸易替代模型虽未从投资类型出发深入探讨，但是此时跨国公司到东道国投资建厂并从事最终消费品生产与销售的经济活动和其在母国的生产活动十分相似，因此也被认为是为对水平型国际直接投资的早期分析。

二、水平型国际直接投资的基本模型

1.市场接近—生产集中的权衡取舍

跨国公司的典型特征之一是公司内部包含多个工厂。而产生多工厂活动的原因往往来自公司层面的特定经济活动可以在多工厂使用，并无须增加额外边际成本，例如研发、广告、营销、分销和管理等服务。马库森（Markusen，1984）首先从这个前提出发论证了跨国公司对外直接投资的动机，并定义了水平型直接投资。假定公司生产 X 的活动包括两种，一种是总部活动（C），包括研发和管理并具有一定的公共产品性质可以在不同的多工厂使用。另一种为工厂活动即生产产品的生产活动（F）。C 可以跨工厂使用并不增加额外边际成本，F 活动规模报酬不变，那么 X 的生产活动总体呈现出规模报酬递增的性质。在这样的情况下，X 公司服务于国外市场有两种选择，第一种是直接将最终产品出口到外国，第二种是不出口产品，而是在外国设立工厂生产产品并在该国销售。此时该直接投资活动即被称为水平型国际直接投资。随着国际直接投资的输出，资本输出国对资本接受国的出口会减少，这样就出现了贸易与国际直接投资反方向变动的现象，即水平型国际直接投资与出口是替代关系。以该研究为基础，后续系列研究沿用了研发活动和生产活动的区分，从考察微观企业的贸易投资取舍的角度对水平型直接投资的动机和影响因素进行了深入分析，奠定了水平型国际直接投资理论[1]。本节介绍纳瓦雷特等（Navaretti and Venables，2004）所阐述的理论模型来分析水平型投资与出口之间的替代关系，或者说，"市场接近和集中生产"的权衡取舍。

决定该建立模型的关键因素是：企业是否会选择通过出口或通过建立本地生产来提供市场？这是不同供应模式之间的选择，并非通常微观经济决策中的边际分。在不同供应模式下，市场上销售的价格和销售量将会有所不同并会导致利润的不同[2]。

首先考虑某代表性公司在单一国家（国家用下标 i 表示）中所获得的利润。该国的行业总支出用 E_i 表示，行业内存在许多类似公司（用上标 k 表示），每家公司以不变的边际成本生产公司特定的差异化产品。设 p_i^k 和 x_i^k 是其所在国家 i 的公司 k 的价格和数量，边际成本是 c_i^k。那么该代表性公司的利润为：

$$\pi_i^k = \left(p_i^k - c_i^k \right) x_i^k \tag{5.1}$$

公司选择价格（或数量）来使利润最大化。可以推导出利润最大化条件是：

---

① 布莱纳德（Brainard，1997）、马库森和维纳布尔斯（Markusen and Venables，1998，2000）等对水平型直接投资的动机和影响因素进行了深入分析。

② Navaretti G B, A J Venables. Multinational firms in the world economy[M]. Princeton University Press, 2004, Chap3. 注意该分析为局部均衡分析，即仅关注单个行业或部门的相互作用而忽略一般均衡效应。

$$p_i^k - \frac{1}{\varepsilon_i^k} = c_i^k \tag{5.2}$$

其中，ε_i^k 是公司的需求价格弹性，通过（5.2）式可以得到：

$$\pi_i^k = \frac{p_i^k x_i^k}{\varepsilon_i^k} = \frac{s_i^k E_i}{\varepsilon_i^k} \tag{5.3}$$

其中，s_i^k 表示市场份额，即 $s_i^k = \frac{p_i^k x_i^k}{E_i}$。设每个公司面临的需求价格弹性与其市场份额关系为 $\varepsilon_i^k = \varepsilon\left(s_i^k\right)$，公司 k 在市场 i 的利润可写为：

$$\pi_i^k = \frac{s_i^k E_i}{\varepsilon\left(s_i^k\right)} \tag{5.4}$$

为了分析简化，假定行业中所有公司都面临相同的需求函数，即不同公司生产的产品虽然是差异化的，但在相同价格下面临相同需求水平，具有相同的市场份额。进一步假定所有公司都拥有相同的技术和不变的边际成本。同时假设世界经济只包含两个国家，因此 E_1 和 E_2 是国家 1 和 2 该行业的市场规模（或行业总支出）。

那么，供应两国市场的公司可以分为不同类型。第一种类型是在两个国家生产的跨国公司，第二种类型是国内公司，只在一个国家生产并出口到另一个国家。根据每类公司的所在国，可进一步划分为四种公司类型[1]。总部设在国家 1 和国家 2 的跨国公司数量表示为 m_1 和 m_2，两个国家的国内公司数量相应由 n_1 和 n_2 表示。要素价格的国际差异可能导致各国的成本水平不同，因此每个国家的生产单位成本将用 c_1 和 c_2 表示[2]。

供应市场的总成本涉及生产成本和贸易成本。贸易成本包括运输成本、关税和通过进口而非通过当地生产供应市场所产生的其他成本。假定贸易成本采取冰山形式，即将一单位货物从一国家运抵至另一国时需要运送 τ 单位（$\tau > 1$）。这会造成公司从国家 1 供给国家 2 的边际成本上升至 $c_1\tau$，同理公司从国家 2 供给国家 1 的边际成本相应为 $c_2\tau$。每种类型的公

---

① 对国内公司依据其所在国划分，对跨国公司则根据总部所在国位置划分。

② 在后续最简化情形推导中，进一步假定要素成本在不同国家相同。

司在供给每个市场时产生的成本总结在表 5-2 的前两列中[1]。

由于在市场上具有相同成本的所有公司将具有相同的价格和相同的市场份额，进一步将本国市场中具有代表性的国家公司的市场份额均设定为 s_i。此时在国家 i 生产的跨国公司与 i 国本土公司具有相同的边际成本和市场份额。但是在贸易方式下，进口产品成本因运输成本变高，其市场份额则相应变小。因此，将 $s_i\varphi_j$ 定义为来自国家 j 公司生产的进口产品在国家 i 中的市场份额，则有 $\varphi_j \leqslant 1$，且 τ 越高则 φ_j 越小，如表 5-2 中的第 4 列和第 5 列所总结。

接下来分析公司总成本情况。正如马库森（Markusen，1984）和布莱纳德（Brainard，1997）所指出，公司需同时付出总部研发活动成本（H）和工厂生产活动成本（F），且工厂层面和公司层面可能呈现规模报酬递增。设在国家 i 中运行总部的固定成本（研发和管理）为 c_iH，建立工厂的固定成本（生产产品）为 c_iF。同时假设所有公司都使用相同的技术，这意味着所有公司所投入的固定成本即 F 和 H 相同。但是，由于生产活动是在不同国家发生的，因此不同国家的公司面临不同的本地要素价格 c_1 和 c_2。上述固定成本在表 5-2 的第 6 列给出（Navaretti & Venables，2004）。

表 5-2　两类公司的成本与市场份额

公司类型	边际成本国家 1	边际成本国家 2	市场份额国家 1	市场份额国家 2	固定成本
国家 1 本国公司 n_1	c_1	$c_1\tau$	s_1	$s_1\varphi_1$	$c_1(H+F)$
国家 2 本国公司 n_2	$c_2\tau$	c_2	$s_1\varphi_2$	s_2	$c_2(H+F)$
国家 1 跨国公司 m_1	c_1	c_2	s_1	s_2	$c_1(H+F)+c_2F$
国家 2 跨国公司 m_2	c_1	c_2	s_1	s_2	$c_2(H+F)+c_1F$

接下来分析考虑固定成本后的跨国公司最终利润情况。根据表 5-2，总部位于国家 1 的 m_1 家跨国公司在其国内市场运营一个工厂并产生 $c_1(H+F)$ 的固定成本，在其国外市场产生固定成本为 c_2F[2]。同时每个市

---

① 到此为止都假设跨国公司在销售国进行所有生产阶段，因此唯一的公司内部贸易是在总部研发（但是无贸易成本）。一旦跨国公司把生产阶段分开，将上游活动（例如零配件生产）留在本国，只有下游活动（例如装配）转移到东道国，那么就成为垂直型国际直接投资。下一章将详细探讨以这种方式进行生产的动机、模式和影响因素。

② 注意此时跨国公司的总部研发活动可以无成本提供给另一个工厂（通过内部化），因此国外工厂不再产生 c_2H 的固定成本。

场的边际运营成本为 c_1 和 c_2，相关市场份额为 s_1 和 s_2。因此其最终利润为：

$$\Pi_1^M = \frac{s_1 E_1}{\varepsilon(s_1)} + \frac{s_2 E_2}{\varepsilon(s_2)} - (H+F)c_1 - Fc_2 \tag{5.5}$$

同理，总部设在国家 2 的 m_2 家跨国公司的利润为：

$$\Pi_2^M = \frac{s_1 E_1}{\varepsilon(s_1)} + \frac{s_2 E_2}{\varepsilon(s_2)} - (H+F)c_2 - Fc_1 \tag{5.6}$$

由于公司具有相同的边际成本（以及面临相同的需求），因此来自国家 1 和国家 2 的跨国公司在每个市场中拥有相同的份额，并产生相同的营业利润。

同理可推导出国内本土公司的利润情况[①]。国家 1 的 n_1 个国内公司产生固定成本 $c_1(H+F)$，在国家 1 占据 s_1 的市场份额，从而获得该市场的营业利润为 $\frac{s_1 E_1}{\varepsilon(s_1)}$，其供应国外市场 2 的边际成本是 $c_1\tau$，获取的市场份额为 $s_2\varphi_1$，如表 5-2 所示。因此其最终利润是：

$$\Pi_1^N = \frac{s_1 E_1}{\varepsilon(s_1)} + \frac{s_2\varphi_1 E_2}{\varepsilon(s_2\varphi_1)} - (H+F)c_1 \tag{5.7}$$

相应地，国家 2 的 n_2 个国内公司的利润为：

$$\Pi_2^N = \frac{s_2 E_2}{\varepsilon(s_2)} + \frac{s_1\varphi_2 E_1}{\varepsilon(s_1\varphi_2)} - (H+F)c_2 \tag{5.8}$$

此时，通过当地生产供应国家 1 的公司数量为 $n_1 + m_1 + m_2$，每个公司的市场份额为 s_1；此外，n_2 公司通过贸易供应市场 1，其市场份额为 $\varphi_2 s_1$。由于市场份额总和为 1，因此

$$\begin{aligned} 1 &= (n_1 + m_1 + m_2)s_1 + n_2\varphi_2 s_1 \\ 1 &= (n_2 + m_1 + m_2)s_2 + n_1\varphi_1 s_2 \end{aligned} \tag{5.9}$$

将前文分析的利润汇总到四种不同类型的公司中可以得到：

---

① 注意本小节的企业类型只包括两种，因此国内公司除供应国内市场也同时进行出口。而本书其他章节的分析可能会将企业分为本土企业（仅供应国内市场）、出口企业（不进行国际直接投资）和跨国公司三种类型。

$$\Pi_1^M\left(n_1,\ n_2,\ m\right)=\frac{s_1 E_1}{\varepsilon\left(s_1\right)}+\frac{s_2 E_2}{\varepsilon\left(s_2\right)}-\left(H+F\right)c_1-F c_2$$

$$\Pi_2^M\left(n_1,\ n_2,\ m\right)=\frac{s_1 E_1}{\varepsilon\left(s_1\right)}+\frac{s_2 E_2}{\varepsilon\left(s_2\right)}-\left(H+F\right)c_2-F c_1$$

$$\Pi_1^N\left(n_1,\ n_2,\ m\right)=\frac{s_1 E_1}{\varepsilon\left(s_1\right)}+\frac{s_2 \varphi_1 E_2}{\varepsilon\left(s_2 \varphi_1\right)}-\left(H+F\right)c_1$$

$$\Pi_2^N\left(n_1,\ n_2,\ m\right)=\frac{s_2 E_2}{\varepsilon\left(s_2\right)}+\frac{s_1 \varphi_2 E_1}{\varepsilon\left(s_1 \varphi_2\right)}-\left(H+F\right)c_2$$

（5.10）

其中，$m=\left(m_1+m_2\right)$ 定义了跨国公司的总数。如果两个国家的成本相同，那么跨国公司无论总部设在何处都能获得相同的利润。

2. 贸易和国际直接投资均衡

国内企业和跨国公司的企业数量根据利润函数和市场规模而内生确定，同时跨国公司和国内公司之间存在相互转换的可能。设市场为自由进入和退出，那么最终公司数量由零利润条件决定。可以将市场的结构变化分析为两阶段博弈，第一阶段的公司可以成为任意一种类型的潜在公司，并且每个公司根据所有其他公司的进入决策选择是否进入。在第二阶段，公司则按照前文分析的市场模式生产和供应每个市场。第二阶段的利润如上所述，见（5.7）式和（5.8）式。

第一阶段的均衡条件是所有已进入的公司的利润都是非负的，而对于所有选择不进入的公司而言，利润都是非正的。将这些均衡条件写为：

$$\Pi_1^N\left(n_1,\ n_2,\ m_1+m_2\right)\leqslant 0,\ n_1\geqslant 0;$$
$$\Pi_2^N\left(n_1,\ n_2,\ m_1+m_2\right)\leqslant 0,\ n_2\geqslant 0;$$
$$\Pi_1^M\left(n_1,\ n_2,\ m_1+m_2\right)\leqslant 0,\ m_1\geqslant 0;$$
$$\Pi_2^M\left(n_1,\ n_2,\ m_1+m_2\right)\leqslant 0,\ m_2\geqslant 0;$$

（5.11）

在最简化的情况下，假定两国经济完全相同，那么国家公司和跨国公司的非负利润条件可以表示为：

$$\Pi^N=\frac{sE\left(1+\varphi\right)}{\sigma}-\left(H+F\right)c\leqslant 0,\ \Pi^M=\frac{sE2}{\sigma}-\left(H+2F\right)c\leqslant 0 \quad（5.12）$$

同时，只有当参数满足等式时，国内公司和跨国公司才会共存，按此

求解（5.12）式并经过简单变形可以得到

$$\frac{1}{2}(1-\varphi) = \frac{F}{H+2F} \tag{5.13}$$

（5.13）式即为跨国公司和国内公司同时存在的均衡条件。再对此式进行一定变形可得到布莱纳德（Brainard，1997）所推导出的均衡条件[①]：

$$\frac{F}{H} = \frac{1-\varphi}{2\varphi} \tag{5.14}$$

该等式表明了两点结论：第一，跨国公司和国内公司共存转换的边界条件取决于贸易成本的高低。高贸易成本（低 φ）增加了水平型国际直接投资的可能性。第二，公司规模经济 H 和工厂规模经济 F 的相对大小同样决定了上述边界条件。如果 H 相对于 F 更大即公司研发更具规模经济，那么水平型国际直接投资更有利；而反之当工厂规模经济更大时，采取出口形式更有利于服务国外市场。在贸易成本极高的情形下，则只会存在跨国公司，没有出口型国内公司；反之，在工厂规模经济极大，但公司规模经济极低的情况下，只有出口公司却没有跨国公司。

该模型提出了水平型国际直接投资理论中非常重要的接近市场—生产集中权衡取舍模型。上述模型表明如果贸易成本很高，或者企业层面的规模经济相对于工厂规模经济更加重要，那么水平型国际直接投资则更容易获利。该模型也因此产生这样的推论：跨国公司将在公司规模经济相对于工厂规模经济更为重要的行业中普遍存在。经济实践则支持这一结论，往往公司规模经济较为重要的行业在国际直接投资活动中也占比较高。表5-3 简要分析了各行业的公司规模经济和工厂规模经济情况。

在这个简化模型中，国内公司和跨国公司仅在（5.12）式至（5.14）式相等的情形下才能共存。同时，在该模型中不同类型公司仅在同行业的两个国家市场中竞争，要素价格也由外生给定的并最终简单化为两个国家相同。但现实经济更加复杂，跨国公司和出口公司的共存共生局面也相应更加复杂。但该模型的结论对于现实分析仍然具备重要的启示意义。首先，本模型所设定的公司和国家的相应参数虽然都是极简化的理想状况，但也正是这样的简单化才能说明对水平型跨国公司产生的最重要因素；其次，如果进一步考虑到公司的异质性，那么基于该模型可进一步推导出国内公

---

① 因篇幅所限，布莱纳德（Brainard，1997）在发表论文中并未对此进行详细推导。

司、出口型国内公司和跨国公司同时存在的均衡条件，第三节将对此进行
分析。

表 5-3　不同行业的公司规模经济和工厂规模经济

行业	工厂规模（A）	公司规模（B）	公司平均工厂数（B/A）
化学物质	132	1120	9.1
运输设备	663	4190	6.7
食品、饮料和烟草	157	832	5.5
造纸、印刷和出版业	125	610	5
橡胶和塑料	130	507	4
电气设备	293	1123	3.8
纺织品	279	1056	3.8
家具	182	659	3.7
机械	172	615	3.7
服装	175	526	3
杂项制造	120	264	2.2
皮革	178	340	1.9
所有行业	177	852	5

注：Kim S. 1998. The Rise of Multiunit Firms in U.S. Manufacturing. NBER WP: 6425.

　　假设某个"地区"由多个不同国家（或地区）组成，它们之间的贸易
成本很高（例如欧盟成立前的欧洲，东盟成立前的相关东南亚国家）。那么
这些地区的单个国家市场可能太小而无法吸引来自其他国家的外国直接投
资。一旦上述地区进行经济一体化，那么随着一体化进程有力减少或消除
区域成员国之间的贸易障碍，小区域整合为共同市场甚至为单一大型经济
体。那么此时在其中一个地区建立分支机构可能会变得有利可图，因为它
可以作为面向整个共同经济区域的出口平台。关键在于经济一体化前后区
域内贸易成本和区域对外贸易成本的相对变化。一旦一个地区之间的贸易
壁垒较低，而该地区和其他地区或国家（例如美国）之间的贸易壁垒较高，
那么都有利于该地区吸收来自其他地区和国家的水平型国际直接投资。换
言之，此时美国向欧盟或东盟其中的一个国家进行投资，但是子公司的产
品除了面向投资东道国本地市场以外，也面向投资东道国所在的共同区域
市场，那么这种投资类型也应该被识别为水平型国际直接投资。

第三节 企业异质性背景下的国际直接投资和贸易均衡

一、企业异质性与国际贸易

上一节分析了公司面临的市场接近—生产集中权衡取舍。当企业能规避的贸易成本超过海外设施的投资成本时会进行国际直接投资，并以当地生产来替代出口服务于当地消费者。该模型中的企业同质，具有同样的边际成本，在市场竞争中获取相同的市场份额，但这并不符合现实。自海默垄断优势理论提出以来，跨国公司理论始终致力于从观测现实出发，并使理论能较好的解释现实。而企业与企业之间的差异也是跨国公司理论的核心。在同一行业内部，企业在生产规模、劳动生产率等各方面都存在重要差别，具备垄断优势、具备对知识技术内部化的能力、熟悉目标市场的行业领先企业才可能进行对外直接投资。这一重要事实在前文的水平型直接投资模型中并未被强调。

然而国际贸易理论发展中，研究者充分注意到了这一现象并对该现象进行了系统性论证。梅里茨（Melitz，2003）等研究提出的企业异质性理论作为国际贸易理论的重要进展[1]，开启了分析国际贸易以及国际直接投资现象的新角度，成为新新贸易理论和跨国公司理论的重要拓展。企业异质性、规模经济和不完全竞争既符合经济实践，也成为理论建模的关键前提（如表5-4总结）。

表5-4 贸易理论的拓展[2]

内容	传统贸易理论	新贸易理论	新新贸易理论
基本假设	同质企业、同质产品、完全竞争无规模经济	同质企业、产品差异、不完全竞争市场、规模经济	企业异质性、产品差异、不完全竞争市场、规模经济
贸易动因	比较优势资源禀赋差异	规模经济—内生比较优势	企业异质性
贸易结构	行业间贸易	行业内贸易	企业间贸易

本节首先根据梅里茨（Melitz，2003）模型，简要回顾企业异质性背景下的国际贸易模式。考虑一个基于 Dixit-Stiglitz 垄断竞争的异质性企业模型，每个生产者使用唯一生产要素劳动力生产差异化的产品并同其他生

---

[1] Melitz. 2003. The Impact of Trade on Intra-Industry Reallocations and Aggregate Industry Productivity. Econometrica, Vol. 71: 1695-1725.

[2] 引自李春顶. 中国企业"出口—生产率悖论"研究综述[J]. 世界经济，2015（5）：148-175.

产者进行垄断竞争。同时，各国各行业的企业均存在生产率上的异质性。
该异质性可能由规模效率、技术或熟练程度各种因素引起。

首先，消费者效用函数为定义在差异化产品集 Ω_i 上的 CES 函数：

$$U = \left(\int_{k \in \Omega_i} q_j(k)^\rho \, dk \right)^{1/\rho} \tag{5.15}$$

其中任意两种差异化产品之间的替代弹性为 σ ，且 $\sigma = 1 - \rho$ 。根据该
效用函数性质可知，总体价格指数为：$P = \left(\int_{k \in \Omega_i} p_j(k)^{1-\sigma} \, dk \right)^{1/1-\sigma}$ ，其中 $p_j(k)$
为第 k 种差异化产品的价格。

生产需要投入可变成本和固定成本。进一步假定各差异化产品生产企
业具有相同的固定成本 f，却因其各自不同的生产率 φ 而具备不同的可变成
本，φ 的取值服从于定义在（0，∞）上的帕累托分布函数 g（φ）。企业的
生产率越高，则其可变成本（即边际成本）越低。企业产出和劳动投入满
足 $l = f + q/\varphi$ 。令 R 代表总支出，工资标准化为 1，可求解得企业的收益
函数和利润函数分别为：

$$r(\varphi) = R\left(p(\varphi) \right)^{1-\sigma} (P)^{\sigma-1} \tag{5.16}$$

$$\pi(\varphi) = \frac{R(\varphi \rho P)^{\sigma-1}}{\sigma} - f \tag{5.17}$$

在不考虑服务国外市场的情况下，企业面临的决策取舍为是否在国内
进行生产，在亏损情况下企业将退出市场。对（5.17）式求解零利润条件，
可以得到存在一个生产率水平 φ_d^* 满足 $\pi(\varphi_d^*)=0$，该 φ_d^* 即为在国内市场生
存的临界生产率水平。高于该生产率水平，企业在国内市场维持生产并服
务于消费者。低于该生产率水平企业将退出市场。

进一步考虑出口情况。企业进入出口市场除了支付生产固定成本 f 之
外，必须支付因出口贸易产生的额外成本，包括用于建立出口联系、维系
出口渠道和进行出口分销的固定成本，还包括在国际贸易过程中所消耗掉
的"冰山成本"，即运输费用和关税等可变成本 τ 。为了问题简化，令企业
出口的固定成本为 fx，$fx>f$。在具备冰山贸易成本 τ 的情况下，企业出口所
获取的收益和利润函数分别为

$$r_x(\varphi) = \tau^{1-\sigma} r(\varphi) \tag{5.18}$$

$$\pi_x(\varphi) = \frac{r_x(\varphi)}{\sigma} - f_x \qquad (5.19)$$

其中，$r(\varphi)$ 如（5.16）式所述，表示企业在国内市场获得的收益。由于需要付出冰山贸易成本 τ，同时需要支付更高的固定成本 f_x，可得企业生产率必须高于一个临界生产率水平 φ_x^* 才会在出口市场上有利可图，φ_x^* 满足 $\pi(\varphi_x^*) = 0$。不难求解出 φ_x^* 和 φ_d^* 满足如下条件：

$$\varphi_x^* > \varphi_d^* > \varphi_m \qquad (5.20)$$

对于出口企业，其利润可以分为两个部分：一部分是在国内市场上取得的相应利润，另一部分是出口获得的利润。出口企业的总利润为上述两部分利润之和。根据模型假定，不存在只出口的企业。也就是说，异质性企业理论框架中，劳动生产率分布是影响企业进入和出口决策的关键，只有高生产率企业才会选择出口。具体来说，存在两个门槛值：一是国内生产门槛；二是出口门槛。对于低生产率企业，进行出口是无利可图的。所以出口行为是行业中一部分高生产率企业主动性决策的结果，即异质性企业模型中的自我选择（Self-Selection），如图 5-5 所示（Melitz，2003）。

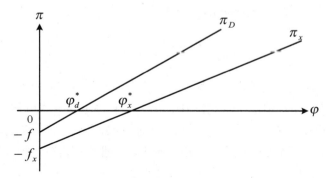

图 5-5　异质性企业的出口自我选择

二、企业异质性背景下的贸易与投资

1. 基准模型

基于布莱纳德（Brainard，1997）接近—集中权衡取舍的水平型直接投资模型，赫尔普曼等（Helpman et al.，2004，下文简称为 HMY[1]）沿袭了

---

[1] Helpman E, M J Melitz, et al. 2004. Export versus FDI with heterogeneous firms. American Economic Review: 300-316.

梅里茨（Melitz，2003）的思路和基本框架，提出了结合公司异质性来考虑多国多部门贸易投资权衡取舍的模型。在这个模型当中，公司面临上述集中—接近的权衡取舍，每个公司将决定是否服务于一个国外的市场，并决定是通过出口还是在当地生产来服务该市场。这些不同的市场会有不同的成本，出口会涉及较低的固定成本，国际直接投资则涉及了较高的固定成本。

该模型分析框架设定为一个包含 N 个国家，每个国家使用单一要素劳动力 L，具有 H+1 个生产行业的简单模型。其中一个行业生产无差异的产品，H 个行业生产异质性产品。同时，设国家 i 拥有 L 个劳动力，国家 i 的工资水平为 w^i；具备一个外生的标准化收入比例 β 用于消费每种差异化产品 h，而 $\left(1-\sum_h \beta_h\right)$ 用于消费同质化产品。

比较重要的设定是关于行业中的企业生产率分布，这对后续分析国际贸易和国际直接投资十分关键。设某一行业 h 中，企业单位劳动投入为 a，a 服从帕累托随机分布 $G(a)$[①]。同时，行业供给国内外市场面临不同的成本。企业仅供应国内的固定成本为 f_D，出口到国外的固定成本为 f_X，同时面临冰山贸易成本为 τ^{ij}[②]，进行国际直接投资的固定成本为 f_I。因此，企业生产和服务于国外市场的方式选择仍然服从于布莱纳德（Brainard，1997）所提出的集中—接近权衡取舍。在出口情况下，一国集中进行生产，生产成本较低，但是面临冰山贸易成本的损失；一旦到国外消费者所在地进行跨国直接投资，会获取接近消费者的便利节省贸易成本，但因为生产被分散，会付出额外的固定成本从而增加总成本。因此，最终是进行出口还是国际直接投资需要面临贸易成本和生产成本的二者权衡。

在这样的前提假定下，仍然设消费者的效用函数为 CES 效用函数，不变替代弹性 $\varepsilon =1/1-\alpha$，需求为 $Q= A^i p^{-\varepsilon}$。求解该需求函数可以得到国内生产产品价格为：

---

① 以 k 为参数的帕累托分布函数的累积分布函数为 $F(x)=1-\left(\dfrac{b}{x}\right)^k$，$x>b>0$，$k$ 越小则分布越离散，k 越大则分布越集中。

② $\tau^{ij}>1$，冰山贸易成本，即 τ^{ij} 单位的商品从 i 国经过国际贸易抵达 j 国时还剩余 1 单位。

$$p = w^i a / \alpha \qquad (5.21)$$

对于进口产品，由于其总成本包括贸易成本，即冰山成本，所以其产品价格 p^{IM} 为：

$$p^{IM} = \tau^{ij} w^i a / \alpha \qquad (5.22)$$

进一步简化设定，令国内工资为 1，即国内生产价格为 $p = a / \alpha$，可以进一步求解得收益函数和成本函数分别为

$$R = qp = A^i p^{-\varepsilon} p = A^i \left(a / \alpha \right)^{1-\varepsilon} \qquad (5.23)$$

$$C = A^i p^{-\varepsilon} a = \alpha A^i \left(a / \alpha \right)^{1-\varepsilon} \qquad (5.24)$$

由收益函数和成本函数，可以解得利润函数如下：

$$\pi = \left(1 - \alpha \right) A^i \left(a / \alpha \right)^{1-\varepsilon} \qquad (5.25)$$

此时企业面临国内生产、出口和国际直接投资三种可能性，并分别付出额外的固定成本为 f_D、f_X 和 f_I。求解可得企业服务于国内市场、进行出口和进行国际直接投资的利润函数分别为：

$$\pi_D^i = a^{1-\varepsilon} B^i - f_D, \ \text{其中} B^i = 1 - \alpha A^i / \alpha^{1-\varepsilon}$$
$$\pi_X^{ij} = \tau^{ij} a^{1-\varepsilon} B^j - f_X \qquad (5.26)$$
$$\pi_I^j = a^{1-\varepsilon} B^j - f_I$$

同前文异质性模型的推导类似。令 $\pi_D=0$，可以得到 $(a)^{1-\varepsilon} B = f_D$，即国内生产的零利润点；令 $\pi_X=0$，可以得到 $(a)^{1-\varepsilon} B = f_X (\tau^{ij})^{\varepsilon-1}$，即出口的零利润点；与之相应，令 $\pi_I=0$，可以得到 $(a)^{1-\varepsilon} B = f_I$，即对外直接投资的零利润点[①]。最终可以得到企业生产率和其生产活动的利润关系如图 5-6 所示，即按照生产率从低到高排序，企业分别选择退出市场、服务于国内市场、进行出口和进行国际直接投资（HMY，2004）。

_____

① 假定边界条件 $f_I > f_X (\tau^{ij})^{\varepsilon-1} > f_D$，该条件也符合经济直觉。

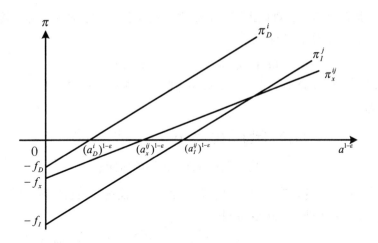

图 5-6　异质性企业和国内生产、出口、国际直接投资

2. 贸易和投资企业的行业内分布

在企业异质性背景下，异质性企业分布对直接投资—出口均衡的影响并不仅仅是最高生产率企业进行国际直接投资，同时还影响到行业出口和对外直接投资活动之间的比例分布。假定企业生产率服从帕累托分布，那么企业生产率的分布情况如图 5-7 所示。图中两条线分别代表了两个具有不同异质性程度的假想行业，其中实线代表行业的企业生产率分布具有更高的离散度，而虚线所代表行业则代表该行业的企业生产率分布更为集中[①]。

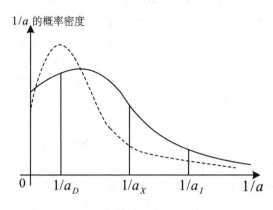

图 5-7　异质性企业的分布

注：笔者根据 HMY（2004）绘制。

---

　　① 具体而言，实线所代表的企业生产率分布相对虚线更为离散，即实线代表的帕累托分布中的参数 k 更小。

根据前文模型，可以求得企业生产率从 0 到 a_I 的企业（国际直接投资企业）的总收益累积为

$$TR(a_I) = \int_0^{a_I} A^j (w^i / \alpha)^{1-\varepsilon} a^{1-\varepsilon} dG(a) \tag{5.27}$$

同理，可以求出企业生产率从 0 到 a_X 的企业（出口企业）的总收益累积为

$$\begin{aligned}
TR(a_X) = \left(\tau^{ij}\right)^{1-\varepsilon} (\int_0^{a_X} A^j (w^i / \alpha)^{1-\varepsilon} a^{1-\varepsilon} dG(a) \\
- \int_0^{a_I} A^j (w^i / \alpha)^{1-\varepsilon} a^{1-\varepsilon} dG(a))
\end{aligned} \tag{5.28}$$

令 S_X 等于出口销售份额，S_I 等于国际直接投资的销售份额，那么根据 $S_X / S_I = TR(a_X)/TR(a_I)$ 可以得到：

$$\frac{S_X^{ij}}{S_I^{ij}} = \tau^{1-\varepsilon} \left[\left(\frac{a_X}{a_I}\right)^{k-(\varepsilon-1)} - 1 \right] = \tau^{1-\varepsilon} \left[\left(\frac{f_I - f_X}{f_X} \frac{1}{\tau^{\varepsilon-1} - 1}\right)^{\frac{k-(\varepsilon-1)}{\varepsilon-1}} - 1 \right] \tag{5.29}$$

可推导得出，一旦贸易成本上升，或者国际直接投资成本降低，从事出口而不是国际直接投资的企业占比 S_X 相对下降，即需要更高生产率的企业才可以出口；但是 S_I 则相应上升，因为此时企业以更低生产率从事对外直接投资活动，带来出口相对销售额占行业总销售额的份额下降，但是投资子公司销售额份额相对上升。同时可以得出，出口相对份额随着 k 的减小而减小，随着 ε 的增加而减小。即对于行业的企业生产率差异比较分化，或者生产率离散程度较高的行业，行业的出口相对份额较小。对于图 5-7 中两个不同的行业而言，实线所代表的行业由于企业分布比较离散，因此从事国际直接投资的企业及其销售份额要高于虚线所代表的行业。

该模型对接近—集中权衡取舍的水平型直接投资模型和企业异质性理论进行拓展，对异质性企业理论中高生产率企业选择出口的结论进行了验证，并继而分析了企业生产率异质性对国际直接投资的影响作用。理论分析和实证研究均表明，服务海外市场的高生产率企业会进一步分化，仅有那些最具生产率的企业才从事国际直接投资活动。同时，企业生产率异质性还决定了行业中出口和海外投资的相对重要性，行业生产率离散程度越高，则跨国直接投资子公司销售额在行业销售额中的占比越大。该研究也不仅仅是对水平型直接投资理论的拓展和验证，也是对早期跨国公司理论关于垄断优势、投资—贸易替代等理论的深化。国际贸易和国际投资作为企业经济活动的结果，行业中的企业本身始终居于跨国公司理论的核心，这一点也始终贯穿于从早期跨国公司理论到最新异质性企业背景下的国际直接投资模型的分析。

专栏5　餐边柜中的跨国公司产品

跨国公司不仅仅是石化油气等重工业领域的传统巨头，也不仅仅是电子计算机等高科技行业的时代浪潮。经历了近百年发展，跨国公式的经营遍布各个工业领域，同时是各国居民日常生活中的陪伴。在2020年《财富》杂志全球五百强榜单中，除了石化、重工业、金融业、高科技行业等重要跨国公司领域，食品饮料行业上榜11家，按其营业收入排序分别是：崔巢（瑞士）、中粮集团（中国）、百事（美国）、百威英博（比利时）、泰森食品（美国）、可口可乐（美国）、达能（法国）、喜力（荷兰）、星巴克（美国）、美国食品（美国）、亿滋国际（美国）。

这十一家企业的主要产品和品牌在全世界各国居民可谓家喻户晓。不仅如此，食品饮料行业的跨国公司屡屡在全世界上演"巨头之战"。百事可乐和可口可乐的口感有何差别、百威英博和喜力到底哪个好喝？…也都是日常生活和网络中经常被谈起的话题，而同行业竞争对手之间的并购和拆分、白热化的广告竞争、为了争夺领域霸主的各种战略性行动，也都是产业组织领域、公司管理、博弈论等学术研究领域中的经典案例。这些现象与食品饮料行业的产业组织特征密切相关。虽然是日常消费产品，但实际上是一个非常典型的以少数跨国公式寡头占据主要市场份额并进行相互竞争的市场结构。而消费者对多样化和差异化产品的需求往往并不是由多个小规模的不同厂商来满足，而往往是跨国公式巨头内部的多品牌和多样化产品线结构来满足。

以饼干为例，常见的闲趣、甜趣、优冠、王子饼干为原达能公司旗下产品；趣多多、奥利奥、乐之、太平苏打、鬼脸嘟嘟等为原纳贝斯克公司旗下品牌。最早分别成立于1919年和1898年的达能公司和成纳贝斯克经过饼干业百年来的演化成为饼干业两大巨头和竞争对手，而很多原本来自其他饼干公司的品牌，例如原英国联合食品公司的太平苏打、原美国全国饼干公司的奥利奥也都归到两大巨头旗下。但是在2000年，纳贝斯克公司被美国卡夫食品集团公司收购，饼干业品牌之争就变成了达能和卡夫公司。2007年卡夫食品集团又收购了达能旗下饼干业务，成功将这些饼干品牌全部归为卡夫集团内部所有。而仅仅五年之后，彼时美国最大的食品集团卡夫集团公司又因经营和盈利的战略考虑，于2012年将高盈利的北美杂货业务和高增长的全球零食业务分拆为两家独立上市公司，从此全球饼干零食业头号巨头就变为拆分后成立的亿滋国际，而闲趣、趣多多、乐事、太平苏打等系列知名畅销饼干也都成为亿滋国际内部的不同品类。

> 亿滋国际也非常重视中国市场。亿滋国际（中国）总部位于上海，在北京、上海、苏州、广州和江门有 8 个生产基地，并在苏州设立了中国及亚太饼干研发中心，各地供设立 140 个销售分支机构，在中国总计雇佣 6600 多名员工。在中国设厂甚至进行研发的策略为满足中国消费者口味，提供差异化产品和进行差异化营销提供了重要的成功保障。
>
> 亿滋国际等食品饮料行业跨国公司的上述国际经营路线是典型的水平化国际直接投资路径。具体口味差异化却营销全球化的产品、统一风格但又注重各市场本土化的巨额广告投入、新建投资伴随大量同行业竞争对手之间的兼并收购……都无不体现跨国公司对全球消费者的重视。虽然各国的饮食风格和传统美食千差万别，是民族、历史、文化差异化的主要标志之一，但当今天走进各国最大的超市柜台，打开各国普通家庭的餐边柜时，可能会发现大规模化生产的包装饼干零食和饮料更多地由跨国公司生产并销售，而仅有一少部分比例的产品来自本土市场。而这个现象所引起的深思和讨论，也不仅仅停留在经济和商业分析的领域。

第四节 水平型国际直接投资的实证分析

一、水平型国际直接投资的决定因素

水平型国际直接投资不仅解释跨国直接投资活动的动机，也实际上在解释国际直接投资的东道国选择。直到 20 世纪 90 年代，大多数外国直接投资流量是北—北流动（如本书第一章所示），其原因可以被水平型直接投资所解释：跨国公司接近市场的动机选择了与母国市场较为接近的发达经济体为东道国。这符合经验直觉和预期，跨国公司面对消费者和经济发展水平与所在母国相接近的东道国时，更易于建立生产活动并服务于当地消费者，最终形成母国与东道国生产活动近似的水平型国际直接投资。

同样可以合理假设，如果子公司生产的产出大部分被运送回跨国公司母国（即东道国出口），那么这类投资动机和模式与前文分析的产品在东道国当地销售的情形差异很大，不应当属于水平型直接投资。近年来美国跨国公司的相应统计数据表明，此类因跨国公司子公司将产品输送回母国而引起的贸易流量不断增加，并且子公司往往位于与跨国公司母国要素禀赋存在差异的东道国。因此，这种投资则不再出于市场接近动机，而是出于利用要素禀赋差异降低生产成本的投资类型即垂直型直接投资[①]。

理想情况下，研究者希望能够将数据进行区分并分辨出这些投资中哪些属于水平投资，哪些属于垂直投资。但这十分困难，因为在现实中二者之间的区别并不十分明确，且区分工作对数据精确度的要求很高。精确判定需要海外子公司按照目的地划分（当地、母国或者第三国）的销售信息和投入品购买信息，并且需要投入品购买的地理来源和投入品购买后的用途信息（用于进一步加工生产还是在当地市场上转售）。这些数据往往为跨国公司内部所掌握并不能直接获得，或者出于商业机密原因而不遍公布[②]。

在这样的情况下，研究者对水平型直接投资的识别存在一定困难。而实践中的水平型国际直接投资是同垂直型国际直接投资交织在一起，只能大概进行大致的判断。在第六章关于垂直型直接投资的分析中会进一步对二者的甄别进行详细探讨。本节则对影响水平型国际直接投资的因素进行归纳。根据前文理论模型的分析和相应经济实践的总计，可以将影响水平型直接投资的因素主要概括为以下四个方面：

第一，企业层面和工厂层面规模经济。企业层面和工厂层面规模经济之间的权衡是影响公司国外直接投资决策的重要因素。前文接近—集中权衡取舍模型分析指出，工厂层面的规模经济抑制水平型外国直接投资，因为该特征倾向于将生产活动集中化；但是公司层面的规模经济却支持水平型直接投资，因为研发活动可以进行内部化并在各东道国无成本使用。在实证分析中又该如何具体衡量公司层面和工厂层面的规模经济差异呢？企业层面的规模经济可以通过一些间接指标来进行衡量，例如非生产工人相对于生产工人的数量、研发投入及研发成果、品牌商誉等无形资产。研究发现这些特征与多国活动的程度高度正相关。同理，工厂层面的规模经济可以用单个工厂的雇佣规模，特别是生产性工人规模、单个工厂的固定资产规模等指标来衡量。

第二，国家间贸易成本。贸易成本是理论模型中决定水平型直接投资的重要决定因素。水平型直接投资理论预测贸易成本的上升会促进国际直接投资，因为此时利用出口服务于目标市场的成本会升高。在相关实证研究中，可以归为贸易成本的因素包括运输成本、关税、距离和贸易政策障碍等。

第三，东道国特征。较大的东道国经济总量会对国际直接投资更具吸引力，足够大的市场才意味着有利可图。同时东道国与母国的相似性或接

[①] 垂直型国际直接投资是指跨国公司将不同生产阶段置于不同国家的直接投资活动。下一章将对垂直型国际直接投资进行分析。

[②] 美国经济调查局（BEA）对美国跨国公司的部分数据进行搜集并公布，包括特定行业或者特定东道国的美国跨国公司子公司经营及进出口情况。

近性也影响国际直接投资格局。这种相似性或接近性包含要素禀赋结构、需求水平、收入分布，以及其他制度、文化和语言等各种因素。经济地理和文化接近的国家之间或区域经济一体化的成员国和地区之间往往会发生大量的直接投资，例如欧盟内部的外国直接投资、欧盟在中欧和东欧的投资、美国在墨西哥和加拿大的投资，以及日本在其他东亚国家和地区的投资。。在实证分析中，上述特征中的经济特征可以选取较为直接的 GDP、人力资本等指标等衡量，而相似性则可能会涉及到很多二元变量的选用，例如是否接壤、是否使用同一种语言，文化和历史是否接近等等。但是需要注意的是，正如引力模型和相似需求理论所论述，上述经济规模和相似性特征不仅仅吸引国际直接投资，同时也吸引贸易。而在前文的水平型直接投资理论分析中，出口和直接投资是一种替代。因此上述因素在总体对贸易和直接投资都具有类似作用的情况下，水平型直接投资分析可能更会注意到它们在影响贸易和投资时的差异

　　第四、政府政策。各国政府制定的税收、激励或者歧视性政策会对国际直接投资产生重要的影响。许多国家通过投资促进措施来吸引外国直接投资，如直接补贴、所得税减免或者在土地使用等方面进行优惠，这些补贴措施会降低设立外国子公司的固定或运营成本，从而促进国际直接投资。但同时，东道国也可能会从保护本国行业和企业发展等多种因素出发，对国际直接投资进行限制，例如对于外资企业购买投入品的本土比例、销售产品的出口比例、利润汇出的比例等具体经营提出限制性要求，从而基于东道国利益对外资企业活动进行干预。

二、接近—集中权衡取舍的实证分析

　　布莱纳德（Brainard，1997）提出了接近—集中权衡取舍的水平型直接投资实证分析框架并进行了验证。该研究对集中—权衡取舍进行实证分析，其分析框架和同本章的（5.14）式所描述的贸易—投资均衡方程一致，仅仅表述有所差异。企业面临贸易成本、固定成本和总部研发成本情况下的贸易—投资决策，其本质则是如下式所示的接近—集中权衡取舍：

$$\frac{F(w)}{R(w)} - \frac{1-e^{(T+D)(1-\sigma)}}{2e^{(T+D)(1-\sigma)}} = 0,（混合均衡）$$

$$< 0,（FDI均衡）$$

$$> 0,（贸易均衡）$$

（5.30）

其中 *F(w)* 代表工厂生产活动固定成本（工厂层面规模经济），*R(w)* 式表明公司研发活动的固定成本（公司层面规模经济），*T* 表示两国运输成本，*D* 表示两国之间距离，与 *T* 一共构成两国之间的贸易成本。σ 表示产品间替代弹性（σ<1）。从该式也可以推导出，生产规模经济、研发规模经济以及贸易成本共同决定水平型国际直接投资和贸易活动均衡。当贸易成本较高时，促进水平型国际直接投资；当公司层面规模经济较高时，促进水平型国际直接投资，当工厂层面规模经济较高时，促进出口贸易。基于该理论模型，该研究提出的具体基准实证模型如下：

$$
\begin{aligned}
\mathrm{EXSH}_i^j = {} & \alpha_0 + \alpha_1 \mathrm{FREIGHT}_i^j + \alpha_2 \mathrm{TARIFF}_i^j + \alpha_3 \mathrm{PWGDP}_i \\
& + \alpha_4 \mathrm{TAX}_i + \alpha_5 \mathrm{TRADE}_i + \alpha_6 \mathrm{FDI}_i \\
& + \alpha_7 \mathrm{PSCALE}^j + \alpha_8 \mathrm{CSCALE}^j + \mu_i^j
\end{aligned}
\tag{5.31}
$$

其中，EXSH 为美国 *j* 行业向国家 *i* 出口金额占行业 *j* 向国家 *i* 全部销售额的比例，以衡量在美国各行业服务东道国市场消费者时出口方式销售和直接投资子公司销售的相对重要性。FRIEGHT 为美国与 *i* 国之间的运输成本，采用美国经济调查局数据测算。TARIFF 是 *i* 国对美国 *j* 行业产品进口所收取的关税税率，采用世界贸易组织的关税税率作为测度。方程采用上述两个指标对（5.30）中的贸易成本进行度量。在东道特征和政策方面，TRADE 和 FDI 分别衡量 *i* 国对美国向其出口贸易和国际直接投资开放程度，采用一系列指标综合测算，数值较高则表明更为开放。TAX 为 *i* 国家的公司所得税税率。PWGDP 表示 *i* 国和美国之间的人均 GDP 差异的绝对值；PSCALE 衡量 *j* 行业的工厂层面规模经济，采用该行业取工业增加值中位数企业的生产性雇员人数；CSCALE 为企业层面的规模经济，采用美国 *j* 行业公司层面的平均非生产性雇佣人数衡量。

实证分析采用 1989 年的截面数据，为 63 个行业和 27 个东道国的国家—行业组合，包括 1701 个观测点。对出口占行业总销售份额（EXSH）的回归结果如表 5-5 所示，其中第（1）至（3）栏分别采用 OLS、固定效应模型（FE）和随机效应模型（RE）进行回归，第（4）至（6）则在前三栏模型基础上加入了公司层面和工厂层面的规模经济变量。从表 5-5 的回归结果中可以得到以下结论。

首先，关税和运费的系数显著为负。模型关于贸易成本的预期得到了实证检验的印证。企业面临出口和直接投资权衡取舍的实质是面临贸易成本和规模经济的权衡取舍。当贸易成本上升时，企业倾向于扩大国际直接投资以替代出口，这也进一步印证了对外投资和贸易的替代关系。

其次，对公司层面规模经济和工厂层面的规模经济的回归结果符合预期。根据理论模型，工厂层面的规模经济促进出口，而公司层面的规模经济促进国际直接投资，实证结论同样证实了这一点。

再次，其他因素。如果出口贸易如林德相似需求所解释，那么人均 GDP 差异的系数应该为负。人均 GDP 差异越大，其出口可能越少。如果贸易活动可以由 H-O 模型的比较优势所解释，那么人均 GDP 差异则可能与出口正相关。表 5-5 中的 GDP 差异系数为正，布莱纳德认为这并不否定贸易的相似需求，而是国际直接投资活动比起贸易活动而言对于国家的相似程度的要求更高。回归结果显示对贸易和国际直接投资的开放程度则相应促进了各自类型的活动，但是对于税率（TAX）的回归结果却不能较好地符合预期。这可能是因为名义税率和实际税率之间的差异等，导致了名义税率很难准确衡量其对公司活动的影响。

表 5-5　集中—接近权衡分析：出口

自变量	OLS（1）	FE（2）	RE（3）	OLS（4）	FE（5）	RE（6）
运费	−0.2451	−0.2009	−0.1264	−0.2717	−0.2852	−0.1228
	(−5.429)	(−3.996)	(−2.672)	(−4.578)	(−4.813)	(−1.767)
关税	−0.274	−0.2814	−0.0872	−0.3707	−0.3895	−0.1644
	(−6.239)	(−5.666)	(−2.038)	(−7.447)	(−7.259)	(−3.412)
GDP 差异	0.330	0.3231	0.1922	0.2958	0.3050	0.1461
	(4.272)	(2.371)	(2.909)	(3.747)	(2.677)	(2.122)
税收	−1.335	−1.3566	−0.9853	−0.5695	−0.5787	−0.2150
	(−4.882)	(−2.809)	(−4.258)	(−1.795)	(−1.223)	(−0.792)
贸易政策	1.9114	1.9395	2.1306	1.6558	1.5841	1.8477
	(7.416)	(4.149)	(9.887)	(6.305)	(4.035)	(8.262)
FDI 投资政策	−2.6163	−2.6302	−2.8126	−0.8343	−0.8502	−0.9120
	(−9.264)	(−5.077)	(−11.94)	(−1.810)	(−1.219)	(−2.334)
工厂规模经济	—	—	—	0.1345	0.1331	0.1087
	—	—	—	(2.735)	(2.728)	(0.941)
公司规模经济	—	—	—	−0.2726	−0.2734	−0.2291
	—	—	—	(−4.656)	(−4.722)	(−1.587)
样本量	1159	1159	1159	1035	1035	1035
AR^2	0.118	0.040	0.080	0.233	0.140	0.180

注：括号为 t 值。原表其他控制变量如语言相似性等回归结果未一一列出。

上述结果验证了水平型国际直接投资模型的接近—集中权衡取舍。那么，如果用跨国公司海外子公司的销售份额（OUTSH）替代出口份额（EXSH）

做类似回归进行对比检验，其结论是否保持一致从而肯定模型结论的稳健性呢？布莱纳德（Brainard，1997）也对此进行了分析。回归结果如表5-6所示。

从表5-6中的结论可以发现，海外子公司销售份额的重要回归系数同出口份额方程的回归结果相反。在对出口回归的结果中，贸易成本的系数为正，人均 GDP 差异为正、公司层面规模经济为负，工厂层面规模经济为正。而在对海外子公司的销售份额的回归结果中，上述几项变量的系数刚好相反，表明海外子公司销售份额随贸易成本和公司研发规模经济上升而上升，随着工厂生产规模经济上升而下降。同时，子公司销售份额回归中的人均 GDP 差异系数为负，说明人均 GDP 差异越大越不利于直接投资，进一步说明国际直接投资对国家相似度的要求更高，表明该阶段投资更接近于水平型直接投资。表5-6的各项结果进一步证实了文章理论所提出的预期非常稳健，验证了公司的接近—集中权衡取舍实质上是在贸易成本和公司/工厂规模经济之间的权衡[①]。

5-6　集中—接近权衡分析：跨国公司销售

自变量	OLS（1）	Probit（2）	OLS（3）	Probit（4）
运费	0.2151	-0.0511	0.2035	-0.7984
	（-4.611）	（-0.810）	（-3.456）	（-0.084）
关税	0.1979	0.2075	0.2072	0.1274
	（-3.590）	（-4.565）	（-3.042）	（-2.03）
GDP 差异	-0.4298	-0.5875	-0.3508	-0.395
	（-4.000）	（-5.403）	（-3.300）	（-3.334）
税收	1.6761	0.6349	0.8101	-0.4848
	（4.096）	（-2.343）	（-1.788）	（-1.002）
贸易政策	-1.4645	-0.6709	-0.9396	-0.4616
	（-4.136）	（-1.859）	（-2.691）	（-1.085）
FDI 政策	2.777	2.0826	1.0501	-0.2937
	（-7.249）	（-6.518）	（-1.662）	（-0.418）
工厂规模经济	—	—	-0.2525	-0.1752
	—	—	（-4.856）	（-2.670）
公司规模经济	—	—	0.1809	0.09
	—	—	（-2.702）	（-1.241）
样本量	1113	1113	1035	1035
Rho	0.129	—	0.279	—

注：括号为 t 值。原表部分控制变量未一一列出。第（2）栏和第（4）栏中的被解释变量为是否存在子公司销售（OUTD）。

① 第（2）栏和第（4）栏的 Probit 回归结果与 OLS 回归结果在运费系数符号上有差异但并不显著。

三、企业异质性背景下的水平型国际直接投资

上一节对布莱纳德（1997）所做出的接近—集中权衡取舍实证分析进行了介绍。后续对水平型国际直接投资的实证研究也往往以该项研究为基础进行拓展。本小节介绍赫尔普曼等（HMY，2004）在企业异质性背景下对水平型国际直接投资所进行的实证分析研究。

在理论模型中，赫尔普曼等（HMY，2004）引入企业异质性对水平型国际直接投资模型进行拓展，论证了高生产率企业会自我选择进行国际直接投资，同时行业中的企业生产率分布会影响行业出口和子公司销售之间的分布。该项研究也使用美国分布于 38 个国家的 52 个行业的海外子公司数据检验了企业异质性对贸易和投资模式的影响。因此该项研究的贡献不仅仅在于其理论创新——构建企业异质性背景下的出口和国际投资模型，也同时在实证上进行了重要拓展与创新。

实证分析起点是跨国公司的生产率差异。跨国公司、出口企业和非出口国内企业三类企业的生产率是否如理论所预期，依次从高到低排序？作者利用 1997 年美国制造业普查数据和 Amadeus 欧洲数据库对三类企业的生产率进行了测算和回归分析，结论支持了跨国公司相对于国内企业和司出口商具有显著生产率优势（参见第一章表 1-3）。

量化不同行业企业异质性的程度是该项研究实证工作中的另一项重要内容。由于企业的规模分布可观察，该研究具体采用了两种方法对行业内企业离散度进行测算并作为企业异质性的衡量指标。第一种方法通过测算行业内不同企业生产率分布的标准差来衡量，第二种方法则将公司规模对数值对公司规模排序进行回归，以估计系数来作为行业离散度的测度。用上述两种方法和基于美国、欧洲的不同企业数据库，作者发现不同数据库和不同方法测算出的行业离散度指标高度相关比较稳定，但不同行业中的企业生产率离散度则显示出较大差异（如图 5-8 所示）。

图 5-8 直观展示了四个不同行业的企业异质性情况（HMY，2004）。在以横轴为销售额，纵轴为销售额排名的坐标轴中，可以发现汽车制造和药品制造行业的图形比较平缓，而印刷设备和橡胶制品行业的图形比较陡峭。这直观表明不同行业的离散度存在差异。印刷设备和橡胶制品的行业离散度较小，即企业之间的差异度相对较小；但汽车制造和药品制造的行业离散度较高，企业之间的差异度较大。

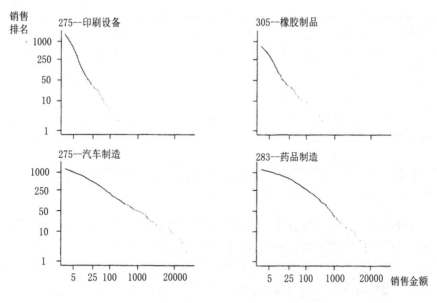

图 5-8 不同行业的企业异质性

结合企业异质性和行业离散度的测度分析，研究中实证模型依据按照（5.29）式进行构建，被解释变量为美国各行业在 j 国出口的销售份额与该行业跨国公司在 j 国子公司销售份额之比，解释变量包括运费和关税两项贸易成本、工厂层面固定成本（FP）、行业的企业生产率离散度、行业资本劳动比（KL）和行业研发密度（RD）。最终回归结果如表 5-7 所示（HMY，2004）。

表 5-7　异质性企业、行业离散度与投资—出口权衡

自变量	（1）	（2）	（3）	（4）	（5）
运费	−1.040	−0.959	−1.019	−0.935	−0.5944
	（−7.392）	（−6.749）	（−7.328）	（−6.526）	（−6.594）
关税	−0.365	−0.512	−0.421	−0.545	−0.539
	（−2.644）	（−3.636）	（−3.917）	（−3.781）	（−3.775）
FP	1.177	0.932	0.927	0.947	0.934
	（10.159）	（7.827）	（8.059）	（7.453）	（7.450）
离散度	−2.343	−2.153	−2.061	−1.503	−1.491
	（−8.374）	（−5.250）	（−6.664）	（−4.535）	（−4.470）

自变量	(1)	(2)	(3)	(4)	(5)
KL	-0.868	-0.495	-0.456	-0.628	-0.626
	(-7.790)	(-4.529)	(-4.256)	(-5.876)	(-5.859)
RD	-0.104	0.007	0.007	0.006	-0.002
	(-2.197)	(0.150)	(0.144)	(0.125)	(-0.047)
样本量	961	961	961	961	961
R^2	0.373	0.340	0.364	0.332	0.334

注释：括号为 t 值。(1) ~ (3) 栏分别以美国、欧洲和法国样本采用标准差方式测算行业离散度，第 (4)、(5) 栏采用回归方式以欧洲和法国样本测算行业离散度。

根据水平型直接投资理论的分析预测，贸易成本上升和国际直接投资成本下降会促进水平型国际直接投资活动的上升，相应减少出口份额，这也是布莱纳德（1997）的实证分析结果。从表 5-7 可以发现，实证分析结果中关税和运费系数均为负，表明出口相对份额与贸易成本负相关，与上述理论分析和实证结论保持一致。同时，FP 的系数为正，表明当工厂规模经济较小时，企业倾向于用国际直接投资替代出口；而当工厂规模经济较大时，企业则倾向于用出口替代国际直接投资。此外，行业资本密集度和研发密度的系数都为负，说明这两项指标相对促进了对外直接投资而不是出口活动。

更重要的是，该实证分析对于企业异质性带给行业对外投资的影响进行了甄别和分析。在理论模型分析中，预期行业离散度的差异影响不同行业中国际直接投资活动和出口活动之间的相对比重。离散度较高即企业异质性程度较高的行业，其国际直接投资活动占比更高，出口活动占比更小。如果理论模型验证正确，实证分析中的行业离散度系数应该显著为负。表5-7 的研究结果则很好地验证了这一预期。

赫尔普曼等（HMY，2004）将企业异质性与水平型国际直接投资理论相结合，在理论及实证分析中证实了贸易成本和不同层面规模经济对水平型国际直接投资的影响，同时进一步分析并验证了企业异质性在解释贸易和国际直接投资模式中所起到的重要作用。企业生产率异质性程度越高的行业，对外直接投资在行业国际经营中则越为重要。该项研究对企业异质性的引入和实证分析中对异质性的衡量成为对国际直接投资理论及实证分析的重要拓展，为后续研究在企业—行业—国际多维度视角中进一步探讨企业直接投资模式及其影响提供了重要的启迪。基于该项研究，后续对跨国公司的直接投资特别是水平型国际直接投资的拓展研究也正在逐步深入，为多角度深入理解跨国公司行为及其经济影响产生了丰富的研究成果。

本章思考题

1. 阐述水平型国际直接投资的基本理论。

2. 区分公司层面的规模经济和工厂层面的规模经济。不同行业中的公司规模经济和工厂规模经济出现差异的原因是什么？

3. 企业异质性和行业离散度对解释水平型国际直接投资起到什么作用？

4. 考虑一个简化的从两国封闭经济走向开放的世界经济模型。世界经济包括两个完全相同的国家H和F。各国总劳动力供给TL^F、TL^H均为100；各国均包括两个行业 X，Y 并满足充分就业条件即 $L_X+L_Y=TL$；各国消费者总效用函数为 $U=Q_X Q_Y$，在封闭经济下，各国均自给自足。在开放经济条件下，不存在商品交易的贸易成本（即贸易成本为0）。各国生产要素不能跨境流动。

（1）设各国生产函数为：$Q_X=L_X$，$Q_Y=L_Y$。求此条件下的封闭经济均衡和开放经济均衡。

（2）考虑规模经济。设各国生产函数为：$Q_X=(L_X)^2$，$Q_Y=(L_Y)^2$，求此条件下的两国封闭经济均衡和开放经济均衡。

（3）考虑研发和固定成本。设各行业生产中必须进行前提投入，即利用10单位劳动力用于研发（LR）并同时投入10单位劳动力用于固定生产线（LF）。求解新条件下的封闭经济均衡和开放经济均衡。

（4）引入贸易成本和国际直接投资。生产函数仍然如（3）设定，引入贸易成本和FDI。设此时贸易成本为（1-a），0<a<1，即1单位产品运输至国外损失（1-a）部分。同时，各国各行业均可到国外建分厂（FDI），各行业的研发成果为公共产品可跨国无偿使用，但是跨国修建分厂必须再次付出固定成本。求此时的贸易均衡条件（即只有贸易发生）、FDI均衡（没有贸易，只有FDI存在）及二种均衡的临界条件。

5. 查找学校图书馆数字资源，根据国家统计局发布的工业企业数据库、商务部发布中国企业对外直接投资情况，分行业观察国内企业、出口企业和对外投资跨国公司的经营指标，并测算三类企业的简单劳动生产率（人均工业增加值）和全要素生产率（TFP）。三类企业的经营和生产率特征是否符合本章所分析的理论预期？

6. 继续利用第 2 题所查找的数据，选取典型行业并按照本章介绍的两种方法测算各行业的离散特征图并仿制图 5-8，观察并分析不同行业之间的离散程度差异。

第六章　垂直型国际直接投资

国际直接投资类型可以分为水平型国际直接投资和垂直型国际直接投资两大类。第五章讲述了水平型国际直接投资的投资动因和影响因素，本章则对另一种重要投资类型即垂直型国际直接投资进行分析。随着贸易成本的降低和经济全球化的深入发展，垂直型国际直接投资在二十世纪九十年代中后期以来迅速发展。与此同时，发展中经济体也随着垂直型国际直接投资的发展更深融入到经济全球化进程当中，使国际直接投资呈现出更加丰富和多样化的格局。

第一节　垂直型国际直接投资概述

一、垂直型国际直接投资的基本概念

垂直型国际直接投资指跨国公司在不同国家安排不同阶段的生产活动（Markusen，1984）。当一国某跨国公司以生产过程中不同阶段的专业化和降低生产成本为目的，而在另一国进行投资设厂并展开生产经营时，这样的直接投资活动即为垂直型国际直接投资。与水平型国际直接投资活动主要服务于东道国当地市场不同，垂直型国际直接投资的主要动机是降低生产成本，因此其东道国子公司的生产产品往往面向投资母国或全球销售。与此同时，垂直型国际直接投资的生产产业链也可能涉及多个国家，不仅包括投资母国和投资东道国，还可能包括其他国家。图6-1中描述了一个垂直型国际直接投资的示意案例。美国跨国公司母公司到中国进行国际直接投资并成立子公司，中国子公司同时从美国和日本进口上游中间品，在中国进行最终品组装后，出口产品到美国和欧盟市场。这就是一个典型的垂直型国际直接投资。

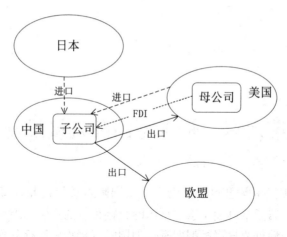

图 6-1　垂直型国际直接投资

因此，垂直型国际直接投资和水平型国际直接投资的重要区别首先在于其投资动机。水平型国际直接投资的动机是接近消费者，因此跨国公司子公司在当地销售是水平型国际直接投资的典型特征。而垂直型国际直接投资的投资动机为利用东道国生产要素价格与母国价格的相对差来降低生产成本，所以垂直型直接投资不一定在当地销售，或者在当地销售的比重较低。另外，从生产过程来看，水平型国际直接投资的东道国生产阶段和使用生产要素与母国比较接近，但垂直型国家直接投资则与母国差距较大。

值得注意的是，现实中的水平型国际直接投资和垂直型国际直接投资可能很难有这样严格的区分，也不能仅仅从子公司销售是否面向第三国来进行判定。例如，来自 F 国的跨国公司母公司在 A 国进行投资，最终销售往 A 国的邻国 B 国。此时跨国公司可能并没有在 A 国当地销售，但并不一定是垂直型国际直接投资而仍然属于一种规避贸易成本的水平型直接投资。这可能是源于 B 国和 F 国之间的贸易成本较高因此不适合 F 国公司直接向 B 国进行出口；同时也可能是因为 B 国对来自 F 国的国际直接投资设立了投资障碍。在这种贸易和投资都受阻的情形下，F 国跨国公司可能选择到 A 国进行投资，再利用 A 国和 B 国之间的低贸易成本完成对 B 国市场消费者的服务。因此从其本质上看仍然是水平型国际直接投资。

从投资与贸易的关系看，水平型直接投资和垂直型直接两种不同类型也存在较大的差异。对水平型直接投资而言，国际直接投资出于接近消费者和规避贸易成本的目的，因此与出口主要体现为互补关系。但是在垂直型国际直接投资情形中，投资动机为各生产阶段专业化，因此东道国子公司的生产经营活动可能会增加对母国研发、母国上游中间品的需求，促使母国研发活动的深入和专业化，因此造成母国知识产权和管理技术的内部化转移和母国上游中间品向子公司出口的增加，从而形成投资—出口互补关系。但是，一旦跨国公司子公司仅仅增加对母公司技术知识和营销服务的需求，而中间品生产和最终产成品组装阶段都转移至其他国家，那么此时垂直型国际直接投资可能和母国产品出口形成替代关系，而和另一国的中间品出口形成互补关系。因此，垂直型国际直接投资和贸易之间的相互关系可能比水平型国际直接投资更为复杂。

二、垂直型国际直接投资的发展及影响因素

截止到 20 世纪 90 年代初期，对国际直接投资的大多研究都认为水平型国际直接投资占据国际直接投资的多数。这符合当时的经济发展实践，因为同阶段发达国家之间的直接投资始终占据世界直接投资的主流。发达国家之间的投资可能较多与接近消费者的水平动机有关而不是利用生产要素成本的差异，因此水平型直接投资的动机可能占据主要地位流。

随着全球贸易成本降低和经济全球化程度加深，以及发展中经济体、新兴经济体的经济发展，发达国家向发展中国家的投资则越来越多，而全球生产链也进入新的深化发展阶段。从本质上讲，经济全球化可以分为两个类型，第一种为市场全球化，即各类消费品在全球有类似的需求，可以销往全世界的多个国家和地区；第二种为生产全球化，即某类产品的生产需要整合全球各类资源，或者其生产阶段分布在不同的国家和地区。从阶段上来看，生产全球化是对国际分工和经济一体化要求更高的阶段，该阶段融合了市场全球化但却更强调生产的全球化。或者说，市场全球化仅仅涉及最终产成品，而生产全球化同时涉及产成品和中间产品。图 6-2 中波音的生产链提供了一个清晰的全球化图景。该图表也同时说明，波音飞机的生产阶段和零部件虽然分布在不同国家，但这些环节也并不一定属于波音公司的内部化投资，而是包括多个不同国家的公司。

前文所阐述的较多早期理论实际上已经包括了垂直国际直接投资的思想。海默垄断优势理论中明确提到了水平一体化和垂直一体化的区分，指出中间产品和垂直一体化密切相关；而产品生命周期中的不同阶段中也会产生不同的国际直接投资类型。产品的成长期至标准化时期，发达国家的创新厂商可能会向其他发达国家进行水平型投资以满足当地消费者对新产品的需求。在标准化阶段的后期，创新国企业则可能基于成本最小化需要，在技术已完全标准化可以被发展中国家劳动者所掌握的情况下前往发展中国家进行垂直型国际直接投资。因此，产品技术和知识的不断发展、新技术对旧技术的迭代，都影响国家直接投资的类型。而内部化理论则专门强调了中间产品和知识技术的不完全市场对国际直接投资的重要性，这同样是垂直型分工的重要基础。国际生产折衷理论则结合投资企业的所有权优势、投资母国和投资东道国的区位优势、全球生产链安排的内部化优势来探讨国际直接投资，也包含对垂直型国际直接投资的探讨。

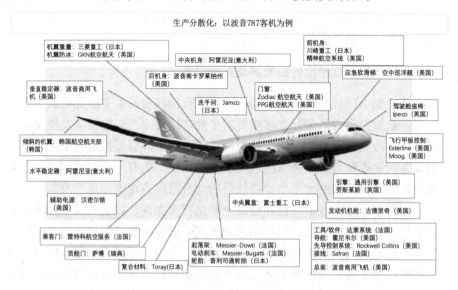

图 6-2　波音 787 的全球生产链

注：根据公开资料综合整理。

因此，垂直一体化是在经济全球化和贸易成本不断降低的背景下产生的更为深入的国际分工阶段。从美国跨国公司的内部贸易占其总贸易的份额来看，从 20 世纪 70 年代到 20 世纪 90 年代期间在逐渐上升（见表 6-1）。该指标虽然不代表垂直型国际直接投资的全貌，但说垂直型国际直接投资的重要性在该时期逐渐增强。21 世纪以来，跨国公司出口中间品至子公司进一步加工生产的比重逐步增加。

表 6-1　美国跨国公司的内部贸易占总贸易比

贸易流	1977	1983	1989	1994
出口	0.42	0.43	0.46	0.46
进口	0.56	0.61	0.55	0.66

注：数据引自斯劳特的研究（Slaughter,2000）和美国经济分析局（BEA）。

从影响因素看，影响水平型国际直接投资的许多重要因素例如贸易成本、东道国经济特征等也都对垂直型国家直接投资有着重要影响，但影响效应甚至影响方向会存在差异。总结起来，影响垂直型国际直接投资的因素也包括以下四个方面。

第一，贸易成本。垂直型国际直接投资权衡取舍的本质，是国外生产成本、零部件和最终产品贸易成本的取舍。正如赫克歇尔—俄林模型所述，不同国家的要素禀赋导致不同国家的要素成本不同，因此跨国公司可以利用东道国的低要素成本而实现生产成本最小化。但一旦各国之间的中间产品和最终产品贸易成本过高，多阶段贸易成本的叠加又会大幅增加产品的最终成本。因此只有当贸易成本非常低时，垂直型国际直接投资活动才会显著上升。而半个世纪以来的《关税及贸易总协定》的推动和世界贸易组织成立，已经显著推动了贸易成本中关税的降低（见表 6-2）。

表 6-2　制成品平均关税的降低

各国	1913	1950	1990	2005
法国	21	18	5.9	3.9
德国	20	26	5.9	3.9
意大利	18	25	5.9	3.9
日本	30	—	5.3	2.3
荷兰	5	11	5.9	3.9
瑞典	20	9	4.4	3.9
英国	—	23	5.9	3.9
美国	44	14	4.8	3.2

注释：单位为%。根据世界贸易组织相关资料整理。

需要注意的是，贸易成本对于水平型国际直接投资和垂直型国际直接投资的影响不同甚至相反。最终产品贸易成本较高会促进水平型国际直接投资，因为此时以市场接近为目标的水平型国际直接投资和贸易之间属于替代关系；而垂直型国际直接投资实际上属于生产地寻求，贸易成本较高会显著抑制垂直型国际直接投资，此时的投资和贸易是互补关系。简单概括，低贸易成本促进垂直型国际直接投资但却抑制水平型国际直接投资。同理，一旦甄别出跨国公司活动随着贸易成本的上升而增加，则大致说明是水平型国际直接投资；而国际投资活动因高贸易成本而抑制则可能属于垂直型国际直接投资。当然，现实中两类投资类型交织在一起，这样笼统的判定仍不能准确的进行甄别。如果无法对贸易成本进行细致区分，以甄别是属于中间产品或者产成品的哪一个环节，往往很难得分辨贸易成本和国际直接投资的准确关系。一个有效的甄别方法是区分贸易成本中的关税和运费。一般而言，一国倾向于对产成品征收较高关税，对中间品征收较低关税，因此最终产成品的高关税会大幅增加最终产品的高贸易成本，水平型国际直接投资对此较为敏感；而运费则针对所有产品，仅和产品的物理属性有关，运费大幅降低会非常利于中间品运输环节较多的垂直型国际直接投资活动，因此垂直型国际投资对运费更为敏感。

第二，东道国要素成本和其他特征。正如前文回顾早期国际直接投资理论所指出，不同国家的要素相对成本差异是垂直型国际直接投资的重要基础。因此要素成本差异是垂直型国际直接投资的首要前提。但东道国的其他经济、制度和文化特征对于垂直型国际直接投资也非常重要。当经济全球化和发展中经济体在基础设施、制度、金融等方面发展到一定程度，才能够较好融入世界经济体系时，此时发达国家对发展中国家的投资就会显著增加。

第三，技术进步。技术进步对于任何一种国际投资都起到极大的促进作用，因为它有效降低了跨国公司内部沟通和全球生产链管理的成本。垂直型国际直接投资将不同生产阶段分散于不同国家，涉及到多阶段和多国的生产链管理，对于信息技术和内部沟通效率的要求可能更高，否则就会带来分散经营的成本大幅增加。近年来，随着信息技术进步和互联网的普遍应用，跨国公司全球生产链管理的成本大幅度降低，有效推动了垂直型国际直接投资的发展。

第四、政策影响。无论是东道国吸引外资的政策，或者是跨国公司母国关于对外直接投资的政策，都会对垂直型国际直接投资产生重要的影响。由于水平型国际直接投资和垂直型国际直接投资动机的差异，它们对东道国和母国所产生的影响作用也会存在较大差异，最终也会引起各国在对国际直接投资的政策上可能也有较大差异。例如，垂直型国际直接投资可能更会引起投资母国公众对就业的关心，从而产生对相应对外直接投资政策的压力。

上述各类因素相互交织影响着垂直型国际直接投资的发展。迄今经济实践和跨国公司活动仍在上述因素的影响下不断呈现出新变化和新特征。下文将对其中最为重要的影响机制进行阐述和分析。

第二节　垂直型国际直接投资的基本理论

一、要素禀赋差异和跨国公司

本节根据赫尔普曼（Helpman，1984）[①]简述一个关于国际直接投资的世界经济模型。考虑一个包括两个国家的世界经济一般均衡，世界经济具有对称结构。各国具有两种生产要素劳动力 L 和共用投入。各国具有两个生产部门，一个部门生产标准化同质产品 Y，另一个部门生产各类为 m 的差异化产品 X。效用函数为位似偏好 $u(Y, U_x)$，U_x 为消费差异化 X 产品的效用[②]。市场结构为垄断竞争结构，并且 h_x 单位的 H 已经适应特定 X 产品的生产技术被用于各差异化产品生产中。该模型同标准贸易理论中的分析类似，假定自由贸易且不存在劳动力要素流动。但同时，假定差异化产品行业中公司特定资产 h_x 可以为位于 h_x 所在国以外国家的工厂提供服务，这位跨国公司的出现提供了可能。

具体地，首先考虑一国的生产均衡。同质产品生产函数为线性且具有单位成本函数 $c_Y(w_L, w_H)$，其中 w_i 是要素 i 的报酬，其均衡价格等于单位成本并标准化为 1，即：

$$1 = c_Y(w_L, w_H) \tag{6.1}$$

生产差异化产品的公司使用投入 H 并经过调整使其适合于差异化产品的生产，并且该部分公司特定资产既可以为本国该工厂服务，也可以为位于本国内的其他工厂甚至其他国家的子公司工厂提供服务。经济实践中的研发、管理和分销活动符合该项投入的理论设定。当 h_x 单位的 H 已经适应其特定用途后，进一步设 $l(x, h_x)$ 是单个工厂中生产 x 单位的各种差异化产品所需的劳动投入[③]，而 $g(w_L, w_H, h_X)$ 是使 h_X 适应所需产品所需的最低成本，其中 $g(\cdot)$ 为规模报酬不减的生产函数。那么该公司的单个工厂成本函数是：

[①] Helpman E. 1984. A Simple Theory of International Trade with Multinational Corporations. Journal of Political Economy, 92 (3): 451-471.

[②] 赫尔普曼（1984）并未具体设定差异化产品的效用函数形式，指出在一般情形下可采用 D-S 即常替代效用函数的形式。

[③] 该函数的可能形式是 $l = f_p + g_1(x, h_x)$，其中 $f_p > 0$ 且 $g_1(\cdot)$ 是正齐次函数。这里 f_p 产生了特定工厂的固定成本，可变成本则表现为不变规模收益特征。

$$C_X(w_L, w_H, x) = min\left[w_L l(x, h_x) + g(w_L, w_H, h_X) + w_H h_X\right] \quad (6.2)$$

该函数具有规模报酬递增生产函数的标准性质，因此在不考虑价格差异或贸易壁垒的情况下，特性差异化产品的生产活动集中在单个工厂是更为有效的。同时假定所有差异化产品都有相同的成本结构，并且市场结构如前所述为垄断竞争。那么竞争均衡中满足：

$$px = C_X(w_L, w_H, x) \quad\quad (6.3)$$

$$R(p, n) = \theta(w_L, w_H, x) \quad\quad (6.4)$$

其中，p 是各种差异化产品的价格；$R(\cdot)$ 是平均收益除以边际收益并衡量垄断力的程度[1]；n 是消费者可获得的种类数量；$\theta(\cdot)$ 是平均成本除以边际成本并衡量差异化产品生产的规模报酬程度[2]。上述行业均衡条件（6.1）式—（6.4）式与差异化产品的标准贸易模型相同，唯一重要的区别在于对差异化产品行业中公司的特定资产（或技术）。自由进入条件使得行业利润降至零。此时要素市场的均衡条件是：

$$a_{LY}(w_L, w_H)y + A_{LX}(w_L, w_H, x)n = L \quad\quad (6.5)$$

$$a_{HY}(w_L, w_H)y + A_{HX}(w_L, w_H, x)n = H \quad\quad (6.6)$$

其中，$a_{iY}(w_L, w_H) = \dfrac{\partial c_Y(w_l, w_H)}{\partial w_i}$ 是同质产品使用要素 i 时每单位产量的成本最小化投入，$i = L, H$；同理 $A_{iY}(w_L, w_H, x) = \dfrac{\partial c_X(w_L, w_H, x)}{\partial w_i}$ 是差异化产品行业中代表性公司的成本最小化投入。L 和 H 分别代表劳动力 L 和投入 H 总量。

（6.5）式和（6.6）式分别代表劳动力市场和投入 H 市场的均衡。条件（6.1）式和（6.6）式以及商品市场的均衡条件共同决定了要素报酬的均衡值（w_L 和 w_H）、差异化产品的价格（p）、单一品种的差异化产品的产出水平（x）、同质商品的产出水平（y），以及差异化产品行业中的公司数量（n），同时 n 等于消费者可获得的品种数量。进一步设定在这种均衡中，同质产品相对于差异化产品是劳动密集型产品，即存在：

---

① 在 D-S 偏好设定下，该值是一个常数。

② 对此的详细论述可参见赫尔普曼的研究（Helpman, 1981）。

$$\frac{a_{LY}}{a_{HY}} > \frac{A_{LX}}{A_{HX}} \qquad (6.7)$$

此时两部门生产均衡可以通过图 6-3（Helpman，1984）来描述。向量 $\overline{OE}$ 代表要素禀赋，而向量 OQ 代表差异化产品行业的要素投入量，而 OQ' 代表同质产品行业的要素投入量。BB' 代表等成本线，其斜率等于相对要素报酬。等成本线 BB' 与同质产品的等产量线在其与 OQ' 交点处相切。同理，BB' 也在其与 OQ 的交点处和差异产品的等产量线相切。注意到差异化产品的生产是一个投入集合，单个公司的生产等产量线则在图 6-3 中标记为 $n=1$，沿 OQ 线扩张可以得到一系列类似公司的等产量线，并在 BB' 与 OQ 的交点处得到可被标记为 $n=n'$ 的等产量线并与 BB' 相切，在此点得到差异化产品的总产量和种类数量，即 $n=OE_N/OE_X$。至此完成了对两部门均衡的描述。

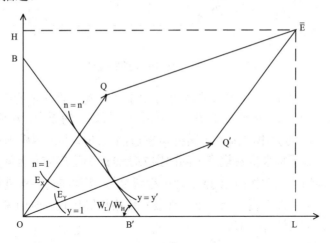

图 6-3　两部门生产均衡

接下来分析世界经济均衡。世界经济如标准赫克歇尔-俄林模型所述并满足偏好相同和不存在要素密集度逆转的条件。同时假设国家 1 中的 H 要素相对丰裕，而国家 2 的劳动力要素 L 相对丰裕，各国在世界经济均衡中具有相同的产品价格。由于假定特定资产 h_x 可以为位于 h_x 所在国以外国家的工厂提供产品服务，这就意味着跨国公司的出现成为可能，即 h_x 和企业中心所在的国家会成为公司母国，公司子公司所在国则相应成为东道国。

为简单起见，先假设在公司采用 h_x 生产差异化产品的过程中不需要使用劳动力。显然，此时公司希望选择国家 1 作为其母国并在国家 2 中开设子公司。那么，上述公司行为减少对国家 1 劳动力的需求，并在国家 2 中增加对劳动力的需求，并相应增加对国家 1 中 H 投入的需求，减少对国家 2 中 H 投入的需求。当要素价格均等化时，差异化产品行业中会存在不同程度的外国公司参与。那么回到差异化产品使用劳动力的假设前提，依然会出现如上情形的跨国公司，具体如图 6-4 所示（Helpman，1984）。

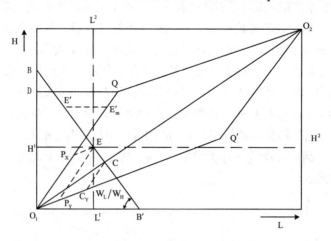

图 6-4　世界一般均衡中的跨国公司

图 6-4 以图 6-3 为基础绘制了存在要素禀赋差异的世界经济均衡情况，其中 O_1 代表国家 1（H 要素丰裕国，跨国公司母国）的原点，相应地 O_2 代表国家 2（L 要素丰裕国，跨国公司东道国）的原点，图中平行四边形 O_1QO_2Q' 代表了标准贸易模型下的两国要素分配和生产均衡区间，可以实现要素价格均等化并按照 H-O 定理进行贸易[①]。例如在初始禀赋点为 E 的情况下，该点可以在贸易状态下实现要素价格均等化且此时国家 1 和国家 2 的相对收入比为 O_1C / CO_2。

同时，图 6-4 中 O_1QO_2Q' 的补集则不能实现要素价格均等化条件且至少一国专业化生产密集使用其丰裕要素的产品。例如，考虑 O_1DQ 这一三角形区域内的初始禀赋点 E'。通过 E' 绘制水平线与 O_1Q 相交于 E'_m。如果国家 1 的所有资源都用于生产差异化产品，其公司在国外雇佣劳动力 $E'E'_m$，那么此时 E'_m 是就业点。跨国公司的存在使就业点与禀赋点不同。$O_1E'_m$ 的距离表示母国为国家 1 的跨国公司数量 n^1，距离 E'_mQ 表示母国为国家 2 的公司数量 n^2。此时，基于国家 j 的跨国公司数量 n^j 和国家 1 因其跨国公司而雇佣的国家 2 的劳动力 L^f 可以从以下要素市场出清条件中

---

① 指各国出口密集使用其丰裕要素的产品，进口密集使用其稀缺要素的产品。同时各国均需要满足（6.4）式和（6.5）式所描述的要素市场均衡条件且要素价格均等。

得到：

$$A_{LX}n^1 = L^1 + L^f, \quad a_{LY}y + A_{LX}n^2 = L^2 - L^f \qquad (6.8)$$

$$A_{HX}n^1 = H^1, \quad a_{HY}y + A_{HX}n^2 = H^2 \qquad (6.9)$$

但国家 j 生产的差异化产品品种数量不等于 n^j，国家 1 生产的品种数量小于 n^1，国家 2 生产的品种数量大于 n^2。精确的差异取决于子公司雇用的劳动力 L^f 的大小。事实上，在国家 j 生产的品种数量 M^j，$j = 1, 2$ 时：

$$M^1 = n^1 - \frac{L^f}{A_{LX}}, \quad M^2 = n^2 + \frac{L^f}{A_{LX}} \qquad (6.10)$$

因此，集合 O_1DQ 中的初始禀赋点 E' 导致了跨国公司的出现，国家 1 专门从事差异化产品的生产，并作为跨国公司的总部。国家 1 此时进口同质产品，同时通过跨国公司内部的产业内贸易完成部分跨国公司总部向其子公司的服务 H 的出口。此类产业内贸易所带来的世界经济一体化更多以垂直化分工的形式进行，即母公司向子公司出口上游中间品，由子公司完成产成品的生产装配，并出口到世界市场甚至出口回母国。

虽然赫尔普曼（Helpman，1984）并没有进一步详尽阐明垂直分工的具体模式和影响，但母公司进行知识型资产生产，海外子公司进行产成品生产的模型设定为后续各项研究中的垂直分工分析奠定了一个比较直观的分析框架和模型基础。当世界经济中的各国存在要素禀赋差异时，知识技术丰裕的国家可以采用跨国公司投资的形式参与国际经济活动，而国际贸易活动也从传统的产业间和产业内贸易，开始向一定比例的跨国公司内部贸易过渡。

二、贸易成本变化与垂直化分工

1. 中间品生产模式下的国际贸易和国际直接投资

上文从要素禀赋差异出发介绍了跨国公司出现在知识技术要素丰裕国家出现的可能性。但是正如前文指出，除了知识技术等上游服务的要素禀赋因素，跨国公司的迅速发展与贸易成本下降的过程密切相关。本小节则借鉴纳瓦雷特等（Navaretti & Venables，2004：80-84）中的模型分析，从贸易成本的角度来阐述跨国公司的形成和垂直化分工的发展。

考虑一个两阶段生产的公司成本最小化选址问题。设某项产品的生产涉及两个国家和两个不同的阶段：c 和 a，分别为中间品生产和最终品组装。进一步假设两个生产阶段都使用两类投入：劳动力和资本。劳动力和资本在国家 i 的价格为 w_i 和 r_i。

中间品生产和最终品组装都以不变的规模收益运行，因此每个阶段最终产生一个单位最终产品，主要要素的成本可以用单位成本函数 $c(w_i, r_i)$ 和 $a(w_i, r_i)$ 来描述。最终产出单位的生产涉及固定数量的中间品（可以标准化设置为 1），因此最终产品生产和中间品生产之间不能进行技术替代。

运输最终产品会产生交易成本，并且运输中间品也会产生交易成本，同时生产阶段的分散化也会产生一定的分散经营成本。那么，当这些中间品在国家 i 生产的，最终品组装位于国家 j，则交付给国家 k 的单位产出的成本 B_{ijk} 为：

$$B_{ijk} = \left[c(w_i, r_i) \tau_{ij}^c + a(w_i, r_i) \right] \tau_{jk}^a \qquad (6.11)$$

τ_{ij}^c 和 τ_{jk}^a 分别是上下游产品的从价贸易成本，分别有 $\tau_{ii}^c = \tau_{ii}^a > 1$。贸易成本使得产品价格上升。假设中间品在国家 1 生产，最终品组装在国家 2 生产，然后运回国家 1 用于满足国家 1 的消费（这种情况下即模式 B_{121}）。中间品生产在国家 1 的生产成本是 $c(w_1, r_1)$，运输到国家 2 会经历贸易成本 τ_{12}^c 加成（或分散化经营的成本加成）。在国家 2 中，最终品组装的主要要素投入为 $a(w_2, r_2)$，并和贸易成本加成过的中间品成本一起构成总成本。进一步，最终产品运回国家 1 进行最终消费还需要产生一个产成品运输成本的加成，最终成本如（6.11）式所示。此时，中间品会产生两次贸易成本，即先在一个国家生产，经历出口贸易进入装配阶段，然后作为最终产成品价值的一部分再次经历出口贸易。

进一步做如下假定。国家 1 具备更高的工资水平，即它是"北方"经济。贸易成本在两个流向上都是相同的（$\tau_{ij} = \tau_{ji}$），因此贸易成本可简化为 τ^c 和 τ^a。国家 1 因为技术先进而在产品整体生产上具有比较优势。也就是说如果两个阶段必须在同一地点完成（$\tau^c = \infty$）并且最终产品无贸易成本（$\tau^a = 1$），那么国家 1 是成本更低的生产地。同时产品的装配环节是劳动密集型的，因此如果发生生产链垂直分工，中间品和最终产品均无交易成本，那么中间品生产保持在国家 1，装配转移到国家 2 会使得产品生产的总成本更低。那么，随着贸易成本 τ^c 和 τ^a 的变化，产品的生产地点和贸易格局如何变化？

图 6-5（Navaretti & Venables，2004）对此进行了分析[①]。图中横轴表示中间品的运输成本（或贸易成本）τ^c，纵轴是最终品组装产品的贸易成本τ^a。图中被划分为四个区域对应于不同的生产模式，并且在每个区域中给出了在市场 1 的最终消费产成品的各阶段生产布局 B_{ij1}，以及市场 2 的最终消费产成品的各阶段生产布局 B_{ij2}。例如，接近原点的 B_{121} 表示市场 1 消费的产成品通过国家 1 中的中间品生产和国家 2 中的最终装配来满足。

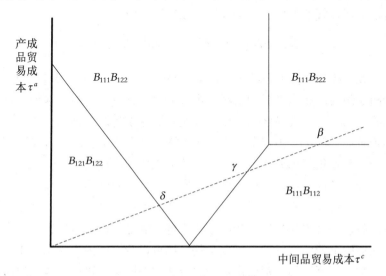

图 6-5　不同贸易成本下的垂直化分工模式

分析首先从右上区域 $\{B_{111},B_{222}\}$ 开始。该区域是中间品贸易成本和最终产成品贸易成本都较高以至于无法展开任何国际贸易的区域。那么很显然，该区域的生产分工模式是各国进行自给自足，消费的最终产成品各阶段均在本国生产，所以对于国家 1 其标识是 B_{111}，对国家 2 则是 B_{222}。

从自给自足的经济出发，当贸易成本下降时会带来哪些生产和贸易模式的改变？从经济发展的历史进程来看，假定首先是最终产成品的贸易成本首先下降更符合现实。而一旦贸易产成品的贸易成本开始下降，结合前述关于国家 1 技术更先进生产总成本更低的假定，可以找到这样一条线：在该线上的任一位置，可以以相同的成本从国家 1 生产中间品并进行产成品组装，然后提供给国家 2，并使得该成本与国家 2 自给自足的成本完全相同，即 $B_{112}=B_{222}$。而一旦最终产成品的成本继续下降，那么显然，由国家 1 专门生产中间品并完成所有产成品组装再运送到国家 2 是成本更低

[①] 详细数学推导略。

的方案。此时该产品两个阶段全部由国家 1 生产，生产分工进入到右下区域即 $\{B_{111}, B_{112}\}$ 模式。成本相同的这条线即自给自足区域和国家 1 全部生产区域的边界线。

要得到这条边界线的准确位置，需要分析其具体影响因素。由于要素价格不变，因此该线唯一地取决于产成品贸易成本 τ^a，换言之，该线为位于某个固定的 τ^a 上的一条水平线。令两种生产方式的总成本相等，从（6.11）式可以解得该线所需要的 τ^a，即如（6.12）式所示：

$$\left[c(w_1, \ r_1) + a(w_1, \ r_1)\right]\tau^a = \left[c(w_2, \ r_2) + a(w_2, \ r_2)\right] \tag{6.12}$$

因此，从自给自足区域出发，向下跨过（6.12）式所得特定 τ^a 水平线，就会随着最终产成品贸易的贸易成本降低进入到图形的右下区域。该区域可以称之为产成品贸易区域，由更发达的国家 1 生产全部该类工业制成品的两个阶段并满足本国消费需求，同时将部分产成品出口给国家 2[①]。这是一个部分专业化且部分专业化是通过贸易来实现的情形。

同样的道理，从自给自足区域出发，一旦中间产品的贸易成本下降但最终产品的贸易成本不下降，那么国家 2 的产品需求可以由国家 1 专门生产中间品，并将中间品运送到国家 2 来进行满足。同理可以得到这样一条线，在该线上的任一位置，可以从任一地点以相同的成本从国家 1 生产中间品，然后进行中间品贸易出口至国家 2 并在国家 2 进行产成品组装，并使该成本与国家 2 自给自足的成本完全相同，即 $B_{122} = B_{222}$。因要素价格不变，它唯一地取决于 τ^c，即该线垂直于在某个固定的 τ^c 上，满足（6.13）式：

$$\left[c(w_1, \ r_1)\tau^c + a(w_2, \ r_2)\right] = \left[c(w_2, \ r_2) + a(w_2, \ r_2)\right] \tag{6.13}$$

从自给自足区域出发，向左跨过该特定 τ^c 水平线，就随着中间品贸易的贸易成本降低，进入图形的中间品贸易区，即左上区域。该区域生产模式为所有中间品生产在国家 1 中生产，并通过中间品贸易出口部分中间品到国家 2，两国分别完成各自的最终产品装配，即两国的生产模式为 $\{B_{111}, B_{122}\}$。此时国家 1 的所有中间品和产成品由本国生产并装配，同时国家 1 出口部分产成品至国家 2。注意，由于此时 τ^c 仍然比较大，所以不能实现中间品的贸易。由于此时产成品贸易成本 τ^a 仍然比较大，所以不能实现产成品的贸易，因此这仍是一个部分专业化的情形，但此时的部分专业化不同于右下方区域的产成品贸易分工，而是中间品的贸易分工，因为

---

① 此时国家 2 用初级原材料产品或其他产品交换国家 1 的该项工业制成品。

此时在国家 1、国家 2 同时存在类似的产成品生产活动。

需要注意的是，左上区域也可以由右下区域向左得到。换言之，从产成品贸易区域出发，一旦中间品贸易成本下降的足够多，使得国家 2 进口中间品并完成组装的成本低于国家 2 从国家 1 进口产成品的成本更低，分工贸易模式从右下进入到左上区域成为可能。同时需要注意到，这种可能性隐含着跨国公司水平型投资的可能：国家 1 作为发达国家首先是在右下区域以出口贸易方式向国家 2 提供最终产成品，但随着中间品贸易成本降低和国家 1 跨国公司在国家 2 投资装配工厂的可能，水平型国际直接投资开始出现，产成品贸易分工模式切换到中间品贸易和直接投资模式。而这条分界线的区分在于最终产品究竟是各自两个国家装配，还是都在国家 1 装配。令 $B_{122} = B_{112}$，即满足下式时，就可以得到该条线的位置。该线同时由 τ^c 和 τ^a 决定，显然它是一条向右上方倾斜的直线，斜率和位置都由给定的要素价格确定。

$$\left[c\left(w_1,\ r_1\right)\tau^c + a\left(w_2,\ r_2\right)\right] = \left[c\left(w_1,\ r_1\right) + a\left(w_1,\ r_1\right)\right]\tau^a \quad (6.14)$$

可以发现，无论是自给自足区域、产成品贸易区域还是中间品贸易区域，上述三个区域有个共同点：国家 1 作为发达经济体，其中间品和最终产成品始终都在本国生产。这与模型的设定有关，由于国家 1 的发达经济体和掌握中间品先进生产技术，无论是中间品贸易成本较高，还是产成品贸易成本较高，最终北方国家都选择自行生产中间品和自行装配产成品的模式。换言之，自给自足模式为无分工模式，右下区域和左上区域都是部分分工模式，区别在于具体分工模式有所不同。

只有中间品和最终产成品的贸易成本同时足够低的情形下，完全专业化分工的模式才会出现。此时所有中间品生产都位于国家 1，同时所有最终品组装活动都在劳动力成本较低的国家 2，即 $\{B_{121}, B_{122}\}$ 模式。是否进入该完全分工模式的关键是国家 1 是否要从自行装配产成品改为在国家 2 进行产成品组装后再进口产品满足本国消费。临界线则由 $B_{121} = B_{111}$ 定义，即满足下式：

$$\left[c\left(w_1,\ r_1\right)\tau^c + a\left(w_2,\ r_2\right)\right]\tau^a = \left[c\left(w_1,\ r_1\right) + a\left(w_1,\ r_1\right)\right] \quad (6.15)$$

当 $\tau^a = 1$ 时，该式可以解得由点 F 标记的 τ^c 的值。对于 $\tau^a > 1$，该线表明了 τ^a 和 τ^c 是反向相关的关系，即当中间品贸易成本上升时，产成品贸易成本必须下降，（6.15）式才得以满足。将该关系简化为一条向下倾斜的线，就完成了对完全专业化区域和部分专业化区域的区分。

（6.15）式的区分非常关键。在这条线上方的上部中心区域即左上区域，生产模式是所有中间品都在国家 1 中生产，但同时在两个国家进行组装即 $\{B_{111}, B_{122}\}$，而在这条线的左下方则是完全专业化分工模式 $\{B_{121}, B_{122}\}$。即中间品都在国家 1 生产，最终装配都在国家 2 生产。这个区分隐含着水平型国际直接投资和垂直型国际直接投资的区分。假设左上区域的中间品贸易分工是由国家 1 前往国家 2 的水平型国际直接投资完成，那么从水平型国际直接投资区域出发，一旦两种贸易成本继续降低到左下区域，国家 1 的产品消费也将完全转移到国家 2 进行生产并以进口方式来满足，水平型国际直接投资进一步转型成为垂直型国际直接投资。

上述分析基于规模报酬不变和完全竞争市场的成本最小化地点决策，描述了水平型国际直接投资和垂直型国际直接投资的出现可能。在贸易成本极小的区域即图的左下区域，生产模式进入完全分工模式即垂直分工，国家 2 专业进行装配，国家 1 则专业进行中间品生产，这也是典型的垂直型国际直接投资模式。而在图形中的其他区域，因为贸易成本较高，完全分工模式都无法成为现实。

可以换一个角度，以完全分工模式为起点来进行分析。可以发现从完全分工模式进入到左上中心区域意味着最终产品的贸易成本上升。因此中间品由国家 1 专业化生产，而最终品组装会在最终消费国各自进行，即中间品贸易或者水平型直接投资模式。由于国家 1 作为发达经济体掌握先进中间品生产技术，可能是由国家 1 出现跨国公司并实施国际直接投资。从中间品贸易分工区域出发，一旦中间品贸易成本上升，国际直接投资都可能消失，进入仅有产成品贸易的区域。显然，在两种贸易成本都极高的情况下，经济退回到自给自足模式。

2. 不同贸易和投资模式下的两国增加值和贸易流

在不同的贸易和投资模式下，各国的价值链增值和世界市场的贸易流存在较大的差异，图 6-6（Navaretti & Venables，2004）给出了进一步分析。该图横轴对应于图 6-5 中虚线的交易成本，即沿该射线的 τ^a 和 τ^c 的变化组合，也即中间品贸易成本和最终产品贸易成本的线性组合。该线从原点出发，随着组合贸易成本的升高依次穿过四个不同模式的区域，即完全垂直专业化模式、水平化分工模式、产成品贸易模式和自给自足经济，与不同区域分界线的交点分别为 δ、γ 和 β。该图纵轴表示增加值和贸易值，每个国家的生产增加值用实线表示，世界贸易额用虚线表示。

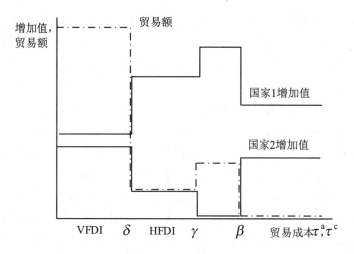

图 6-6　两国不同模式下的增加值和贸易

　　为了问题简化，假设国家 1 始终消耗 2 个单位的最终产品，而国家 2 消耗 1 个单位（国家 1 为发达国家）。从横轴最右端开始分析，此时贸易成本很高，两个国家处于自给自足的经济状况。由于国家 1 为发达国家，生产较先进技术产品且消费水平较高，国家 1 的生产增加值高于国家 2。如果贸易成本（主要是最终产品贸易成本）进一步降低到 β 点以内，此时所有生产集中在国家 1，即国家 1 同时生产中间品和最终产品。国家 1 的增加值达到最高，国家 2 进口部分最终消费品。当贸易成本进一步至 γ 点内（主要为中间品贸易成本降低），此时的贸易和分工模式发生较大的改变，国家 2 所消费的最终产品组装转移至本国，但是需要从国家 1 进口中间品。最后则发生完全专业化分工（贸易成本进一步降至 δ 以内），如上图所示国家 1 专业化生产中间品，国家 2 专业化装配产成品。

　　首先关注两国的生产增加值。在该图最左侧的专业化生产阶段中，世界生产中使用的资源总值（两条实线的总和）减少（和自给自足的实现总和相比），因为此时贸易成本降低和专业化分工可提高世界生产的效率。同时，从自给自足经济向完全专业化分工的转变中，每个国家的增值活动都不是单调变化而是存在跳跃。最初的产成品贸易自由化导致国家 1 的生产集中和国家 2 的生产损失（国家 2 停止生产）。因此，从自给自足状态零贸易状态进入到贸易状态是两国生产模式的重要变化。国家 1 由于其掌握先进技术在贸易模式中掌握全部阶段的生产，而国家 2 则不再有工业增加值。在这样的情形下，虽然世界生产总效率因为比较优势和贸易而得到提升，两国该产品的生产增加值却变得差异更大。因此，国家 2 的生产增加值与贸易成本并非单调关系。在这个例子中，当贸易成本降低时，对国家 2 起到的作用反而是"去工业化"。此时产品的所有生产都转移到了国家 1，对于国家 2 不一定是长远有利的。

随着贸易成本的进一步降低，产成品贸易模式进入到中间品贸易模式（水平型直接投资模式），国家 2 开始自行组装本国消费需要的最终产品，工业增加值上升。此时国家 1 仍掌握全部中间产品生产和部分产成品生产即两类生产，在生产门类和生产技术上仍然处于领先地位。

进入到完全分工模式即垂直化分工模式之后，国家 2 进行了两国所有的最终品组装，因此生产规模扩大，工业增加值继续上升。世界生产格局能够根据生产过程每个阶段的要素强度进行重新定位，最终国家 2 因此和国家 1 进行完全专业化分工，福利也得到较大的提升。但注意此时国家 1 掌握先进技术中间品生产，增加值仍然高于国家 2，从技术角度仍然处于领先地位。换言之，国家 1 的比较优势（中间品产品生产技术）被利用是国际分工中更重要的基础，而劳动力成本较低的国家 2 的比较优势仅在中间品可以专业化的基础上才能被进一步发挥，最终随着贸易成本降低完成全球专业化的生产链整合。

接下来看虚线所给出相应的贸易额。注意随着从产成品贸易模式进入到中间品贸易模式时（或者从贸易模式进入到水平型国际直接投资模式，即从右至左经过点 γ），贸易价值下降：国家 2 进口中间品而不是完全成品。此时水平型直接投资是贸易的替代品。然而，在垂直分工开始以后（经过点 δ），贸易价值增加，并超过商品生产中的世界增加值。因为垂直型国际直接投资与贸易互补，且国家 1 消费的中间品会交易两次——从国家 1 运输到国家 2，其价值进入到最终产出中再次被运输到国家 1。

需要注意的是，水平型国际直接投资和垂直型国际直接投资虽然是国际直接投资的两种类型，但是图 6-5 和图 6-6 的分析说明垂直型国际直接投资实际上是比水平型国际直接投资更为深化的国际分工。在每个生产阶段都追求成本最低的分工模式下，产品各生产阶段与每个国家的要素禀赋差异相结合，以寻求全球生产链的最具效率生产。第三节将继续对此进行分析。此时，跨国公司也逐渐成为"全球公司"，相对于水平型国际直接投资的市场寻求阶段，其母国属性可能会更为淡化。

专栏 6　一只 iPhone 的全球之旅

经济全球化已经深入日常生活的每一个环节。如果说餐边柜中的饼干代表了典型的"跨国公司接近各国消费者"的水平化分工，那么苹果公司的全球化产业链则代表了典型的"将产品的各个生产阶段置于不同国家和地区"的垂直化分工体系。

据苹果公司公布的 2017 年物料清单显示，iPhone 的供货商包括美国、德国、日本、韩国、中国台湾、中国大陆等 14 个国家和地区的 183 家企业。从核心零部件供货商数目来说，美国、日本和中国台湾地区最多，合计占比达 69.7%。从价值链来看，美国供应商主要提供核心芯片、内存和集成电路等核心零部件，日本供应商提供摄像头模组等光学组件及显示面板，中国台湾地区供应商主要从事印刷电路板生产、代工中央处理器芯片和最终组装，韩国供应商提供显示面板和部分芯片。而中国大陆共有 33 家供应商为 iPhone 提供声学组件及结构件等非核心零部件[①]。

2011 年，《21 世纪经济报道》记者曾航遍访了全球二十多家苹果供应商和合作伙伴，实地到日本、韩国，以及中国台湾、香港、深圳、苏州、长沙等各地区的苹果供应链走访，跟踪一只 iPhone 的一生，还原出 iPhone 从设计、零部件制造、组装、运输、销售、走私、再销售、回收翻新直到被分解处理的全球之旅，完成《一只 iPhone 的全球之旅》的写作。该书完整展示了苹果手机在美国设计、在日本制造关键零部件、在韩国制造最核心的芯片和显示屏、由中国台湾地区供应另外一些零部件、最后在中国深圳的富士康工厂里组装并销售回美国和世界各地的故事[②]。

该书比较通俗地详细揭示了苹果手机全球生产链的背后故事。在英国的剑桥，iPhone 的芯片完成了基础研发；在美国硅谷，苹果的芯片最终开发完成；韩国三星对苹果 A4 芯片进行代工，两家企业究竟为敌还是为友引起业界极大的兴趣；而中国台湾的触摸屏生产厂商宸鸿科技则是 iPhone 取得成功的关键一步。最终，中国台湾富士康集团在大陆的各个代工厂成为 iPhone 的最终诞生地，也使得富士康各代工厂全部跻身于中国各年度出口百强。在 2016 年中国企业出口前 20 位中，富士康各地工厂入围 4 席，包括鸿富精密的郑州、成都、深圳、烟台工厂。

---

① 陶涛. iPhone 价值链中的国际分工[N]. 第一财经日报，2018-5-20.
② 曾航. 一只 iphone 的全球之旅[M]. 南京：凤凰出版社，2011.

　　不仅仅是富士康，苹果公司包括 iPhone、iPad 和笔记本各产品线的全球产业链在中国的代工版图还包括伟创力、英华达、和硕电脑、仁宝电子、达丰电脑等企业。其中达丰电脑（重庆）、伟创力（珠海）、英业达（重庆）、仁宝电子（昆山）也全部入围 2016 年中国企业出口 20 强[①]。换言之，在 2016 年出口 20 强中，多个出口企业的重要经营业务甚至主营业务是为苹果进行代工。

　　同时也要注意到，这个庞大的尤其以东亚为中心的苹果全球分工链体系与本章所严格界定的垂直型国际直接投资有所不同。在专栏 3 所讲述的通用汽车和大众汽车在中国进行投资的案例中，合资是主要的国际直接投资方式。而 iPhone 的各个不同生产阶段虽然位于包括中国在内的多个国家和地区，其最终组装生产环节的经营形式并不是独资或合资海外子公司这类传统国际直接投资的方式，而是主要以代工（OEM[②]）方式控制下游生产环节。当然在这个全球经营体系中，也不乏苹果在美国以外的国家进行投资并设置子公司负责研发（英国、日本、以色列等国）或数据中心（爱尔兰）的哪里，同时也涉及中国台湾地区企业对中国大陆进行直接投资的案例（富士康等）。从总体而言，这仍然是一个典型的将 iPhone 等产品的每个生产阶段放置在不同的国家和地区的垂直化分工体系。而代工体系对于传统理论对企业国际化经营和国家直接投资的解释也提出了新的课题与挑战，在第七章中会继续对此问题进行分析。

　　同时，《一只 iPhone 的全球之旅》对苹果的记录也不仅仅关于乔布斯的科技创新，或者苹果的代工体系遍布东亚各国和地区这样的故事。该书同样记载了 19 岁女工人邓宇龙在 iPhone 触摸屏代工厂——苏州联建科技有限公司上班期间晕倒在车间的事件。后续调查发现，工厂为了追求良品率使用了违法化学溶剂"正己烷"，从而导致部分工人慢性中毒。最终苏州联建科技受到处罚，原管理层也被撤换，苹果公司也在 2011 年《供应商责任进度报告》对这起中毒事件进行了披露，并要求代工厂停止使用不合法产品。但苹果代工厂的工作环境、高强度工作压力等问题引发的公众讨论并未就此沉寂，也成为各东道国对跨国公司"血汗（代）工厂"声讨的一部分。跨国公司的全球分工链是否只为东道国带来了利益？这也同样是令人深思的问题，第九章则会对此进行详细分析。

---

　　① 参见本书表 10-5。

　　② OEM 是英文 Original Equipment Manufacturer 的缩写，也称为定点生产，俗称代工或贴牌生产。具体指品牌生产者不直接生产产品，而是利用自己掌握的关键的核心技术负责设计和开发新产品，通过合同订购的方式委托其他厂家生产并控制产品商标和销售渠道。

第三节　垂直型国际直接投资的实证分析

一、垂直型国际直接投资的成本和影响因素

　　企业分散其生产经营活动的方式或者根据目标市场，或者根据生产阶段。而当企业决定将其特定阶段中间品的所有生产活动放在某独立的国外工厂时，这种形式的生产分散活动被称为本章理论所分析的"垂直化"生产，从而产生生产价值链的分离。

　　这种生产链的分离来自于生产成本最小化的寻求，但也可能会导致某种技术效率损失。注意这种损失并不会影响企业的规模经济（各阶段的工厂处理公司该生产过程的全部生产环节，因此仍然具备该阶段生产的规模经济，也不会因产生重复活动而带来效率损失），但是会因为放弃整合全部生产链带来可能的效率损失。分散化生产带来成本的一个极端例子是钢铁生产，钢从炼钢炉出来通过轧机炉的过程中，钢始终保持高温。如果将该生产过程分离，意味着钢材冷却后必须重新加热。

　　将该案例扩展开来，将生产活动分解为跨越国家边界的多个生产地时，究竟会带来什么成本？这些成本的来源是什么？在讨论实证分析之前，有必要对这些成本进行回顾。前文已经讨论过贸易成本的降低会促进垂直化分工，以及其他诸多影响垂直化分工的因素。但实际上，很多影响成本的因素也制约着垂直型国际分工的发展，并且同时影响水平型国际直接投资和垂直型国际直接投资。结合前文第五章对水平型国际直接投资的分析，本节对不同因素对两类国际直接投资的影响（包括促进和抑制）再次进行回顾和比较。

　　在许多经济活动中，贸易成本非常可观。虽然在被密集使用的运输路线上，运费可能只是货物运输价值的 5%左右，例如美国进口的运费平均仅占进口价值的 3.8%。并且从美国发往中国主要口岸的海运路线运费可能更低，因为中国出口至美国的贸易流量远远大于美国出口至中国的贸易流量，造成美国口岸前往中国口岸的运量供应大于需求，所以运费很低甚至空舱返航。但是在全球范围内看，贸易成本要高得多，对经济活动仍具有重要影响。平均来看国家/地区之间的运费中位数为贸易价值的 28%，在很多情况下贸易成本甚至超过货物离岸价值的 100%（Navaretti & Venables，2004；Anderson & van Wincoop，2003）。因此运费与货物路线、进出口贸易甚至国际直接投资都密切相关，并进一步影响贸易和投资模式。同时，

分散经营成本还会带来运输产品所需时间的耗费，以及由于长途运输和不同活动在不同工厂进行生产的复杂性和不确定性。

从公司层面的规模经济看，无论水平型国际直接投资或垂直型国际直接投资，都需要公司总部的资源来进行全球经营管理。但是它们的成本存在差异，横向国际直接投资的主要机会成本是工厂层面的规模经济，因此工厂规模经济对水平型直接投资非常重要，但对于垂直型直接投资则可能没有那么重要。但是，一旦特定的零部件和生产阶段产生了额外的特定贸易成本，这对垂直型直接投资会带来重要的不利影响。但值得注意的是，垂直型直接投资并不意味着公司每个阶段都会将某个中间品部件的 100%全部运送到下一家工厂，很多情况下是"混合"型的生产模式。

因此，对于跨国公司而言，选择水平型或垂直型国际直接投资由企业与行业特征和国家特征共同决定。不同的影响因素对水平型或垂直型投资可能产生相同、差异化甚至完全相反的影响。表 6-3 对上述因素进行了总结。

表 6-3　国际直接投资的决定因素：理论预测

影响因素类型	影响国际直接投资的具体因素	跨国直接投资类型	
		水平型	垂直型
企业/行业性质	公司层面规模经济	+	+
	工厂水平规模经济	–	?
	产品特定贸易成本	+	–
	分解生产阶段的成本	–	?
	不同生产阶段之间的要素密集度差异	?	+
国家类型	贸易成本（距离、贸易壁垒等）	+	–
	市场规模	+	?
	因素成本差异	?	+

注：+代表影响因素的增加会促进相应类型投资；–表示抑制；？表示无法确定。

二、水平型国际直接投资和垂直型国际直接投资的实证分析

1. 不同类型国际直接投资的识别

第五章介绍水平国际直接投资的识别时已经提到，准确分辨两类国际直接投资类型存在一定的困难。现实中的国际直接投资活动可能是混合的，而不是单纯的水平或垂直。因此甄别水平型和垂直型直接投资，或者区分不同影响因素对上述两类国际直接投资活动的影响差异需要对对方面因素

进行详细的考察和推断。

虽然从理论上分析，两类国际直接投资类型截然不同，定义方法也泾渭分明。水平型国际直接投资指跨国公司在不同的国家复制同样的生产活动，因此属于为了更加靠近消费市场的市场寻求型国际直接投资，其投资决策属于接近—集中权衡取舍。而垂直型国际直接投资指跨国公司将不同的生产阶段分配到不同国家，以获取不同国家在某一特定阶段上的比较优势。但是对于一个跨国公司而言，其所有对外投资活动中可能既存在垂直型国际直接投资，也同时存在水平型国际直接投资，并混杂于最终形成的投资流。但这类投资动机属于企业内部的信息，往往并不能由统计信息显示。因此从宏观上看，对不同国家、地区间的直接投资只能进行大概推断。

结合微观层面的贸易数据能更好的对此进行识别。简而言之，水平型国际直接投资情况下，跨国公司子公司产品主要销售往当地市场；而垂直型国际直接投资背景下的子公司产品可能主要销往包括投资母国和其他第三国在内的世界市场。因此，从子公司的销售流向来判断，是识别水平型国际直接投资和垂直型国际直接投资的重要判别手段。如果要粗略分析各个行业的国际直接投资投资类型，行业跨国公司子公司的出口额占行业总销售额比是一个很好的借鉴。需要注意的是，正如第五章所提到，区域经济一体化会给识别水平型和垂直型国际直接投资带来一定的难题。区域经济同盟内的某个国家可能成为出口平台，其产品会出口到该区域经济同盟的其他国家。此时简单地用面向第三国出口来推断为垂直型国际直接投资会存在误判。出口回母国，或出口到离母国地理距离更近贸易成本更低的第三国而不是离东道国距离更近贸易成本较低的第三国，则可以判定为垂直型国际直接投资。在实证分析中，部分研究采用东道国子公司出口返销母国的销售额和占比来甄别垂直型国际直接投资的程度。

同时，考虑到水平型国际直接投资可能更多涉及中间品的进出口，并放大行业的贸易流量。因此对于特定的政策冲击，如贸易开放、关税降低、吸引外资政策的改变等，衡量该政策冲击下的中间品和产成品贸易流向、国际直接投资流和贸易流的替代—互补关系，可能也是间接判断水平型国际直接投资和垂直型国际直接投资的重要补充方式。水平型国际直接投资更多可能是投资—贸易的替代关系，随着国际直接投资的增加，表现为贸易流尤其是产成品贸易流的减少。而垂直型国际直接投资更可能是投资—贸易互补关系，随着投资增加带来中间品贸易流和产成品贸易流的同时增加。因此，除了跨国公司子公司的出口额占比是衡量水平型国际直接投资或垂直型国际直接投资的一个参考指标之外，结合子公司的中间品进口、产品是否进一步加工和产品是否出口进行综合判断可能是更为准确和全面的考察方式。哈里森（Harrison，2011）采用该种方法对美国各制造业行业的投资模式进行了大致判定，结果见表 6-4[①]。

表 6-4　美国各行业对外直接投资中的垂直化程度衡量

行业分类（NAICS）	子公司进口比例	出口再加工比例	子公司出口比例
纺织及服装	0.007**	-0.006	0.321**
食品	0.005	-0.006	0.044
饮料烟草	0.018**	-0.011**	0.195**
皮革制造	0.002	-0.014**	0.152
木材加工	0.041**	0.005	0.149**
造纸	-0.004	-0.006	0.144**
化学化工	0.009**	0.029**	0.071**
塑料橡胶	0.001	0.012**	0.066*
非金属制品	0.009**	-0.000	0.198**
初级金属	0.009**	0.004	0.134**
金属制品	0.005	0.009**	0.061*
机械设备	0.015**	0.035**	0.111**
计算机电子	0.034**	0.097**	0.131*
电气设备	0.013**	0.017**	0.031
交通设备	0.019**	0.011**	0.122**
玩具及杂项	0.015**	0.042**	0.076**
样本量	4338	4338	4338
R^2	0.049	0.189	0.027

注：本表汇报对不同指标进行 NAIC 子行业虚拟变量回归的系数。系数显著为正表明该行业的该项指标显著高于行业均值。**、*分别表示 1% 和 5% 的显著性水平。

根据表 6-4（Harrison，2011）可以发现，美国跨国公司海外子公司进口中间品比例、出口产品用于进一步加工比例和产品出口比例三项均显著高于行业均值的包括化学化工、机械设备、计算机电子、交通设备、玩具及杂项行业，可以判定上述行业的垂直化分工程度较大，这也符合对经济实践观察的直觉。因此，进行基于行业的截面分析进行比较判定是可行的方法。

从本质上而言，准确识别水平型国际直接投资或垂直型国际直接投资可能仍是一个"不可能完成的任务"，识别精度取决于研究的需要和视角，

① Harrison A, M McMillan. 2011. Offshoring jobs? Multinationals and US manufacturing employment. Review of Economics and Statistics, 93 (3): 857-875.

也同时取决于数据的区分和精确度。但随着对跨国公司生产和贸易微观数据的掌握，研究者对投资行为及影响的分析和推断也在不断深入。

2. 水平型和垂直型国际直接投资的实证分析

基于对不同类型国际直接投资的理论研究和数据识别，大量实证研究对垂直化国际直接投资或对国际直接投资两种类型同时进行分析。在早期研究中，例如第五章中提到的部分研究都认为实证证据显示水平型国际直接投资比较重要，但同时也指出发展中经济体参与到垂直化分工体系并成为出口平台的经济活动在上升。随着经济实践的发展特别是世界贸易组织成立以来贸易成本的下降，文献研究指出跨国公司开始具有更多垂直化投资动机。但无论是对外投资的跨国公司还是行业，特别是不同公司集合而形成的行业对外直接投资活动中，水平型或垂直型的区分并不会泾渭分明，因此也对实证分析提出了能同时甄别和分析水平动机和垂直动机的要求。

本节则重点介绍耶普尔（Yeaple，2003）对投资动机的分类及实证研究[①]。该研究较好地完成了对二者的同时分析。在该项研究中，耶普尔总结国际直接投资的基本动机为两类：市场化动机导致水平型国际直接投资，而比较优势动机导致垂直型国际直接投资。换言之，在美国系列对外直接投资活动中，不仅存在早期研究结果例如布莱纳德（Brainard，1997）所证实的接近—集中权衡取舍，即国家之间贸易成本、工厂和企业级规模经济国家的相对市场规模等因素对美国对外直接投资结构产生影响，同时确认美国对外直接投资存在与各国系列比较优势相适应的垂直型投资模式。具体的，该研究证实东道国国家层面的熟练劳动力丰富程度差异和对外投资行业技术层面的要素密集度之间相互作用，决定了国际直接投资的最终格局。即，水平型国际直接投资与垂直型国际直接投资活动同时存在。

该研究的理论分析机制如下。具有知识技术的跨国公司可以在多个国家生产，以避免产生相关的国际贸易成本。此类投资活动可称为市场获取动机。同时，公司可以分解生产过程为各个阶段并尽可能在多个国家进行生产，以便在各阶段所密集使用要素最廉价的地方进行生产。此类由于相对生产成本因国家比较优势和产业不同而导致的投资为比较优势动机。给定这两个动机，一组行业特征（如运输成本、工厂规模经济、公司规模经济、行业要素密集度）和一组国家特征（如市场规模、关税水平和要素禀赋）相互作用，最终确定了对外直接投资模式。水平型投资是上述模型中

---

① Yeaple S R. 2003. The Role of Skill Endowments in the Structure of US Outward Foreign Direct Investment. Review of Economics and statistics, 85 (3): 726-734.

的一种特例。在这种情形中，不同生产阶段的要素密集度差异很小，但是运输成本较大，那么只有市场获取型的外国直接投资动机存在并成为水平投资模型。另一种特殊情形中，运输成本可忽略不计，但各生产阶段的要素密集度差异很大，此时只有比较优势的动机存在并导致垂直投资模型。因此，水平型投资模型预测国际直接投资应该发生在要素禀赋相似的国家之间，而垂直型投资模型则预测国际直接投资应该发生要素禀赋差异较大的国家之间，这也符合此前各项研究结论。

根据赫克歇尔-俄林模型，比较优势实际上由两个层面的差异共同决定：国家层面的要素禀赋差异和不同行业使用技术的要素密集度差异。这两类差异同时作用并决定了各国在国际贸易中的比较优势。同样，它们也影响国际直接投资的模式，但被之前研究所忽视。耶普尔（2003）则巧妙地将国家要素禀赋（比如熟练劳动力丰富程度）与行业技术要素密集度强度（不同行业的技术属性）相结合来对美国直接投资进行实证研究，研究结果表明一个国家（东道国）的相对要素禀赋对于美国对外直接投资的影响在不同行业之间是存在差异的。在高技术行业，美国跨国公司更倾向于前往熟练劳动力的国家和地区投资而不是前往熟练劳动力稀缺的国家和地区；而在美国技术强度较低的部门，跨国企业投资选址则偏向于技能劳动力稀缺、非熟练劳动力丰裕的国家，而不是技能或熟练劳动力丰裕的国家。这个结果表明要素禀赋和行业的劳动密集度共同成为外国直接投资的关键决定因素，从而证实了比较优势动机。当然，由于该研究在模型设计、指标选取、变量衡量上也以布莱纳德（1997）为基础，因此也同时证实了水平化动机：公司倾向于在运输成本高和工厂规模经济较低时用外国直接投资替代出口。总而言之，比较优势动机和水平化动机同时存在。

具体地，该研究采用如下实证模型进行分析：

$$FDI_{ij} = \beta_1 T_{ij} + \beta_2 SE_i + \beta_3 MKTSIZE_j + \beta_4 UC_{ij} + \beta_5 CTR_j + \varepsilon_{ij} \qquad (6.16)$$

其中 FDI_{ij} 表示美国对外直接投资，下标 i 表示行业，下标 j 表示国家。在下文不同具体实证模型中被具体化为 TAS_{ij}（美国 i 行业在 j 国子公司的所有销售额）、LAS_{ij}（美国 i 行业在 j 国子公司在东道国即 j 国当地的销售额）和 XAS_{ij}（美国 i 行业在 j 国子公司出口回美国的出口返销额）。T_{ij} 是关于运输成本的变量，SE_i 衡量 i 行业生产的规模经济，在具体模型中会分别用公司层面规模经济（$CSCALE$）和工厂层面规模经济（$PSCALE$）进行测度。$MKTSIZE_j$ 衡量东道国 j 的市场规模。如果数据与市场准入动机一致，那么外国直接投资应该随着运输成本（T_{ij}）的增加而增加，因为公司寻求通过海外投资来避免运输成本；并且随着工厂规模经济（SE_i）的增加而下降，因为集中生产比分散在几个地方生产更有成本优势。此外，外国直接投资应该以比市场规模的增长速度更快的比例增长（$MKTSIZE$），因为对于大型市场，国际直接投资的跨国公司的销售规模和数量会同时增加。因此，可以期望 $\beta_1 > 0$、$\beta_2 < 0$ 及 $\beta_1 > 0$。外国直接投资的比较优势动机通过 UC_{ij} 代表，反映 i 行业子公司在东道国 j 的单位生产成本，并可进一步分解为模型（6.16）。由于实际的单位生产成本无法观测，因此假设以下表达式能够反映东道国某个行业的实际成本

$$\beta_4 UC_{ij} = \beta_6 HC_j + \beta_7 HC_j \times SK_i + \beta_8 SK_i \qquad (6.17)$$

其中，HC_j 是东道国 j 的相对人力资本丰富度，SK_i 是行业 i 的要素技术密集度。通过设定一个国家的相对人力资本与行业熟练劳动强度相互作用，该模型就能够捕捉外国直接投资的模式，并且可以反映生产链中的比较优势。假定生产中包括熟练和非熟练两类劳动力，不同行业按其熟练劳动密集度排名。进一步假设至少存在两组国家按相对丰富的熟练劳动力分类，那么，相对熟练劳动力丰富的国家将成为熟练劳动密集行业的相对低成本生产者，而相对熟练劳动力稀缺国家将成为低熟练劳动密集行业的低成本生产者。当跨国公司寻求低成本生产地时，可以预期在高技能劳动力行业中经营的跨国公司投向熟练劳动力密集的国家，从事低熟练劳动力密集行业的跨国公司则投向熟练技术劳工稀缺的国家。

（6.17）式中 HC_j、SK_i 及其交乘项可以巧妙地捕捉到上述投资的不同模式[①]。东道国 j 的人力资本情况（HC）对子公司在 j 国的总销售额（TAS）的完整影响作用由下式决定：

$$\partial TAS \big/ \partial HC = \beta_6 + \beta_7 SK \qquad (6.18)$$

该研究对（6.18）式的预期为 $\beta_6 < 0$ 且 $\beta_7 > 0$。此时在不同行业技术密集度（SK_i）情况下，东道国人力资本情况（HC_j）对当地美国子公司总销售

---

① 如果不设置交乘项，而仅有单独的 HC 和 SK 项，那么 HC 项系数 $\beta_6 < 0$ 表明 HC 越高的东道国，美国对外直接投资（此时是水平型投资动机）越少，反之则越多；而 SK 项系数 $\beta_8 < 0$ 则说明 SK 越高的行业美国对外直接投资越少，反之则越多。但是由于对外投资同时由要素禀赋和行业技术密集度共同决定，因此如果缺少交乘项的系数判定，则难以甄别出美国对同等发达国家和较高资本密集型行业进行的动机究竟是市场准入动机还是比较优势动机。

额（TAS）的最终影响会存在不同。对于低技术密集度行业，尽管 β_7 大于 0，但由于行业的技术密集度值较低，因此仍然无法弥补人力资本系数为负的影响，因此这部分行业的东道国人力资本与美国在当地投资最终呈现负相关关系。反之，如果行业要素密集度较高，那么经过交乘项的正系数 β_7 弥补，该类行业的东道国人力资本则与美国对该国直接投资正相关。二者结合，美国把更需要熟练劳动力的技术密集型行业投向熟练劳动力丰裕的国家，而把低技术密集度部门投向了非熟练劳动力丰富的国家。同理，关注行业要素密集度 SK_i 可以得到类似的分析，即预期（6.17）式中的 $\beta_8 < 0$ 且 $\beta_7 > 0$。这同样说明，熟练劳动力丰富的国家会在技术密集型行业中接受更多的外国直接投资，而熟练劳动力稀缺的国家倾向于在非熟练劳动力密集行业上获得更多的外国直接投资。那么，美国对外直接投资的现状是否如此呢？

图 6-7（Yeaple，2003）直观表明实际数据支持上述模式。低熟练劳动力丰富的东道国吸引了更多的低熟练劳动力密集行业，而熟练劳动力丰裕国则吸引了更多的高熟练劳动力密集行业。不仅数据直观地支持了该项研究的预期，实证分析结果同样证实了这点。

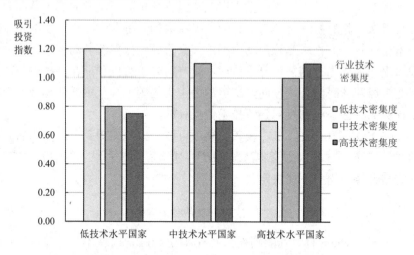

图 6-7 东道国要素禀赋、行业要素密集度和美国对外投资模式

首先看表 6-5 的分析结果。该表以行业总销售额（TAS）为被解释变量。贸易成本方面，运费的系数是负数，但是关税的系数为正。这说明虽然同属贸易成本，运费抑制外国直接投资，但关税却促进国际直接投资。这个结论并不矛盾。前文已经提到，在国际贸易理论中，对于贸易成本的处理往往同时包括运费和关税，并且都会计入产品销往国外的可变成本。

因此冰山贸易成本在理论分析中反复出现，却较少也无必要在理论模型中被区分为关税和运费并进行甄别分析。但是一旦考虑国际直接投资，不同投资类型对不同贸易成本的敏感程度不同。垂直型国际直接投资在中间品和产成品均涉及国际运输，因此会对运费则更加敏感；而水平型国际直接投资作为投资—出口替代，或者说接近—集中的权衡取舍结果，对关税尤其是消费品、最终产成品的关税比较敏感。所以，实证结果中的贸易成本符号开始分化，运费的降低被甄别为促进国际直接投资（垂直型），而关税的降低则被甄别为抑制国际直接投资（水平型）。因此，运费与垂直型直接投资更密切相关，而关税往往与水平型直接投资相关。

表 6-5　集中—权衡取舍：行业总销售额

自变量	（1）	（2）	（3）	（4）
运费	−0.60	10.00	—	−0.49
	（0.35）	（0.16）	—	（0.33）
关税	0.45	0.40	—	0.56
	（0.18）	（0.23）	—	（0.19）
工厂规模经济	−1.07	—		−1.05
	（0.72）	—		（0.72）
公司规模经济	0.60	—		0.77
	（0.55）	—		（0.53）
东道国市场规模	1.79	—	—	1.82
	（0.11）	—	—	（0.11）
FDI 开放度	−1.92	—	−2.25	−2.02
	（0.30）	—	（0.26）	（0.31）
税收	−0.99	—	0.65	−1.07
	（0.25）	—	（0.21）	（0.25）
HC	−30.79	—	−25.64	—
	（6.22）	—	（5.95）	—
HC×SK	6.73	6.93	6.51	
	（1.35）	（1.23）	（1.29）	
SK	−15.42	—	−14.98	—
	（3.04）	—	（2.77）	—
N	1930	1930	1930	1930
R^2	0.255	—	0.093	0.239

注：括号为标准差。

同时，表 6-5（Yeaple，2003）的分析结果显示工厂规模经济（*PSCALE*）

抑制对外直接投资，但公司规模经济（*CSCALE*）促进国际直接投资，支持了布莱纳德（1997）关于水平型国际直接投资的分析。与此同时，东道国市场规模（*MKTSIZE*）系数远大于 1，说明大型经济体的东道国会吸引到不成比例的大量外国直接投资，这也比较符合外国直接投资的市场准入动机。

进一步观察比较优势相关变量的系数。HC 和 SK 的系数都为负，而其交互项的系数为正，且均高度显著，因此完全证实了前文对于比较优势动机的预测。具体地，东道国的人力资本水平变化带给美国跨国公司在该东道国子公司的总销售额的影响为：

$$\partial lnTAS \Big/ \partial lnHC = -30.79 + 6.73SK \tag{6.19}$$

这意味着，对于行业熟练劳动力密集度低于 97 的 23 个行业而言，该国 HC 的增加会减少上述行业吸引的对外直接投资[①]；而其余 27 个行业的 TAS 随着 HC 的增加而增加。同理可解得临界水平的东道国人力资本水平临界值（HC）为 9.9 年，即平均受教育年限高于 9.9 年的东道国吸收美国投资随行业技术密集度（SK）递增；但是低于 9.9 年的东道国吸收美国投资随行业技术密集度（SK）递减[②]。

那么，如果把行业中跨国公司子公司的销售额进一步分类为当地销售额（LAS）和出口回母国的返销额（XAS）进行分析，又会得到什么样的结果呢？前文已经分析过，当地销售可能属于水平型投资的市场接近动机；而出口返销回母国则属于垂直化投资的比较优势动机。表 6-6 汇报了该分析结果（Yeaple，2003）。

表 6-6 的实证分析结果表明，不同因素对子公司在东道国的当地销售和子公司出口回母国的返销额的影响存在巨大差异。第一方面是贸易成本的影响差异。可以发现，运费上升对两类销售额的影响都为负，但是对于出口返销额的系数要大得多。显然，较大的运输成本更能阻止垂直型国际直接投资。同时，关税上升对东道国销售额的影响为正，再次表明东道国关税上升对于促进水平型国际直接投资具有显著的正效应，但是在解释出口销售方面没有任何作用。因此，关税和运费虽然同为贸易成本但可以恰

---

① 令（6.17）式等于 0 可以解得 SK=4.57。因指标为对数值，最终临界水平的行业技术密集度 97。该临界值两侧行业数分别为 23 个和 27 个。注意到作者给出的数据描述统计中 SK 均值为 4.59，和 4.57 接近。

② 9.9 年的 HC 取对数为 2.29，根据耶普尔的研究（Yeaple，2003）的附表给出的描述性统计可知推算 9.9 年属于各东道国前 12% 的较高 HC 水平。

好分化甄别两类不同投资动机的作用再次得到证实。

表 6-6　集中—权衡取舍：当地销售和出口返销

自变量	（1）LAS	（2）XAS
运费	−1.29	−3.67
	(0.22)	(0.29)
关税	0.68	−0.13
	(021)	(0.28)
工厂规模经济	−1.16	0.28
	(037)	(0.49)
公司规模经济	0.85	0.38
	(0.20)	(027)
东道国市场规模	3.13	4.62
	(015)	(0.23)
FDI 开放度	−5.41	−6.49
	(0.47)	(0.66)
税收	−1.40	−2.78
	(0.46)	(0.62)
人力资本（HC）	−50.58	−58.00
	(10.02)	(13.47)
HC×SK	11.08	12.55
	(2.19)	(2.93)
要素密集度（SK）	−24.99	−25.98
	(4.58)	(6.17)
样本量	1930	1930
对数似然值	−4460	−3032

注：括号为标准差。

第二方面是规模经济的影响差异。工厂规模经济的回归结果表明工厂规模经济抑制了跨国公司子公司对东道国当地客户的销售，但是对出口母国却不存在显著性效果，即抑制水平型国际直接投资，但是对垂直型国际直接投资的影响并不确定。在体现比较优势动机的各项变量系数中，两栏回归中的符号保持一致，但是出口返销中的系数略大，说明出口返销对比较优势动机各变量更为敏感[①]。

上述研究表明，美国对外直接投资的结构同时反映了比较优势动机和市场接近动机。跨国公司的海外经营既考虑到对东道国目标市场消费者的接近，从而依据接近—集中的权衡取舍，针对贸易成本和规模经济等各项

---

① 各项因素对水平型直接投资和垂直型直接投资的预期影响差异详见表 6-3。

因素来进行决策，同时也会因为各国要素禀赋差异带来的要素成本差异，进行全球生产链的安排以取得各生产阶段成本最小化和总成本最小化。本节所阐述的耶普尔（2003）所进行的实证分析结论充分证实了这一点。而该项研究在遵循和沿袭已有文献思路的同时，基于对行业要素密集度和东道国人力资本两因素及交乘项分析也成为该领域研究的重要拓展。以该文及系列研究为基础，也因大量企业微观数据进入研究领域，水平型国际直接投资和垂直型国际直接投资的研究文献中也不断涌现出具有丰富结论的研究成果。

本章思考题

1. 什么是垂直型国际直接投资？分析垂直型和水平型国际直接投资类型的区别与联系。

2. 贸易成本为什么会对水平型国际直接投资和垂直型国际直接投资产生不同的影响？

3. 如何看待垂直型国际直接投资是比水平型国际直接投资更深入的国际分工模式？

4. 在图 6-7 中，随着贸易成本从自给自足区域开始降低，会进入到两种产品全部在国家 1 进行生产，而国家 2 的工业增加值为 0 的不进行任何生产的区域。在现实中这样的情形是否可能存在？对发展中国家发展经济有何种启示？

5. 重新思考（6.17）式中的交乘项分析。如果实证分析中的系数如下所示分别意味着什么？实证分析中是否可能出现这样的结果，为什么？

（1）$\beta_6 < 0$，$\beta_7 < 0$；

（2）$\beta_6 > 0$，$\beta_7 > 0$；

（3）$\beta_6 > 0$，$\beta_7 < 0$。

6. 对于决定国际直接投资的主要因素，学者们分别进行了类似的实证分析。请复习第五章和本章相关内容，填写完表 6-7 并回答以下问题。

（1）解释该表的主要含义，以及各栏变量解释系数的主要共同点和不同点。

（2）根据该表，传统 H-O 理论能否解释国际直接投资现象，为什么？

（3）如何评价上述三项研究？

表 6-7　国际直接投资影响因素的实证分析

自变量	布莱纳德 （1997）	耶普尔 （2003）	耶普尔 （2003）	赫尔普曼等 （2004）
	子公司 销售额	子公司 当地销售	子公司 出口返销	S_{EX}/S_{FDI}
运费	0.20	-1.29	-3.67	
关税	0.20	0.68	-0.13	
工厂规模经济	-0.25	-1.16	0.28	
公司规模经济	0.18	0.85	0.38	
人均 GDP 差异	-0.35			
人力资本		-50.58	-58.00	
行业离散度				

7. 查找中国工业行业和企业统计相关数据，试图复制本章图 6-8，并甄别中国各细分制造业行业中吸引外资的主要类型。

第七章 跨国公司的国际市场进入策略

前文各章探讨了跨国公司进行国际直接投资的动机与影响因素。在前述探讨框架中，国际直接投资更被看作一种涉及国家、行业和企业多角度的现象，并不仅仅是公司行为和组织战略中的一部分。例如国际生产折衷理论指出，企业只有同时具备所有权优势、区位优势和内部化优势的情况下，才会产生国际直接投资现象。水平型和垂直型国际直接投资理论，则更多从公司利润最大角度，探讨了贸易成本、要素成本、生产技术密集度和公司—工厂不同层面规模经济交织时，公司最佳决策所进行的权衡取舍过程。但是从公司经济实践的角度看，公司会采取包括代工、外包、战略合作等多样且丰富的国际化经营方式，最终呈现的国际化经营格局也会比较复杂。而本章则从企业本身的经营策略角度出发，探讨跨国公司进行跨国经营活动时可能采取的不同具体策略，以提供对跨国公司活动更为充分的分析。

第一节 跨国公司的国际市场进入策略

一、价值增值链与跨国公司策略

企业策略或企业战略（Corporate Strategy）指由企业家或企业管理者所做出的以实现某个或系列旨在长期持续获利的目标的特定选择。企业策略的目标会持续较长的特定时间段，因此策略或战略也完全不同于公司的日常管理，是对企业和行业都具有重大影响和意义的企业决策。在新古典经济学中，企业和企业家往往被理论分析框架所忽视或简化，虽然他们是重要和首要的市场经济参与人。科斯对企业的性质展开深入研究之后，经济学开始重视企业的本质，对新古典经济学的企业分析进行了重要拓展，但却仍然存在不足。因为企业家行为在理论分析框架中往往被假定为理性的，符合利润最大化或股东利益最大化原则，但这一点假设在企业实际决策过程中也可能出现偏差，因为企业家作为有情绪的个体，并不具备完美理性。而现实中的种种影响企业特别是跨国公司决策的因素众多，也难以一一进入前文的各类理论模型或实证分析。上述种种原因，使得研究和从跨国公司的内部决策体制来分析跨国公司的市场扩张策略十分必要，也能更好的理解跨国公司的直接投资活动及其影响。

公司的国际化经营进程与其价值增值链密切相关。价值增值链定义了一系列从开始到结束的特定产品或服务活动及其生产顺序。在每一个价值链阶段都是某个中间产品被生产，并以被投入到下一阶段生产的过程。在这个链条的每一个阶段，价值都会被加到上一阶段的价值上，所以最终产品的价值是每一阶段价值的总和。本书第六章对垂直型国际直接投资的定义，实际上已包括对价值链过程分工阶段的描述。

公司无论面对国内市场，还是同时面对国际和国内市场，其价值增值链活动既可能仅仅包括价值链中的某些特定步骤，也可能包括所有步骤。而当公司管理的增值活动跨越国界之后，公司既可以复制其国内多样化生产的增值链管理模式，也可能采取不同的模式。一旦其生产活动跨越国境，其价值增值链管理和安排会随着国际生产活动的风险和复杂性，而变得与国内经营不同。

而公司对于价值增值链的管理同时也属于公司治理结构和激励机制的范畴，是公司在内部交易成本和市场交易成本之间的权衡取舍。邓宁（2008）认为，概括起来以下三类因素决定了公司采取何种策略来完成其价值增值活动。第一，内部资源。以何种方式参与到特殊的价值增值链活动，以及如何选择所参与的具体阶段，首先由企业对自身资源的评估，包括其物质资本、人力资本和知识技术、企业市场优势和垄断势力，以及它可能采取的利用这些优势的策略空间来决定。第二，外部交易成本。不同交易方式会在不同类型的资源和扩张策略中产生不同成本。例如，当贸易成本较高的时候，出口和代销可能就会受到一定程度的影响；而当东道国的产权制度不完善时，国际直接投资活动的风险就会变大。第三，公司当前组织结构。公司的组织结构主要包括公司所有权结构和法律地位、公司年龄与规模、公司从事该领域价值增值活动的业务特征、公司以何种形式和程度与其他企业（供应商、客户和竞争对手）及非市场经济主体（政府、监管者）建立联系、以及公司业务的地理拓展情况和公司营销战略（Dunning et al.，2008：205-206）。

以上三方面因素的结合，决定了公司进行跨境服务时所采取的进入或扩张策略。例如，如果企业缺乏上游资源，且施加对价值链各阶段的全部控制会比使用市场或比与其他公司协作得到更大收益，同时公司在现有生产活动中已经积累相应垂直运营经验，那么垂直一体化就是更好的选择。而一旦企业现有经营模式为多领域联合，那么企业可能倾向于继续在跨国经营中采取多样化合作方式，而不是单一的垂直生产链控制。例如，通用电气长期依赖不同的独立供给者，而福特则尝试整合整个价值增值链。实际上，不同情况中的价值链增值情况非常复杂，邓宁（2008）对以下四种代表性案例情况进行了阐述，如图7-1所示。

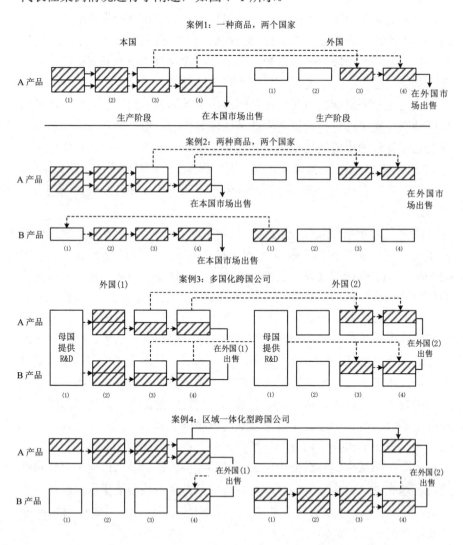

图7-1 全球生产价值链：四个不同的可能案例

图 7-1 中描述了四个不同类型的跨国价值链活动。每个案例中的生产都包括四个具体生产阶段的生产活动，分别以（1）～（4）表示。带斜线方框代表实际经济活动，此时方框之间的虚线表明生产活动和交易被企业内部化，而实线则表明这些活动被不同的独立企业所控制即交易通过市场来完成。方框为空白则表明该阶段实际生产活动并不在当地完成。

案例一的代表性企业生产某种有四个生产阶段的产品 A。每一个阶段都需要采购补充性资产，这些资产的第一阶段由市场其他公司提供，自第二阶段进入公司内部化控制。公司在本国继续完成第三和第四阶段生产后在本国市场出售，同时在外国类似完成后两阶段生产并在外国市场出售。因此，案例一中的企业参与多阶段生产，在第一阶段通过市场购买原材料，在第二阶段至第四阶段于公司内部化进行生产，而第三阶段和第四阶段则分别在本国和外国生产，产成品分别在本国和外国市场销售。这是一个典型的接近消费者的水平型国际投资。

案例二中增加了产品 B。产品 B 是在国内市场销售的产品，但是其价值增值的第一阶段来自国外进口。注意到虚线的交易链表明第一阶段进口是内部化交易，因此案例二中产品 B 的价值增值活动是资源寻求型的跨国公司案例，属于垂直型国际直接投资。该公司则同时进行水平型国际直接投资（产品 A）和垂直型国际直接投资（产品 B）。

案例三和案例四说明了更复杂的情况。在案例三中，公司在母国从事两种产品的生产的第一阶段（例如研发与设计），在国家 1（外国）进行两种产品的第二阶段，但第三阶段和第四阶段则各自在国家 1 和国家 2（均为外国）进行。所以这是一个涉及三个国家的生产链管理，母国向国家 1 提供研发活动，然后在国家 1 专业化生产第二阶段中间品，在第三阶段和第四阶段分别在外国市场进行最终产成品的投资。因此该国际经营超越了单纯的水平型国际直接投资或者垂直型国际直接投资，而是混合两类投资的国际经营案例。在案例四中专业化分工程度进一步加深。公司在国家 1 专注于产品 A 的生产而在国家 2 专注于产品 B 的生产，直到最后一个阶段的生产环节采取接近消费市场的经营方式。案例四表明了跨国公司的从一个市场寻求到效率追求者的变化，成为一个真正的全球化公司，其投资类型同样兼顾垂直型和水平型。

这四个案例表明，跨国公司不同的全球价值链管理方式表明不同的专业化分工程度。正如第六章对垂直型国际直接投资的分析所指出，完全专业化分工是全球经济融合程度最高的分工阶段，而该阶段的跨国公司也可能淡化母国属性成为真正的全球性公司。这些案例可以用来解释更多复杂的价值增值网络，而现实中的多产品、多地域跨国公司也会在跨国经营中包含多种不同程度的水平型国际直接投资和垂直型国际直接投资，甚至采取其他从严格定义上不属于国际直接投资的扩张策略。

二、跨国公司的扩张策略

国际直接投资仅仅是进入国际市场的一种策略。价值链增值的复杂关系包括一次性市场交易、外包与贴牌生产、与其他公司进行联盟与合作、与其他公司合资经营、独资经营。相应的，公司经营国际市场的具体方式也包括进口投入品、出口产品、采用国际许可、国际工程分包、新建或以并购方式运营合资子公司、新建或并购独资子公司。因此，广义上讲的"跨国经营"包含很多不同的扩张策略，主要可以分为非股权参与和股权参与两大类。国际直接投资则属于股权参与类型。

1. 非股权参与

非股权参与指企业在不掌握股权情形下进行各种国际经营与合作活动。从狭义定义上讲，非股权参与并不属于国际直接投资。但在现实中，非股权参与与跨国公司的国际经营密切相关，且非股权参与形式并不一定是国际直接投资的前历阶段，同样可能成为部分企业在经过海外子公司扩张阶段后的战略选择。因此木节也对非股权参与进行介绍，以了解跨国公司在全球产业链分工体系的其他类型活动的全貌。

第一，国际许可和特许经营。许可证合同（Licensing）是指出让方将其技术使用权在一定条件下让渡给受让方，而由受让方支付使用费的合同。许可证合同的客体主要是专利技术使用权，但是也可以在特定条件下对品牌和商标使用权进行许可。许可协议通常涉及专有技术（如专利的开发利用）、相关实体产品权利的转移。虽然被许可人通常只负责生产，但该协议可能允许其获得一定范围的专利权控制，以确保其竞争地位受到保护。不同国家境内的当事人之间以让渡技术使用权为目的签订的许可证合同即为国际许可证合同或国际许可证协议。

国际特许经营（Franchising）是指授权人将其商号、商标、服务标志、商业秘密等特殊资产在一定条件下许可给外国经营者，允许外国经营者在特定区域内从事与授权人相同的经营业务。当许可客体仅为商标使用权时，许可和特许经营非常接近，但现实中特许经营从品牌拥有方中得到的支持体系更多，而需要支付的特许转让费用相较许可证合同也更为昂贵。

近年来全球知识产权保护水平总体提升，各国企业为研发的支出都有所增加。但由于长期以来知识技术的研发主要由发达国家完成，因此专利及许可的主要受益人仍以发达国家的跨国公司和企业为主。表 7-1 是美国 2009 年的知识产权和许可费的国际收支情况，从中可见美国在该项目上获得较大顺差。

表 7-1　美国知识产权及许可收支（2009）

类型	收入	支付
总计	89791	25230
按从属关系划分：		
无分支机构	30974	6880
分支机构	58817	18350
从外国分支机构到美国母公司	55430	—
从外国母公司到美国分支机构	3387	—
从美国母公司到外国分支机构	—	4507
从美国分支机构到外国母公司	—	13843
按无形资产类型划分：		
工业过程	35630	16464
通用计算机软件	36030	—
商标	11638	2400
特许经营费	4316	195
现场直播和录制	588	234
书籍、唱片和磁带	1479	798
其他无形资产	110	135

注：数据来自美国经济分析局（BEA）统计，单位为百万美元。

第二，国际外包。外包（Outsourcing）是指企业为维持核心竞争力将非核心业务委托给外部专业公司以降低运营成本的一种非股权合作方式。当委托方和供应商来自不同国家时就称之为国际外包。由于劳动力成本的差异，国际外包的委托方或外包商通常来自劳动力成本较高的发达国家，如美国、西欧和日本，外包的受托方或供应商则来自劳动力成本较低的发展中国家如印度、菲律宾和中国。外包也可以在境内进行，但境内外包和国际外包在具有类似属性的同时差别也很大。境内外包更强调核心业务战略，而国际外包则更多有成本节省（特别是劳动力成本的节约）的考虑。

典型的国际外包比如苹果公司的代工[①]。代工也称为贴牌生产（OEM），指委托企业不直接生产产品而是将生产制造任务通过合约方式委托代工企

———————

① 参见第六章专栏 6。

业进行生产的合作方式。在外包情况下，代工企业根据委托方企业的需求、授权要求等特定条件来生产；而委托方企业则利用自己掌握的关键技术负责设计和新产品研发，控制研发、品牌塑造和市场营销等各个关键环节。1997 年以前，苹果公司的所有生产制造阶段都是自行完成，包括主板等部件生产和最后组装。自 1997 年开始，苹果公司为了压缩生产资产提升核心竞争力，将一些简单的非核心制造业务外包给其他公司。1998 年，苹果公司终止电脑主板生产业务，并在后续不断拓展外包制造业务的范围，关闭苹果公司直接运营的国内外工厂，例如 2003 年关闭新加坡，2004 年关闭美国赛克曼托工厂。目前苹果公司仅仅在爱尔兰保留极少部分高端定制产品的生产业务，主要制造业务则外包给亚洲代工企业[①]。苹果公司从在海外自设工厂发展到生产制造业务大量外包，成为全新的一类垂直化分工体系的代表。苹果公司的委托制造商如表 7-2 所示。

表 7-2 苹果公司的委托制造商

简称	英文简称	代工产品
富士康	Foxconn Technology Group	iPhone 智能手机、iPad 平板电脑、iPod 音乐播放器、iMac 一体机
伟创力	Flextronics International Ltd.	Macbook 笔记本电脑、iMac 一体机
英华达	Inventec Appliances Corporation	iPod 音乐播放器
和硕	Pegatron Corporation	iPhone 智能手机、iPad 平板电脑
广达	Quanta Computer Inc.	Macbook 笔记本电脑

资料来源：《2011 年苹果公司年报》。

第三，国际管理合同和承包合同。除了许可和外包等两种常见非股权合作形式，管理合同和承包合同也是一种重要的国际经营参与方式。国际管理（承包）合同指通过一次性交易或在某个持续时间内，承包商（发包方）通过指定要求将一个特定项目、服务或工程发包给受托方，并按照规定期限完成项目服务或工程的合作形式。工程承包直观上容易理解，而管理合同所涉及的内容多种多样，包括信息分析、专业知识服务、对产品成分的分析和检验等。上述所有形式都不涉及股权资本，但具体管理承包合同之间也存在较大的差异。在大型工程和设计服务领域，管理合同和承包合同比较常见，一旦承包方（发包方）和受托方分属不同的国家，就成为国际管理合同和承包合同。管理合同和承包合同一般对项目及时间进行约

---

① 何兴平. iPhone 制造外包模式下的苹果公司供应链管理研究[D]. 天津：天津大学，2014. 关于苹果公司的外包情况也可参见本书第六章专栏 6。

束，和进行地域或经营范围限制却不限时间或时间较长的特许经营区别比较明显。管理合同与外包的区别则在于外包往往更具长期性并且双方的合作更为持续和紧密。

管理合约常见的案例是国际酒店。国际酒店的品牌拥有方往往是一个发包方，为掌握具体营运设施和资源的本地酒店提供企业文化、管理技巧和人员培训，并提供全球采购和全球营销。在现实中，管理合约可以使酒店经营管理及风险和房地产建设投资及风险相分离，是国际酒店全球经营最普遍的运营模式。其他领域的管理合约模式则往往因东道国具备较高政治和经济风险而被跨国公司选择。

2. 股权参与

股权参与指跨国公司通过拥有东道国子公司的股权并进而对子公司的经营实施控制和影响。值得注意的是，即使是股权参与，也不一定属于本书开篇所界定的严格意义上的国际直接投资；而国际直接投资一定属于股权参与形式。股权参与和国际直接投资的区别是经营控制权的掌握。股权参与形式主要包括两类：新建投资和跨国并购。

第一，新建投资。新建投资又被称为绿地投资（Greenfield Investment），即跨国公司在东道国根据该国法律法规建立合资企业或独资企业的国际直接投资形式。由于新建投资往往是对全新工厂的投资，所以又被形象地称为绿地投资，即在非工业化的土地上新建工厂。通常，新建投资包括如下三个阶段：跨国公司在目标国设立经济实体；购买/租赁土地建设工厂并取得生产资质；获取在东道国进行产品生产的能力并控制该厂的经营管理。

跨国公司选择建立新工厂，而不是直接购买现有的公司（即并购），往往出于生产技术、固定投资和政策优惠等各方面的因素。现有工厂的设备维护和技术转型难度可能超过新建工厂，而对现有工厂的雇佣员工如何安排也往往是棘手问题。另外很多发展中国家为了吸引投资并扩大就业，对新建投资提供较多的政策激励和优惠措施，因为新建投资更多涉及投资增量而不仅仅是控制权变更。绿地投资有两种形式：一是建立国际独资企业，其形式有国外分公司、国外独资子公司和国外避税地独资公司；二是建立国际合资企业，其形式有股权式合资企业和契约式合资企业。其中合资企业是 20 世纪 60 年代至 80 年代制造业跨国投资的主要形式。合资企业的行业分布如表 7-3 所示（Kogut，1988）。

表 7-3　合资企业的行业分布

具体研究	制造业	自然资源	服务业	其他
佩特（Pate，1960—1968）（n=520）	53.5	7.9	16.9	21.7
博伊尔（Boyle，1965—1966）（n=275）	66.1	15.3	5.5	12.7
邓肯（Duncan，1964—1975）（n=541）	59.1	12.8	20.7	8.1
哈里根（Harrigan,1969—1984）n=880）	54.8	11.7	15.1	18.4
伯格和弗里德曼（1966—1970）（n=1762）	60.4	9.5	N.A.	30.1
科格特（1971—1985）（n=148）	67.1	12.8	11.3	8.7

注：n 表示样本数，数据均为百分比%，N.A.表述数据缺。

　　第二，跨国并购。跨国并购又被称为棕地投资（Brownfield Investment），指由投资公司在投资东道国对当地现有企业进行收购和兼并的直接投资行为。区别于绿地投资，跨国并购是对东道国现存企业进行兼并或收购，因此被形象称为棕地投资。棕地投资策略的优势是可通过现存工业化设施迅速启动，启动成本和经营风险小，建设周期较短，能够达到快速进入市场的目的。同时，目标企业可能已在生产经验、供应和营销渠道、政企关系上积累大量的经验，有利于并购企业的后续经营发展。此外，一旦决策失误所带来的成本通常也会低于绿地投资。当然，从国际直接投资的角度，能否搜寻到工厂设施和技术类型完全契合的目标是影响棕地投资的一个重要因素。很多发展中国家的政策更加倾向于鼓励新建投资而非收购，也是影响棕地投资的另一不利因素。

　　第三章内部化理论曾对企业在合资和并购投资之间的选择进行分析，但是未能涉及到绿地投资和棕地投资之间的权衡。一般而言，相对于绿地投资，跨国并购进入市场的速度更快，因此时间节点往往是决策权衡的关键因素。希望快速进入或扩大市场份额的跨国公司更倾向于跨国并购。而在行业正经历非常低或非常高增长率时，收购也可能会给企业带来额外收益，因此企业在这种情况下倾向于增加收购。同时，当获取知识成为主要动机时，跨国公司面对的选择往往是并购而不是绿地投资。但是上述特征都不是影响跨国公司选择并购或绿地投资的唯一因素。亨纳特等（Hennart et al.，1994）利用 1978—1980 年和 1984—1987 年日本 558 个进入美国市场的子公司样本分析了跨国公司在绿地投资和跨国并购之间决策的决定因素，研究发现研发密集型的日本企业首选绿地投资，而在日本国内不进行生产的企业跨国并购可能性会增加①。从经济发展的趋势来看,并购相对于绿地投资更具有明显的周期性特征。本章第二节将对此进行专门论述。

3. 跨国公司战略联盟

除了上述非股权参与和股权参与的国际扩张策略和方式,跨国公司同不同国家企业之间的各种松散性合作也已经成为跨境经济参与的一个日益重要的形式。研发成本的上升,技术更新日益加快,以及企业需要更加快速地应对不断变化的冲击或应对竞争对手的行动,都迫使跨国公司展开各种其他类型的松散战略合作,以保持或提升他们的竞争地位。这种经营策略即战略联盟(Strategic Alliances)。

战略联盟指两个或两个以上跨国公司为实现某一或若干战略目标,以签订长期或短期契约为形式而建立的合作关系。战略联盟的主要目的是通过外部合伙关系而非内部增值来提高企业的经营价值。从广义上讲,跨国公司所进行的一切国际经营活动只要涉及另一公司,都可以称之为战略联盟(例如,可以把合资和并购称为股权参与的战略联盟)。从狭义上看,战略联盟则指非股权合作关系,包括但不限于许可、外包、承包合同等形式②。但是在更多场合,战略联盟的含义则更为狭窄,多指初次进入某个行业领域或某个市场上的合作性协议。与直接投资、跨国并购的分析类似,根据战略联盟的类型、动机来划分,也大致可以将跨国公司间的战略联盟分为横向战略联盟、纵向战略联盟和混合战略联盟。

随着跨国并购浪潮在 20 世纪 60 年代出现,战略联盟也随之不断增加。20 世纪 90 年代以来的战略联盟类非股权合作活动增加更快。作为介于简单出口和实质跨国经营的直接投资的中间地带,战略联盟协作作为一种更松散的非股权参与方式,具备更大的灵活性,也能更好地应对不确定性。同时,战略合作越来越多地被看作企业组织形式的一种创新,特别是技术更新较快的背景下,企业间组成联盟能更好地获取知识和技术、进行技术研发、沟通并制定产品或技术标准。随着企业组织形式和合作关系的不断创新,同时也是随着互联网革命和沟通成本的显著下降,企业的边界越来越模糊,不同形式和程度的战略联盟不断出现。盖莫沃特等(Ghemawat

---

① Hennart J-F, Park Y-R. 1994. Location, Governance, and Strategic Determinants of Japanese Manufacturing Investment in the United States. Strategic Management Journal, 15 (6): 419-436.

② 关于战略联盟全面和可靠的数据很难获得。目前在战略联盟实证研究的两个大型数据库:由马斯特里赫特经济研究所(MERIT)建立的合作协议及技术指标(CATI),它专注于技术联盟;数据库维护数据库证券数据公司(SDC),其中包括战略联盟和并购的数据。

et al.，1986）研究表明在 1970 年至 1982 年，1546 个联盟中的多数集中在高科技制造业和信息密集型的服务行业[①]。

另外，出于规避管制的需要使得各种形式的跨国战略联盟不断创新。历史上看，各国政府对于跨国公司的并购和垄断都给予了高度关注，并会适时出台严格的监管法规。甚至可以说，每一次并购浪潮都止于政府监管。对于国际并购和战略合作虽然不同于对于国内的监管，但也受到各种限制和约束。因此，经济中实践也不断出现应对现有政府法规和监管体系的新形式。此时松散协议的战略联盟便成了企业进行跨国经营投资的一种可行形式。尤其是在面临东道国一系列不同的法律法规时，或者对于资产控股要求、金融市场管制的背景下，松散的战略联盟和特殊形式的合作协议，就成为企业跨国经营的最优策略，以规避法律和金融风险。

特别值得一提的是中国市场上大量存在的 VIE 结构。该经营模式可以看作一种特殊的战略联盟。VIE 模式（Variable Interest Entities）又可称之为"可变利益实体"或"协议控制"，是指境外注册的上市实体与境内的实际经营实体相分离，境外的上市实体通过协议方式控制境内的业务实体的运营方式。此时业务实体就是上市实体的 VIEs（可变利益实体）。作为一个法律术语[②]，VIE 出自美国标准会计准则有关会计合并的细则，指投资企业持有具有控制性的利益，但该利益并非来自多数表决权，所以它也被称为协议控制。

采用这种结构上市的中国公司最初大多数是互联网企业，比如新浪、百度，其目的是符合中国工信部和国家新闻出版署对提供互联网增值服务的相关规定。根据中国工业和信息化部、公安部等部门关于《互联网信息服务管理办法》的相关法律法规，互联网信息服务许可仅能由中国内资企业持有。因此，此时如果内资互联网公司被外资持股则不符合法律规范。为了接受外资融资或者希望与外资协作经营，必须采取既符合法律法规又能在实践中具备操作性的运营模式。因此 VIE 结构就成为被普遍采用的方式。即由内地自然人控股的内资公司持有经营牌照并实际经营，同时用另外的合约来规定持有牌照的内资公司与境外投资者或外资公司的关系。该结构应用于许多中国互联网行业赴美上市的公司中，具体结构如图 7-2 所示。

---

① Ghemawat P, Porter M E, Rawlinson R. 1986. Patterns of international coalition activity. Porter (ed.): 345-66.

② 参见邢天添（2015）对 VIE 结构和发展的论述。邢天添，任怡. 海外上市 VIE 结构企业的税收监管问题[J]. 税务研究，2015（7）：27-32.

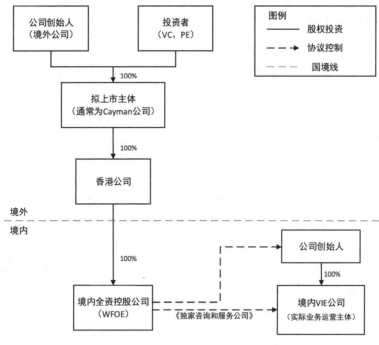

图 7-2　VIE 结构示例

注：引自邢天添的研究（2015），有修改。

在上述跨国公司海外经营中的各类非股权参与和股权参与的不同方式中，其合作期限、地理范围和资源转移特征等方面也都各有差异。具体可参见表 7-4（Dunning，2008：261）中的总结。

表 7-4　跨国公司的扩张策略比较

扩张策略	类型	合作期限	地理范围	资源转移和权利变更	转移形式
全资子公司	股权	永久	MNE 决定	全部	内部
合资子公司	股权	永久	双方约定	全部或部分	内部
少量持股	股权	永久	受限	全部或部分	内部
许可	非股权	有期限	受限	范围受限	市场
特许经营	非股权	有期限	受限	范围受限	市场
管理合同	非股权	有期限	可能首先	范围受限	市场
外包	非股权	有期限	受限	较少	市场
合作联盟	非股权	有期限	双方约定	合同特定	混合

三、跨国公司的扩张阶段

跨国公司的跨国经营历程在不同行业和企业中会呈现不同的特征，但一般而言，还是可以总结出其扩张阶段的一般规律。据邓宁（Dunning, 2008）总结，大多数情况下跨国公司的国际经营会经历如下四个阶段：

第一阶段，出口。出口往往是国内企业成为跨国公司的第一阶段。当公司的所有权优势表现为产品竞争力，从而在海外市场可以占有一定市场时，自然而然的过程是海外进口商会进口公司产品并在当地销售。此时对于国内生产商而言，其生产和营销全部在国内进行，只是产品开始跨境交易，服务于国外市场。该阶段不涉及国际直接投资，跨境销售活动仅仅旨在获取更多的利润和开拓市场。该阶段特点是国内生产商的风险相应较小，渠道成本也相对较低，但此时市场的开拓依赖于国外进口商和契约关系，且市场大小受制于出口国和进口国之间的贸易成本、出口国的相关政策、进口国的市场潜力等各种因素。

第二阶段，建立海外分销渠道。此阶段由第一阶段演变而来，指生产出口企业自行拓展海外营销渠道并将产品出口到海外市场。此时公司可能在海外设置分销子公司。例如设置海外的专门代理、自行建立分销子公司，从而以最大化程度利用东道国的市场潜力争取企业的最大化利润。此时可能不涉及国际直接投资（比如以合作方式建立目标国的分销渠道），也可能涉及特定形式的国际直接投资（在国外建立法人机构进行分销活动的管理和实施）。无论哪一种方式，比起第一阶段而言海外成本都会增加。

第三阶段，海外生产。此时企业将某种成熟的产品生产过程转移到东道国并同时转移相应的服务和技术支持到东道国。该阶段可能是基于规避贸易成本获得更多利润的目的，在性质上属于对出口进行替代的水平型国际直接投资。这个阶段同样可能基于对某种资源的控制和成本降低的需要，在海外生产某种中间产品，从而出现垂直化国际直接投资。与第二阶段相比，对海外生产设施的投入继续增加，对当地政策激励和基础设施条件也有一定需求。一旦东道国出现较大的政治和经济风险，企业所面临的不确定性和风险随之加大。

第四阶段，整合的全球价值链网络。该阶段是跨国公司生产的最高阶段。跨国公司的母公司和子公司在母国和东道国生产不同的产品，产品通过跨国公司内部网络在世界范围内销售。研发和全球生产链管理、产品销售由母公司承担，部分科研、主要生产活动和具体分销由各国子公司承担。此时子公司不仅是服务于东道国市场，更多出于全球运营成本下降和效率提升考虑。公司投资形式也兼具水平和垂直特征，属于混合多样化的全球化经营模式。进入该阶段的跨国公司，对各国通信等基础设施的要求会相应提高，但更考验跨国公司内部化运营的能力。该阶段跨国公司的海外投入也会大幅度增加，甚至海外投入和海外雇员、海外营收都超过母国。虽然从直觉上仍然可以从创始人、企业最高管理机构所在地等多方面来判定公司的母国所在，但可能从法律和税收等各方面看，跨国公司进入该阶段后的国别属性会越来越模糊，更多的是成为一个"全球公司"。

那么，跨国公司的扩张路径是否必须循序渐进地经过上述四个阶段？早期研究认为的确如此，对外扩张应当是一个渐进过程，而企业也不应该采取快速扩张策略。因为企业对外直接投资存在新入者负担（Liability of Newness）和外来者负担（Liability of Foreignness），必须拥有企业特定优势，甚至进一步需要内部化优势和区位优势来弥补，才能进行外国直接投资并设立海外子公司。这种循序渐进的模式，被定义为"乌普萨拉模式（Uppsala Model）"[①]。该模式与上述邓宁所总结的一般模式大致类似，认为企业从事海外经营所需要遵循的必由之路是通过以下四个不同发展阶段，才足以展开对外直接投资：不规则出口活动；通过代理商出口；建立海外销售子公司；从事海外生产和制造。

但是近年来，对于对外扩张速度的诸项研究逐渐发现，快速扩张可行的道路并非不可行，且基于知识资产提升需求的战略性扩张更易呈现出"快速扩张"的特征。20 世纪 80 年代，赫伦德（Hedlund，1985）和特恩布尔（Turnbull，1987）分别基于对瑞典企业与英国出口企业的研究，发现不少企业在建立后不久或各方面经验条件都不成熟的情况下便开始出口或对外设立合资企业，企图在海外市场赢得竞争优势[②]。随着时间的推移，越来越多此种类型的企业活跃了起来。这部分企业不认为国界是企业发展的障碍，在发展早期甚至从成立之初起就积极开展跨国经营活动，将国际市场定为目标市场。原有的企业国际化路径并不能够很好地解释这一现象，因此部分学者认为上述循序渐进的四阶段可以被企业部分跳过，并正式提出"天生国际化企业"的概念。天生国际化企业指在成立之初或不久就在多个国家中寻求并利用资源和市场以获得竞争优势的企业。从成立时间及规模角度出发，天

① Johanson J, J E Vahlne. 1990. The Mechanism of Internationalisation. International Marketing Review.7(4):10-24.

② Hedlund G, A Kverneland. 1985. Are Strategies for Foreign Markets Changing? The Case of Swedish Investment in Japan. International Studies of Management & Organization, 15 (2): 41-59；Turnbull P W. 1987. Interaction and International Marketing: An Investment Process. International Marketing Review, 4 (4): 7-19.

生国际化企业一般指在成立后三年便从事出口，并且对外销售份额达到了企业销售总额的 25%的中小企业，这样的企业可能会较快进行国际经营拓展并走上海外直接投资道路[①]。上述关于"天生国际化企业"的分析为理解企业的海外扩张和成为跨国公司的路径提供了新的思路。

第二节　跨国并购

一、跨国并购概述

1. 跨国并购的定义和类型

前文已经分析，跨国公司对外直接投资最通常的两种方式就是绿地投资和棕地投资，而后者就是跨国并购（Cross-border Mergers & Acquisitions）。从 20 世纪 80 年代中期开始，跨国兼并收购逐渐取代新建投资，成为与新建投资并行的两大对外直接投资方式，甚至在近年来多个年份超过新建投资成为最主要的对外直接投资方式[②]。跨国并购与新建投资的重要区别：在并购情况下，现有资产从东道国所有者（含东道国境内投资者或境外投资者）转移至国外所有者手中；而在跨国绿地投资中，东道国会发生资产净增加。

准确的讲，并购是兼并（Merger）与收购（Acquisition）的统称。跨国并购则是企业的兼并与收购跨越国界的特殊形式。跨国兼并是指跨国公司在东道国将另一家企业的资产和经营业务并入企业或另一家新建法人实体的直接投资行为，具体包括两种两类：第一，法定兼并（Statutory Merger），即外国公司在东道国兼并当地企业（或另一家跨国公司的当地子公司），并在此基础上成立一家新的法人企业。法定兼并又可以被称为新设兼并。第二，吸收兼并（Consolidation），即外国公司在东道国兼并目标企业，兼并完成后兼并企业的法人地位保留，而目标企业予以注销，其法人地位不复存在。简而言之，兼并是指两家或两家以上独立的公司合并组成一家企业。

跨国收购则指跨国公司通过一定程序取得东道国收购目标（东道国当地企业或另一家跨国公司的当地子公司）的全部或部分所有权并控制其经

---

① 天生国际化企业的定义及分析可参见 Oviatt, McDougall. 1994. Toward A Theory of International New Ventures. Journal of International Business Studies, 25 (1): 45-64；Knight G A, S T Cavusgil. 2014. Innovation, Organizational Capabilities and the Born-Global Firm. Journal of International Business Studies, 35 (2):124-141.

② 跨国并购的金额和比例参见第一章表 1-7 和第二章表 2-7，这里不再赘述。

营管理的行为。收购又分为整体收购（100%股权收购）、多数股权收购（50%—99%）和少数股权收购（10%—49%）。收购从法律上比较简单，但正如第一章曾指出，如何确定其是否获得经营控制权则是一个难题，因此统计上如何区分该收购行为是直接投资行为还是间接投资行为很难准确。较多的文献研究将 10%定为国际直接投资和获取经营控制权的标准，虽然在具体实践中会和该标准有偏差。按照联合国贸易和发展会议（UNCTAD）的定义，跨国并购包括：（1）外国企业与境内企业合并；（2）收购境内企业的股权达 10%以上，使境内企业的资产和经营的控制权转移到外国企业。表 7-5 给出了联合国贸易和发展会议的具体定义和相应案例。

表 7-5　联合国贸易和发展会议关于跨国并购的分类

类型	子类型	含义	案例
跨国兼并	新设合并	平等合并	BP-阿莫科（1998）
			戴姆勒-克莱斯勒（1998）
	吸收合并	收购公司续存，目标公司注销	日本烟草-RJ 雷诺国际（1999）
			沃尔玛-阿斯达集团（1999）
跨国收购	收购跨国公司子公司	收购跨国公司的当地子公司	丰田-丰田汽车（泰国）（1997）
			本田-本田制造（泰国）（1997）
	收购东道国本土企业	收购当地私营企业	曼内斯曼-橙（1999）
		收购当地公共企业并私有化	意大利投资集团-波尔斯卡银行（1999）
		收购当地国有企业	C&C-PT 阿斯特拉国际（2000）

注：引自《世界投资报告 2000》。

值得注意的是，跨国收购在跨国并购中占据大部分比重。据有关并购的数据显示，兼并仅占跨国并购的 3%不到。即使是被认为相对平等的合作者之间的合并，其中绝大多数实际上也涉及由一家公司控制另一家公司的收购[①]。因此真正"平等"的兼并数量很少，所以在实际意义上，"并购"基本上意味着"收购"。1999 年全额收购占跨国并购的一半以上。在发展中国家，由外国企业进行的收购仅有 1/3 是少数股权收购，发达国家此类收购的比重则低于 1/5。根据直接投资和间接投资的定义，一旦收购股权少于 10%则归属为证券投资，不属于对外直接投资。表 7-6 给出了 1987年至 1999 年跨国并购快速发展时期的并购构成。

---

① 典型的平等兼并案例比如 2015 年 12 月 11 日的陶氏化学与杜邦达成平等合并协议，于 2017 年 8月 31 日完成合并成为新的陶氏杜邦。该并购协议中的股票换购和管理层等安排接近平等兼并。

表 7-6　跨国并购的构成

年份	总	跨国兼并	总百分比跨国收购	100%	超过50%	10%—49%
1987	100	4.2	94.1	70.1	8.7	15.3
1988	100	2.9	95.6	72.4	9.7	13.6
1989	100	3.2	95.6	69.1	10.9	15.6
1990	100	2.1	96.5	67.4	11.8	17.3
1991	100	0.8	98.6	64.1	14.5	19.9
1992	100	0.6	98.6	62.5	16.9	19.1
1993	100	0.5	99.1	61.2	17.2	20.6
1994	100	0.5	98.6	60.4	16.7	21.5
1995	100	1.2	98.0	59.6	17.9	20.5
1996	100	1.1	98.4	61.2	17.2	20.1
1997	100	1.7	97.5	64.8	16.3	16.3
1998	100	1.8	97.5	68.3	14.7	14.5
1999	100	2.3	96.9	65.3	15.4	16.2

注：引自《世界投资报告2000》。

根据前文分析的国际直接投资类型，从动机上跨国并购也可以分为水平并购、垂直并购和混合并购。水平并购也称为横向并购（Horizontal Merger），指发生在同一行业竞争企业之间的并购，在跨国合并中即相同或类似产品的不同国家厂商之间的兼并收购。此类并购往往旨在通过整合资源，接近东道国市场并获得规模经济或协同效果。出现水平并购的典型行业有制药、汽车、快消和一些服务业[①]。跨国横向并购与国内并购相比的一个重要特殊性是在于国内并购往往受到反垄断法的限制，但跨国并购中的国际政策协调难度相对较大反而导致在国际并购中占比较高。表 7-5 中的案例多数属于横向并购。垂直并购也称为纵向并购（Vertical Merger）指在上下游行业或产品生产链不同阶段上发生的国际并购，此类并购通常是寻求降低生产链前后关联的不确定性、利用各地区的要素成本差异从而降低生产成本。零部件生产商与最终产品制造商之间的并购属于典型的纵向并购。混合并购（Conglomerate Merger）指在经营活动无关联公司之间进行的并购。此类并购通常是为了通过经营范围的扩大以实现范围经济，或者通过多样化经营来分散跨国经营风险等动机。

按照并购途径区分，跨国并购也可以分为协议收购（Negotiated

---

① 参见第五章专栏 5 中提及的食品饮料行业。

Acquisition）和要约收购（Tender offer）。协议收购又称为直接收购或友好接管（Friendly Takeover），一般为并购企业主动向目标企业提出收购意愿并通过友好磋商经协议完成所有权转移的收购行为，部分情况下也可能是被收购企业出于经营或债务考虑主动寻找收购企业协商完成的收购。要约收购又称为间接并购，是指兼并公司不向目标公司直接提出并购要求，而是通过在市场上收购目标公司已发行和流通的普通股并获得对目标公司控制权的市场行为。大量的间接收购往往是兼并企业委托投资银行或其他中介机构进行的，甚至是在目标企业管理层不知情情况下发起，因此往往也被称为敌意收购（Hostile Merger）。敌意收购特别是敌意杠杆收购往往会在金融市场和行业内引起极大的关注[①]。

敌意杠杆收购中的杠杆收购则是按照支付方式划分的收购类型中的一种。从支付方式来看，收购的基础方式可以区分为股票互换、债券互换和现金收购三种方式[②]。股票互换指以股票作为并购的支付方式，并购方增发新股换取被并购企业的旧股。其重要特点就是目标公司股东并不因此失去其所有权。债券互换指收购方增加发行并购公司的债券，用以代替目标公司的债券，使目标公司债务转换到并购公司。凡不涉及发行新股票或新债券的公司并购都可以被看作现金收购，包括以票据形式进行的收购。但是值得注意的是，现实中的收购方式可能涉及多种融资安排，并不是仅使用上述三种方式中的一种。而一旦收购方在收购中仅以少量自有资金完成企业收购，其他资金来源为以目标公司为抵押的借贷和债券形式，则会在实践中被称为杠杆收购。二十世纪八十年代，敌意杠杆收购中在美国案例激增，也引发了社会各界的激烈争论，其对企业绩效、证券市场、财富创造与社会资源配置的影响成为经济、金融学界研究的重点[③]。需要注意的是敌意收购一般表现为一国国内的境内企业并购上，国际收购中的敌意占比相对较少。

[①]《门口的野蛮人》一书详细介绍的 KKR 集团收购雷诺兹纳贝斯克案是敌意性杠杆收购的典型案例。该书对纳贝斯克的数起并购进行了精彩的介绍，也使得"门口的野蛮人"从此成为金融界对敌意收购者的特别称呼。参见布赖恩·伯勒、约翰·希利亚尔. 门口的野蛮人[M]. 张振华，译. 北京：机械工业出版社，2010.

[②] 罗伯特·F.布鲁纳. 应用兼并与收购[M]. 张陶伟，彭永江，译. 北京：中国人民大学出版社，2011.

[③] 1976 年，克拉维斯（Henry Kravis）、罗伯茨（George Roberts）和科尔博格（Jerome Kohlberg）共同创建了 KKR 公司，公司名称正源于这三人姓氏的首字母。KKR 公司是以收购、重整企业为主营业务的股权投资公司，尤其擅长管理层收购。

2. 跨国并购浪潮

并购与跨国并购也呈现一定的周期性波动。表 7-7（布鲁纳，2011）总结了历次并购浪潮及其动因，而其中的二十世纪六十年代和九十年代为最主要的跨国并购浪潮。根据联合国 2000 年的《世界投资报告》显示，在 1989—1999 年的 10 年中，国际直接投资的增长主要是由跨国并购而不是由新建投资推动的，跨国并购价值从 1987 年的不到 1000 亿美元增加到 1999 年的 7200 亿美元，占全球 GDP 的比重从 1987 年的 0.5% 上升至 1999 年的 2.5%。1999 年，跨国并购价值占全球新增国际直接投资的比重达到了 80% 以上。与此同时，单项跨国并购规模也不断扩大。在 2007 年经济金融危机后世界经济走入疲软及 2020 年以来的全球疫情冲击期间，相应年份的国际并购也产生较大的波动。

第一次跨国并购浪潮发生在 20 世纪 50 年代末到 60 年代，特别是 1965 年至 1969 年。这是美国战后乃至西方资本主义经济体经济发展的"黄金时期"，由于战后经济复兴，以及布雷顿森林体系对全球汇率的稳定和关贸总协定下各成员国的关税减让科技的发展，美国等国经济迅速发展，电子计算机、激光、宇航、材料等部门快速兴起，美国迎来了国内第三次并购浪潮，全球则随着美国国内的并购浪潮和"M"形公司管理结构的推广[①]迎来了第一次跨国并购浪潮。在本次跨国并购浪潮中，跨国并购的比重快速上升，占全球总并购金额首次超过了 10%，而并购标的则是以发达国家之间的制造业横向并购为主。

第二次跨国并购浪潮发生在 20 世纪 80 年代末 20 世纪 90 年代初，其峰值在 1990 年。这次跨国并购占全球总并购比重超过 50%。20 世纪 80 年代美国经历了战后另一个经济景气扩张期，金融业快速发展推动了美国第四次并购浪潮和全球第二次跨国并购浪潮。该阶段横向、纵向和混合并购同时发展，并购金额快速增长，出现了数起价值接近甚至超过百亿美元的超级并购案例。美国国内出现了 1988 年 KKR 集团 250 亿美元收购雷诺兹纳贝斯克的巨型并购案，跨国并购也出现了 1987 年英国石油公司（BP）以 78 亿美元并购美国俄亥俄标准石油公司案。该阶段随着日本经济的快速崛起，日本跨国公司展开的并购在全球跨国并购所占比重大幅提升。1990 年松下电气工业公司以 65.9 亿美元收购美国 MCA 公司，成为当时仅次于英国石油公司收购美孚石油公司的第二大并购案。其间来自发展中国家的跨国公司也逐渐崭露头角进入全球并购舞台。

[①] "M"形管理结构参见本章图 2-2 及相关分析。

表 7-7　历次并购浪潮和动因

时间	动因	类型	关键特征	代表公司	结束原因
1897 年—1904 年	效率提升 西部大移民 技术变化	水平并购	交通、钢铁业、初级原材料的集中	美国钢铁 标准石油 通用电气	1904 年股市托底、金融业欺诈
1925 年—1929 年	第一次世界大战	水平并购强化	专业并购经纪人和资本市场	中西部公用事业公司	1929 年股市崩溃、克莱顿法案
1965 年—1969 年	股市繁荣 经济增长	大型企业混合并购	资本市场参与、跨国并购增加	ITT 公司	价格提升；过度杠杆
1981 年—1989 年	股市繁荣 税务改革	敌意收购 美国公司被跨国并购	垃圾债券	纳贝斯克	1990 年萧条
1992 年—1999 年	经济复苏 互联网革命 全球化	战略性并购	并购数量和金额并喷发展	沃达丰 埃克森美孚	2001 经济疲软、全球恐怖活动
2003 年—2008 年	低利率经济 股市繁荣	跨国并购 私募股权	全球经济的同步性	P&G 黑石	全球经济金融危机

　　第三次跨国并购浪潮出现在 20 世纪 90 年代中后期。该阶段同时也是世界贸易组织成立和全球经济"大融合"的时代，跨国并购呈现出一些新特征并在经济全球化进程中起到巨大推动作用。首先，巨型并购不断涌现，并购历史记录不断被刷新。1991 年超过 10 亿美元的大型并购有 7 项，并购价值为 204 亿美元。到 1999 年 10 亿美元规模并购高达 109 项，并购价值为 5008 亿美元。1998 年 5 月，德国戴姆勒—奔驰公司与美国克莱斯勒公司以 405 亿美元的股票价值实现了并购创造了制造业跨国并购的记录；同年下半年，英国石油公司出价 482 亿美元收购美国阿莫科公司；1999 年，英国沃达丰公司以 603 亿美元并购美国空中通讯公司，并购纪录不断刷新。到 2000 年，全球最大的移动电话运营商英国的沃达丰公司以 1320 亿美元收购了德国老电信和工业集团曼内斯曼，标志着超过 1000 亿美元的超大型跨国并购出现。其次，这些巨型并购案中的横向并购比重不断增加成为跨国并购的主流。1999 年，跨国并购价值的 70%是横向并购，而在 1980 年仅有 59%。在 20 世纪 80 年代末期的第二次并购高潮中，混合并购非常普遍，但由于企业越来越倾向于关注核心业务以应付日益激烈的国际竞争，

其重要性在第三阶段已经降低，混合并购从 1991 年的 42%降至 1999 年的 27%。该阶段并购的另一特征是股票互换在融资方式中所占比重越来越大。1990 年，现金交易在全球跨国并购项目总数中占 94%，占总金额的 91%。但到 1999 年，股票互换方式占到总金额的 68%[①]。1999 年全球十大股票互换跨国并购如表 7-8 所示。

表 7-8　全球十大股票互换跨国并购（1999）

排名	交易额	并购方与被并购方（母国与东道国）
1	60.3	沃达丰集团（英国）—空中电讯（美国）
2	48.2	英国石油（英国）—阿莫科（美国）
3	40.5	戴姆勒·奔驰（德国）—克莱斯勒（美国）
4	34.6	捷利康（英国）—阿斯特拉（瑞典）
5	32.6	曼内斯曼（德国）—奥兰治（英国）
6	21.9	罗纳·普朗克（法国）—奥斯特（德国）
7	12.6	苏格兰动力（英国）—太平洋公司（美国）
8	10.8	荷兰全球人寿（荷兰）—泛美公司（美国）
9	10.1	全球有线通讯公司（百慕大）—前线通信公司（美国）
10	9.8	ABB（瑞士）—ABB（瑞典）

注：金额为 10 亿美元。引自《世界投资报告 2000》。

第三次跨国并购浪潮中，发达国家仍是跨国并购主体，发展中国家的比重虽上升但是呈现出不平衡特征。在 1996 至 1997 年，发展中国家企业在全球跨国并购购买价值中的比重曾超过 10%。但此时发展中经济体的并购主要来自亚洲，受东南亚金融危机影响，发展中并购份额在 1998—1999 年又跌至 5%以下。同时，发展中国家的跨国公司更加倾向于采用新建投资的方式而不是并购方式。

进入 21 世纪以后，跨国并购阶段进入新的发展阶段但波动较大。2005 年全球并购总额较 2004 年增长 40%，至 2007 年随着全球直接投资的迅猛增长，跨境并购达到创纪录的 1.637 万亿美元。但受 2007 年经济金融危机影响，全球跨境资本流动趋势有所放缓，直到 2014 年有所恢复，但仍未能达到 2007 年水平。至 2019 年，全球跨国并购规模仍然属于较为萧条的态势，总计 4900 亿美元，为 2014 年以来新低。从行业来看，2019 年跨国并购额萎缩最严重的是服务业，同比降低 56%至 2070 亿美元；制造业下降 19%至 2490 亿美元；初级部门则下降 14%至 340 亿美元。从行业细分来看，

---

① 整理自《世界投资报告 2000》。

金融和保险业、化工行业的并购活动颓势最为明显[①]。之后世界经济受新冠肺炎疫情冲击，跨境并购也再次进入低潮。

二、跨国并购的动因与回报：管理视角

1. 跨国并购的动因

前文各章节沿着研究的历史脉络对国际直接投资动机进行了多视角分析。跨国并购作为国际直接投资中的一种方式也适用于前文各项国际投资动因的理论。因此公司性质层面、行业层面、国家特征层面、贸易成本层面等影响跨国公司国际直接投资的各项因素，同样对跨国并购产生相应影响。但是在跨国并购的发展过程中，金融市场和公司管理决策对国际直接投资会起到更为重要的作用。本节从公司管理的视角对跨国公司并购动因进行简要概括（见表 7-9）。根据高根（2010）和布鲁纳（2011），公司内部的并购动因可以归纳为以下四类理论[②]。

第一，并购效率理论。从企业角度看，实施并购最终出于增值资本和利润获取的目的。假定除价格和成本因素外不存在其他直接影响并购的因素，那么并购可通过以下途径提升企业效率：（1）通过兼并形成规模经济或范围经济继而降低产品成本；（2）兼并后通过企业垄断地位的增强增加对市场的控制能力，从而降低上下游不确定性或行业内竞争；（3）通过资金的联合运用获得财务协同效应。此类并购动机同样可以解释跨国公司并购对汇率转换风险的规避。

第二，市场缺陷理论。市场缺陷理论指因为市场交易中存在市场不完全和信息不对称等因素而促成企业并购。因为在此类情况下并购是降低交易费用和提升经营效率的更优选择。垄断优势理论和内部化理论从某种意义上也都属于解释市场缺陷促进国际直接投资活动的理论。除了上述市场失灵，购买被低估资产也属于重要的市场缺陷类并购动机。即由于某种原因市场可能在某时段对企业资产估值不足，低估企业价值或未来增长性，那么此时并购被低估企业资产就有利可图。美国资本市场上著名的 1988 年雷诺兹—纳贝斯克收购案就首先源于出于购买被低估资产的管理层收购，（MBO），继而演变成为敌意杠杆收购并最终由 KKR 集团竞购成功。

第三，应对技术冲击和管制等外部冲击。技术变迁是影响公司经营的

[①] 根据各年度《世界投资报告》整理。

[②] 关于管理视角的企业并购动因可参考帕特里克·高根的《兼并、收购与公司重组》（中国人民大学出版社，2010 年版第 4 章）和罗伯特·布鲁纳的《应用兼并与收购》（人民大学出版社，第四章 4.3 小节及第五章 5.4 小节）。

关键因素。对于技术增长非常快的市场，潜在市场规模对公司未来发展至关重要，而快速术更迭和技术进步会带来高成本研发的风险和不确定性。此时公司可以并购来进行扩张并通过强强联合确定在新技术领域的领先位置。同时，应对一些政策上的管制放松、通过资产联合避税，也都是类似的应对外部冲击的并购动机。布鲁纳（2011）对上述应对冲击型并购动机进行了总结，主要包括管制放松、贸易自由化、地缘政治变化、人口结构变化、技术革新、金融市场创新、组织结构革新、资本市场环境变化等。

表 7-9 并购动因总结：管理视角

理论	动因
经营协同效应：规模经济；范围经济	提升经营效率
财务协同效应	降低资本或资金成本
新产品或新市场	进入高增长产品或者市场
战略性资源重组：技术冲击；管制冲击	适应新的变化
管理者乐观情绪	对并购价值估计过高
购买被低估资产	低价获取资产
管理者主义	增加管理效率
避税动机	税务安排
市场势力	获取垄断经营地位
市场缺陷	节省交易费用

注：笔者根据布鲁纳的研究（布鲁纳，2011）总结。

第四，管理者心理因素。并购浪潮中并非所有并购都获得了成功，甚至从统计意义上看无法判定大多数并购获得成功。那么为什么仍然存在不断出现的并购浪潮呢？部分学者认为并购的重要原因之一来自管理者自负情绪（Hubris）[1]。正如本章开篇提到，企业管理者并非完美理性，而可能会在前期经营成功后陷入非理性情绪。该理论虽然从心理因素出发来进行解释，却得到很多并购研究的支持。此外，企业代理问题也经常是并购原因，也可归类于管理者心理因素。由于公司经营权与所有权相对立，一旦代理沟通出现问题时，收购则成为代理权竞争并可以通过收购降低代理成本提升经营效率。企业管理者可能会出于代理问题考虑进行管理层收购，外部企业也可能因为判断目标企业陷入代理问题从而展开并购。当然在很多情况下，经营权和所有权相分离的代理问题并不能由收购来解决，而收购者

---

① 罗伯特·F.布鲁纳. 应用兼并与收购[M]. 张陶伟，彭永江，译. 北京：中国人民大学出版社，2011：82-98.

也往往会因为自负高估收购能够带来的效果。此类收购动机也被称为管理者主义动机（Managerialism）。

2. 跨国并购的特殊动因

除了上述普通并购动因，大量研究试图对跨国并购交易活动背后的特殊驱动力量进行解释，主要包括利用市场不完全性、无形资产、通过多元化降低风险、汇率因素、金融市场环境和税率考虑。

利用市场不完全性在本书第三章已分析过，海默垄断优势理论和内部化理论等都阐述市场不完全性对于跨国公司直接投资的重要性。由于垄断的存在，以及知识技术作为中间产品的市场不完全性，跨国公司通过内部交易来组织生产是有效降低成本并获取利润的最佳方式。从管理视角看，跨国公司并购与市场不完全性密切相关。1997—2002 年间，前 17 大宗跨国并购中的多数案例均来自电信行业、医药化学、汽车等寡头特征明显的行业（见表 7-10）。

表 7-10　全球重要国际并购（1997—2002）

年份	目标公司	目标国	收购方	收购国	金额
1999	曼内斯曼	德国	沃达丰	英国	202785
1999	意大利电讯	意大利	德国电信	德国	81528
1999	空中通讯	美国	沃达丰	英国	60287
1998	阿莫科	美国	英国石油	英国	48174
2000	奥兰治	英国	法国电信	法国	45967
1999	美国西部公司	美国	环球电讯	百慕大	41105
1998	克莱斯勒	美国	戴姆勒奔驰	德国	40467
2000	西格拉姆	加拿大	威望迪	法国	40428
1998	阿斯特拉	瑞典	捷利康	英国	34637
1999	奥兰治	英国	曼内斯曼	德国	32595
1999	亚格	美国	阿莫科	英国	27224
2000	百式福食品	美国	联合利华	英国	25065
1999	赫希斯特	德国	罗纳普朗克	法国	21918
1998	罗纳普朗克	法国	赫希斯特	德国	21223
2000	联合苏黎世	英国	苏黎世联合	瑞士	19399
1996	MCI 通信	美国	英国电信	英国	18889
1997	英美金融	英国	苏黎世保险	瑞士	18355

注：金额单位为百万美元。

此外，无形资产动机同样是跨国公司并购的重要原因之一。拥有著名品牌和商誉的跨国公司会努力扩张其经营范围，以防止竞争者试图模仿或恶意使用其无形资产和品牌。消费品、食品行业的并购较好地体现了这一动机，表 7-10（布鲁纳，2011）对此也有体现。

与国内并购案例相比，国际并购最大的不同在于不同国家和市场的差异性。跨国并购涉及差异较大的国家和地区时，会带来国际直接投资风险和不确定性，这是不利于企业经营的重要因素。并购成功后也会因为制度、经济、文化等各方面差异使得企业整合经营困难。但是跨国经营的利益也是多方面的，除了可以利用发展中东道国的要素成本，还可以通过地域多元化进行分散化经营，从而有效降低市场联动带来的系统性风险。这同样也是管理视角下跨国公司对外并购的重要原因之一。表 7-11（布鲁纳，2011）列出了部分新兴市场与美国市场的相关性。从中可以发现总体趋势为各国随着经济发展和时间推移同美国市场的相关性在增强，但是差异仍然很大。与此相关的其他一些金融因素也会纳入跨国并购的考虑，比如汇率变动会使得各国资产的相对价格发生变化，从而影响并购活动。较多研究表明，经济实力较强的国家很容易在汇率升值趋势中进行跨国并购，汇率变动与外国直接投资之间存在较强的正相关关系。而对美元的长期预期，也是美国公司参与跨国并购的关键因素。

表 7-11　部分新兴市场与美国市场的相关性

新兴市场	1976—1985	1985—1992	1995	1999
阿根廷	3	10	52	
巴西	-7	13	48	
古巴	-11	32	46	
墨西哥	13	49	60	
泰国	-9	43	53	

注释：数据单位为%。

3. 跨国并购收益

虽然跨国并购在经济实践中扮演越来越重要的角色，那么现实中的跨国并购是否取得预期成功？研究结果表明并不是这样。

针对普通并购的研究总体表明，一般而言被并购目标公司的股东可以得到显著正回报，但是收购公司股东的收益在各项研究中差异较大。布鲁纳（2011）对于短期回报率的研究进行了综述，表明在 54 项研究中，有 32 项发现收购公司的股东短期回报率显著为正，但是也有 22 项研究回报显著为负。对长期回报率的研究中仅有 5 项显著为正，有 11 项显著为负。

因此总的来讲，不能认为收购公司实际上从收购行为中获取了较高的回报（布鲁纳，2011：122-123）。

对于跨国并购的研究而言也总体呈现类似结果。对于美国的多项研究显示，当美国公司被外国公司收购时，美国公司的股东回报率会得到提升。但是当美国公司收购外国公司的情况下，美国公司收购外国公司的回报并不显著为正。

实证分析得出上述结论其实并不意外。本章对于公司并购动机的理论研究也表明，应对冲击、管理者自负等多项原因是引发并购的重要原因，而多变的经济环境和决策失误均可能导致并购失败。同时并购后的资源整合和重组经营也是一项具有挑战性的任务。正如内部化理论所分析指出，不能默认跨国公司都具备较强的内部化经营能力。对于并购后公司盈利水平的研究表明，收购低账面市值比率的公司有利可图，同时结构重组对提高盈利水平有促进作用。但是，利用并购建立市场控制力并不一定能成功获得更高的盈利水平。

专栏 7　联想收购 IBM 个人 PC 业务

2004 年 12 月 8 日，联想宣布并购 IBM 个人电脑业务。这并非中国企业对海外公司并购的开端，但却因为该并购金额之大、双方企业均为国内外知名品牌等各项因素引起了中国国内和国际媒体的普遍关注，而国内则更因其"天价收购"创下中国企业对外并购交易额记录而引起更热烈的讨论。2005 年 5 月 1 日，联想集团正式完成了对 IBM 全球个人电脑业务的收购。图 7-3 介绍了联想收购 IBM 个人电脑业务的交易结构。

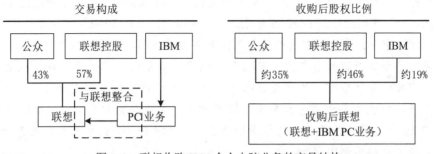

图 7-3　联想收购 IBM 个人电脑业务的交易结构

这是一起跨国混合收购。收购中的现金比例较高，因此并不属于杠杆收购。根据联想集团和 IBM 签署的收购协议，联想集团收购 IBM 个人电脑事业部, 具体资产包括: (1) IBM所有笔记本和台式电脑业务及相关业务的客户、分销、经销和直销渠道; (2) "Thinkpad" 品牌及相关专利; (3) IBM深圳合资公司和位于日本与美国北卡罗来纳州的品牌研发中心。

收购支付总金额为12.5亿美元, 包括6.5亿美元现金和6亿美元联想普通股 (香港上市), 并承担5亿美元IBM债务。其中IBM将持有联想集团18.9%的股份, 包括占比8.9%的普通股和10%的无投票股份 (每股价值2.675港元)。除联想自有资金 (4亿美元) 以外, 收购资金来源包括: IBM财务顾问高盛集团提供的过桥贷款; 高盛集团协助组织, 由巴黎银行、荷兰银行、渣打银行和工商银行等20家银行贷出的国际银团贷款; 德克萨斯太平洋集团、泛大西洋集团及美国新桥投资集团三大股权投资公司的战略投资款。其中战略投资部分具体为德克萨斯太平洋集团投资2亿美元、泛大西洋集团投资1亿美元、美国新桥投资集团投资5千万美元, 三家公司相应总计获得新联想约12%的股份。

IBM在收购交易完成后成为并购后联想的第二大股东, 持股份额达到18.9%。同时, IBM的财务顾问高盛集团成为助力收购和组织银团贷款的关键金融机构, 也说明IBM在本次收购中并非弱势地位。一方面, IBM通过此次并购出售了其连年亏损的业务部门; 另一方面, IBM通过对新联想的持股, 使得此次并购并不是简单业务剥离, 而是接近于两家公司的某种结盟和合作。收购协议对IBM减持股票的数量和期限进行了具体规定, 而并购后的联想集团也明确表示和IBM将在全球PC销售、服务和客户融资领域结成长期战略联盟。收购协议也都对此作出了明确规定。

收购两年后的2007年8月, 时任联想集团董事局主席杨元庆接受《第一财经日报》采访时表示, "从发展情况来看, 我们已经顺利完成整合阶段"。根据联想公布的2007/08财年第一季度业绩, 联想在该季度营业额达到39亿美元, 净利润达到6680万美元, 较去年同期增长近12倍, 联想在美洲、欧洲、中东、亚太等四大业务区已经获得持续赢利。同时, 联想在并购后成立了全球消费业务集团, 开启了将消费业务推向全球更多市场, 使全球市场成为联想增长的重要驱动力。到了2013年, 联想以全球16.7%的市场份额成为全球第一大个人电脑供货商, 惠普和戴尔分别以16.4%和12.2%分列第二、第三。从市场份额看, 联想收购IBM个人电脑业务的全球化目标顺利实现。

两家公司的并购后合作并非顺利。在协议规定期满后, IBM开始不断减持其拥有的联想股票份额, 到2008年7月其持有联想股份已经降至

4.8%。根据香港联交所规定，持有 5%以下股份的股东无须做出申报，因此此后 IBM 的出售情况便不再公开披露。但根据媒体报道，到 2011 年 IBM 已将联想股份悉数出售。

2014 年联想再次以 23 亿美元金额完成对 IBMX86 服务器业务的收购，其中 90%为现金支付，另外 10%为股票支付。然而在并购同年的 2014 年 7 月，IBM 与苹果公司达成排他性合作协议共同进军企业级市场，并开始在公司内部用苹果电脑替换联想产品。联想也相应在完成 X86 服务器业务收购后，开始寻求与 IBM 在芯片领域的竞争对手英特尔进行合作。到 2016 年，IBM 再次出售因 X86 出售业务所持有的联想股票，这次出售也意味着两家公司在两次并购交易后终于分道扬镳，并购初期所称的长期战略合作至此结束[①]。

到 2018/2019 财年，联想集团个人电脑全球市场份额已经达到 23.4%，仍保持世界第一大供货商和出口商。而也正是在 2019 年，中美经贸关系发展因特朗普政府的各项举措受到极大影响，中国出口到美国的 5500 亿美元产品分别被开征 10%或 25%水平关税，同时电脑 CPU、关键芯片等被"卡脖子"领域的技术发展也成为焦点。中国作为个人电脑第一大出口国的同时，也是电脑 CPU 等芯片第一大进口国。个人电脑核心技术组间严重依赖于进口，国产电脑和中国厂商何时能突破卡脖子技术领域并真正跻身于世界技术前沿成为热点讨论话题，也使得联想等中国厂商在这场讨论中受到公众舆论新视角的格外关注。或许，对于联想收购 IBM 个人电脑业务和 X86 服务器业务的各种探讨和争论，在今后很长一段时间内仍会持续。

本章思考题

1. 跨国公司的海外经营除了国际直接投资还包括哪些形式？它们之间有何差异？

2. 什么是跨国并购？跨国并购的主要类型是哪些？

3. 为什么跨国并购活动会存在一定的周期特征？这种周期的决定因素主要是什么？

4. 为什么跨国并购会带给并购方和被并购目标不同的收益和股市表现？

---

① 根据《联想集团年报》、和讯网、经济观察网等的公开报道搜集整理。

5. 2014 年，中国并购十大案例如表 7-12 所示。请查询相关资料，找到其中的对外跨境并购案例，并分析其并购动因和并购效果。

表 7-12　中国并购市场十大案例（2014）

并购方	行业	被并购方	行业	金额（US$M）
五矿资源有限公司	能源	Las Bambas	能源	7005
巨人投资有限公司	金融	巨人网络科技有限公司	互联网	3000
联想集团有限公司	IT	摩罗罗拉移动控股	电信	2910
国家电网集团	能源	意大利存贷款能源网公司	能源	2816
方正证券股份有限公司	金融	中国民族证券	金融	2105
联想控股有限公司	金融	Pizza Express	零售	1543
越秀企业有限公司	其他	创兴银行有限公司	金融	1501
阿里巴巴集团	互联网	高德软件有限公司	电信	1500
华安基金管理有限公司	金融	京东方科技股份有限公司	光电	1462
京东方科技集团	光电	京东方显示技术有限公司	光电	1367

6. 2016 年，中国宏芯基金收购德国爱思强（Aixtron）失败，阅读材料并思考以下问题：（1）企业进行对外直接投资的动机一般是什么？你认为宏芯基金拟收购爱思强的动机主要是什么？（2）德国和美国未能批准该收购案，原因是什么？（3）《金融时报》指出中国对外直接投资的快速增长背后存在政府的隐性支持，特别是针对国企的支持。这种支持在中国是否存在？如何评价针对 OFDI 的政策支持？

"当地时间 24 日，德国芯片设备制造商爱思强（Aixtron）发公告称，上周五，德国经济部通知该企业，撤回了此前对于中国福建宏芯基金的收购批准，并计划对此收购案进行重新审核。而就在上周，中国福建宏芯基金已经赶在收购期限之前付清了爱思强约 65% 股份的资金。"（《第一财经》，2016 年 10 月，http://www.yicai.com/news/5142375.html）

"中国投资的指数式增长，以及政府显然加大对走出国门的中资公司的隐性支持，已导致保护主义情绪上升，德国撤回对中资企业收购芯片设备制造商爱思强（Aixtron）的批准就表明了这种趋势。中国投资仍发生在半导体和其他高科技或敏感行业。此类收购难免招来高度警惕，尤其是当这些交易是由中国国企发起的时候。"（《金融时报》，2017 年 4 月，http://www.ftchinese.com/story/001072188）

"在本月提交巴拉克·奥巴马（Barack Obama）总统的一份报告中，成员包括英特尔（Intel）和高通（Qualcomm）等芯片制造商的现任和前任首席执行官的一个委员会，呼吁美国采取更多行动为其半导体公司创造一个有利环境，并留住人才。该委员会还呼吁美国同欧盟和其他盟友合作，加强对敏感半导体技术的全球出口管制，并由美国外国投资委员会（CFIUS）继续严格审查中国对该行业的投资。根据该委员会的建议，奥巴马去年阻止了中国投资者收购德国芯片设备制造商爱思强（Aixtron）。"（《金融时报》，2017 年 4 月，http://www.ftchinese.com/story/001071077）

第八章　跨国公司活动的母国影响

　　跨国公司的国际直接投资活动会对母国和东道国经济同时带来各种影响。在现实中上述影响是同时产生的，当跨国公司将非熟练劳动力密集的生产活动转移到外国，留在母国的生产活动的平均技术密集度将上升会影响就业和要素报酬等多方面，对东道国的劳动力需求也会对东道国产生影响。同时，母国政策制定者和公众对于跨国公司的感受往往十分复杂且存在差异。当本国跨国公司在全球企业财富排行表现优异时会因此自豪，但是当这些公司关闭本国工厂转而去国外设厂时又为此担忧甚至反对。如何理解跨国经营活动的影响效应也决定了投资母国的系列政策，例如美国"重振制造业"计划则希望美国跨国公司将部分海外生产活动重新回归美国。本章则关注跨国公司国际直接投资活动的母国效应，并对其中的重要问题展开分析。

第一节　跨国公司生产率优势的来源与甄别

一、跨国公司的生产率优势：自我选择效应

　　从研究角度看，一切公众或政策制定者对于跨国公司的母国效应的主要担忧可能是失业率上升和产业空心化。但从实证研究的角度来看，回答上述问题的前提仍然首先是：对外进行直接投资的跨国公司与本土公司究竟有何种不同。前述章节对各种跨国公司直接投资动机进行了阐述，而各类分析的共同点在于跨国公司具备一定的优势或具有更高生产效率。本节分析将再次回到这一问题，并从实证分析的角度进行验证。

　　首先需要指出，现有实证分析均证实跨国公司相比本土企业往往具有更高劳动生产率（无论是用人均产出、人均增加值或全要素生产率来衡量），

而无论其对外投资动机是水平型接近市场动机，或者是垂直型比较优势动机。表 8-1（Criscuolo & Martin，2009）提供了英国经济中的英国跨国公司和普通国内企业基本特征的一个简单描述，可以看出，英国跨国公司的工厂的经营指标显著优于国内其他工厂。这为我们理解跨国公司的生产率优势提供了一定的证据。

表 8-1　英国跨国公司工厂和国内工厂的特征比较

经营指标	国内工厂	跨国公司
观测数量	161234	2919
人均增加值	27.98	36.98
人均产出	76.52	105.3
员工人数	142	475
人均资本存量	38.23	65.41
人均中间品投入	50.52	69.76

需要进一步研究的问题是跨国公司的生产率优势来源。首先需要排除跨国公司的生产率优势除了因规模巨大或历史悠久以外，是否具备真正的技术优势。接下来的问题是，跨国经营本身是否会促进跨国公司的生产率优势进一步提升。大量实证分析针对第一个问题进行了研究。公司的生产率或技术水平往往难以直接观测，而影响其的因素则涉及到多方面经营变量，例如规模、经营年限、要素密集度等等。仅有在控制这些因素的情况下才能准确对跨国公司的生产率水平进行甄别。现有实证分析的基本研究模型如下式所示[①]：

$$\ln(q_t^k) = \alpha + \beta \mathrm{MNE}_t^k + \ln \sum_{s=1}^{v} \gamma_s X_{st}^k + e_t^k \tag{8.1}$$

其中 q_t^k 代表企业 k 在时点 t 的生产率衡量，MNE_t^k 为二元虚拟变量，用以衡量公司在时点 t 是否为跨国公司。如果是跨国公司则取值为 1，反之则取值为 0。X 为可观察到的企业特定特征的向量，诸如企业规模、企业资本密集度、企业成立年限等其他影响企业生产率的因素，e_t^k 为残差项。在各项研究中，对于控制变量的选择可能存在一定的差异。表 8-2 给出了两项代表性实证研究结果，从中可以看出跨国公司的全要素生产率优势得

---

① Barba Navaretti and Davide Castellani. 2003. Investments Abroad and Performance at Home Evidence from Italian Multinationals, No 180. Development Working Papers, Centro Studi Luca d'Agliano, University of Milano.

到了证实。

表 8-2　跨国公司与本土企业在全要素生产率方面的差异

自变量	(1)	(2)
MNE^k	0.158*** (0.021)	0.537*** (0.037)
观测样本数	1587	3202
样本国家	意大利	美国
年份	1993—1998 年均值	1997 年

注：括号内为标准误差，***代表 1%显著性水平。对于控制变量不再一一汇报。表中第（1）栏引自纳瓦雷特等（Navaretti & Venables, 2004）的研究；第（2）栏引自赫尔普曼等（HMY, 2004）的研究。

表 8-2 中，纳瓦雷特和维纳布尔斯（2004）运用 1993 年至 1998 年观察到的意大利企业样本估计（8.1）式。估计结果发现，跨国公司的国内生产活动比没有外国子公司的本土企业平均高出 15.8%[①]。赫尔普曼等（2004）的研究则表明，跨国公司的生产率差异系数更达到 0.537[②]。其他各项研究结论也基本与此类似，跨国公司的国内经营活动和国外经营活动都比经营所在地的本土企业更具生产率。

上述生产率差异也验证前文包括垄断优势理论、内部化理论、国际生产折衷理论和异质性企业理论对于跨国公司的分析：最具生产率的企业才成为跨国公司。该效应即跨国公司的自我选择效应。行业内部的企业生产率存在差异，生产率最高的企业选择成为跨国公司，而较高生产率企业成为出口企业，生产率较低的企业只能服务于国内市场，而生产率最低的企业甚至无法维持经营，只能退出市场。第五章对赫尔普曼等（2004）异质性企业的国际投资行为的模型介绍中，已经对企业异质性背景下跨国公司的自我选择效应进行深入分析。该分析虽然针对水平型国际直接投资，但对于跨国公司生产率的考察也适用于对其他投资动机跨国公司的观测。从这个意义上，自从海默垄断优势理论对跨国公司进行系统性分析以来，跨国公司即生产率的共识在各种理论的发展中从未改变过。

那么，生产率较高的公司选择成为跨国公司，从事国际直接投资和国

[①] 在该项研究中，对于跨国公司生产率的衡量仅仅以其本国工厂的生产率来进行衡量。参见 Navaretti G B, A J Venables. 2004. Multinational Firms in the World Economy. Princeton University Press, chap 9: 234.

[②] Helpman E, M J Melitz, et al. 2004. Export versus FDI with Heterogeneous Firms. American Economic Review: 300-316.

际经营活动以后，对它们的生产率会起到何种作用呢？国际经营的风险和困难是弱化了其生产率优势，还是继续强化了跨国公司的生产率优势？

二、跨国经营的生产率提升效应

从直觉上看，跨国公司的国际直接投资活动可以通过诸多效应进一步提升其生产率。无论是水平型国际直接投资还是垂直型直接投资，企业都可以通过经营协同效应和规模经济降低生产成本，以进一步增强企业的垄断势力和竞争力。换言之，跨国公司各类国际直接投资动机本身即跨国公司可能进一步增强生产率优势的机制。而从管理或财务视角看，协同效应、财务效应、汇率风险规避等各种因素，也能强化公司经营管理从而提升效率。因此，跨国经营能继续提升其生产率符合直觉和经验判断。

但是困难在于，如何确定和甄别因果关系？生产率高的企业较易成为跨国公司，而成为跨国公司可能会促进经营绩效进一步提升。当这两项因素交织在一起，观测者在某个时点观测到跨国公司具有生产率优势时很难判定其高生产率来自跨国公司的自我选择效应，还是跨国经营带来的提升效应。采用有时序特征的面板数据可以提供更好的数据基础来进行识别，但仍然需要一定的方法将自我选择效应和跨国经营的提升效应进行区分。

假设跨国公司的成长与发展是一个渐进过程，即遵循前文第七章所述的乌普萨拉模式（Uppsala Model），经历偶然出口、稳定出口、成为跨国公司三个阶段，并在某个时间段完成从国内出口企业到跨国公司的身份转变。那么此时观察该公司不同时间段的生产率轨迹并与其他公司进行对比就为甄别自我选择效应和跨国经营提升效应提供了可能。

如果一个样本数据集包括如下三类企业：在整个观察期内都拥有外国子公司并进行海外经营的跨国公司（MNEs），在整个观察期内从未有过外国子公司的企业（国内本土经营公司，National Firms），以及那些在 t_0 时刻开设其第一家外国子公司从未成为跨国公司的企业（转换企业，Switching Firms）。那么在自我选择效应和跨国经营的生产率提升效应同时存在的情形下，三类企业生产率的理论轨迹（生产率轨迹均用实线表示）应当如图 8-1 所示（Navaretti & Castellani，2003）[①]。

---

① 转引自纳瓦雷特等的研究（Navaretti & Venables，2004：236）。

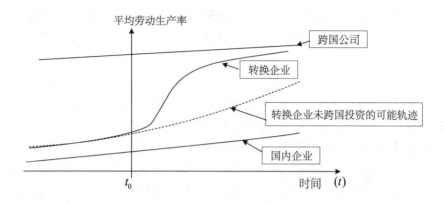

图 8-1　跨国公司、转换公司和本土企业的生产率轨迹

从图 8-1 中可以发现，自始至终为跨国公司的企业生产率始终高于其他两类公司，轨迹位于图形最上方且比较平稳。同时，国内经营企业的生产率较低，其轨迹平稳位于最下方。需要重点关注的是转换企业。由于存在自我选择效应，转换企业在进行投资之前比其他国内企业有更高的生产率，其生产率轨迹在直接投资前已经高于国内企业的生产率轨迹。时点 t_0 之前的转换公司生产率和国内经营公司的生产率差异即自我选择效应。在进行国际直接投资之后，由于跨国经营所带来的生产率提升效应进一步扩大了转换企业和国内企业的生产率差异，其轨迹显著上升并收敛于图形最上方的跨国公司轨迹。此时生产率的大幅提升则归因于跨国经营带来的生产率提升效应。

但该图仅仅是理论示例。即使研究者关注到转换企业的生产率轨迹在投资后有所改善，仍不能严格确定这是国际直接投资的结果，还是受到其他无法观测的、在 t_0 时期发生的其他外生事件的冲击影响。并且此时自我选择效应中的生产率优势在 t_0 时刻后同样可能受到时间冲击而扩大，因此甄别与量化跨国经营提升效应的幅度仍然是难题。

再次回到图 8-1 并关注虚线生产率轨迹。这是一条反事实的假想生产率轨迹线。它构造了国际直接投资事件的反事实：假定在 t_0 时刻转换企业并未进行国际直接投资时其生产率可能遵循的轨迹。该反事实构造对甄别跨国经营带来的提升效应至关重要。因为假设观测者能构造出该轨迹线，那么跨国经营的提升效应就具体化为转换企业在进行投资后的实际生产率轨迹（实线）与反事实生产率轨迹（虚线）之间是否存在显著差距和差距的测度。该差距能证明企业绩效表现归因于国际直接投资。问题在于这条虚线是反事实的假想，应该怎么构造呢？

基于微观数据的计量经济学进展提供了解决方法。基本思路是对照组寻找和对照组比较。如果能找到一批未在 t_0 时期内进行海外投资但其他各方面经营指标与转换企业无显著差异的国内企业，那么这批企业的生产率轨迹可以近似模拟反事实虚线，从而为转换企业的跨国投资提升效应提供甄别基础[①]。赫克曼（Heckman，1997）提出的倾向得分匹配法（PSM）是上述思路中比较重要的研究方法[②]。倾向得分匹配法定义转换企业为实验组（Treated），然后寻找重要经营特征与控制组接近的未对外直接投资企业样本为控制组（Control），并通过控制组的"反事实"比较两组企业的绩效水平差异，进而确定对外直接投资与企业生产率提升之间的因果关系。

在实证分析过程中，学者更多采用倾向评分匹配和倍差法相结合的方法（PSM-DID）。第一步采用倾向评分匹配法在非对外直接投资企业样本中选取控制组。第二步则引入倍差法对实验组和控制组的生产率差异进行回归分析。这样做的原因是源于仅 PSM 方法不能很好地控制诸如需求冲击及个体效应等不可观测因素。设样本观察组包括 i 个企业，其中组别 D=1 表示进行跨国直接投资的实验组企业，D=0 为通过 PSM 方法甄别所得的控制组企业。设 TFP_i 为企业的全要素生产率，$t0$ 表示实验组企业进行跨国直接投资前的时期，$t1$ 表示实验组企业进行跨国直接投资后的时期，如果反事实构造比较合理，可近似认为匹配得出的控制组企业和实验组企业在事件发生之前无差别[③]，那么跨国直接投资的生产率提升效应为：

$$Treatment\ Effect = E\left(\Delta TFP_{i,t1}|D_i=1\right) - E(\Delta TFP_{i,t1}\,|\,D_i=0) \qquad (8.2)$$

纳瓦雷特等（2003）根据意大利企业的数据分析了三类企业的生产率变化，样本实际生产率轨迹如图 8-2 所示（Navaretti & Castellani，2003）。可以发现该图比较贴近图 8-1 的轨迹示意图。该图中的转换企业于 1993 年至 1997 年间开设外国子公司成为跨国公司，三组企业的生产率轨迹也大致同理论示意图所示。转换企业在跨国投资前比国内公司已有更好表现说明自我选择效应存在；而其生产率轨迹在跨国投资后的上升则证实了了跨国经营的生产率提升效应。那么实证检验是否能证实两类效应呢？

---

① 该方法也仅仅是近似。对照组企业在现实中毕竟未进行关键的跨国直接投资。

② Heckman J J, H Ichimura, et al. 1997. Matching as An Econometric Evaluation Estimator: Evidence from Evaluating A Job Training Programme. The review of economic studies, 64 (4): 605-654. 詹姆斯·赫克曼因其对分析选择性抽样的原理和方法所做出的发展和贡献与丹尼尔·麦克法登一起获 2000 年诺贝尔经济学奖。

③ 具体指做到关键变量在统计意义上无显著差别。

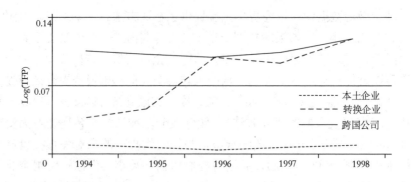

图 8-2 意大利三类企业的生产率轨迹（1993—1998）

根据企业就业规模、上期全要素生产率、投资回报率、人均盈利、企业年龄、研发情况、负债比、现金流量比等影响全要素生产率（TFP）和国际直接投资的重要指标，该研究首先构建 Probit 方程对国际直接投资的倾向评分进行拟合，结果如表 8-3 所示（Navaretti & Castellani，2003）。

表 8-3 企业对外直接投资的可能性评估

自变量	系数
全要素生产率	0.411**
	(0.197)
雇员人数	0.509**
	(0.058)
人均利润	0.007**
	(0.002)
投资回报率	0.799
	(0.919)
企业年限	0.129
	(0.084)
研发资产比	4.130
	(3.349)
资产负债比	0.397
	(0.326)
现金资产比	-0.197**
	(0.056)
样本量	2,960
Pseudo R^2	0.227

注释：**和*分别表示 5%和 10%显著性水平。引自 Navaretti & Castellani（2003）。变量均滞后一期。模型控制行业、地区和时间固定效应。

以表 8-3 的回归结果为基础，根据显著影响国际投资倾向的关键变量对全样本企业进行评估匹配以寻找控制组。最终，实验组和控制组的各项指标对比结果如表 8-4 所示（Navaretti & Castellani，2003）。可以发现，实验组（转换企业）和对照组（匹配得出）的各项经济指标已经不再具备显著统计性差异，说明匹配比较成功。

表 8-4　对外直接投资企业的对照组匹配

变量	未匹配样本			匹配后样本		
	实验组	对照组	P 值	实验组	对照组	P 值
样本量	119	3415		109	103	
营业额	145726	37579	3.082[**]	110086	144669	−0.773
员工数	347	92	2.709[**]	263	256	0.099
全要素生产率	1.214	0.997	4.503[**]	1.176	1.196	−0.347
税前 P/L	6187	1185	3.363[**]	4610	3642	0.461
营业 P/L	8676	1932	3.186[**]	6270	7419	−0.529
人均营业利润	38.4	21.9	3.42[**]	35.7	39.4	−0.471
平均工资	60.8	57.8	2.059[**]	60.4	61.0	−0.297
增加值比例	27.4%	29.1%	−1.59[*]	27.6	28.5	−0.547
企业年限	24	23	1.291	24	23	0.243
总资产	213303	29476	1.819[**]	116474	103328	0.351
有形资产	23004	6583	2.925[**]	19277	21726	−0.456
无形资产	3314	750	1.636[**]	1671	4003	−0.986
无形资产比例	2.1%	1.6%	0.824	1.6%	2.4%	−1.246
研发资产	274.0	29.4	1.116	286.5	153.8	0.548
研发资产比例	0.2%	0.10%	.986	0.3%	0.4%	−0.535
流动资产	169619	19778	1.687[**]	84684	61515	0.808
资产负债比	67.6%	67%	.401	67.6%	67.8%	−0.087
应付利息	6.1%	5.80%	.92	6%	6.2%	−0.358
现金/有形资产	0.521	0.727	−1.335	0.468	0.611	−1.027

接下来则采用倍差法进行回归，并同时控制其他重要经营变量。回归的基准模型仍为（8.1）式。跨国经营如果对企业生产率确实存在提升效应，那么跨国投资变量（MNE）的回归系数应该显著为正。回归结果如表 8-5 所示（Navaretti & Castellani，2003）。可以发现回归结果验证了理论预期。无论是否控制其他经营变量，对外直接投资在 DID 回归中都显示出全要素生产率有更高增幅。因此，与国内企业的基准全要素生产率水平相比，对外投资企业的生产率高增长来自于跨国投资产生的生产率提升效应。

表 8-5　海外投资对全要素生产率增长的影响

估计量	SM	DID	SM	DID
	（1）	（2）	（3）	（4）
MNE	0.036[**]	0.075[**]	0.015	0.049[**]
	(0.014)	(0.024)	(0.010)	(0.017)
控制变量[*]	No	No	Yes	Yes
样本量	212	422	212	422
R^2	0.018	0.029	0.528	0.466

注：[***]表示 p<0.01，[**]表示 p<0.05，[*]表示 p<0.10，SM 表示匹配处理效应的估计（Standard Matching Estimator），DID 表示基于倍差法对（8.2）式的估计。

值得注意的是，不同计量方法可能会得到不同结果。甄别自我选择效应和跨国经营的提升效应，也可以采用 GMM 方法进行动态面板对下述方程进行估计：

$$\ln\left(q_t^k\right) = \alpha_0 + \alpha_1 \ln\left(q_{t-1}^k\right) + \beta_1 MNE_{t-1}^k + v_t^k \qquad (8.3)$$

其中，q_{t-1}^k 为 $t-1$ 时期生产率；MNE_{t-1}^k 为一个虚拟变量，如果公司 k 在 $t-1$ 时期内开设第一家外国子公司并首次成为跨国公司则为 1，否则为 0；v_t^k 为误差项。该回归通过控制滞后期生产率来识别自我选择效应，通过 MNE 项的系数识别跨国投资带来的生产率提升效应。纳瓦雷特等使用表 8-5 所研究的同一个意大利企业样本利用（8.3）式进行回归分析，结果见表 8-6（Navaretti & Venables，2004：238）。回归结果说明 GMM 方法未能甄别出跨国经营的生产率提升效应，但是展示了显著的自我选择效应。这可能是因为时间序列较短而造成 GMM 方法未能准确识别。

总体而言，目前的实证检验一般均支持自我选择效应的存在，未有研究表明低生产率选择成为跨国公司。但对于海外投资是否能确定带来企业绩效进一步改善未能达成共识。跨国投资带来的生产率提升效应在不同期限不一定被显著识别，但也较少有证据表明进行跨国直接投资会导致投资企业经营显著恶化[①]。

表 8-6　对外投资的绩效提升效应：GMM 分析

自变量	AB-GMM
$\Delta ln\left(TFP_{t-1}^k\right)$	0.367[**] (0.113)
ΔMNE_{t-1}^k	0.079 (0.072)
样本量	3692
企业数量	1291

注：[***]、[**]和[*]分别表示 1%、5%和 10%显著性水平。所有的估计都是 GMM 一阶差分估计量。

---

① 对于不同具体情形或更换经营指标时，研究结论会存在差异。

三、对外直接投资与母国技术升级

本节中所要讨论的另一重要问题是对外直接投资带给母国技术升级和研发活动产生影响。由于发达国家的跨国公司及其对外直接投资活动长期以来在国际投资中占据主导地位，且发达国家也为知识技术的主要创新国，所以在国际直接投资和技术升级的相关讨论中，较多的讨论集中于国际投资对东道国技术的影响。对外直接投资的理论和实践探讨中，也会直接假定跨国公司在对外直接投资时具备知识产权或特有技术优势，以弥补其跨国开设新厂进行国际直接投资所需的较高成本。

但是反向影响关系在理论上也可能存在。因为发达国家的知识技术也存在差异性和层次性，而知识技术普遍具有外溢的特征。所以跨国公司一旦将其子公司建立在知识密集型国家和地区，那么也可能直接或间接通过技术溢出效应获得新的技术和技能。这一点也是邓宁（2008）国际生产折衷理论所提出的技术寻求型动机。

比较具有代表性的实证研究为波特里等（Potterie and Lichtenberg，2001）就 13 个 OECD 国家 1971 年至 1990 年间对外直接投资带来的技术影响研究[1]。该研究提出的假设模型为 i 国家对 j 国进行对外直接投资以后会从 j 国的 RD 存量中获取技术溢出，具体衡量方法如（8.4）式所示：

$$S^{ft} = \sum_{j \neq i} \frac{t_{ij}}{k_j} S_j^d \tag{8.4}$$

其中，S^{ft} 代表 i 国从对外投资中获取的技术溢出，t_{ij} 为 i 国投向 j 国的对外直接投资流量，k_j 为 j 国的固定资产总额，S_j^d 则是 j 国的 R&D 资本存量。简而言之，前往越知识密集型的国家进行投资则越可能给投资国带来技术溢出。该研究的分析结论证实了这点。投资于 R&D 密集型国家的确会通过技术溢出提高投资国生产力，而当 OECD 国家作为东道国吸引国际直接投资时，反而不会从吸引直接投资中获得技术溢出效应。布兰斯泰特（Branstetter，2006）以日本企业对美直接投资进行了研究，研究结论同样表明日本企业对美国的直接投资行为提高了其专利活动倾向[2]。

① Potterie B, F Lichtenberg. 2001. Does Foreign Direct Investment Transfer Technology Across Borders?. Review Of Economics and Statistics, 83 (3): 490-497.

② Branstetter L. 2006. Is Foreign Direct Investment A Channel of Knowledge Spillovers? Evidence From Japan's FDI in the United States. Journal Of International Economics, 68 (2): 325-344.

应当注意的是，对外直接投资的技术寻求动机对于发展中经济体可能更为重要。因为发展中经济体的研发属于相对落后的水平，所以其向发达经济体的投资可能更希望从发达经济体的知识技术中获取向后技术溢出。

第二节　国外直接投资的就业影响

一、国际直接投资对母国生产的影响

跨国公司对外直接投资对母国生产和就业也会造成重要影响。事实上，该效应也是发达国家政府和公众对跨国公司影响的首要关注点。二十世纪六十年代，由于担心对外直接投资会对美国国内制造业就业产生负面影响，美国国内在工会支持下发起一场反对外直接投资运动，并试图在国会通过限制海外进口和对外投资的伯克－哈特克法案（Burke-Hartke Bill）。该时期的争论催生了一系列关于美国对外直接投资的母国效应研究。而各项研究或从国际直接投资和出口的关系以间接讨论其对母国就业的影响，或跳过中间效应直接考察国际直接投资和就业的关系，都属于跨国公司对外直接投资动机探讨的延伸，因为跨国公司活动对母国生产的影响与其投资动机和投资类型密切相关。

跨国直接投资和母国企业产出和出口可能属于互补关系，也可能属于替代关系。水平型国际直接投资对出口进行替代，那么出口减少也就自然意味着母国生产和就业的减少。如果对外直接投资属于寻找资源类或垂直一体化动机，对外投资可能会促进母国研发活动和上游中间产品生产，从而促进国内就业上升。但即使在垂直型国际直接投资的情况下，跨国公司为了更低生产成本将生产活动从母国转移到另一个国家进行专业化生产时，该直接投资活动同样会减少母国的增加值。因此，这取决于在外国工厂的生产活动会增加多少对母国工厂投入品的需求。而无论属于哪一种对外直接投资类型，从较为长远的时期来看，越来越多的海外经济活动最终会促成经济融合和专业化分工，最终提高对母国总部服务和中间品生产活动的需求，从而使母国研发和服务活动的产出扩大。

早期的研究，例如利普西等（Lipsey and Weiss，1981；1984）对美国跨国公司的分析结果认为,对外直接投资和国内生产与出口属于互补关系。

当跨国公司境外企业销售额增多,那么跨国公司母国工厂的出口也会增加。同样的结论也在很多对日本和其他欧洲跨国公司的研究中得出[①]。该阶段由于数据基础受限,实证文献较多关注于经济总量方面的活动,因此基本都发现对外直接投资会促进母国经济活动,而不是进行替代或削弱。这是用宏观总量数据解释国内生产、对外直接投资和对外贸易关系很容易得到的结论,即在一定时间内的经济增长期,GDP、对外直接投资和对外贸易都是同向变动的。采取工具变量方法可以在一定程度上避免该问题,但也很难得到准确甄别。

随着企业层面的微观数据使用,特别是境外子公司企业不同生产环节的生产、贸易活动的数据被实证分析应用,研究者可以微观视角观察国际直接投资和国内出口、生产的关系,相关研究成果逐渐丰富。黑得和里斯(Head and Ries ,2001)对 932 家日本制造企业 25 年间投资活动的面板数据研究发现,境外设立子公司活动和母国出口属于总体互补关系。但研究也同时表明,如果企业投资属于水平型直接投资情形,那么境外子公司的生产活动不一定提升对母公司中间产品的需求,此时制造业的海外投资可能会抑制母国的出口。该研究证实了水平型直接投资和出口之间为替代关系,但是在垂直型国际分工模式中则呈现为互补关系。布洛尼根(Blonigen,2001)使用日本对美国出口和内销的汽车零件的数据,同样发现互补和替代关系都存在,具体取决于母公司和其境外设立的企业之前的关系。

表 8-7 对外投资和出口的关系

出口	(1)	(2)	(3)	(4)
FDI	0.01***	0.05***	0.02***	−0.01
	(0.00)	(0.01)	(0.00)	(0.01)
控制变量	Yes	Yes	Yes	Yes
固定效应	Yes	Yes	Yes	Yes
样本量	18688	239	216	1857
AR2	0.524	0.972	0.938	0.639

注:***、**和*分别表示 1%、5%和 10%显著性水平。引自黑德和里斯的研究(Head and Ries,2001)。(1)至(4)分别为全制造业样本、汽车业大企业样本、电子行业大企业样本、汽车和电子行业零部件供应商类企业样本。控制变量包括资本密集度、生产率、平均工资、企业规模和分销类海外投资等变量。

---

① Lipsey R E, M Y Weiss. 1984. Foreign Production and Exports of Individual Firms. The Review of Economics and Statistics: 304-308; Lipsey R E, M Y Weiss. 1981. Foreign Production and Exports in Manufacturing Industries. The Review of Economics and Statistics: 488-494.

总结起来，大部分境外企业的产出和母国的出口从总量上看是互补关系，但是具体取决于境外企业以垂直嵌入还是以水平嵌入于全球价值链。互补水平关系大概率出现于垂直型国际直接投资活动结构中，而替代关系则出现于基于水平化分工的跨国公司活动。这些实证结论和前文理论分析也保持较为一致的结论。

二、国际直接投资对母国就业的影响

国际直接投资对国内就业的影响分析与其带给国内生产的影响密切相关，也可简单被分为替代或互补关系。互补关系即就业补充理论，认为对外投资促进本国国内生产和出口时促进国内就业。替代关系即就业削减理论，认为跨国公司进行国际直接投资会带来产业空心化并抑制本国就业。

现实中对外投资产生的母国就业总效应则很难被简单划分为上述任何一种。首先，对外直接投资既有水平型投资也有垂直型投资，因此造成各类影响混杂。另外国际直接投资的就业影响可能也很难简单地从就业总量上来进行衡量，更多带来就业结构的效应。比如，管理和研发活动集中于母公司可能会创造许多母国非生产性就业机会，并导致母国法律、公共关系服务和工程咨询等方面就业的增加。

各项实证分析研究的结论存在较大差异。部分研究认为进行国际直接投资对本国就业并无负面影响，例如斯劳特（Slaughter，2003）认为，对美国海外跨国企业的劳动力需求增长会带动美国国内的劳动力需求增长，甚至每一单位国外劳动力的增长会使得本国劳动力增长两个单位。曼昆等（Mankiw and Swagel，2006）在其综述中也指出美国企业在海外的活动不会挤出美国国内的劳动力需求[1]。但与此同时，其他部分研究认为海外投资增加的海外就业是对母国就业的替代，因此从就业上而言对外直接投资会带来负面影响，尤其以布莱纳德等（2001）关于美国制造业的研究为典型[2]。

更多研究表明，对外直接投资对母国就业的影响不可单一而论。首先，对外投资的行业和类型存在较大的差异，综合影响难以判定。布洛斯特罗

---

[1] Slaughter M J. 2003. Host Country Determinants of US Foreign Direct Investment, In H Hermann, R E Lipsey. Foreign Direct Investment in The Real and Financial Sector of Industrial Countries. Springer-Verlag Berlin: 7-32.; Mankiw N G, Swagel P. 2006. The Politics and Economics of Offshore Outsourcing. Journal of Monetary Economics, Elsevier, 53 (5): 1027-1056.

[2] Brainard L, Riker D. 2001. Are US Multinationals Exporting US Jobs? Globalization and Labour Markets. Globalization and Labour Markets, edited by D Greenaway, D R Nelson, Cheltenham, UK and Northampton, MA, Edward Elgar.

等（Blomstrom et al.，2000）比较了美国与瑞典的海外直接投资的差别，认为对外直接投资对母国就业既有提升正面影响，也有替代母国就业的影响[1]。具体会出现何种效果及影响大小取决于国际直接投资的具体投资类型和行业分布等因素。第二，当某个国家对外进行直接投资时，外国也往往对该国进行国际直接投资。国际资本跨国流动带来各国的劳动力会被资本流动充分利用，而单向国际资本流动对就业的影响则会被双向的国际资本流动所抵消。第三，对外投资的母国就业效应同东道国要素特征和投资动机紧密相关，而跨国公司对外投资往往是包含不同类型东道国和投资动机。哈里森等（Harrison and McMillan，2011）利用美国企业层面的微观面板数据的研究结论表明，美国向低收入国家的投资挤出了国内的劳动力需求，但向高收入国家的投资反而提升了国内的劳动力需求[2]。第四，当研究时间从中短期考虑至长期时，上述影响可能也会发生不同的变化。跨国公司通常需要时间将实际劳动力需求调整到所需的水平，而长期变化和劳动力调整成本只能通过估算动态劳动力需求来获得。布鲁诺等（Bruno and Falzoni，2012）使用美国跨国公司的行业水平数据（1982—1994 年）估算短期和长期的跨国工资弹性，研究结果表明美国跨国企业的母公司就业与其拉美分公司的就业关系在短期和长期内是相反的。虽然在短期内有证据表明两者是价格替代关系，但在长期中母国劳动力和外国劳动力是补充关系。当美国子公司设在欧洲时，国内和国外的劳动力总是替代关系[3]。

具体地，以哈里森等（Harrison et al.，2011）对美国自 20 世纪 80 年代至 90 年代末的对外直接投资和其国内外的就业所做研究为例，其研究结论发现海外投资和母国就业的关系混合且复杂，取决于投资类型、东道国选址等各种因素。低工资东道国的子公司就业同国内就业存在明显的替代关系，且基于美国 BEA 调查数据的实证分析也支持了这一结论。具体而言，美国该阶段的跨国公司海外子公司就业同本国就业的关系如表 8-8（Harrison & McMillan，2011）所示。

---

① Blomstrom M, D E Konan, et al. 2000. FDI in the Restructuring of the Japanese Economy. National Bureau of Economic Research Cambridge, Mass., USA.

② Harrison A, M McMillan. 2011. Offshoring Jobs? Multinationals and US Manufacturing Employment. Review of Economics and Statistics, 93 (3): 857-875.

③ Bruno G S, R Crinò, et al. 2012. Foreign Direct Investment, Trade, and Skilled Labour Demand in Eastern Europe. Labour, 26 (4): 492-513.

表 8-8　美国海外子公司就业同母国就业（1982-1999）

指标及数据来源		1982	1989	1994	1999
母国就业	BEA 数据	11758	10706	9622	7954
	作者数据	10689	9668	9104	7564
海外子公司就业	高收入国家	2595	3171	3,048	2903
	高收入国家比例	18%	22%	22%	24%
	低收入国家	1064	1405	1584	1868
	低收入国家比例	7%	10%	12%	15%
子公司总就业		3659	4576	4632	4772
子公司就业比例		26%	32%	34%	39%

哈里森等（2011）在实证研究中构建了简化模型对美国海外投资就业和母国就业关系进行考察，具体如（8.5）式所示：

$$lnL_{iht} = \beta_0 + \sum_j \alpha_j lnP_{jt} + \sum_j \eta_j w_{ijt} + \sum_j \omega_j r_{ijt}$$
$$+ \sum_j \chi_j RD_{ijt} + d_t + f_i + \varepsilon_{ijt} \quad (8.5)$$

其中，L_{iht} 表示美国 i 行业 t 时间就业，w 表示投资东道国 j 的工资水平，r 表示投资东道国 j 的资本利息，RD 表示投资东道国的研发成本。模型控制时间固定效应 d 和企业固定效应 f。实证研究结果见表 8-9。

表 8-9　美国对外投资的母国就业影响

自变量	（1）	（2）	（3）	（4）
美国行业工资	−0.359**	−0.332**	−0.350**	−0.466**
	（0.042）	（0.045）	（0.041）	（0.114）
高收入东道国行业工资	−0.006	−0.015	−0.048	−0.051
	（0.035）	（0.038）	（0.049）	（0.186）
低收入东道国行业工资	0.097**	0.104**	0.098**	0.057
	（0.016）	（0.018）	（0.018）	（0.046）
高收入东道国行业工资	—	0.316	1.741**	−0.098
×垂直分工程度	—	（0.544）	（0.876）	（0.128）
低收入东道国行业工资	—	−0.004	−3.915**	0.068
×垂直分工程度	—	（0.392）	（0.744）	（0.398）
进口渗透率	−0.232**	−0.232**	−0.192**	−0.232**
	（0.096）	（0.096）	（0.077）	（0.096）
样本量	3946	3946	3946	3946
R^2	0.09	0.09	0.09	0.09

注：***，**和*分别表示1%、5%和10%显著性水平。其中第（1）栏不控制垂直分工程度，第（2）—（4）栏分别控制以子公司内部进口、子公司待加工出口和出口平台型子公司代表垂直分工程度的交互效应。其他控制变量和固定效应略。

表 8-9 的结果表明低收入东道国子公司的就业是美国同行业就业的替代品。第（1）栏的回归系数为 0.097，因此低收入东道国工资下降 1%将导致美国母国就业下降 0.097%。但是对于高收入东道国而言，高收入东道国就业和美国就业关系难以确定，其回归系数为负却不显著。同时，进口渗透也降低了美国的母国就业。该研究的实证分析总体表明，制造业就业随着跨国公司对外直接投资转移到低收入东道国和美国参与垂直分工体系的深化，对美国就业可能会带来负面的影响。

专栏 8　美国伯克-哈特克法案之争

在二十世纪六七十年代，美国纺织、钢铁和电子等行业面临激烈的外国竞争，在上述行业工会的强烈支持下，议员向国会寻求立法，对上述行业进行进口保护并同时限制美国跨国公司的国际对外直接投资活动，以保证对外直接投资不能转移美国制造业到海外从而影响美国本土就业。这个法案就是伯克-哈特克法案。伯克-哈特克法案的主要内容包括三点：（1）实施严格的行业进口保护，限制因为 GATT 贸易自由化进程而涌入的大量外国制成品进口；（2）取消对美国跨国公司在海外进行投资经营的税收优惠；（3）限制国际投资活动和美国跨国公司的海外专利授权。简而言之，该法案是一个全新的包括贸易和投资的综合保护主义法案，而在保护本国经济和本国就业之间，更重要的是立足于保护本国就业。

该法案的提议引起美国各界的震动，国会受到了巨大的压力。行业工会在当时的影响力很大，极力主张该法案的通过。而美国国内对是否进行保护主义的贸易投资政策转型展开争论，争论的焦点也就集中在该法案是否通过。

据美国国家档案所公布的文件，美国国际经济政策委员会 1972 年在对此法案备忘录中记录了委员会该法案进行的讨论。美国国际经济政策委员会认为，美国对 1972 年的贸易和投资立法计划（伯克-哈特克法案）的政策选择无非是以下三种：（1）反对保护主义。由于 1972 年没有新的行政法案，美国可集中精力阻止保护主义法案或提案，并继续展开自由贸易国际谈判。（2）部分同意保护主义。提交关于某些高度优先问题的法案（例如，普遍优惠、调整援助和对现有立法的修订），以便在选举年采取更激进的保护主义措施（例如反倾销，多边贸易协定的外国收入税收政策）的权宜之计。在此选项下，此时不会要求新的贸易自由化谈判。（3）综合折衷方案。即除了（2）中的行动再提交一份综合法案，包括出口扩张计划、更广泛的调整援助工作、"看美国"旅游、东西方贸易、处理国际投资和跨国公司问题的综合计划、以及新的关税和非关税壁垒和农产品贸易自由化谈判权力，以赋予美国国际信誉和权威，努力开放贸易和投资世界。

在上述选项中，国际经济政策委员会倾向于综合折衷方案。鉴于国会面临通过法案的巨大压力，委员会认为需要对该法案进行仔细研究，致力于形成一个比较折衷的综合考虑从而使各方满意，但同时不能在国际上显示保护主义的印象。需要重点研究的该法案具体事项主要是以下几点：（1）关于对美国公司的外国收入和技术转让收入征税的新规定，以"消除特殊优势"；（2）对外国投资资本流出和技术转让的新控制；（3）对所有进口实行 1965—1969 年平均水平的强制性数量限制；（4）对《反倾销和反补贴税法》提出修正案；（5）组织变革，建立一个由公众、工业和劳工团体代表组成的第三方"美国对外贸易和投资委员会"，取消关税委员会，将美国大部分贸易政策方面的权力从总统转移到新设委员会；（6）规定要求所有含有进口组件的产品都要清楚地标明组件和原产国。（7）废除《贸易扩张法》第 806.30 和 807.00 节关于对包含美国制造中间品的进口品减少关税的内容。

美国国际经济政策委员会最终认为，从政府当局的角度来看该法案的大部分主张并不可取，例如会带来双重征税、大幅遏制对外直接投资、引发对外贸易关系紧张等等问题。但考虑到国会的压力和公众的压力可以对其中一些建议进行吸取，纳入到其他法律体系或者法律的实际执行①。

在国际经济政策委员会的报告对该法案进行研究之际，纽约商会发表了一份声明强烈指责伯克-哈特克法案反映了保护主义思想，可能"削弱世界贸易，大幅削减投资流动，并对国内经济和就业产生不利影响"。纽约商会表示，该法案错误认为跨国公司运营不利于该国的国内利益，保护美国就业的唯一方法是强加限制性配额和其他非关税壁垒。商会断言，实施配额将导致其他贸易国采取报复行动，"从而限制美国公司进入外国市场"②。施乐、辉瑞、克莱斯勒、美孚石油、内陆钢铁和美国钢铁等公司也纷纷对国会进行游说，反对伯克-哈特克法案的通过。

---

① 参见美国国家档案 https://history.state.gov/historicaldocuments/frus1969-76v04/d264。
② Burke-Hartke Bill Opposed By Chamber of Commerce. New York Times, April 10, 1972, Page 57.

最终，商会、跨国公司和国际经济政策委员会取得了胜利，伯克-哈特克法案并未通过。但是美国行业和员工对实施贸易保护的呼声并未消除。1974 年，美国贸易法正式通过，标志着美国在 GATT 自由化进程中开始有针对性地实施保护主义政策。该法案至今仍在影响美国的对外经济关系。

三、国际直接投资和母国就业结构

对外直接投资不仅影响生产产量和就业数量，还会导致母国就业需求的结构性变化。一旦发达国家跨国公司将劳动密集型生产阶段转移到劳动力相对廉价的东道国地区，母国的非熟练生产性就业会因此受到影响，但跨国公司的总部研发活动可能会增加对熟练劳动力的需求[1]。因此，投资母国的非熟练生产性工人工资可能下降，同时熟练劳动力和研发设计人员的工资上升。该影响也是国际直接投资对母国影响研究的另一重要热点。二十世纪八十年代以来，关于美国熟练和非熟练工人工资差距的扩大的相关讨论越来越成为重点话题。

根据 H-O 理论，如果熟练劳动力丰裕国家与非熟练劳动力丰裕国家开展贸易，那么在熟练劳动力丰裕国内，非熟练劳动力密集型产品的相对价格会下降，并导致非熟练劳动力的工资降低，而熟练劳动力的工资上升（S-S 定理[2]）。如果将贸易扩展为投资，那么对外投资引起的生产结构变化，同样会引起上述要素结构和要素报酬变化。

根据前文分析，发达国家对外投资会导致国内生产结构和就业结构变化，特别是对非熟练劳动力需求的相对下降。对于水平型国际直接投资模型而言，虽然其动机是市场和消费者接近，但同样可能涉及总部服务和研发等活动的扩张，而总部更倾向于在技能密集型领域为国外的子公司提供专门的服务，比如研发、设计、销售、财务和战略管理，因此母国的技术强度可能增加，对于专业型熟练劳动力的需求也相应增加。垂直型国际直接投资将不同生产阶段放置于不同国家，非熟练劳动力密集型活动投向拥有廉价劳动力的国家和地区，而上游中间品的研发和生产活动留在母国进行，因此母国继而增加对熟练劳动力的相对需求，减少对非熟练劳动力的

---

[1] 比如特斯拉到上海建厂扩大产量，那么特斯拉对于美国总部汽车设计和研发需求会因公司全球总生产规模的扩大而上升。

[2] 斯托尔珀-萨缪尔森定理（The Stolper-Samuelson Theorem），即一种产品的相对价格上升，将导致该产品密集使用的生产要素实际报酬或实际价格提高，而另一种生产要素的实际报酬或实际价格下降。

需求。要素需求变化影响相对要素价格，最终导致母国熟练劳动力的收入份额上升，进一步影响收入分配。如果跨国公司在母国经济活动中占据较大份额，那么其对于收入分配的影响后果将十分显著，母国熟练劳动力和非熟练工人的工资差距随之拉大。部分实证研究对此进行了检验[①]。

斯劳特（Slaughter，2000）研究了美国跨国公司对外直接投资和美国要素收入份额结构的关系，采用 1977—1994 年行业面板数据分析美国母公司向国外子公司转移不同生产阶段是否对美国行业内的技能结构产生影响。但研究结果表明，在行业层面国外子公司经营活动对母国熟练劳动力需求并不存在统计意义上的显著影响，但是在企业层面显著。假定只有熟练劳动力和非熟练劳动力两种生产要素，并进一步假定资本在短期是固定的，短期劳动需求超越对数成本函数推导得出，那么熟练劳动力工资份额的影响因素可由如下模型分析：

$$SH_{St}^k = \beta_0 + \beta_1 \ln w_{Ut} + \beta_2 \ln w_{St} + \beta_3 \ln \frac{K_t^k}{Y_t^k} + \beta_4 \ln Y_t^k + \beta_5 MNE_t^k \qquad (8.6)$$

其中，被解释变量为母国 k 公司（或者行业）熟练劳动力工资在工资总额中的占比；w_{ut} 和 w_{st} 分别表示在 t 时期母国非熟练工人和熟练工人的工资水平；K 表示资本；Y 表示产出或增值。MNE 度量公司 k 在 t 时的跨国经营活动的重要程度，通常使用海外雇佣人数（增值额或销售额）与总雇佣人数（增值额或销售额）的比值来表示。（8.6）式中的重要系数是 β_5，如果检验结果表明 β_5 显著为正，则说明对外直接投资促进要素结构升级；而为负则表示对外直接投资活动会阻碍技能升级。

该研究同时给出了美国跨国公司及海外子公司的贸易情况（见表 8-10）。从中可以看出美国跨国公司及其海外子公司之间的贸易占比较高，1977 年至 1994 年的出口占比接近 1/2，而同期进口占比则更超过 60%。说明美国跨国公司的海外活动在公司和行业总经营活动中占据重要影响，因此可以预期对外投资会影响母国要素结果。但值得注意的是，从 2009 年至 2018 年的最新数据表明，美国跨国公司内部贸易比 2000 年以前有所降低。

---

① 代表性研究例如斯劳特对美国的研究，参见 Slaughter M J. 2000. Production Transfer Within Multinational Enterprises and American Wages. Journal Of International Economics, 50 (2): 449-472, 以及黑德等对日本的研究，参见 Head K, J Ries. 2002. Offshore Production and Skill Upgrading by Japanese Manufacturing Firms. Journal Of International Economics, 58 (1): 81-105.

表 8-10　美国跨国公司的内部贸易

年份	母公司出口合计	母公司向子公司出口额	内部出口份额	母公司进口合计	母公司自子公司进口额	内部进口份额
1977	67454	28260	0.42	30587	17148	0.56
1982	105202	40092	0.38	42853	NA	NA
1983	102431	44078	0.43	50767	30756	0.61
1984	112410	52043	0.46	66258	39539	0.60
1985	118515	56333	0.48	70014	41632	0.59
1986	122235	56682	0.46	74949	45797	0.61
1987	134472	62055	0.46	80784	48067	0.60
1988	162369	75049	0.46	95474	56095	0.59
1989	179885	82132	0.46	110425	61122	0.55
1990	188582	82510	0.44	110656	64169	0.58
1991	202374	89389	0.44	114441	68893	0.60
1992	213291	98564	0.46	129875	78653	0.61
1993	219438	106014	0.48	131800	81759	0.62
1994	259801	118770 I	0.46	150654	99582	0.66
1977—1994变动	192347	90510	0.04	120067	82434	0.10
2009	535409	207479	0.39	679521	233678	0.34
2010	581318	232776	0.40	770789	270667	0.35
2011	669231	264731	0.40	886735	320218	0.36
2012	746370	276219	0.37	934450	338012	0.36
2013	742143	288746	0.39	913473	336882	0.37
2014	834318	321985	0.39	962399	385052	0.40
2015	782111	315127	0.40	894384	350940	0.39
2016	781932	320789	0.41	894307	355691	0.40
2017	806874	333865	0.41	913948	364400	0.40
2018	850724	346024	0.41	957999	382753	0.40
2009—2018变动	315315	138545	0.02	278478	149175	0.06

注：1977—1994 年数据引自斯劳特的研究（Slaughter, 2000），2009—2018 年数据为笔者自 BEA 查询整理。

　　基于（8.6）式进行的实证分析回归结果如表 8-11 所示。表 8-11 中的（1）至（5）栏分别代表以跨国公司的资本占比、就业占比、增加值占比、工资占比和贸易占比五种不同方法衡量（8.6）式中的跨国公司活动指标 MNE。在控制美国制造业资本、设备和贸易流的相应变量后，实证结果显示跨国公司活动却并没有增加美国的熟练要素份额，甚至显示为不显著的负向影响[①]。

表 8-11　对外直接投资和母国就业结构的实证分析

自变量	（1）	（2）	（3）	4	5
Δ（MNE）	−0.027	−0.025	−0.004	0.022	−0.068
	（−1.591）	（−1.769）	（−0.570）	（1.200）	（−1.065）
控制变量	Yes	Yes	Yes	Yes	Yes
样本量	416	416	416	90	410
R^2	0.651	0.651	0.644	0.691	0.646

注：括号中为 t 值。

许多学者借鉴斯劳特（2000）的研究对其他国家的海外生产带给母国技能结构的影响进行分析，但产生的研究结果不尽相同。黑德和里斯（Head and Ries，2002）使用 1971—1989 年日本跨国公司数据，并分别从行业层面和公司层据对（8.6）式进行估计，研究结果如表 8-12 所示。结论表明，海外生产对母国的技能密集度在行业层面没有显著影响，在公司层面产生显著正向影响。

表 8-12　日本制造业跨国公司的离岸生产和技能升级

自变量	行业		公司	
	一阶差分		行业固定效应	公司固定效应
	（1）	（2）	（3）	（4）
$\ln \dfrac{K_t^k}{Y_t^k}$	−2.49***	−1.81***	−7.92***	−4.10***
	（0.38）	（0.35）	（0.17）	（0.13）
$\ln Y_t^k$	−3.83***	−3.51***	0.86***	−3.18***
	（0.47）	（0.45）	（0.08）	（0.16）
MNE_t^k	−1.14	−1.81	1.11***	3.01***
	（1.02）	（1.20）	（0.23）	（0.18）
样本量	1584	1584	19845	19845
R^2	0.08	0.06	0.154	0.262

注：***、**和*分别表示在 1%，5%和 10%水平上显著。样本区间为 1971—1989 年，MNE 用海外雇佣人数/母国雇佣人数衡量。

后续诸多研究表明，跨国公司对母国要素结构的影响也同样取决于东道国的技能要素丰裕度。随着在低收入国家的国外分支机构中雇佣人数占比的

[①] Slaughter M J. 2000. Production Transfer within Multinational Enterprises and American Wages. Journal of International Economics, 50 (2): 449-472.

增大，海外经营活动对母国的技能密集度的正效应可能会变大[①]，即跨国公司向拥有廉价劳动力的国家进行垂直型国际直接投资可能对母国跨国公司活动中的要素结构具有正向提升效应，使得跨国公司总部更加倾向于研发和生产管理活动。但是具体分析中可能存在差异性结果。可以确定的是，随着全球产业分工链的深化和跨国公司对外投资活动的增多，其对外投资和海外经营活动对发达国家的就业影响都会持续并带来更具争议性的影响，而上述这些影响不仅可能成为研究领域的重要话题，更可能对公众和国家相应政策带来持续性的重要影响。

本章思考题

1. 跨国公司对外直接投资活动对投资母国会带来哪些重要影响？作为投资母国的政府，在制定一国对外直接投资政策法规时应该如何看待上述影响？

2. 结合水平型国际直接投资和垂直型国际直接投资的不同特征，分析上述两类国际直接投资带给母国在生产、就业、劳动力需求结构上会有何种差异。

3. 以微观企业数据为样本进行因果推断在实证分析的发展中越来越重要。重新思考本章所述 PSM-DID 方法中对跨国经营企业寻找对照组的过程，你认为能够使用该方法进行因果推断的前提是什么？在实际使用过程中又可能会存在什么问题？寻找出的对照组因各种研究者未能观测到的实际因素未能进行对外直接投资，应该如何看待这些未观测到因素对实证分析结果带来的影响？

4. 观察哈里森（2000）研究中使用的数据情况（表 8-8）。从 1982 年到 1999 年，美国跨国公司的国内外雇佣经历了什么样的变化？从该表中能否得出低收入国家就业替代了美国国内就业的结论？为什么？

[①]汉森（Hansson，2001）对瑞典 MNEs 的计量结果表明，向非 OECD 地区进行的海外投资活动对瑞典制造业中 MNEs 的国内活动的技能升级有积极作用。1993 年后向东欧地区进行的国际直接投资的增长对技能升级的正效应更大。

第九章　跨国公司活动的东道国影响

　　第八章阐述跨国公司活动对于投资母国的影响，而更为丰富的文献聚焦于跨国公司对东道国（特别是发展中国家东道国）的影响。许多国家一方面积极吸引对外直接投资，但一方面同时又基于国内产业保护等诸多原因对吸引外资进行限制，对跨国公司的持股比例、出口实绩、利润汇回等等各方面经营进行干预和限制。上述限制措施至今仍在大量东道国特别是发展中国家东道国存在。为何东道国政府会对跨国公司进入持上述既欢迎又担忧的态度？跨国公司及其国际直接投资活动对东道国经济带来的影响是什么？是否有理由相信跨国公司的存在对东道国经济有益而无害？本章对跨国公司经济活动带给东道国的各项影响效应进行分析，并探讨这些影响效应是否会对东道国的吸引外资政策带来压力。由于东道国经济发展的多样性，跨国公司及其国际直接投资活动对东道国的影响效应，可能比其带给母国经济的影响史为复杂而深远；而其在公众和政策方面引起的讨论和争议，也波及到东道国经济和社会的各个方面。

第一节　国际直接投资活动对东道国的影响概述

一、国际直接投资在东道国经济中的重要性

　　长期以来国际直接投资流量主要发生在发达国家之间，但发展中国家作为东道国始终在国际直接投资流动格局中占据一席之地，在国际直接投资中是重要的投资东道国存在。而考察跨国公司及其国际直接投资活动对于东道国的影响，则同时包括发达国家经济体东道国和发展中国家经济体东道国两类东道国的考察。那么，国际直接投资和跨国公司子公司对于东道国经济的影响是否重要？对于发展中国家和最不发达国家经济体的东道国的影响而言，上述重要性又是否存在差异？第一章已经对跨国公司活动

在全球经济中的重要性做出概述，表 9-1 则进一步列出跨国公司及其国际直接投资活动对部分东道国经济的重要性。

表 9-1　跨国公司及其国际直接投资活动对东道国经济的重要性

东道国	1995			2000			2007		
	工业增加值	员工薪酬	固定资本形成	工业增加值	员工薪酬	固定资本形成	工业增加值	员工薪酬	固定资本形成
日本	1.2	1.1	1.7	—	—	3.6	—	4.0	—
英国	25.7	20.4	30.7	—	—	—	37.5	36.3	38.3
法国	30	27.1	32.1	34.6	33	34.8	30.7	28.4	29.1
爱尔兰	76.9	52.6	—	85.9	53.4	—	86	53.6	—
荷兰	27.3	23.8	24.4	24.8	21.7	25.9	39.5	31.1	39.3
匈牙利	—	46.8	—	54.9	54.6	—	61.1	57.4	71.4
挪威	19.5	17	22.2	30.4	25.9	36.1	26.9	26.2	16.2
土耳其	14.7	12.6	9.8	16.2	12.9	13.5	—	—	—

注释：笔者根据 OECD 数据库、世界银行数据库和各国统计年鉴综合整理得出。部分数据缺。

相对于发达国家，近半个世纪以来发展中国家包括较为贫穷经济体如撒哈拉以南非洲都更为依赖外来直接投资。1980 年，发展中国家的整体吸引国际直接投资的存量占到发展中经济体 GDP 的 10.2%，这个比重高于发达国家的相应比例 4.7%。尽管在每一组国家内部该比例存在较大的差异，但总体而言发展中国家拥有更高的 FDI 存量/GDP 占比。

与此同时，大量东道国针对国际直接投资实施一定的限制措施，例如股权要求、出口实绩要求，或者对其利润汇回进行限制。如前所述，鉴于跨国公司及其国际直接投资活动对世界经济的重要性，各国及国际组织为国际投资的国际法发展曾做出不懈的努力。比较重要的包括经济合作组织（OECD）于 1995 年到 1998 年致力于 MAI 谈判（Multilateral Agreement on Investment，MAI）、世界贸易组织（WTO）就可能影响对外贸易的投资措施最终达成《与贸易有关的投资措施协议》（TRIMs 协议，Agreement on Trade-Related Investment Measures）等。但最终，世界各国未能就国际直接投资问题达成类似于 WTO 体系多边贸易协定的类似国际法框架，使得各国对国际直接投资的政策措施仍以双边投资协定约束为主，并形成各国之间在法律、法规、行政措施等方面差异较大的局面，也引起大量关于国际直接投资和跨国公司经营的争议。而这些政策实施与相关争议也与跨国公司活动带给东道国的诸多影响效应密切相关。

二、国际直接投资对东道国经济的影响机制

跨国公司的国际直接投资活动对东道国的资本形成、技术提升、就业结构、生产与出口能力、基础设施等各个方面都会产生影响，并进而影响东道国的经济增长和经济发展进程。

第一，资本形成。促进资本形成历来被认为是跨国公司对东道国（尤其是发展中东道国）经济增长的重要影响途径之一。跨国公司拥有巨大的平均规模、雄厚的资金实力和多样化融资手段，因此其国际直接投资会促进东道国资本存量的增加，从而有助于促进东道国的资本形成。其中对于缺乏资本的发展中国家而言，更能同时起到弥补其投资、储蓄与外汇缺口的多重作用。

第二，生产能力和技术进步。跨国公司到东道国进行投资可以迅速扩大东道国的生产规模，还会因其较为先进的生产技术水平直接促进东道国的生产效率，并通过其技术溢出效应间接提升东道国本土企业的生产效率和技术水平。发展中国家制造业是跨国公司国际直接投资的重要行业领域，而制造业的新建投资有效促进了生产规模扩大，并随着累积产量提升促进东道国的行业生产率和技术进步。同时，跨国公司也逐渐在发展中国家开始建立研发实验室进行基础创新活动。以摩托罗拉公司为例，自该公司1993 年在中国设立了第一个外资研发实验室，至 2005 年，该公司在发展中经济体的研发单位数目已经累积达到数百个。与此类似，通用电器公司在印度的研发活动涉及领域包括飞机发动机、耐用消费品和医疗器械等多项领域。从行业看，东亚对全球半导体研发设计的贡献从 20 世纪 90 年代中期几乎为零上升到 2002 年的 30%左右[①]。虽然到目前为止，参与研发国际化进程的只有少数经济发展较好的发展中国家和转型经济体，但是上述案例已逐渐在更多的发展中国家的行业中出现。研发活动进入发展中国家的这种国际化进程对推动东道国当地的研发活动起到了一定作用。

第三，就业市场。跨国公司对东道国就业市场的影响同样是各东道国关于跨国公司的热点讨论问题之一。例如，跨国公司经常因支付给发展中国家工人的工资水平远远低于其母国工资水平，或者在发展中国家的工厂劳动条件较为恶劣而受到指责；但与此同时，跨国公司的工作机会往往被东道国劳动者所竞相寻求，各项实证研究也表明跨国公司通常会支付相对本土企业更高的工资。东道国公众往往也十分关心外企究竟是在创造和培

---

① 参见联合国贸发会议，《世界投资报告 2005》。

养当地的熟练劳动力和管理人才，还是因"吸收"了东道国熟练劳动力而
不利于本土企业的发展。此外，跨国公司频繁地通过裁员或投资转移以应
对国际经济波动会引起东道国公众对跨国公司的不满。总的来讲，跨国公
司进入东道国的国际生产经营活动可能会给东道国带来积极的效应，也可
能同时带来消极效应。而上述两种效应都可能通过直接渠道起作用，也可
能通过间接渠道起作用。表 9-2 为联合国《世界投资报告 1994》所归纳的
跨国公司活动可能带来的就业效应，包括就业数量、就业质量和区位三个
方面的直接和间接影响。而从现有各项实证研究上看，跨国公司支付的工
资水平、对就业结构的影响和劳动力的调整弹性是研究中比较重视的问题。

表 9-2　跨国公司的就业效应

影响效应		就业数量	就业质量	就业区位
直接效应	积极	增加资本并创造就业机会	支付较高的工资	为失业地区增加更好的就业机会
	消极	并购可能导致裁员	雇佣和晋职管理可能不符本地传统	加剧地区不平衡状态
间接效应	积极	通过垂直联系和乘数效应扩大就业	传播较为先进的组织管理理念	促使供应商企业的集聚和转移
	消极	依赖进口供应或对本地企业挤出会造成失业	在竞争时可能降低工资水平	本地企业被挤出时地区性失业会恶化

资料来源：引自联合国跨国公司与投资司《世界投资报告 1994》表 4-1。

第四，出口能力。出口是发展中国家利用其本国资源特别是剩余劳动
力资源以促进经济发展的重要手段，而跨国公司为发展中国家和转型经济
体的出口能力建立与提升提供了重要助推力。特别是在发展中国家自身制
造业基础薄弱的情况下，跨国公司及其国际直接投资活动为东道国出口开
辟了新的可能性，使其能够进入本来所不能从事的技术密集型的出口活动，
并成为国际生产体系的重要组成部分。很多发展中经济体建立了大量主要
面向吸引外资和加工制造出口的出口加工区。1985—2000 年间，包括中国、
韩国、墨西哥、马来西亚、泰国、越南、印度等发展中经济体与捷克、匈
牙利和波兰等转型经济体在世界出口市场中的份额迅速上升，出口份额增
加位居世界前列。而上述国家出口份额的扩大也往往伴随外资在上述国家
的制造业出口中的份额逐渐提升，部分国家的外资出口份额接近 1/2，最
高甚至达到 86%，而 20 世纪 90 年代是发展中和转型经济体出口外资份额
上升最快的时期（如表 9-3 所示）。

表 9-3　部分发展中国家出口中的外资份额

国家	1985	1991/1995	2000/2001
中国	—	16	44
哥伦比亚	—	6	14
马来西亚	18	49	—
墨西哥	—	15	31
匈牙利	—	52	86
斯洛文尼亚	—	21	33

注：引自《世界投资报告 2002》（UNCTAD）。—表示数据缺。

第五、基础设施建设。基础设施建设对经济发展具有很强的基础推动作用和正外部性，对东道国经济尤其是比较落后的发展中国家的起飞阶段经济发展至关重要。基础设施建设同样是外资进入东道国的重要领域。经济全球化以来，外商直接投资对发展中经济体特别是不发达经济体的基础设施建设投资占比上升较快。1990 年，在全球外国直接投资总存量中，基础设施产业所占比例仅为 2%，但是到了 2006，该比重接近 10%。期间全球基础设施产业中的外国直接投资额增加 30 倍达到 7860 亿美元，而在发展中国家增加 28 倍达到约 1990 亿美元[①]。其中以非洲和亚洲地区的基础设施项目为主要增长点，比如电力和电信行业等部门。

但是，必须要注意到跨国公司的国际直接投资活动也会给东道国经济带来负面影响。外资进入东道国可以从资金、技术、出口能力等各方面对增加东道国经济的活跃度，但是对跨国公司的过分依赖可能带来经济发展的长远问题。例如，一旦制造业依赖跨国公司来提高出口竞争力，虽然短期生产效率会有所提升，但却并不利于东道国建立面向出口的国外联系，也不利于长期出口竞争力的提升。而跨国公司在发展中国家的产业布局，也可能使发展中国家始终从事低技术的生产和国际分工，从而在长期经济发展中不利于自身的技术进步，陷入低水平锁定或比较优势陷阱，不利于发展长期动态比较优势。

同时，随着可持续发展和全球气候环境议题越来越受到各国学术研究、政策制定和公众的重视，外商直接投资对东道国环境污染的影响也成为日趋重要但充满争议的话题。其中的一个观点是"污染天堂假说"，即发展中国家存在"环境规制比较优势"。该假说认为发展中国家经济发展早期阶段为了吸引更多外资流入，往往会放松环境管制标准、过度开采自然资

---

① 参见《世界投资报告 2008》（UNCTAD）。

源、引进环境污染型产品，或者在本国采用发达国家因高环境标准而无法
采用的低成本型生产技术，最终以"低环境标准"来换取制造业发展和出
口绩效，沦为发达国家的"污染天堂"。但与此同时，另一些学者认为国际
直接投资和跨国公司进入有可能反而促进东道国的环境质量。一方面，即
使东道国环境标准低于发达国家，但外资企业可能会比本土企业更严格遵
守当地法规，执行既定环境标准。同时，跨国公司可能会因统一的技术和
管理在东道国采用与母国一致或近似的清洁技术，并因技术溢出等效应推
动该类技术在东道国广泛应用。最后，外资进入对环境的影响即使出现短
期负效应，但随其对经济发展的正面影响逐渐体现会抵消初期对负面影响，
从而在长期改善东道国环境。迄今为止，实证研究对此问题的研究结论仍
然因视角的不同、数据或者指标定义的不同而存在差异。

与环境影响议题类似，国际直接投资中劳工标准的议题也是近年来的
争论热点之一。部分研究认为低劳工标准是发展中国家吸引外资的一项重
要竞争因素，从而导致发达国家的投资总是投向工资较低、劳工标准不受
重视的国家，使得发展中国家为了吸引外资而持续停留在低劳工标准甚至
逐渐恶化。但也有大量研究表明，劳动力成本并非跨国公司对外直接投资
的唯一考虑，发达国家的对外直接投资也表明其投资更倾向于达到一定劳
工标准和劳动力素质门槛的发展中国家例如中国等新兴经济体。

综上所述，跨国公司的国际直接投资活动会给东道国带来各方面的影
响，其中包括正面效应也包括负面效应。而对上述影响的深入分析和甄别
与东道国的经济发展差异性，尤其是发展中国家东道国经济发展中的政治
制度、社会稳定、发展水平的差异化密切相关，因此使得对上述各项因素
的识别和因果推断错综复杂。下文将对于其中比较重要的影响因素和重点
议题展开具体探讨。

第二节　国际直接投资对东道国经济的影响分析

一、两缺口模型与东道国资本形成

促进资本形成被认为是跨国公司影响东道国特别是发展中东道国经
济增长的重要途径。钱纳里等（Chenery and Strout, 1966）系统分析了外
资流入在减少储蓄缺口与外汇缺口方面所引起的双重作用，正式提出了两

缺口模型，对于发展中国家引进外资的作用进行分析[①]。

两缺口模型的核心内容就是发展中国家同时存在着投资储蓄缺口和贸易逆差缺口，即储蓄缺口（Savings Shortage）与外汇缺口（Foreign Exchange Shortage），此时吸引外资利于补充两个缺口。令 Y 和 E 分别代表国民经济总收入和总支出，I 和 S 分别代表投资和储蓄，IM 和 EX 分别代表进口和出口，那么开放经济下的宏观经济满足：

$$Y=E=C+G+I+EX-IM \tag{9.1}$$

进一步，总收入减总消费（私人消费和政府支出）等于储蓄，即

$$Y-C-G=S=I+EX-IM \tag{9.2}$$

对上式稍加变化即得：

$$I-S=IM-EX \tag{9.3}$$

由该式可得当经济体的储蓄缺口（投资大于储蓄）同时意味着贸易逆差（进口大于出口），即同时具备资本缺口和外汇缺口。这是发展中经济体的常见现象。而该式并不仅仅是表明投资等宏观经济变量之间的关系，更重要的是对于发展中经济体的政策含义。在钱纳里等学者看来，发展中国家在经济发展过程中采取的政策必须根据增长与发展的不同阶段而变化。

在存在储蓄缺口的第一阶段，经济发展主要受制于投资能力（亦即技术限制），政策必须以提高投资和增加产出为中心。根据钱纳里等的估计，投资最大限度的增长率应该达到 10%—20%。而大部分发展中国家在十年之内能够完成这一阶段任务。从第二阶段开始，即投资增长率逐渐下降到接近于国民生产总值目标增长率（小于或接近 6%—7%）时，经济增长政策的中心应该从增加产出转为结构变革和增加储蓄。而对于大多数发展中国家来说，实现生产结构变革会比较困难但又十分重要，因为从长期看，经济发展必要要减少对外部资源的依赖，扩大本国生产和出口才能达到经济持续发展。钱纳里等学者认为这是一个长期而艰巨的任务，对于落后的发展中国家而言至少要 30 年。

在上述阶段中，吸引国际直接投资会对发展中经济体的资本形成起到促进作用。早期国际直接投资作为国际投资的重要组成部分，以新建绿地

① Chenery H B. 1966. Foreign Assistance and Economic Development. The American Economic Review, Vol. 56, No. 4: 679-733.

投资方式注入的直接投资既可以增加东道国的储蓄和投资，又不用消耗发展中经济体本身缺乏的外汇，因此能从缓解双缺口的角度对东道国资本存量增加和生产能力提升起到重要作用。随着近年来经济全球化和国际分工的深化，跨国并购的比重开始上升，发展中国家东道国仍然以吸收直接注入资本的新建投资为主，例如在 1990—1992 年美国对外投资项目数中，新建企业与收购企业的比例在发达国家为 0.96，而在发展中国家上述比例为 1.8。因此从一定意义上讲，海外直接投资的注入对东道国资本存量增加的促进作用在发展中国家东道国的重要性要远远大于发达国家（见表 9-4）。钱纳里（1966）对部分发展中国家的两缺口和外资流入进行了总结（表 9-5）。从表 9-4 和表 9-5 可以发现，外资流入对发展中国家的资本缺口、外汇缺口均有重要意义。

表 9-4　国际直接投资占国内资本形成比重

东道国类型	1981—1985（平均）	1986—1990（平均）	1991	1992	1993	1994	1995
所有国家	2.3	4.1	3.1	3.3	4.4	4.5	5.2
发达国家	2.2	4.6	3.2	3.2	3.7	3.5	4.4
发展中国家	3.3	3.2	4.4	5.1	6.6	8	8.2

注：根据世界银行和 UNCATD 数据总结。

表 9-5　发展中国家的两缺口与外资流入（1966）

国家	GDP	I	S	FDI	IM	EX
阿根廷	12166	2956	2625	331	1656	1326
巴基斯坦	7551	922	683	239	756	517
巴西	14053	1912	1494	418	1792	1374
菲律宾	3789	479	404	75	762	687
哥伦比亚	4259	909	759	150	722	572
韩国	2178	315	82	233	393	159
泰国	2879	455	414	41	572	530
土耳其	6082	968	770	198	699	501
伊朗	4610	705	654	50	1070	1020
以色列	2107	635	229	405	854	448
印度	37211	6423	5584	839	2529	1690
印度尼西亚	8348	745	486	259	1206	947

注：引自钱纳里（1966）。

如果进一步考虑到海外投资还会具备后续扩大投资效应,吸引国际直接投资对东道国的重要性则更加重要。无论是绿地投资还是跨国并购,初始投资通常会导致跨国公司对当地的追加或辅助投资,甚至因为当地企业没有合适的中间产品而引发对上游企业和产业的投资①。如果没有跨国公司的初始投资,部分辅助性投资就不会发生。跨国公司通过前向和后向联系的"乘数效应"会使进入东道国的投资持续扩大。

二、国际直接投资和东道国生产率提升

跨国公司到东道国会对东道国的生产能力产生重要影响。这种影响的产生首先直接来自跨国公司具有较高生产率水平并采用更为先进的技术,同时也因为跨国公司对东道国产生技术溢出,从而对东道国企业的生产率和技术能力带来进一步提升,即同时存在直接效应和间接效应。研究这个问题的起点仍然是跨国公司东道国子公司的生产率与东道国本土企业的生产率差异。

1. 跨国公司子公司的生产率优势

第八章已分析跨国公司相对于母国国内企业的生产率优势。如果与东道国本土企业相比,跨国公司子公司同样具备生产率优势,而当东道国为发展中经济体时,跨国公司与东道国本土企业之间的生产率差异更大②。表 9-6(Criscuolo & Martin,2003)给出发达经济体作为东道国的情形,以英国为例的跨国公司与本土企业的比较。可以发现英国虽然是发达国家,但外资跨国公司子公司比起英国的本土企业而言,在人均增加值、人均产出等距简单劳动生产率衡量指标上相对于英国本土企业仍具备显著生产率优势。特别是员工平均增值和员工平均产出这两项指标上,跨国公司的生产率大约是本土企业的两倍③。

---

① 20 世纪 90 年代上半期跨国公司对中东欧国家汽车行业的并购和投资提供了这方面的代表性案例。1992 年 10 月,菲亚特用 2147 亿美元收购波兰最大汽车生产厂家 FSM 的部分股权,后续追加了 16 亿美元的投资、815 亿美元的技术改造和吸引其他 18 家中小企业零部件供应商在波兰进行辅助投资。

② 许斌(Xu,2000)针对美国 1966 至 1994 年海外投资的技术溢出效应进行研究,表明投资东道国的全要素生产率平均水平仅为美国的 58.6%,其中不发达经济体仅为 44.4%。

③ 具体到英国而言,外国跨国公司子公司可能来自欧洲大陆、美国或日本,而从早期到近期的系列研究(Dunning,1998;Griffith & Simpson,2003)都能表明,美资企业的生产率相对更高。参见 Dunning J. 1998. American Investment in British Manufacturing Industry (2nd ed.). Routledge;Rachel Griffith & Helen Simpson. 2003. Characteristics of Foreign-Owned Firms in British Manufacturing. NBER Working Papers 9573, National Bureau of Economic Research.

表 9-6　英国国际直接投资企业和本土企业的生产率比较

经营指标	外国跨国公司子公司	英国本土企业
样本量	3499	161234
增加值/员工	44.61	27.98
产出/员工	151.98	76.52
就业	485.05	142.09
资本/员工	98.82	38.23
中间投入/员工	107.81	50.52

注：数据为 1996—2000 年平均值，单位为千欧元。

表 9-7　跨国公司子公司和墨西哥本土企业的生产率差异（1970）

行业	跨国公司	本土国有	本土私营	本土企业
食品	1.29	0.42	1.02	0.93
纺织	1.14	0.80	0.98	0.98
服装	1.37	1.31	0.97	0.98
木材加工	0.82	1.26	1.00	1.02
家具制造	1.31	1.45	0.95	0.98
造纸	0.98	0.71	1.06	1.01
印刷	1.20	0.81	0.99	0.98
化学	1.08	0.77	0.93	0.90
石油煤炭	2.03	1.28	0.58	0.74
橡胶及塑料制品	1.57	—	0.75	0.75
皮革制造	1.10	1.05	1.00	1.00
金属制品	1.07	1.20	0.81	0.90
机械设备	1.07	0.61	0.95	0.94
电气设备	1.20	—	0.85	0.85
交通设备	1.16	0.93	0.81	0.85
仪器仪表	0.92	—	1.09	1.09
杂项制造	1.11	—	0.97	0.97
所有制造业均值	1.24	0.87	0.90	0.90

注：各数值为工业增加值衡量的生产率系数，行业均值系数设定为 1，数值较大表明生产率更高。

　　跨国公司和发展中东道国本土企业生产率之间的差异可能更大。布洛斯特罗等（Blomström and Wolff，1994）针对墨西哥 1970 年的制造业数据进行研究，发现跨国公司在 20 个制造业部门中的绝大部分都具备更高生产率（见表 9-7）。拉姆斯泰特（Ramstetter，1999）对马来西亚、印度尼西亚和新加坡等东亚经济体的研究也得出类似结论（见表 9-8）。其他各项研究也针对印度尼西亚、乌拉圭、印度、摩洛哥等国家进行了研究，结论大体相似[①]。

表9-8 部分东亚东道国中跨国公司与本土企业的生产率差异

经营指标	1975—1995（%）			1987—1995（%）		
	马来西亚	新加坡	印度尼西亚	马来西亚	新加坡	印度尼西亚
人均增加值	32	81	148	3	93	100
人均固定资产	-12	67	—	-22	63	—
人均薪酬	20	9	—	6	8	—

注：数值为跨国公司与本土公司指标均值的差异百分比，数值为正表示跨国公司子公司数值更高。

当然，同时也必须注意到两类企业在经营特征上也都存在差异。一般而言，跨国公司规模更大，投入更多，且消耗更多的员工平均中间投入。所有这些因素都与劳动生产率相关。但是从表9-5中也可以注意到，也并非所有跨国公司子公司都表现为投入更多的资本，许多东亚东道国的国际直接投资可能在早期首先进入劳动密集型行业。进行准确的生产率差异甄别则需要控制这些其他因素对生产率的影响，才能判定跨国公司子公司的生产效率与其跨国经营相关，而不是因为规模和投入所造成的结果。

另一方面因素也会对在发展中经济体东道国的跨国公司生产率优势甄别增加难度。在发展中东道国的生产中，跨国公司子公司与东道国本土企业可能采用的是完全不同或差异很大的生产技术。这使得对生产效率差异的准确判定更加困难。换言之，对生产率的测定需要考虑到跨国公司与本土企业尽管在同一个行业，但实际上可能是基于不同的生产函数。但现有文献研究一般只能在行业层面采取相同的生产函数设定，较难以不同企业采用不同生产技术为前提进行生产率测定。

综上所述，跨国公司的生产率优势至少在一定程度上是由跨国公司的投入优势带来的。因此简单劳动生产率均值比较只是泛泛地来考量跨国公司相对本土企业的生产率优势，却无法深入探讨它们为何区别于本土企业。这样的简单比较称为无条件评估（Unconditional Measure），得出的、差异也是无条件差异（Unconditional Difference）。而准确评估需要控制可观测公司特征，以消除跨国公司可观测经营特征的差异所带来的生产率的

① Blomstrom M, Wolff, E. 1994. Multinational Corporations and Productivity Convergence in Mexico. In W Baumol, R Nelson and E Wolff. Convergence of Productivity: Cross-National Studies and Historical Evidence. Oxford: Oxford University Press；Ramstetter Eric D. 1999. Comparisons of Foreign Multinationals and Local Firms in Asian Manufacturing over Time. Asian Economic Journal, 13 (2):163-203.

差异，并得到条件差异（Conditional Difference）。基于条件评估的研究可能会发现跨国公司的生产率优势在无条件评估中被高估，但大多数研究中仍然支持跨国公司相对本土企业具备显著生产率优势。在发展中东道国制造业样本中，罕有研究显示跨国公司不具有生产率优势。基于条件评估的分析同第 8 章所述（8.1）式类似，即通过控制影响公司生产率的主要经济特征来衡量跨国公司相对本土企业是否具备生产率优势：

$$\ln(q_t^k) = \alpha + \beta MNE_t^k + \ln \sum_{s=1}^{v} \gamma_s X_{st}^k + e_t^k \tag{9.4}$$

其中，q_t^k 代表以人均工业增加值衡量的生产率，MNE_t^k 为虚拟变量。与（8.1）式不同的是，该式中 MNE_t^k 考察企业是否属于外国跨国公司在本地的子公司。同时，MNE_t^k 是一个二元变量，也不考虑 k 的子公司的数量和规模。如果 k 公司为外国所有，其值为 1 否则为 0。当然在具体研究中也可以赋值一组虚拟变量，为每个公司 k 标定其外国国籍（例如美国、法国、德国等）。MNE_t^k 变量可以不随时间而变（在不变情形下会对分析带来一定影响），也可随其他变量一样随时间变化。X_{st}^k 表示其他控制变量。

格里菲斯等（Griffith and Simpson，2003）使用（9.4）式来估计 1973 年至 1996 年英国公司的所有权与劳动生产率（以人均实际增加值衡量）之间的关系。鉴于所有权状态是时间不变量，因此他们首先对可观测公司的特征进行劳动生产率回归，但暂不控制所有权状况。然后用第一步得到的残差的时间平均值（组内固定效应估计量）对公司所有权状态进行回归。回归结果见表 9-9（Griffith & Simpson，2001）。控制变量包括规模（通过平均行业雇佣标准来衡量）、年龄，以及该公司是否在分析期间退出。研究结论表明外国公司比英国公司具备显著生产率优势。

表 9-9　跨国公司和本地公司的人均工业增加值差异

第一阶段回归：	
企业年限	0.018^{***}（0.003）
企业规模	-0.034^{***}（0.006）
企业及时间固定效应	Yes
样本量	131097
第二阶段回归：	
美国	0.517^{***}（0.042）
欧盟	0.424^{***}（0.086）
日本	0.496^{***}（0.132）
样本量	13909

注：括号内为标准误差，***、** 和 * 分别表示在 1%、5% 和 10% 的水平上显著。就业人数按 4 分位行业年平均就业人数计算。

更多研究中采用全要素生产率（TFP）而不是简单劳动生产率来分析。这类研究一般设定柯布—道格拉斯生产函数并对全要素生产率的差异进行甄别，即采用下式作为分析模型：

$$\ln(Y_t^k) = \alpha_1 \ln(K_t^k) + \alpha_2 \ln(L_t^k) + \alpha_3 \ln(M_t^k)$$
$$+ \sum_{i=1}^{n}(\beta_i MNE_{it}^k) + \sum_{s=1}^{v}\gamma_s X_{st}^k + \alpha_t^k \qquad (9.5)$$

其中，Y_t^k、K_t^k、L_t^k、M_t^k 分别代表产出、资本、劳动和其他中间输入，k 代表企业，跨国公司子公司衡量变量仍为 MNE_{it}^k。纳瓦雷特等（Navaretti & Venables，2004）采用英国和意大利的数据对于（9.5）式的估计均表明跨国公司子公司的全要素生产率比本土公司具备显著优势，在控制通常影响生产要素的其他变量后，跨国公司子公司仍然比本地公司更具生产效率，生产率溢价介于 32%和 77%之间。而在东道国为发展中经济体的情况下，该生产率差异则会更大。

需要注意到对全要素生产率的 OLS 估计无法准确解释所有权与全要素生产率之间的因果关系，还必须要考虑公司当前生产率受过去生产率的影响，以及跨国公司子公司的所有权可能并非外生。对时序影响和内生性影响进行评估才能得到更为准确的分析。例如，如果是外国投资者收购了本身更具生产率的本土公司，那么此时的外资子公司高生产率则不能归因于跨国公司子公司的所有权性质[①]。第八章在分析跨国公司生产率优势的自我选择效应和跨国经营提升效应时详细介绍了基于微观数据的因果推断方法，其中提到的 PSM—DID、动态面板估计等实证分析手段也可以用于对东道国的跨国公司子公司生产率优势进行研究。

综上所述，大量证据表明外资控股子公司的生产效率高于东道国国内企业，但是准确地估计需要考虑未观察到的异质性、生产率测定的同步偏差、所有权和生产率优势的内生性等因素。在采用不同数据样本和实证分析方法的情况下，跨国公司所有权对生产率的作用会存在差异。但仍需要强调的是，研究结论一般都支持跨国公司所有权能带来显著影响。相对于东道国本土企业而言，跨国公司子公司的确具备生产率优势。

2. 国际直接投资的技术溢出

当高生产率跨国公司企业进入东道国时，它们会通过以下三方面影响

[①] 甚至有研究认为发现了相反的结果。例如哈里斯等（Harris and Robinson，2002）研究认为外国公司有系统地收购生产效率更高的英国工厂，并且在收购后生产率下降。

东道国的生产技术水平。首先，跨国公司子公司作为东道国生产能力的一部分，因其生产率更高、采用更先进的技术，因此会整体提升东道国企业的生产率水平。其次，跨国公司可能直接通过市场交易转让新技术。跨国公司子公司可以向东道国本土公司直接转让专利技术等知识性资产，或者以许可协议的形势，使得东道国企业实现技术升级[①]。但不止前两种方式。跨国公司子公司还可能通过各项间接渠道对东道国本土企业带来有益影响，并最终促进东道国企业的生产率提升。这种间接影响效应被称为跨国公司对东道国的技术溢出效应。

如果说跨国公司母国可能更关心跨国公司带给本国的就业效应，那么东道国尤其是发展中东道最关心的问题可能是技术溢出。一方面，大量发展中国家吸引外资的重要目的之一是"以市场换取技术"；但另一方面，现有研究对外资进入是否能带来技术提升也未能达成一致，而研究中甚至不乏跨国公司对技术进步带来负面影响的各种结论和观点。

探讨该问题需要对技术溢出进行准确界定。简单来讲技术溢出就是技术的正外部性，即先进技术通过各种渠道和机制扩散被更多企业掌握的过程。根据格罗斯曼等（Grossman et al., 1991）的定义，技术溢出包括两个层次的含义：第一、免费性质。即一个企业可以不通过市场交易付费获得其他企业创造的信息；第二、合法性质。即在现行法律体系上，一旦某企业掌握和使用的技术被其他企业使用，该企业无法有效地实施追索权[②]。这两层含义把技术溢出同付费技术转让区别开来，同时也把技术溢出同非法技术窃取（技术窃取可以通过法律体系进行权益追索）区分开来。

那么，技术溢出的渠道具体有哪些？理论认为技术外部性的扩散渠道主要包括以下四种机制。第一，学习效应。跨国公司进入东道国后，其先进的技术和管理经验可以在一定渠道上被观察、学习和模仿，从而造成其他企业的技术提升。第二，员工流动效应。跨国公司的技术和管理人员向当地企业的流动可以促进他们掌握的知识技术转移到本土企业。第三，竞争效应。跨国公司进入东道国会带来行业内竞争程度上升，使得东道国在竞争压力下被迫进行技术升级。当然这种竞争效应也可能是负面的——部

---

① 此类直接的技术转让或支持多在上下游企业之间，而不是行业内的竞争对手之间，其目的往往是使本土企业更好地为跨国公司提供上游产品或提供相应服务，有学者（Lall, 1980）在对印度外国卡车制造业进行案例分析的基础上发现当地供应商在许多地区得到了下游跨国公司的支持。

② Grossman and Elhanan Helpman. 1991a. Innovation and Growth in the Global Economy. Cambridge: MIT Press.

分东道国本土企业因为竞争力较低会被迫退出市场。第四，上下游促进效应。与跨国公司子公司有经营往来的东道国上下游厂商，特别是上游供应商会因为与跨国公司的长期交流、定制化配件而提升劳动生产率。在很多情况下，跨国公司出于稳定供应质量的需要，还会对上游供应商进行主动技术培训和技术支持。这种跨国公司同上游供应商的稳定联系会使得该渠道可易产生正向技术溢出。

上述几项渠道是具体针对技术外部性而言。从长远来讲，跨国公司在东道国某地区的选址和集聚，可能会进一步影响当地经济的发展和基础设施等公共物品投资，例如通过其长期活动带动相应供应商的进一步集聚和其他厂商的投资，进而带动基础设施如大学、培训、技术研究机构等知识性公共物品的发展，最终进一步带动东道国该地区的经济发展和技术进步。出于同样的原因，跨国公司的集聚效应也可以对当地公司产生规模不经济，例如不断增长的需求提高当地生产要素的价格（如劳动力）；对该行业的垄断使得本地中小企业长期锁定在低附加值生产环节反而不利于技术进步。

对于跨国公司所带来的竞争负面效应，图 9-1（Aitken & Harrison，1999）提供了一个简单说明。假定东道国行业为具有固定生产成本的不完全竞争市场结构，本土企业面临一个向下倾斜的平均成本曲线如 AC_0 所示。在没有跨国公司的情况下，本土企业 k 在平均成本 AC_{k0} 处生产 Q_{k0} 数量的产品。一旦具有先进技术和更低成本的跨国公司进入，跨国公司会分走一部分当地需求，使得本土企业的市场份额和产量降低。与此同时，假定跨国公司进入会带来技术溢出，使得本土企业的平均成本曲线 AC_0 下降至 AC_1。这两种效应同时存在。

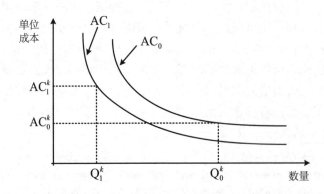

图 9-1 跨国公司的溢出效应和竞争效应

不难推导得出，即使正外溢效应存在，本土企业最终可能以更高的平均成本 $AC_1^k > AC_0^k$，生产更低的产量 $Q_1^k < Q_0^k$。值得注意的是上述情形仅适用于市场接近动机的跨国公司与国内企业同在本地市场竞争的情形。当跨国公司以出口至母国或第三国为导向时，该图所描述的产品市场竞争就不会产生。

各国学者对上述跨国公司的技术溢出效应进行了大量的实证研究。麦克杜格尔（MacDougall，1960）首先对对外直接投资可能产生技术溢出效应进行了总结和分析，而后续大量代表性研究包括凯夫（Caves，1974）、布洛斯特劳等（Blomstrom and Kokko，1998）、利普西（Lipsey，2002）、戈格等（Gorg and Greenaway，2001）、汉森（Hanson，2001）也都对技术溢出效应进行了拓展研究[①]。上述研究总体上支持跨国公司的技术优势，并认为国际直接投资伴随着先进技术的转移。但值得注意的是，并不能从上述实证文献中找到统一明确的答案，也不能表明跨国直接投资对所有东道国国家和制造业行业都能产生技术溢出效应。

戈格等（Gorg and Greenaway，2004）在其综述研究中归纳了 31 项关于溢出效应的实证研究，并按照国家类型（发达国家、发展中国家和转型国家）进行了分类。其中比较重要的研究总结为表 9-10（Gorg & Greenaway，2004）。该表同时汇报了研究对象的数据类型和汇总水平。从表中可以发现早期基于行业截面数据的研究几乎总能识别跨国公司对生产率的正面影响；但是随着微观数据集的使用和新计量技术的发展，使用微观面板数据的各项研究结果更趋向于多样化：正面影响、负面影响或无法甄别出显著影响并存。而从上述差异性较大的研究来看，不同的研究方法会对研究结果产生很大的影响。理论上，基于微观层面和面板数据的分析基础比行业加总层面的截面分析更为准确，因为可以对公司经营特征进行准确地观察，并控制时期滞后效应，同时还能较好的处理生产率和所有权之间的内生性问题。但需要注意到基于微观数据的研究结果存在较大的差异性，因此唯一能达成的共识是外资对东道国技术进步能否产生积极溢出取决于多种具体因素的总和。

---

① 该领域具体涉及文献较多，不再一一列出。具体可参见戈格等（Gorg and Greenaway，2004）关于该问题的文献综述。Holger Görg, David Greenaway. 2004. Much Ado about Nothing? Do Domestic Firms Really Benefit from Foreign Direct Investment?. The World Bank Research Observer, Volume 19, Issue 2: 171-197.

表 9-10　跨国公司的技术溢出效应总结：方法与结果

研究者	研究对象	研究时期	数据类型	数据层面	结论
发展中经济体					
布洛斯特劳等（1986）	墨西哥	1970/1975	截面	行业	+
哈达德等（1993）	摩洛哥	1985—1989	面板	企业&行业	？
柯克等（1996）	乌拉圭	1990	截面	企业	？
布洛斯特劳斯等（1999）	印度尼西亚	1991	截面	企业	+
阿特金等（1999）	委内瑞拉	1976—1989	面板	企业	–
卡图里亚（2000）	印度	1976—1989	面板	企业	？
柯克等（2001）	乌拉圭	1988	截面	企业	？
库格勒（2001）	哥伦比亚	1974—1998	面板	行业	？
发达经济体					
凯夫（1974）	澳大利亚	1966	截面	行业	+
格洛博曼（1979）	加拿大	1972	截面	行业	+
崔菲特（2001）	英国	1989—1992	截面	行业	+
巴里奥斯等（2002）	西班牙	1990—1994	面板	企业	？
格里菲斯等（2003）	英国	1980—1992	面板	企业	+
转型经济体					
詹科夫等（2000）	捷克	1993—1996	面板	企业	–
木下佑子（2001）	捷克	1995—1998	面板	企业	？
博斯科（2001）	匈牙利	1993—1997	面板	企业	？
科宁斯（2001）	保加利亚	1993—1997	面板	企业	–
	波兰	1994—1997	面板	企业	？
	罗马尼亚	1993—1997	面板	企业	–

注：结论中"+"表示显著正应，"–"表示显著负效应，"？"表示结论混杂或不显著。

　　首先，东道国特征。具体而言，不同的东道国对先进技术具有不同的吸收能力。布洛斯特劳等（Blomstrom，1994）通过 101 个经济体的跨国研究证明溢出效应在中等收入水平的发展中国家较为集中，但是并没有证据表明这种效应会出现在低收入发展中国家中[①]。这说明东道国整体发展水平在技术溢出效应的决定因素。因此，国际直接投资可能是发展的有力工具，但前提条件是具备一定的人力资本、完备的基础设施建设和稳定的经济环境。库科（Kokko，1994）对墨西哥制造业数据进行研究

---

① Blomström, Magnus, Ari Kokko and Mario Zejan. 1994. Host Country Competition, Labor Skills, and Technology Transfer by Multinationals. Weltwirtschaftliches Archiv, Vol. 130: 521-33.

的结论同样认为溢出效应与东道国吸收溢出知识的能力正相关[1]。

其次，技术差距大小。东道国本土企业作为跨国直接投资技术溢出的接受者，可能在技术差距较为适中的行业容易取得正向技术溢出。而行业和企业的技术水平过低或不进行主动性技术升级投资时较难获取技术溢出。库科等（Kokko et al.，1996）对乌拉圭制造业的研究证实了技术差距过大不会产生大量技术转移行为[2]。其他学者对委内瑞拉、印度等经济体的研究也得出类似结论。总之，来自跨国公司的间接溢出不是自动的，取决于本土公司的技术水平和研发活动强度，而技术差距和本土企业获得的生产率溢出之间也是非线性关系。有研究表明技术落伍者可能比前沿技术企业成长更快[3]，但技术水平最低的本土公司很难获取技术溢出。

再次，地理邻近性。跨国公司子公司与东道国本土企业的地理距离越远，技术溢出程度越低。关于这一点在理论上不存在争议，因为经济集聚活动有利于正外部性，而距离较远会减弱这种外部性。部分实证研究支持了上述技术溢出效应会随着地理距离的增加而减弱的观点。例如吉尔马等（Grima and Wakelin，2001）对英国的研究表明当跨国公司与本土企业在同一区位时，溢出效应更明显[4]。

然后，上下游垂直关联程度。前文已提到本土企业与跨国企业在垂直关联情况下，技术溢出效应更易发生，且对于上游本土供应商更为强烈，对下游来说效应相对较小。因为跨国企业会主动以不同方式支持上游厂商，包括通过帮助它们设立生产设施、提供技术协助来提高生产质量、协助购买原材料甚至帮助培训员工。贾沃西克（Javorcik，2004）证实了跨国公司对其上游供应商能产生技术溢出效应，但是一旦如果这些跨国企业是同行业竞争者或本土企业的供应商，本土企业便不从中受益[5]。

---

① Kokko, Ari. 1994. Technology, Market Characteristics, and Spillovers. Journal of Development Economics, Vol. 43: 279-293.

② Kokko, Ari, Ruben Tansini and Mario C Zejan. 1996. Local Technological Capability and Productivity Spillovers from FDI in the Uruguayan Manufacturing Sector. Journal of Development Studies, Vol. 32: 602-611.

③ Griffith, Rachel, Redding, Stephen and Simpson, Helen. 2003. Productivity Convergence and Foreign Ownership at the Establishment Level. CEP Discussion Papers. Centre for Economic Performance, LSE.

④ Girma Sourafel, David Greenaway and Katharine Wakelin. 2001. Who Benefits from Foreign Direct Investment in the UK?. Scottish Journal of Political Economy, Vol. 48: 119-133.

⑤ Javorcik B S. 2004. Does Foreign Direct Investment Increase the Productivity of Domestic Firms? In Search of Spillovers through Backward Linkages. The American Economic Review, 94 (3): 605-627.

最后，跨国公司子公司的股权结构。如第三章等理论分析所述，跨国公司进入东道国投资时会出于多种原因选择与东道国企业进行合资，很多发展中东道国在吸引外资时也会要求跨国公司以合资方式进入并对股权比例进行限制。但是出于技术保护的目的，跨国公司往往又会倾向于采用独资的方式进行投资。这就使得跨国公司在东道国的子公司同时存在合资和独资两种股权形态。贾沃西克等（Javorcik and Spatareanu，2008）对于合资和独资不同股权结构情况下的技术溢出效应进行了研究。该研究利用罗马尼亚1998—2003 年 13129 个企业的数据，基于 OLS、超对数生产函数（Translog）和 LP 三种不同方法测算全要素生产率（TFP），并拟定实证分析模型如下：

$$
\begin{aligned}
\Delta \ln \mathrm{TFP}_{it} =\ & \beta_0 + \beta_1 \Delta\, \mathrm{Horizontal\_shared}_{jt} + \beta_2 \Delta\, \mathrm{Horizontal\_100\%}_{jt} \\
& + \beta_3 \Delta\, \mathrm{Vertical\_shared}_{jt} + \beta_4 \Delta\, \mathrm{Vertical\_100\%}_{jt} \\
& + \beta_5 \Delta\, \mathrm{Concentration}_{jt} + \beta_5 \Delta \ln \mathrm{Imports}_{jt} \\
& + \alpha_j + \alpha_r + \alpha_t + u_{it}
\end{aligned}
\tag{9.6}
$$

其中，Horizontal_shared 代表合资企业带来的水平溢出，其他各项则与此类似，分别代表独资企业的水平溢出、合资企业的垂直溢出、独资企业的垂直溢出。模型同时控制行业集中度（Concentration）、行业进口（Imports）及各项固定效应。研究结论如表 9-11 所示。

表 9-11　跨国公司子公司股权结构与东道国技术溢出

自变量	OLS	Translog	LP	OLS	Translog	LP	OLS	Translog	LP
Δ合资垂直溢出	0.650**	0.746***	0.814***	—	—	—	0.684**	0.783***	0.850***
	(0.271)	(0.273)	(0.287)	—	—	—	(0.268)	(0.269)	(0.285)
Δ独资垂直溢出	−0.115	−0.049	0.007	—	—	—	−0.154	−0.091	−0.035
	(0.419)	(0.419)	(0.415)	—	—	—	(0.415)	(0.410)	(0.411)
Δ合资水平溢出	—	—	—	−0.220	−0.238*	−0.236*	−0.243*	−0.263*	−0.263*
	—	—	—	(0.135)	(0.131)	(0.141)	(0.140)	(0.136)	(0.144)
Δ独资水平溢出	—	—	—	−0.442	−0.478*	−0.476*	−0.466*	−0.504*	−0.502*
	—	—	—	(0.272)	(0.262)	(0.272)	(0.280)	(0.270)	(0.279)
Δ行业集中度	−1.277**	−1.131*	−1.202*	−0.940*	−0.741	−0.792	−0.959*	−0.788	−0.861*
	(0.629)	(0.630)	(0.638)	(0.515)	(0.525)	(0.537)	(0.503)	(0.513)	(0.516)
Δ进口	−0.082**	−0.084**	−0.100***	−0.061*	−0.060*	−0.074*	−0.078**	−0.079**	−0.095**
	(0.036)	(0.035)	(0.036)	(0.037)	(0.036)	(0.036)	(0.037)	(0.036)	(0.037)
样本量	30.355	30.355	30.355	30.355	30.355	30.355	30.355	30.355	30.355
R2	0.02	0.03	0.02	0.02	0.03	0.02	0.03	0.03	0.02

注：***、**和*分别表示在 1%、5%和 10%的水平上显著。

从中可以发现外资的水平型进入（用同行业内的外资份额来衡量）对同行业内资本土企业产生全要素生产率抑制效应，并且独资企业产生的抑制效应更为显著。对于上游内资企业而言，合资外资企业通过行业间垂直联系显著带来正向技术溢出效应从而促进本土企业全要素生产率提升，但独资企业却未能起到类似作用。该研究证实了股权结构对于技术溢出所起到的重要影响[①]。

三、国际直接投资与东道国的就业市场

1. 跨国公司和本土公司的薪酬差距

跨国公司对东道国劳动力市场产生的影响是研究中的重要问题。本节首先分析薪酬差距现象。现有大多经验研究表明，跨国公司子公司相对东道国本土公司支付的工资水平更高。当然这一现象可能首先归因于跨国公司所雇佣的劳动者拥有更高的技能水平；但即使在控制技能水平之后，研究仍然表明跨国公司与本土公司存在"薪酬差距"。

理论上对此的解释是多方面的。第一，出于管理的角度。管理东道国员工（对跨国公司而言东道国为外国）比跨国公司母国的员工难度更大。为了建立良好的雇主声誉并使员工队伍更加稳定，跨国公司子公司会支付更高的工资水平。劳动力市场中的信息不对称情形使得外企对当地工人的了解程度低于本土企业，也会相应带来工资溢价。还有一个可能性是跨国企业往往会被雇员视为比本土公司更加不稳定的雇主，可能会较为随意地雇佣和解雇工人，因此工人们也会要求更高的工资水平作为风险溢价。第二，出于技术保护的考虑。跨国公司在东道国的投资意味着其有部分知识产权（如技术、程序、管理经验）存在技术扩散的可能，为了尽可能地避免掌握先进技术的员工流失造成技术扩散，外企会支付更高的工资。第三，跨国公司内部薪酬体系的平衡需要。各国薪酬之间的差异过大可能会带来一系列复杂问题，因此总部派驻不同东道国的高级管理人员会大致形成全球接近的工资体系[②]，而各东道国子公司的内部薪酬体系也不能差异太大。平衡性考虑促使跨国公司内部支付的工资差距会小于东道国和发达母国的总体工资差距，导致外企比东道国本土企业支付了更高的工资。但也存在这样的可能性，因为跨国公司是大型雇主并拥有垄断势力（特别是在发展中国家），因此跨国公司会因其垄断地位而拥有极强的议价能力，反而支付

---

① Javorcik B S, M Spatareanu. 2008. To Share or Not to Share: Does Local Participation Matter for Spillovers from Foreign Direct Investment?. Journal of Development Economics, 85 (1): 194-217.

② 被公众熟知的表述是 Global Pay。

更低的工资。

实证分析表明，总体来看跨国公司子公司比当地本土企业（特别是私营企业）支付更高的工资水平，罕有研究得出相反结论（Lipsey，2004）。上述结论无论在发达国家经济体还是在发展中国家经济体的东道国都可以得到验证，且发展中国家的薪酬差距更大。

首先看发达国家作为东道国的代表性证据。对美国的研究发现，跨国公司支付的工资比当地企业高 10%—15%，具体情况取决于时期和行业的特殊考虑。基于英国的数据进行的研究也发现了类似的结果：跨国公司支付的工资溢价在 6%到 26%之间，如表 9-12 所示（Navaretti & Venables，2004：164）。而对发展中国家的证据也表明跨国公司比本地公司支付更高的工资，且溢价相较发达东道国更大。关于墨西哥、摩洛哥、委内瑞拉和印度尼西亚等国家的研究发现工资溢价差异从 12%至 50%不等（具体见表9-12）。上述这些研究表明在控制劳动力质量、行业等变量后，薪酬差距仍然存在并且稳健。

表 9-12 跨国公司支付的薪酬溢价水平

研究者	研究对象	研究时期	溢价水平
发达国家			
利普西等（Lipsey，1994）	美国	1990	10%-12%
格里菲斯等（Griffith and Simpson，2001）	英国	1989	12%-24%
崔菲特等（Driffield and Girma，2002）	英国	1989	6%-7%
发展中国家			
布洛斯特劳（Blomstrom，1983）	墨西哥	1970/1975	25%
哈达德等（Haddad and Harrison，1993）	摩洛哥	1985-1989	30%
哈里森（Harrison，1996）	委内瑞拉	1976-1989	40%
利普西等（Lipsey and Sjoholm，2001）	印度尼西亚	1991	12%-50%

与薪酬差距密切相关的问题是薪酬结构。跨国公司在东道国的经营活动对东道国的国内就业结构也产生影响。由于跨国公司子公司的雇佣结构与东道国本土公司的雇佣结构存在差异，这种结构上的改变是必然发生的结果。由于跨国公司具有更高的生产技术水平和劳动生产率，因此可能相对本土公司雇佣更熟练的劳动力或更高的劳动力质量。这个问题与前文的工资薪酬差距问题密切联系。早期基于行业样本的研究没有提供很稳健的经验分析，但也提供了部分证据。芬斯特拉和汉森（Feenstra and Hanson，1997）分析了 1975 年至 1988 年外国直接投资对墨西哥石油加

工厂技能需求的影响，研究发现在外国直接投资集中的地区，外国直接投资的雇佣结构偏向熟练劳动力密集[①]。对发达国家东道国的研究则存在一定争议[②]。

类似于高生产率外企可能会给本土企业带来技术溢出，部分文献也研究是否存在"工资溢出效应"，即外资企业支付更高的工资是否会导致国内企业支付更高工资？理论上，外企支付更高工资会对同行业本土企业形成工资上涨压力，否则本土企业员工会跳槽前往外资企业就业。但是上述理论机制在现实中是否普遍依赖于就业是否充分。而对广大发展中东道国而言，刘易斯（Lewis，1954）所述的二元经济是普遍现象[③]，此时大量剩余劳动力的存在会稀释外企带来的工资溢出效应。利普西等（Aitken，Harrison & Lipsey，1996）对墨西哥和委内瑞拉是否存在工资溢出现象进行研究，并没有识别出本土企业因为外资进入而提升工资，甚至发现存在"向下"的负面效应。但是在利普西等（Lipsey & Sjoholm，2004）对印度尼西亚的实证研究中发现外资进入通过增加对劳动力的需求带来显著的工资溢出效应，并且对白领员工的效应强于对蓝领工人的影响。从总体上看，20世纪80年代至90年代的各项研究表明对工资溢出效应的分析结果具有较大的差异。基于面板数据的研究更倾向于得出负面效应的结论，而截面研究则可能显示正向溢出，因此不能断定外资进入会带来工资溢出[④]。

2. 跨国公司的东道国就业波动性

外资进入带给东道国就业影响的讨论还涉及波动性问题，即跨国公司进入是否会使得东道国经济更易受到国际冲击的影响从而增加产出、就业和工资的波动？通常概念是认为跨国公司会比本土公司更频繁、更容易地

① Feenstra Robert C, Hanson Gordon H. 1997. Foreign Direct Investment and Relative Wages: Evidence from Mexico's Maquiladoras. Journal of International Economics, Elsevier, Vol. 42 (3-4): 371-393.

② 代表性研究如布洛尼根等（Blonigen & Slaughter，2001）对美国的研究未能发现显著性差异，但是格里菲斯等（Griffith & Simpson，2001）在英国的研究证实了跨国公司在英国雇佣的技术工人比例高于当地公司。参见 Blonigen Bruce, Slaughter, Matthew J. 2001. Foreign-Affiliate Activity and U.S. Skill Upgrading. The Review of Economics and Statistics, 83, Issue 2: 362-376.

③ 二元经济的概念是刘易斯（Lewis，1954）提出的，指一国的农业部门生产率非常低下且拥有大量剩余劳动力，参见 Lewis W A. 1954. Economic Development with Unlimited Supplies of Labour. The Manchester School of Economic and Social, 22: 139-191.

④ Aitken, Brian, Harrison, Ann and Lipsey, Robert. 1996. Wages and Foreign Ownership a Comparative Study of Mexico, Venezuela, And The United States. Journal of International Economics, 40, Issue 3-4: 345-371.; Lipsey R E, Sjöholm F. 2004. FDI and Wage Spillovers in Indonesian Manufacturing. Review of World Economics, 140: 321-332.

关闭外国工厂。理论上对这个问题很难进行准确的回答。跨国经营是否更易受到外部冲击因具体情况的不同而定。一方面跨国经营活动的确比本土公司更容易遭受到来自东道国国外经济的冲击，从而对东道国子公司的就业和产出产生波动性影响；另一方面，跨国公司因为其较大的规模、生产率优势、垄断势力及全球经营等因素，也比东道国企业更能经受内外经济冲击从而更易稳定生产和就业。同时，国内外的经济波动相关性也影响了跨国公司给东道国带来的波动性大小。一旦国外经济冲击与东道国经济正相关，那么跨国公司的东道国经营活动很可能风险更高，而一旦为负相关，跨国公司的跨国经营可能会通过多样化方式化解冲击。但无论如何，跨国公司面对各种冲击和工资波动时，会有与本土企业不一致的行为模式。

与波动性相关的讨论还包括跨国公司子公司面对劳动力工资变化时的敏感程度。例如，跨国公司是否会因为工资上涨而以更大幅度裁员？有看法认为跨国公司对东道国的社会责任更少给出承诺，或者更不会被工会的力量所限制，从而面对工资上涨更有弹性。然而，跨国公司的市场份额比本土企业要大，拥有强大的品牌或独家技术等大型无形资产，且技能密集度较高，劳动力在总生产成本中所占的比重较低（因为资本份额较高），其劳动力需求将更加刚性。

部分实证研究对跨国公司的东道国就业波动性进行了检验。纳瓦雷特等（Navaretti et al.，2003）选取了从 1993 年到 2000 年 11 个欧洲国家的企业数据，对基于科布道格拉斯生产函数的持续动态劳动需求函数进行了分析：

$$\ln\left(L_t^k\right) = \gamma_0 + \gamma_1 \ln\left(L_{t-1}^k\right) - \gamma_2 \ln\left(w_t\right) + \gamma_3 \ln\left(Y_t^k\right) + \gamma_4 \ln\left(r_t\right)$$
$$+ \gamma_5 T + \varepsilon_{it} \tag{9.7}$$

其中，L_t^k 是企业 k 在时间 t 的就业情况（员工数量），Y_t^k 为实际产出，r_t 是资本的实际租赁成本，w_t 为实际工资，T 控制技术进步的时间趋势。在上式中，系数 γ_2 表示即劳动需求的短期工资弹性。而系数 γ_1 表现了在多大程度上 t 时期的就业量可以被上一期所解释，因此 $1 - \gamma_1$ 衡量了调整速度，越接近于 1 则表明调整越快。对该模型的检验结果见表 9-13。

表 9-13 中的研究结果表明，跨国公司的调整速度比本地企业快得多，所有样本国家的跨国公司调整速度系数都接近于 1，并且始终高于本土公司；同时，跨国公司的工资敏感性小于本地企业。对于任意给定的工资率变化，跨国公司中就业量的变化较小。而对于跨国公司就业是否总体更具波动性该项研究并没有给出明确回答。对于工资上涨，跨国公司的就业更

具稳定；但一旦因为其他冲击造成跨国公司的就业调整，其就业调整可能更快，这可能会给公众一种更为不稳定的印象。就工资弹性而言，部分其他研究得出了与该项研究类似的结论，认为跨国公司对熟练和非熟练工人都有着比本土公司更为刚性的劳动力需求[1]。

表 9-13　劳动力需求调整：本地企业与跨国公司的比较

国家	调整速度（$1-\gamma_1$）		短期工资弹性（γ_2）	
	本地企业	跨国公司	本地企业	跨国公司
比利时	0.09	0.80	-0.53	-0.45
丹麦	0.32	1.07	-0.74	-0.43
西班牙	0.36	0.98	-1.06	-0.73
芬兰	0.78	1.03	-0.42	-0.54
法国	0.69	1.00	-0.91	-0.73
德国	0.52	0.92	-0.88	-0.71
意大利	0.59	1.00	-0.96	-0.90
荷兰	0.23	0.86	-0.58	-0.47
挪威	0.85	0.97	-0.75	-0.68
瑞士	0.55	1.01	-0.31	-0.50
英国	0.13	0.92	-0.46	-0.43

总而言之，现有的少量证据并不完全支持跨国公司比国内企业更具波动性的观点。即使跨国公司可能调整得更快，但是政策制定者可能更关心的是整体失业的规模而不是失业的速度。跨国公司与当地企业相比往往占据较大的市场份额，它们的产品需求就更具有刚性，因此对劳动力的需求弹性也更小，对于任何给定的工资变动其就业波动性将会更小。但是，仍然有来自其他国家的冲击可能会导致跨国公司对劳动雇佣进行调整。

3. 跨国公司的全球产业链同东道国就业

跨国公司的全球生产链对东道国就业所带来的影响不能忽视。由于大型跨国公司往往不止在一个东道国进行投资活动，且投资的类型往往不局限于单纯水平型国际直接投资或垂直型国际直接投资，因此跨国公司对东道国就业的影响不仅仅来自该国的子公司，还来自投资母国和其他国家的投资活动。此时对东道国的就业影响也不仅仅局限于仅对东道国，也需要同母国的就业一起讨论。

---

[1] Haskel, Jonathan And Slaughter, Matthew J. 2002. Does the Sector Bias of Skill-Biased Technical Change Explain Changing Skill Premia?. European Economic Review, 46, Issue 10: 1757-1783.

　　较多研究从该角度出发研究了跨国公司对母国和东道国就业的影响。其中布雷纳德等（Brainard and Riker，1997）对美国跨国公司基于1983年到1992年东道国投资的研究比较具有代表性。具体地，代表性跨国公司 k 的生产函数可以用下面的公式表示：

$$y^k = F\left(L^{IK}, \ldots L^{JK} \ldots\right) \quad J=1 \ldots \ldots n \text{ 且 } J \neq I \tag{9.8}$$

　　其中，L^{IK} 指跨国公司 k 位于 i 国工厂 I 所雇佣的劳动，L^{JK} 为跨国公司在其他国家 j 国众多工厂中的某工厂所雇佣的劳动[1]。该式衡量了多国投资跨国公司的生产函数，同时表明不同东道国（包括母国）的劳动力需求相互影响。进一步定义两组不同的国家即发展中国家和高收入国家，并假设跨国公司面临两类不同的平均海外工资，那么其子公司 I 在 t 时期的对数线性劳动需求函数可简化为：

$$
\begin{aligned}
\ln\left(L_t^{Ik}\right) = {} & \alpha_0 + \alpha_1 \ln\left(W_{it}\right) + \alpha_2 \ln\left(W_{dt}^{Ik}\right) + \alpha_3 \ln\left(W_{st}^{Ik}\right) \\
& + \alpha_4 \ln D_{it} + \alpha_5 \sum_{j=1}^{n} \ln\left(D_{jt}\right) + e_t^{Ik}
\end{aligned} \tag{9.9}
$$

　　其中，W_{it} 是工厂 I 所在的国家 i 的平均工资，W_{dt}^{Ik} 和 W_{st}^{Ik} 分别是与 i 国分别具有不同和相似要素禀赋国家的工资。D_{it} 和 D_{jt} 分别是国家 i 和 j 在 t 时期的总消费需求，e_t^{Ik} 是扰动项。由于 $\sum_{j=1}^{n}\ln\left(D_{jt}\right)$ 衡量全球市场规模，只随时间变化而变化，可以通过时间虚拟变量捕捉它的影响。

　　那么，跨国公司内不同投资地点的劳动力需求是价格替代还是价格补充则取决于系数 α_2 和 α_3 的符号。预计 α_2 为负值（具有不同要素禀赋则存在互补关系）且 α_3 为正值（具有相似要素禀赋则存在替代关系）。对（9.8）式的回归结果见表9-14（Brainard & Riker，1997），回归结果与预期一致，并且系数显著。换句话说，位于高收入国家的分公司的劳动力需求与位于发展中国家的分公司的劳动力需求是互补关系，与位于高收入国家的分公司的劳动力需求则是替代关系。对于位于发展中国家的分公司的劳动力需求，可以观察到类似（却相反）的情况。

　　因此，如果在某东道国的就业和其他外国子公司之间存在可替代性，此时东道国工资的增加将会导致跨国公司雇佣员工减少的数量比本国企业

---

[1] 此时的国家同时包括投资母国（美国）和投资东道国（美国以外的其他国家）。

更多,因为跨国公司可以很容易地用其他国家的劳动力代替该国的劳动力。相反,如果存在互补关系,成本增加对该国劳动力的影响就会减轻,因为这仅仅是一个跨国公司总成本的一部分。而互补关系和替代关系,与跨国公司的投资类型属于水平型还是垂直型,以及不同东道国的类型和特征密切相关。

表 9-14　跨国公司在不同类型东道国的劳动力需求估计[①]

自变量	位于高收入国家的分公司	位于发展中国家的分公司
当地工资	−0.755***	−0.366***
	（0.120）	（0.1）
位于高收入国家的其他分公司工资	0.154***	−0.255***
	（0.057）	（0.080）
位于发展中国家的其他分公司工资	−0.185***	0.170***
	（0.049）	（0.075）
当地总需求	0.828***	0.426***
	（0.073）	（0.028）
观测值	9174	3677
R^2	0.462	0.201

注:***、**和*分别表示在 1%、5% 和 10%的水平上显著。

第三节　国际直接投资和东道国经济发展

一、国际直接投资与东道国经济发展的实证分析

综合前述所有影响后,国际直接投资在多大程度上推动了东道国特别是发展中国家的经济发展?上述各项研究表明跨国投资对东道国经济起到的正面影响较多,但有趣的是关于外资是否总体促进东道国经济增长原的实证分析却未能产生较为一致的显著结果。而对于跨国公司对发展中国家可能带来的长期负面影响,也仍然是各项研究和东道国政策制定所面临的重要问题。

从理论上看,无论跨国公司以何种方式进入东道国,跨国公司都以其新增投资者和先进技术拥有者身份参与了东道国经济发展,理应通过前述

---

① Riker D, Brainard L. 1997. U.S. Multinationals and Competition from Low-Wage Countries. NBER WP 5949.

各项渠道带来正面影响，并最终对东道国经济发展产生一定的推动作用。但这以负面效应被抵消为前提。部分行业和企业可能会因为跨国公司的进入和垄断而受损。对于发展中经济体东道国而言，跨国公司产生的影响作用无论正面还是负面可能都会比发达经济体作为东道国时更大。从正面推动作用来看，由于发展中经济体存在未能充分利用的资源，因此一旦跨国投资进入并利用待开发资源如自然资源或剩余劳动力资源时，发展中经济体更容易获得快速经济发展。但是从负面效应看，发展中经济体也可能因自身经济不发达、企业竞争力不足而受影响更大，或者被跨国公司挤出，或者长期陷于低端价值链生产环节。

从现有实证分析看，应该说吸收外资总体对推动东道国经济发展起到了正面影响的作用。政策实践上，发展中国家 20 世纪 70 年代较为普遍的进口替代政策也已逐渐被扩大开放和吸引外资的鼓励政策所替代，因为各国越来越认为吸引外资是发展中国家经济增长的引擎之一。而在这样的政策吸引下，部分发展中经济体特别是新兴工业化经济体获得快速经济发展，包括中国、印度、巴西和越来越多的发展中国家，甚至包括非洲南部部分不发达经济体。而发展中经济体吸引外国直接投资的 GDP 份额也高于世界各国平均水平（UNCTAD，2006）。

研究者试图基于跨国比较的宏观数据甄别吸引外资更多是否会促进经济更快增长。如果对外直接投资有利于东道国经济，那么直觉上该效应应该在接受大量外国直接投资的东道国表现更为显著。但该类型的跨国研究往往无法进入对跨国公司活动细节的深入分析，同时微观跨国公司活动数据，特别是可进行国际比较的数据在许多国家也无法得到。

伯恩斯坦（Borensztein et al.，1998）利用 1970 年至 1989 年间 69 个发展中国家的样本对此进行研究，以探讨吸引发达国家外资对东道国经济增长的影响。研究表明外资是技术转化的重要载体且具有促进增长的作用，但这种促进作用仅当东道国跨过最低人力资本门槛时才会发生[1]。类似的部分研究同样指出当东道国的经济充分发展到一定水平，本土企业能与跨国公司活动产生相互作用时外资才会产生积极影响。这些发展指标包括国内金融市场的深化程度、是否具备出口导向的经济政策、基础设施的完善程度等等。

外资对东道国的经济推动作用同时涉及到南北收入差距。国际直接投

---

[1] Borensztein E, De Gregorio J, Lee, J-W. 1998. How Does Foreign Direct Investment Affect Economic Growth?. Journal of International Economics, 45: 115-135.

资是否能够缩小南北收入差异,让经济趋向于收敛?大卫·本(Ben-David,1996)等对国际贸易的研究表明国际贸易活动会起到收入收敛作用[1],但是对于国际直接投资的收敛作用研究相对较少。崔昌圭(Choi,2004)[2]对此问题进行了研究,结论基本支持国际直接投资对推动收入收敛起到了正面的作用。

从实证分析上看,无论是东道国自身的经济增长,还是发展中东道国与发达国家的经济差距,该问题在现实中都极具争议和话题性。一方面,大量认为跨国公司操纵了国际分工体系,不利于发展中国家的文章和书籍受到广泛关注;另一方面,东道国特别是发展中经济体仍不断推出吸引外资的各项激励政策。那么,为何实证分析研究中仍然很难得出普遍结论?因为从宏观上看,经济发展是一个多因素的动态发展过程,经济、社会、制度、文化、历史等相关因素复杂交织,共同决定了经济发展,特别是发展中国家经济体的经济发展。根据国际货币基金组织 2017 年的界定,全世界 193 个经济体中有 154 个发展中经济体[3],但 154 个发展中经济体的国家规模、政局稳定性、社会和文化特征、制度特殊性等各方面因素大相径庭,使得从宏观上将国际直接投资对经济增长的影响抽离和甄别出来比较困难。而现代计量经济学发展起来的因果推断则往往非常依赖于个体微观层面的数据基础,对于宏观增长的问题仍然较难得到一致的结论。从这个意义上看,国际直接投资和经济增长与收敛的关系,仍然是一个需要在长期历史发展中观察的问题。

专栏9　全球化图景中的公司帝国?

跨国公司在全球化图景中到底扮演了什么样的角色?这不仅是学术研究界关心的问题,也是社会公众、新闻媒体的热点问题。现代管理学之父彼得·德鲁克盛赞公司体制在现代经济和全球化中的作用,他在《公司的概念》开篇中就写道:"除非发生重大灾难,比如一次全面的战争或整体的萧条,任何事情都无法动摇绝大多数美国人放弃对于自由企业经济体制的信念。虽然这并不表示历史必将证明美国人民持有这样的信念是正确的,

---

[1] Ben-David. 1996. Trade and Convergence Among Countries. Journal of International Economics, 40: 279-98.

[2] Choi C. 2004. Foreign Direct Investment and Income Convergence. Applied Economics, 36 (10): 1045-1049.

[3] IMF2017 年发布的《世界经济展望》。

也不表示历史必将使他们的这种信念成为典范，但这却意味着美国的政治家和经济价值有一种选择：努力推行自由企业体制……美国推行自由企业体制的能力不仅能决定国内稳定，而且还将决定世界的和平。推行自由企业体制是美国能够为世界和平做出的最重要的最直接的贡献。"①根据该观点，跨国公司作为最具影响力的公司和美国企业的重要代表，也同样起到了重要的贡献作用。那么，其他学者或作者是否同意德鲁克的上述论断呢？

答案是否定的。2004 年，美国作家约翰·柏金斯所著的半自传作品《经济杀手的告白》登上了美国畅销书排行榜，并引起极大关注。本书回忆了作者在总部位于波士顿的某工程咨询公司工作的经历。根据作者的说法，自己当时的工作是说服发展中国家接受外国的金援贷款用于投资大型营造和工程项目，并确保合同落入美国公司手中。美国提供这些贷款的目的在于方便美国对这些国家发挥政治影响力，并确保美国的跨国公司能控制当地天然资源。因此，这种安排仅对当地少数的富人家族和精英有利，对当地经济的长远发展特别是穷人则非常不利。在作者看来，"全世界前 100 大经济体中有 51 个经济体是企业，仅 49 个经济体是主权国家"，而在美国政府和诸多国际组织的协助下，这些跨国公司掌握着全球资源，并通过各种不可告人的手段，经手着数以兆亿美元的不当经济利益。公司和政府、组织与协会的联合，已经形成名副其实的"公司帝国"。这套复杂的机制由"公司帝国"和资本的贪婪维系，而往往因为并非简单或单一的违法阴谋逃过了法律的制裁，甚至不为公众熟知。

《经济杀手的自白》引起了巨大的轰动，后续系列关于公司帝国、传统金融巨头家族掌控全球经济甚至政治的各类书籍不断出版。但是该书也引起了巨大的批评。《华盛顿邮报》专栏作家塞马拉比认为此书毫无价值，关键的事实几乎全是夸大或杜撰，例如以前者作者指出的年份中，全世界前 100 大经济体并非 51 个经济体是公司，而是只有 29 个。经济史学者尼尔·弗格森则在其写作的《金钱崛起》也指出珀金斯关于美国对不发达国家贷款和援助的诸多事实都是错误的。但连上述批评者都承认，这些事实的错误完全没有影响它成为畅销书，也没有削弱其公众影响力。或许，对于公众而言，前 100 大经济体到底有 51 个公司还是只有 29 个公司的具体数字无关紧要，但很多人都会赞同珀金斯关于跨国公司的掌控力和影响力过于巨大的观点。

---

① 彼得·德鲁克著. 企业的概念[M]. 慕凤丽，译. 北京：机械工业出版社，2011：1-2.

在这本书之后，柏金斯又写作了一系列后续书籍探讨这个话题，仍然引起了巨大的影响，甚至被导演拍成了同名电影，电影中也包含了对于柏金斯的专访。无独有偶，同样在 2004 年，另一位加拿大学者乔尔巴肯出版了《公司：对利润与权力的病态追求》，对 20 世纪 50 年代以来的公司，特别是跨国公司这种"当今世界最具支配力的经济组织形式"的缺点进行探讨，并质疑德鲁克关于公司的论断是否正确。

上述争议从未趋于寂静，全球化进程的步伐和跨国公司对经济的巨大影响也从未停止。而对于全球化的未来和公司的未来，人们的思考和争议也从未停止。托马斯·弗雷德曼于 2006 年出版畅销全球的著作《世界是平的》，认为公司主导全球化的 2.0 时代已经成为过去，随着网络和科技的飞速进步，全球化已经进入 3.0 时代，个人开始通过互联网成为全球化的主角，将深刻改变全球化的进程。

虽然上述很多讨论和书籍并非严谨的学术分析，但其影响力却不容忽视。至少，跨国公司在全球化中的未来到底会如何，绝不仅仅限于学术领域，也绝不仅仅是一个纯粹的研究问题。或许，我们每个人对跨国公司在全球化中的作用的看法，也正在通过互联网的交互，多多少少影响着这个全球化的世界。

二、东道国吸引外资的政策实践

虽然国际直接投资对东道国经济发展的总体正面作用在实证上未能被显著甄别，但较多发展中经济体仍在经济实践中实行总体利于吸引外资的政策和改革。迄今为止，东道国吸引外资的政策仍不断演化，并可以分为三代不同政策思路[①]。

第一代促进投资的政策主要为放松外资市场准入。国际直接投资自由化的进程是在国际贸易自由化进程推动下前进，但大幅度落后于贸易自由化进程。各国经济政策，特别是发展中国家经济体的经济政策一般是从封闭保守状态逐渐打开的。在第一代促进投资的浪潮中，不少国家减少资本内流和市场准入障碍，在对待外国投资者方面逐渐让市场力量发挥更大的作用。在第二代促进投资的政策中，各国政府则朝前跨了一大步，不仅在市场准入方面逐渐放松限制，更是把本国吸引外资作为一项具体可操作化的目标，纷纷成立国家促进投资机构对本国吸引外资的便利和优势进行宣传推广。这个阶段，各国甚至在东道国的不同地区之间也形成了地方促进

---

① 资料来自《世界投资报告 2001》（UNCTAD）。

投资机构，甚至形成国内各地方之间的吸引外资竞争。

但是仅仅依靠市场准入和促进外资的政策是不够的。各国逐渐注意到外资是否流入与东道国的经济基础、制度建设和产业集聚密切相关。因此第三代促进投资开始着手于改善国内经济环境，把吸引外资的目标进一步落实到产业集群、特定的行业，以把吸引外资和国内产业发展与区域经济发展目标充分结合。这系列的促进投资措施既依赖于国家的政策，也依赖于本地企业成长。2000 年以来，更多发展中国家经济体开始将投资促进政策朝这个方向改进，将吸引外资与共享式增长和可持续发展密切结合。但与此同时，对全球化带来影响的反思也开始在各国政策中出现。

表 9-15 中汇总了各国吸引外资和外资管理政策的调整趋势。从中可以发现 2005 年以来，对于外资的管理和限制政策实际上不仅未减少反而开始增加，在政策上进行不利于国际投资自由化调整的国家开始增多，略呈现出一种逆投资自由化的趋势。未来各国在投资促进及投资限制二者之间的平衡和协作，仍然是横亘在国际社会的一项难题。

表 9-15　各国投资促进和外资管理政策的调整

类别	1991	1995	2000	2005	2010
投资促进或市场准入改变的国家数量	35	64	69	77	57
外资管理政策改变的数量	82	112	150	145	112
其中：					
有利于外国直接投资	80	106	147	119	75
不利于外国直接投资	2	6	3	25	36

注：根据联合国贸发会议各年度《世界投资报告》整理。

本章思考题

1. 跨国公司对东道国的劳动力市场一般会产生何种影响？

2. 根据两缺口模型，并根据表 9-5 补充较新数据，试图分析外资流入对发展中国家两缺口的影响。

3. "以市场换技术"是发展中国家吸引外资政策的重要考虑。根据本章所学内容，针对特定行业和企业的技术进步进行调查，谈谈对上述政策的看法。

4. 查询本地是否有吸引外资的投资促进机构。你认为上述投资促进机构同国内其他地区是否存在竞争关系？

5. 考虑跨国公司对外投资带给母国与东道国生产和就业的动态变化。假设一个极端的南北世界经济,北方国家和南方国家具有相同的人口规模,只生产和消费一种特定一揽子商品。其中,北方国家因历史因素属于创新国家,跨国公司总部定位于北方国家,掌握一揽子商品的生产诀窍,在北方国家进行所有研发和管理活动并定期对一揽子商品进行升级。南方国家只存在跨国公司的生产性子公司和代工生产公司,生产性活动全部安排在南方国家总部进行,其产成品部分中 S 比例留在南方国家消费,N 比例出口回北方国家消费,不存在贸易成本。当前S<N,即南方国家的人均收入(以一揽子商品的消费衡量)低于北方国家。请思考并回答以下问题:

(1)该假想经济能长期稳定的前提条件是什么?

(2)假定北方国家的跨国公司总部研发出机器人,能以更低的生产成本替代南方国家的制造业劳动力进行生产。这会对两国生产和就业带来什么样的影响?

(3)假定北方国家的研发和管理活动的效率会逐渐增长,使得维持相同的生产经营规模需要的研发和管理人员会逐渐减少。那么这会带来经济的何种变化?

(4)南方国家收入低的原因是不能掌握生产的诀窍,该诀窍由跨国公司总部掌握,并不会在生产中泄露。如果在生产活动中该技术诀窍会随着累积产量到一定数量而被南方国家全部掌握,这会对该假想经济产生何种冲击?南北国家的公司会如何应对?

(5)假定南方国家因外生原因,能够在一段时间内以一定概率成功创新出技术更为先进的一揽子商品,这会对该经济体产生什么影响?

6. 跨国公司的直接投资或外包活动对东道国的就业和工资的影响是各国学术界和新闻媒体关注的话题。布朗等(Brown, Deardorff & Stern, 2003)则进一步指出:"新闻界流行着各种关于低收入国家工人在低工资和各种难以忍受的糟糕条件下长时间为跨国企业工作的报道。"美国公平劳工协会(FLA)发布的一项报告详细列举了苹果主要供应商富士康(Foxconn)在工作条件方面的不足之处,以及多种违反相关劳工法行为。报告表明富士康工人的工资高于中国平均薪资水平和最低工资标准,但14%的工人可能没有获得"公平的计划外加班工资"(《金融时报》,2012 年 4 月)。结合本章所学内容谈谈对上述报道的看法。

第十章　国际直接投资与中国经济发展

中国自改革开放以来吸引大量跨国公司进行国际直接投资，目前已成为发展中国家中吸引外国直接投资最多的国家。在全球国际直接投资和发展中国家吸引外资总额中，中国所占的份额分别从 1980 年的 2%和 11%大幅增加到 2018 年的 18%和 33%。同时，中国也逐渐成为世界主要对外直接投资国之一。2019 年，中国对外直接投资 1369.1 亿美元，当年对外直接投资流量居世界第二，对外直接投资存量居世界第三，2020 年更达到 1537 亿美元，首次超过美国成为全球对外投资最多的经济体[①]。中国在吸引外资和对外投资两方面都成为世界经济中的重要国家，这期间经历了何种历程，又对中国经济产生了哪些影响？本章内容对中国经济中的跨国公司活动和国际直接投资，包括中国作为东道国吸引外资和作为跨国公司母国对外进行投资的经济活动及影响进行剖析。

第一节　中国吸引外资的概况和特征

一、中国吸引外资的历史演变

1. 中华人民共和国成立初期

中华人民共和国成立前特别是中共七大前后，党对引进外资持欢迎态度。1944 年 8 月，中共中央发布《关于外交工作的指示》，指出"在双方有利原则下，我们欢迎国际投资与技术合作"[②]。1945 年 4 月，毛泽东在党的七大报告中指出，"引进外资的目的是能够蓬勃地发展大规模的轻重工

---

① 商务部、国际统计局、国际外汇管理局统计数据。

② 中央档案馆，中共中央文献研究室. 中共中央文件选集:. 第 12 册[M]. 北京：中共中央党校出版社，1991：579.

业与近代化的农业"，并且认为"外国投资的容量将是巨大的"。1946 年 6 月，中共中央发布《关于解放区外交方针的指示》，明确提出要"允许外国人来经商、开矿及建立工厂或与中国人合作来经营工矿"①。

中华人民共和国成立之初，以毛泽东同志为核心的党的第一代中央领导集体曾就吸收外资进行过积极的实践和探索。1949 年 9 月通过的《中国人民政治协商会议共同纲领》明确规定，"中华人民共和国可以在平等互利的基础上，与外国的政府和人民恢复并发展通商贸易关系"。但随着朝鲜战争爆发等国际形势的变化，美国等西方资本主义国家对中国实行包围、封锁和禁运，中国利用外资的大门被关上。后期随着 20 世纪 60 年代中苏关系的转变，加之国内在艰难探索时期偏离了经济建设的主线，中国吸收外资的步伐也随之停止。1972 年中国表示不允许外国来华投资，中国也不向外国输出资本。

中华人民共和国成立初期至 1972 年的吸引外资探索时期对于中国经济的发展仍然具备重要的意义。其间中国不得不采取"一边倒"的外交策略，只能向苏联等社会主义国家寻求资金和技术援助，揭开了中华人民共和国利用外资的序幕。"一五"计划期间，苏联援建了 156 个工业项目，专业领域涵盖电力、钢铁、煤炭、机械等产业，为中国重工业发展打下了基础，使中国开始从落后的农业国迈入工业国行列②。

2. 改革开放后快速增长阶段

改革开放后，中国吸引外资的步伐随着改革开放的不断进展而迅速发展。1978 年党的十一届三中全会制定改革开放战略，启动了加快利用外资的进程。自此，中国吸引外资经历了 1979—1991 年逐步开放、1992—1999 快速推进、2001 年入世至今稳步发展三个阶段。

第一阶段为吸引外资与扩大对外开放逐步发展。自十一届三中全会启动对外开放以来，系列相应政策在"摸着石头过河"的总体思路下逐渐出台。1979 年 1 月 1 日中美建立大使级外交关系为中国开始融入世界经济体系打开了新局面。1979 年 1 月 17 日，邓小平公开提出："吸收外资可以采取补偿贸易的方法，也可以搞合营。"1979 年 6 月，中国成立外汇管理局，对外开放和吸引外资的制度基础和管理也相应改革。同年，中共中央、国务院批准在深圳、珠海、汕头、厦门试办出口特区（1980 年改名为"经济

---

① 转引自刘建丽. 新中国利用外资 70 年：历程、效应与主要经验[J]. 管理世界，2019（11）.
② 林欣，李春顶. 中国利用外资 70 年：回顾、现状与展望[J]. 国际贸易，2019（10）.

特区"），创办特区的目的是引进外资，吸收国外先进技术，拓展对外贸易，为全方位推进改革开放积累经验。同年 7 月，第一部外资法《中华人民共和国中外合资经营企业法》正式施行。自此，在逐步扩大开放城市和修改制定法律法规的并行进程中，中国吸引外资和对外开放的进程正式迈开步伐。1980 年 8 月，第五届全国人大常委会批准了《广东省经济特区条例》，深圳、珠海、厦门、海南等经济特区也相继得到发展，以外资企业为主体的企业结构在特区开始呈现。与此同时，中国于 1982 年向关贸总协定派驻司长观察员。

从对外开放区域上看，1984 年 4 月，党中央、国务院决定开放天津、上海、大连等 14 个沿海港口城市，扩大上述开放城市的自主权，以便能充分开展对外经济活动，并给予外商投资者在税收、外汇管理等方面的优惠待遇。1985 年开放长三角、珠三角等经济开放区，中国吸引外资的步伐随着沿海开放城市的经济活力提升而进一步加快。为改善外商投资企业的经营环境，国务院于 1986 年制定了《关于鼓励外商投资的规定》。之后又相继批准设立海南经济特区（1988 年）和上海浦东新区（1990 年），初步形成"经济特区—沿海开放城市—经济开放区—内地"的多层次开放格局。

在法律法规制定和修改方面，1982 年 9 月十二大报告《全面开创社会主义现代化建设的新局面》中指出，我国在公有制基础上实行计划经济，有计划的生产和流通是我国国民经济的主体，但同时允许对部分产品的生产和流通不做计划而是由市场调节，即由价值规律自发地进行调节。1983 年国务院召开第一次利用外资工作会议，强调要统一思想认识、放宽政策、加强领导，办好中外合资企业；同年 9 月，国务院发出《关于加强利用外资工作的指示》。1984 年 10 月，十二届三中全会通过《中共中央关于经济体制改革的决定》，提出社会主义经济体制应当是有计划的商品经济。1985 年 9 月，党中央通过《中共中央关于制定国民经济和社会发展第七个五年计划的建议》，要求"进一步发展社会主义的有计划的商品市场，逐步完善市场体系"。1987 年 10 月，党的第十三次全国代表大会提出了"社会主义初级阶段"的理论，从而为我国的改革开放进一步提供了理论基础。1988 年，七届全国人大通过了《宪法修正案》，增加了"国家允许私营经济在法律规定的范围内存在和发展"的条文。自此到 1991 年，《中华人民共和国私营企业暂行条例》《中华人民共和国外资企业法》《中华人民共和国中外合作经营企业法》《中华人民共和国外商投资企业和外国企业所得税法》《关于鼓励外商投资的规定》等法律、法规陆续出台，为中国吸引外资，打开对外开放局面奠定了法律和制度的基础。

　　总体上看，这一阶段中国外商投资额因刚开始起步而增长缓慢，利用外资仍处于探索期，大多数外商投资者仍持观望态度，但很多外资和外商表示了对中国经济良好发展的信心，开始逐渐进入中国。1978 年 10 月，通用电气访问中国，开启了知名跨国公司对中国的接洽。到 1978 年底，中国同国外签订了 22 个重点引进先进技术和成套设备项目，当年签约金额达 78 亿美元，相当于 1950 年到 1977 年中国引进累计完成总额的 89.2%。1983—2020 年中国各年度国际直接投资金额如表 10-1 所示。

表 10-1　中国各年度国际直接投资金额（1983—2020）

年份	金额	年份	金额	年份	金额	年份	金额
2020 年	1443.70	2010 年	1057.35	2000 年	407.15	1990 年	34.87
2019 年	1381.35	2009 年	900.33	1999 年	403.19	1989 年	33.92
2018 年	1349.66	2008 年	923.95	1998 年	454.63	1988 年	31.94
2017 年	1310.35	2007 年	747.68	1997 年	452.57	1987 年	23.14
2016 年	1260.01	2006 年	658.21	1996 年	417.26	1986 年	22.44
2015 年	1262.67	2005 年	603.25	1995 年	375.21	1985 年	19.56
2014 年	1195.62	2004 年	606.3	1994 年	337.67	1984 年	14.19
2013 年	1175.86	2003 年	535.05	1993 年	275.15	1983 年	9.16
2012 年	1117.16	2002 年	527.43	1992 年	110.08		
2011 年	1160.11	2001 年	468.78	1991 年	43.66		

注：数据引自国家统计局、商务部、国家外汇管理局，数据为实际利用外资金额，单位为亿美元[①]。

　　第二阶段以邓小平南方谈话为起点。1992 年 10 月，党的第十四次全国代表大会明确提出建设社会主义市场经济，标志着中国对外开放和现代化建设事业迈入一个新阶段。市场经济目标确立极大鼓舞了外商投资者的信心。1992 年中国外商直接投资额首次突破百亿美元达 110.1 亿美元，约占当年实际利用外资的 57.3%，成为利用外资形式的主要部分。

　　此后中国利用外资的法治建设和引资实践也从摸索慢行阶段进入快速发展轨道。1993 年 11 月，中国共产党十四届三中全会制定通过了《中共中央关于建立社会主义市场经济体制若干问题的决定》；1993 年 12 月，全国人大颁布了《中华人民共和国公司法》；1994 年 1 月 11 日，国务院做出《关于进一步深化对外贸易体制改革的决定》；1995 年 6 月，国务院发

---

① 根据改革开放以来的《中华人民共和国中外合资经营企业法》《中华人民共和国外资企业法》《中华人民共和国中外合作经营企业法》《中华人民共和国台湾同胞投资保护法》，以及《国务院关于鼓励台湾同胞投资的规定》《国务院关于鼓励华侨和香港澳门同胞投资的规定》等一系列法律法规，中国台湾地区、香港地区和澳门地区到内地投资的政策规定参照外资执行，并纳入吸引外资统计。

布了《指导外商投资方向暂行规定》和《外商投资产业指导目录》，将外商投资项目划分为鼓励、允许、限制和禁止四类，外商投资领域从出口加工业延伸到高新技术等产业。为贯彻落实十五大精神，党中央与国务院于1998年发布《关于进一步扩大对外开放，提高利用外资水平的若干意见》，一方面总结利用外资的成就和分析面临的新形势，另一方面继续把吸收外商直接投资作为利用外资的重点，同时也要适度筹借和用好国外贷款。截至2001年底，中国已累计批准设立外商投资企业390484户，合同外资金额达7459.09亿美元，实际使用外资金额达3954.69亿美元。整体而言，这一时期中国利用外资处于快速发展阶段，2000年实际利用外资额达593.6亿美元，年平均增长率为15.2%。1983年至2020年中国实际利用外资变动趋势如图10-1所示。

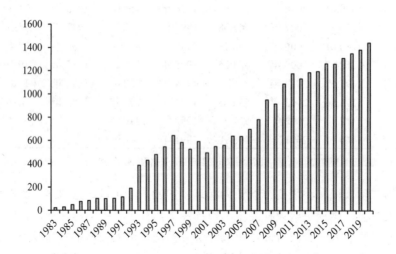

图 10-1　中国实际利用外资额变动趋势（1983—2020）

注：数据来源为国家统计局、商务部、国家外汇管理局，纵轴为实际利用外资金额，单位为亿美元。

第三阶段自2001年11月中国签署了《中国加入世界贸易组织议定书》开始。入世使国内市场进一步对外开放，中国对外经济合作步伐加快。为适应WTO规则，涉外经贸法律法规和部门规章进行了大量修订。加入WTO前后分别修改了"外资三法"[①]，取消与规则不相适应的条款。按照入世承诺，中国逐步开放了金融、电信、旅游、交通等众多领域，外商投资范

---

① 指《中华人民共和国中外合资经营企业法》《中华人民共和国外资企业法》《中华人民共和国中外合作经营企业法》。

围从制造业扩大到服务业。2002—2007 年，政府对《外商投资产业指导目录》等政策进行多轮修订，积极引导外资产业流向，鼓励吸引高新技术产业的外资。2008 年我国实行内外资统一税制，新税率确定为 25%。受金融危机的影响，中国利用外资出现短期的小幅下降，到 2010 年又恢复增长态势。中国吸收外资已突破千亿美元大关。此外，为促进"引进来"与"走出去"政策相协调，国家发改委于 2012 年发布《"十二五"利用外资和境外投资规划》，引导外资投向节能环保、新能源等领域和中西部地区。总体而言，这一时期中国利用外资规模达到新一轮高峰，我国吸收外资的质量进一步提高，外资政策体系也逐步完善。

其间修订和新增的主要相关法律包括：2001 年修订《中华人民共和国中外合资经营企业法》；2003 年取消了对合资外贸公司的数量和地域限制，注册资本等其他资质要求也有所降低；2004 年修订《中华人民共和国对外贸易法》赋予外商投资的贸易公司以国民待遇；2006 年通过《关于外商投资举办投资性公司的补充规定》和《外资公司并购管理条例》；2007 年推出《中华人民共和国反垄断法》；2008 年 1 月，《中华人民共和国企业所得税法》开始实行，将内外资企业的基本所得税率统一设为 25%，为内外资企业构建了公平竞争的环境。到 2007 年，我国当年实际使用的外商直接投资已达 923.95 亿美元，是 1991 年的 2116%。入世后中国始终处于世界最有吸引力的外资东道国之一，吸引外资开启新一轮增长阶段。

2013 年政府借鉴国际先进管理制度和经验，首次提出要建立"负面清单"管理模式并在上海自贸区率先实行。党的十八届三中全会通过《关于全面深化改革若干问题的决定》，在决议中明确提出"实行统一的市场准入制度，在制定'负面清单'的基础上，各类市场主体可依法平等进入清单之外的领域"。自此"负面清单"（Negative List）开始被公众熟知，同时也意味着中国外资政策出现新的发展方向。党的十九大报告明确提出"大幅放宽市场准入"。

"负面清单"管理模式是中国利用外资全面发展阶段的重要突破。为响应十九大号召，2018 年正式开始实施全国版负面清单，进一步对外资开放制造业、服务业等多个领域。随着国内外形势的变化，"外资三法"已经不能满足全面深化改革的需要，取而代之的是《中华人民共和国外商投资法》①，该法经第十三届全国人大二次会议通过，是中国历史上首部全面

---

① 2019 年 3 月 15 日，第十三届全国人民代表大会第二次会议通过《中华人民共和国外商投资法》，自 2020 年 1 月 1 日起施行。之前的《中华人民共和国外资企业法》等法律同时废止。

系统的外资立法，为利用外资提供了更有力的制度保障，有助于中国经济与世界经济体系进一步接轨。

总体而言，入世以来中国利用外资的发展态势屡创历史新高，以全方位、宽领域、多层次的吸收外资新格局为中国经济高质量发展做出了重大贡献。

二、中国吸引外资的特征

前文已指出，1991 年以来中国吸引外资步伐开始加快，并随着 2001 年中国加入世贸组织进入全面发展新阶段，外国来华投资流量大幅提升，中国在全球吸引外国直接投资总额中所占的份额也大幅攀升。值得一提的是，自 2008 年金融危机以来，发展中国家外国直接投资流入量 20 年来首次下降，但中国吸引国际直接投资在世界国际直接投资总量中的比例却仍保持持续上升，甚至 2020 年全球疫情冲击也没有影响中国继续保持吸引外资的增长态势。

从总量特征看，中国已经成为吸引外商投资的最佳东道国之列，具备国际直接投资的区位优势。从在发展中国家吸引外资的对比来看，1992 年至 2017 年，中国在发展中国家经济体吸引外资总量中排名第一，吸引外资总额达到 3.35 万亿美元。从全世界各国吸引外资情况来看，中国随着世界各国吸引国际直接投资的总体上升速度更快，逐渐成为仅次于美国的第二大吸引外资的国家。

从外资来源看，近年来主要投资来源地实际投资增长态势良好，越来越多的国家和地区增加对华投资，外商投资主体逐渐呈现多元化。其中亚洲地区仍保持中国吸引外资的主要来源地，其次是欧洲和北美地区。就 2018 年而言，前 10 位国家或地区对华实际投入外资额占我国利用外资总额的 95.2%，其中来自中国港澳台地区、新加坡、韩国、日本六个亚洲经济体实际投资总额合计 1161.5 亿美元，占比高达 90.4%。此外，"一带一路"沿线国家实际投入外资金额 64.5 亿美元，同比增长 16%；欧盟 28 国实际投入外资金额 118.6 亿美元，同比增长 35%。来自欧美的发达国家的国际直接投资仍然占据较小比例。

从行业特征看，外资进入的行业经历了较大的变化。改革开放以来，外商直接投资进入中国主要集中于各制造业，制造业的投资占外商直接投资的份额在 1995 年以来始终保持在 54% 以上，入世前后迅速提高，1996—2007 年制造业累计占外商直接投资的 63.52%。2008 年经济金融危机之后，服务业吸引外商直接投资的比重逐渐超过制造业。

制造业前期占据国际直接投资总额的比重较大有两方面原因。一方面中国作为非熟练劳动力丰裕型的发展中经济体较易吸引外资进入到制造业领域，另一方面原因是早期中国对外资进入其他一些重要的服务性领域，例如银行、电信与保险存在一定的限制，但随着入世后中国逐渐放开上述部门的市场准入，服务业占比也随之逐渐上升（见图10-2）。

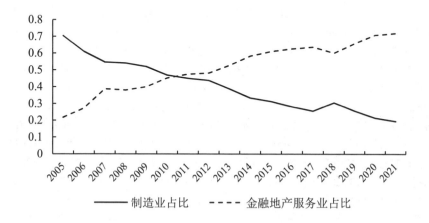

图 10-2　中国吸引国际直接投资的行业比重

注：根据国家统计局数据绘制。

从表10-2中同样可以看出这一趋势。自2004年以来，国际直接投资在中国的企业数目逐年攀升，从2004年总计24万家上升至2015年48万家，企业数目上升一倍。其中制造业的外资企业数量呈下降趋势，占全部外资企业数量的比重则降幅更大。但是在制造业行业中，外资企业仍然居于重要地位，尤其是在出口比例较高的计算机制造、通信设施及电子产品制造等行业占据出口主导地位。而外资对中国出口增长所起到的重要推动作用将在后文进行详细探讨。

从吸引外资的地域特征看。东部沿海地区始终是中国吸引外资的主要地区。1979年到1985年，东部沿海地区吸收的外商直接投资占全国的比例为64.1%，内陆地区为35.9%。从1985年到1990年，东部沿海地区吸收外商直接投资占全国比例为73.8%，内陆地区为26.2%。进入20世纪90年代以后，东西部之间的差距进一步拉大，东部沿海地区吸收的外商直接投资占全国的比例每年均在84.6%以上。

表 10-2　中国近年来各行业国际直接投资企业数

行业	2004	2007	2010	2011	2014	2015	2020
总计	242284	286232	445244	446487	460699	481179	635402
农、林、牧、渔业	5310	6005	7103	6993	6784	6937	6848
采矿业	920	947	1039	991	836	833	765
制造业	170654	189030	187547	181017	161168	158256	128421
电力、燃气及水供应业	1585	2126	3931	3920	4338	4594	5390
建筑业	3861	3738	4922	4812	5033	5181	7394
交通运输、仓储和邮政业	4062	5149	10577	10494	100565	9833	13155
信息传输、计算机服务业	4453	7717	64300	57836	11390	11791	49890
批发和零售业	10214	19968	64291	73163	24219	27229	194684
住宿和餐饮业	5428	6382	16091	17481	43433	42435	28469
金融业	168	301	5528	6442	9924	11708	17925
房地产业	12598	14741	18143	17826	17522	17668	18538
租赁和商务服务业	6468	14437	34875	37491	44381	50673	82053
科学研究、技术服务等	4504	8919	14813	16212	20970	25064	52640
水利、环境和公共设施	613	816	1034	1021	1055	1120	1622
居民服务和其他服务业	5947	2770	5138	5001	4527	4626	6416
教育	167	187	316	318	410	463	970
卫生、社会保障等服务	275	209	243	229	235	77	716
文化、体育和娱乐业	2165	2239	2354	2276	2851	3229	8443
其他	2892	551	2999	2964	1058	262	1064

注：根据国家统计年鉴各年统计数据得出。

在东部沿海各省份当中，广东、福建和江苏三省为吸收外商直接投资最多的地区，其中流入广东和福建的国际直接投资占其 GDP 水平高于全国平均水平。从 1993 到 2003 的 10 年来，广东省 FDI/GDP 的平均比例为 13%，福建为 10%。其他沿海开放区域的比例分别为：上海为 9%，江苏和北京为 7%。广东省一省所吸收的累积外商直接投资在全国处于绝对优势，占全国比例为 50.6%，是期间中国吸引外资特别是来自港澳台地区侨资的主要地区。

三、中国经济的外资偏好

近年来中国吸引外资增速较快，中国对外资是否偏好，以及外资是否偏好中国引起了文献研究的关注。和其他发展中经济体或者新兴经济体相比，中国经济结构是否存在外资占比较高的"外资偏好"？而这个问题的另一方面是大量来华投资进入中国的原因是什么，又是否因其"偏好中国"而挤出东亚其他国家吸引国际直接投资？

第一，中国经济的外资偏好探讨。由于中国已经成为吸引国际直接投资最多的发展中国家，甚至和发达国家吸引外资的规模相当，因此部分文献认为中国存在一定程度的外资偏好，而这种偏好的原因主要包括以下各方面因素。首先，为了吸收剩余劳动力进入制造业并增加出口，因此吸引大量外资进入出口加工工业（He & Zhang，2010）[①]。其次，为了引进技术，从而迅速弥补和发达国家的技术差距（江小涓，2002）[②]。再次，为了弥补国内经济的不足。当 20 世纪 90 年代外资大量涌入中国时，中国国内企业不具备竞争力，且本地金融市场不完备、存在本地政府和本地企业互动的道德风险等市场扭曲因素，从而私营企业大量吸收外资以减少金融扭曲和制度不足（黄亚生，2003；张军等，2004；陈勇兵等，2011）[③]。最后，中国地方政府的竞争行为。以 GDP 为政绩考察的晋升激励因素使得地方政府官员有较强的动力通过吸引外资改善当地资本积累、促进工业增加值增加来推动当地经济发展。因此吸引外资成为地方官员的"偏好"（周黎安，2004）[④]。

表 10-3　部分发展中经济体的外资流入占 GDP 比重（%）

国别	1985	1995	2005	2012
中国	0.54	4.92	4.61	3.08
巴西	0.65	0.63	1.75	3.38
印度	0.04	0.58	0.87	1.30
韩国	0.24	0.34	0.75	0.44
越南	—	—	3.90	6.14

注：根据联合国贸发会议（UNCTAD）和世界银行（WB）数据统计。

但从另一个角度看，发展中国家的国际直接投资比重总体偏高，也往往是经济从落后不断发展过程的正常现象，因此中国作为大量剩余劳动力存在的发展中二元经济体吸引大量外资进入劳动密集型制造业属于经济发展的正常进程。在二十世纪就是年代中期至入世后的十年间因外资快速流入，外资占比一度较高。但随着后期经济发展，中国吸引外资占经济的比

① He D, W Zhang. 2010. How Dependent is the Chinese Economy on Exports and in What Sense Has Its Growth Been Export-led?. Journal of Asian Economics, 21 (1): 87-104.

② 江小涓，李蕊. FDI 对中国工业增长和技术进步的贡献[J]. 中国工业经济，2002（07）：5-16.

③ Huang Y. 2003. Selling China: Foreign Direct Investment During the Reform Era. Cambridge University Press；张军，郭为. 外商为什么不以订单而以 FDI 的方式进入中国[J]. 财贸经济. 2004（01）；陈勇兵，曹亮，何兴容. 中国经济为何偏好 FDI[J]. 宏观经济研究，2011（01）：30-35.

④ 周黎安. 晋升博弈中的政府官员的激励与合作[J]. 经济研究，2004（6）.

例和其他发展中经济体如印度、越南等相比并不存在特别的"偏好"（见表 10-3）。

第二，外资是否格外偏好中国经济。从目前各项研究的共识来看，中国经济具备稳定的政治经济环境、廉价充裕的劳动力、巨大的市场规模潜力等优势，因此在发展中经济体中脱颖而出，吸引了大量外资（Cheng and Kwan，2000）[①]。那么中国外资增加是否挤出了其他国家原本可能吸引的外资呢？从理论上，大量外资在中国改革开放后进入中国可能会对其他国家的吸引外资产生一定的挤出效应，但是从现实来看挤出的可能性较小。中国吸引外资是一个逐渐增长的过程，改革开放初期吸引外资的数量和金额较少，而吸引外资的金额是随着中国国内经济乃至世界经济不断发展而不断增加的，因此并非是在某时点上的外资转移。对水平型直接投资动机的来华投资，中国市场的规模和消费潜力则是外资进入的首要原因，更不会和其他国家吸引外资产生挤出或者替代关系。对垂直型直接投资而言，来华投资在中国扩大生产的同时，也可能因垂直分工链产生对东亚甚至其他经济体的上游中间品需求，从而扩大跨国公司向其他国家进行相应生产环节直接投资，因此不但不产生挤出，反而可能产生一定的促进。

大部分经验研究也并不认为存在"挤出"。艾肯格林等（Eichengreen and Tong，2007）运用 1988 年至 2003 年 29 个 OECD 发达国家投向 63 个投资东道国的数据，分析中国吸引外资是否挤出其他国家特别是亚洲地区国家吸引外资[②]。研究采用引力模型控制东道国经济发展、东道国和投资国距离等因素对投资流的影响，实证分析中还同时控制了投资风险等因素。研究结论表明中国吸引外资的进程并未对亚洲其他国家吸引国际直接投资带来挤出效应，甚至会带来正面影响。但是研究同时表明，中国吸引外资可能对 OECD 国家吸引外资产生一定的负面影响，例如日本将大量投资从 OECD 转投向中国。对于拉丁美洲地区和中东欧地区的吸引外资而言，中国吸引外资并没有产生可甄别的显著影响。艾肯格林等（2007）的研究验证了中国吸引外资是否挤出了其他国家吸引投资的同时，表明国际直接投资的流量与跨国公司的投资动机、东道国的类型同时密切相关。而随着中国经济的不断发展，外资进入的逻辑和动机可能也随之产生动态的发展。而近年来外资是否会因中国劳动力成本上升而

---

① Cheng L K, Kwan Y K. 2000. What Are the Determinants of the Location of Foreign Direct Investment? The Chinese Experience. Journal of International Economics, 51 (2): 379-400.

② Eichengreen B, H Tong. 2007. Is China's FDI Coming at the Expense of Other Countries? Journal of The Japanese and International Economies, 21 (2): 153-172.

撤出中国，前往其他劳动力成本更低的国家和地区，开始受到文献研究的注意，逐渐成为新的重点讨论问题[①]。

第二节　中国吸引外资的经济影响

一、外资进入与国内资本形成

第九章指出外资进入东道国会因资本形成等各方面渠道对东道国资本积累和固定资产形成起到推动作用。中国吸引外资以来，国际直接投资同样对中国固定资产形成起到一定的推动作用。但是在不同时期，其占比和影响有明显的差异。

中国入世以前，外资进入中国对弥补中国经济的两缺口、增加固定资产投资起到重要作用。20 世纪 80 年代，外资流入金额占 GDP 和固定资本形成的比重仍然较低，但是都呈现增长态势。进入 90 年代以来，外资流入快速增长，年平均实际外资流入额从 80 年代末期的 30 亿美元左右增长至 1994 年的 337 亿美元，到 2001 年中国入世当年已达到 468 亿美元[②]。期间国际直接投资和外商投资企业在中国经济中逐渐占据重要地位，外资流入占固定资产投资总额中的比重和 FDI 存量占 GDP 比重两项指标均从 80 年代低于 5% 上升到超过 10%。如图 10-3 所示（Blonigen & Ma，2011）90 年代中后外资占固定资产形成和 GDP 比重达到高峰，FDI 存量占 GDP 比重达到 18%，而外资流入占固定资产形成比在 1995 年达到 15%。

随着中国入世以后经济总量和内资经济取得快速发展，外资存量在 GDP 中的比重开始有所降低并保持稳定，FDI 占固定资产形成则降低到 10% 以下。自此后，FDI 占中国经济的比重仍比较稳定，到 2020 年，FDI 存量占 GDP 比重为 14.5%，但当年 FDI 流入占固定资产形成比重在 2005 年开始低于 5%，至 2020 年仅占到中国固定资产形成总额的 2%。此时外资流入对中国经济的固定资产形成的重要性已经大幅降低[③]。

　　[①] 李磊等. 中国最低工资上升是否先导致了外资撤离[J]. 世界经济，2019（8）；罗长远，司春晓. 外商撤资的影响因素：基于中国工业企业数据的研究[J]. 世界经济，2020（8）.

　　[②] 参见表 10-1.

　　[③] 国际直接投资在固定资产占比先上升后下降的原因及影响因素分析可参见田素华. FDI 占中国固定资产投资比重变动的倒 "U" 形特征与决定因素实证分析[J]. 数量经济技术经济研究，2012（02）.

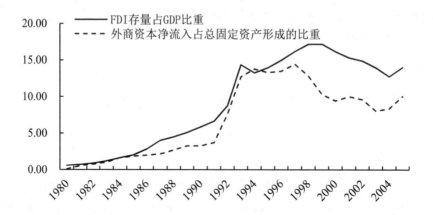

图 10-3　中国外资流入占国内产出和资本形成的比重①

外资流入可以促进资本形成，那么是否会因外资流入而对国内其他企业的投资产生挤出呢？这也是国内研究比较重视的一个问题。理论上看，外资进入的潜在影响大致可归结为带动效应、抑制效应或中性效应三种，即国际直接投资流入分别促进、抑制或对国内投资无影响。代表性研究如罗长远（2007）采用 1987—2007 年中国省级面板数据为样本进行了分析，研究结论表明国际直接投资对国内资本存在正向带动效应（或挤入效应），但是带动作用的大小因资本性质而异，对国有资本的带动作用大于对私人资本的作用。同时，带动作用的大小因金融支持强度而异，金融支持越强则带动效应越大。2007 年之后，随着 FDI 在中国固定资产占比中的比重越来越低，该问题也不再受到研究的重视。

二、外资进入与中国制造业出口

各项关于中国吸引外资的研究都注意到外资进入对中国制造业出口所起到的影响作用。中国吸引外资的过程始终伴随中国制造业出口快速增长的过程。外资是否是中国制造业出口的主要推动力，以及这种推动是否可持续也成为中国吸引外资研究的重要问题之一。

根据前文所述的跨国公司对外投资理论，基于比较优势投资动机的跨国公司会结合东道国要素禀赋和该行业的要素密集度来决定投资选址，将劳动密集型产业就投资于具有大量劳动力禀赋的发展中国家。中国作为

---

① China's Growing Role in World Trade: Please Pass the Catch-Up: The Relative Performance of Chinese and Foreign Firms in Chinese Exports（Blonigen，Ma，2011），其中文译版为《请分我们一杯羹：中外公司在中国出口中的相对表现》，载于芬斯特拉等主编的《全球贸易中的中国角色》第 12 章。

劳动力丰裕的发展中大国经济体，非常适于成为跨国公司流向劳动密集型制造业并建立低成本出口平台的选址。惠利等（Whalley and Xian，2010）较早对这个问题进行了研究，指出外资企业占中国出口的份额从 1990 年约 10%上升至 2004 年的 60%是惊人的上升速度，会使得中国经济特别是制造业出口较多地依赖于外资。从 2005 年开始，外资企业出口的占比开始逐渐下降，但是 2018 年仍然占到 42%，到 2020 年仍然占据 36%的较高比例（见图 10-4）。如果进一步从微观的视角来看，会发现外资企业占据出口企业前列的多数，在 2015 年全国出口企业五十强中超过 80%为外资企业，如表 10-4 所示[①]。那么，这种现象究竟是什么因素引起的呢？

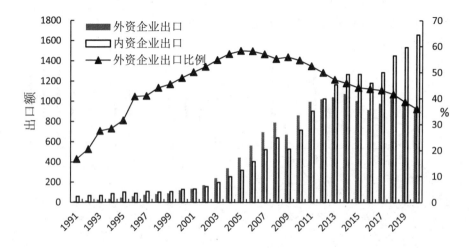

图 10-4　中国外资企业出口比例（1990—2004）

注：出口额单位为 10 亿美元。

惠利等（2010）认为，国际直接投资大量进入中国制造业并且具有较高劳动生产率是其中的重要原因。1995 年，外资经济占中国经济的份额为 10%，但是到了 2004 年，就已占据中国 GDP 的 22%和总出口的 55%。如果不包括农业，外资企业和非外资企业的劳动生产率之比约为 6:1。该研究进一步测算了中国非 FIE 企业和 FIE 企业（外资企业）的增长结构，发现外资企业 20%—40%的增长来自技术进步，而非 FIE 企业即内资企业的增长 90%来自资本存量积累。因此制造业外资占比与外资企业劳动生产率是解释外资大量进入出口制造业并在出口总额中占据高比例的重要原因。

① Whalley J, X Xian. 2010. China's FDI and non-FDI economies and the sustainability of future high Chinese growth. China Economic Review, 21 (1): 123-135.

　　除此之外，垂直型国际直接投资动机也对此提供了解释的重要视角。在中国吸引的外商直接投资当中，水平型国际直接投资和垂直型国际直接投资兼具。如前文所分析，准确地甄别水平型或垂直型投资是一个难题，通过出口比例、子公司和母公司之间的内部贸易占比等指标可以进行大致的推定。有研究指出早期北美、西欧的来华投资可能更多是倾向于水平型投资，但是日本在华投资同时具备水平型和垂直型投资特征，而来自亚洲地区的外资则主要以出口导向即垂直型投资为主[①]。由于来自亚洲地区投资和侨资的外资企业占比较高，因此事实上导致在中国制造业尤其出口占比较高的机电类制造业中，呈现为垂直型分工特征的外资起到更为重要的作用。图 10-5 展示了 2007 年中国各制造业行业中外资企业的出占产值比例，可以发现各行业外资企业的出口比例均高于行业出口比例。

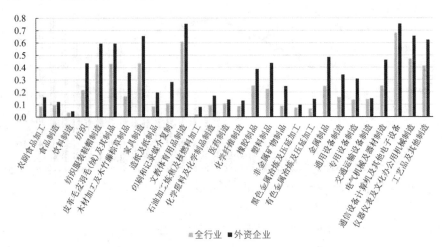

图 10-5　中国各行业外资企业出口比例（2007）

注：纵轴为出口比例。笔者根据中国统计局数据测算绘制。

　　另外，外资具有更高的技术水平和中国经济的逐渐发展，也使得中国近年来的吸引外资激励政策从补充资本缺口逐渐转向为以技术进步为导向，因此大量制造业内资企业也主动寻求合资，以提升产品的技术含量与单位价值，从而获取更好的产品竞争力，这也是制造业行业出口中外资企业出口份额较高的重要原因（Blonigen & Ma，2011）。那么，中国在吸引外资的过程中是否提升了国内产业和内资企业的技术进步呢？这也是研究者们重点关心的问题。

① Fung K C, H Iizaka and Stephan Parker. 2002. Determinants of U.S. and Japanese Direct Investment in China. Journal of Comparative Economics, 30, 567-578.

表 10-4 中国制造业出口百强企业（2015）

	企业简你	出口额		企业简你	出口额
1	鸿富精密电子（郑州）	2677821	26	达丰（上海）电脑	344349
2	富泰华工业（深圳)	1852017	27	达富电脑（常熟）	335223
3	达功电脑（上海）	1825385	28	戴尔（成都）	311957
4	昌硕科技（上海）	1421725	29	纬创资通（中山）	310809
5	华为技术*	1319907	30	旭硕科技（重庆）	300758
6	惠州三星电子	1171207	31	英运物流（上海）*	297411
7	达丰电脑（重庆）	845831	32	苏州市海晨物流*	294887
8	名硕电脑（苏州）	814409	33	深圳华为通信技术*	288983
9	苏州得尔达国际物流*	804714	34	深圳中外运物流*	284464
10	仁宝信息技术（昆山）	801939	35	惠州 TCL 移动通信	283005
11	鸿富精密电子（成都）	557020	36	浪潮乐金数字移动信息	280715
12	美光半导体（西安）	555385	37	天津三星视界移动	270222
13	中兴通讯*	511560	38	英特尔贸易（上海）	270034
14	天津三星通信技术	511439	39	捷普电子（广州）	261575
15	伟创力制造（珠海）	505128	40	深圳中电投资股份*	255038
16	深圳一达通*	502293	41	世硕电子（昆山）	244854
17	鸿富锦精密工业（深圳）	501809	42	纬创资通（重庆）	232537
18	英业达（重庆）	459752	43	深圳市朗华供应链服务*	232537
19	仁宝资讯工业（昆山）	459035	44	联宝（合肥）电子科技	229252
20	鸿富精密电子（烟台）	436953	45	三星（中国）半导体	227315
21	东莞三星视界	412561	46	乐金飞利浦液晶显示	225729
22	联想信息产品（深圳）	405851	47	招商局保税物流*	225873
23	华为终端（东莞）*	385598	48	深圳市信利康实业*	222737
24	富士康精密电子（太原）	371235	49	鸿富精密电子（重庆）	218514
25	索爱普天移动信息	364361	50	深圳嘉泓永业物流*	213808

注释：按照出口额排序，单位为万美元。其中，*表示为内资企业，其他为外资企业（包括合资企业，也包括来自中国港澳台地区的侨资企业）。数据来自中国海关统计。

三、外资进入与国内技术进步

技术是发展中国经济体吸引外资的重要考虑因素。前文对中国外资企业出口表现的分析中已经指出，外资企业具有较高劳动生产率和技术水平是其出口竞争力的重要原因。那么，引入外资后是否有利于国内技术进步呢？又是否会因其竞争效应反而抑制了国内企业和行业的技术进步？这是中国吸引外资利弊争论中的重要问题，而类似争论在国内研究界从来没有停止过。

　　20 世纪 90 年代以来，随着外资快速增长和外资在 GDP 比重、固定资本形成与制造业出口中的份额逐渐上升，以及较多传统民族品牌因为外资进入被并购或者退出市场，国内研究界对外资影响利弊展开了热烈的讨论与争锋。各研究关注的焦点或者说担忧主要集中在以下五点。

　　首先，垄断市场。跨国公司实力雄厚，人们担心外资企业会在中国市场上形成垄断力量，阻碍国内竞争者进入并损害国内消费者的利益。第二，导致失业。如果国内企业在与跨国公司的竞争中失利，会出现失业问题并进而对社会的稳定产生压力。第三，外部冲击。外资在经济中占有较高比重，会使中国经济与全球经济紧密联系，受国际市场和全球经济波动的影响会加大。第四，技术依赖性。跨国公司的技术优势可能迫使国内企业放弃已有一定基础的技术开发能力，形成对跨国公司的技术依赖。第五，低附加值锁定和利益外流。跨国公司大量从母公司进口零部件原材，只将中国作为一个低附加值的加工基地和产品市场，通过在中国的投资大量获利。此外，外资大量进入是否在资金供应比较充分，两缺口不再成为问题的背景下，是否会影响政府对经济直接调控的控制力、是否影响国家安全等方面也引起了一定顾虑[①]。

　　从引进外资采用的技术是否先进的角度出发，江小涓（1999；2002）对九十年代中国吸引外资的技术影响进行了调研和研究，研究结论表明吸引外资对于国内技术进步总体利大于弊[②]。该研究将外商投资企业使用的技术划分为母公司先进技术、母公司比较先进技术和母公司一般技术。母公司的先进技术指在母国企业使用不足三年的技术或投放市场不足三年的产品；比较先进技术是指虽然已达三年以上，但至今仍在使用的技术或者产品；一般技术指在母国已经不使用的技术或不再生产的产品[③]。调研发现，外商投资企业中，使用母公司比较先进企业技术的企业最多，达到 57家；使用母公司先进技术的企业次之，53 家；使用一般技术的最少，仅有17 家。与此同时，相当一部分跨国公司提供了填补国内空白的技术。当以国内企业作参照时，外商投资企业的技术被划分为填补国内空白技术（指国内没有使用过此类技术或生产同类产品）、国内先进技术（指居国内先进

---

　　① 江小涓. 中国的外资经济：对增长、结构升级和竞争力的贡献[M]. 北京：中国人民大学出版社，2002：3-4.

　　② 江小涓. 跨国投资、市场结构与外商投资企业的竞争行为[J]. 经济研究，2002（9）；江小涓. 利用外资与经济增长方式的转变[J]. 管理世界，1999（2）.

　　③ 如果企业同时使用多种技术，以其主要产品为主；如果几种技术水平的产品销量相等，以其水平最高的技术为准.

水平、但已有企业使用同类技术和生产同类产品）和国内一般技术（指在国内已经不属于先进水平的技术）[①]。被调研企业中，使用国内空白技术的企业共 83 家，占样本企业的 65%；使用先进技术的企业为 44 家，占总样本的 35%；没有一家企业使用国内一般技术。由此可见，多数外资企业的技术填补了国内的技术空白。

那么，即使外资企业采用了相较于国内更为先进的技术，就一定能对国内企业的技术水平产生正面影响吗？这是第九章所重点探讨过的外资技术溢出效应问题。在第九章列举的相应实证研究中，对于发展中东道国能否从外资进入中获取技术溢出未能达成一致，而针对中国的研究同样存在分歧，唯一能达成的共识是外资进入并不能自动产生技术溢出。进一步的机理研究则主要从两方面展开：一类研究以中国的吸收能力为着眼点，认为国际直接投资虽代表先进技术前沿，但是由于国内行业的吸收能力欠缺（行业特征、人力资本、制度、吸收门槛等各方面因素），无法有效地获取技术溢出，或获取的程度非常有限。另一类研究则认为国际直接投资虽然可以产生正向的技术溢出，但由于同时产生对内资企业的"挤占效应"，从而影响了技术溢出的总体效果。对中国吸引外资是否带来技术溢出的研究总结如表 10-5 所示。

表 10-5　国际直接投资是否带来技术溢出：来自中国的实证证据

具体研究	数据样本	技术衡量	研究时期	主要结论
胡光宙等（2002）	纺织和电子企业	TFP	1995-1999	负向溢出效应
张居贤等（2003）	省级数据	专利活动	1995-2001	正向促进效应
赖明勇等（2005）	省级数据	经济增长	1996-2002	正向促进效应
王红岭等（2006）	行业数据	专利活动等	1998-2003	正向促进效应
平新乔等（2007）	经济普查数据	总生产率技术差距	2004	侨资：促进效应，外资：无显著促进作用
傅晓兰（2008）	区域经济数据	专利/新产品	2004	正面促进效应
林平等（2009）	工业企业数据	TFP	1998—2005	侨资：负向水平溢出/正向垂直溢出；外资：均为正向
亚伯拉罕等（2010）	ORIANA 企业数据	TFP	2002—2004	侨资：正向溢出外资：负向溢出
黑尔等（2011）	世行调查企业数据	TFP	2001	无显著溢出效应

注：笔者根据黑尔等（Hale and Long, 2011）的研究整理得出。表中外资指非港澳台资本（侨资）。

[①] 确定技术水平的方法同前。

从表 10-5 中可以发现，各项研究结论存在较大的差异。产生较大差异的原因主要有两方面：一方面是不同研究时期跨度较远，采用了不同来源和加总层面的数据样本。例如，采用行业层面较多得到正向溢出效应的结论，而采用微观企业层面的研究结论则比较分化。另一方面，实证研究中对计量方法的选取和变量的不同考虑也带来差异性的研究结论①。总体而言，研究结论不一致这点与其他关于发展中东道国的技术溢出效应研究也比较类似。同时也应该注意到，利用大数量微观企业数据的研究表明，正向垂直溢出在实证中更容易被识别，而行业内的外资进入的水平效应则更多表现为负面的。

四、外资进入与国内就业市场

外资进入对中国就业结构产生巨大的影响。由于中国二元经济的存在，剩余劳动力从传统农业经济进入乡镇企业、又继而进入以劳动密集型为特征的出口制造业是中国缓解就业压力、发展制造业和完成二元经济结构转换的重要途径。而外资企业在其中起到了重要的就业吸纳作用。图 10-6 展示了中国入世以来外资企业的城镇就业人数统计，可以发现从入世开始，外资企业雇佣就业人数从 400 万增加到 2013 年的 1566 万，是吸纳就业的重要组成部分。

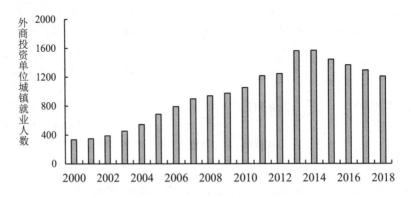

图 10-6 中国外资企业的城镇就业人数（2000—2020）

注：根据国家统计局各年度数据绘制，单位万人。

---

① Hale G, C Long. 2011. Are There Productivity Spillovers from Foreign Direct Investment in China? Pacific Economic Review, 16 (2): 135-153.

　　外资进入对于国内就业市场结构和工资的影响同样引起了学者的关注。具体研究议题同样为以下两点：第一，外资是否支付了更高的工资？第二，外资进入对内资企业的工资产生了何种影响？黑尔等（Hale & Long，2011）使用 2002 年世界银行对 1500 家中国企业的调查数据，就国际直接投资带给中国就业市场的工资效应进行了分析[①]。该研究针对存在于同一城市和同一行业的外国直接投资企业对当地同行业工人工资的影响。而研究的前提是：中国拥有丰富的非熟练劳动力资源，但可能比较缺乏熟练劳动力。根据该调查发现，2003 年接受调查的中国企业家中有 80%表示缺乏技术人员，超过 50%的企业家表示管理人员短缺，而 74%的企业表示管理人员和销售人员均短缺。那么，本已短缺的熟练劳动力是否会因外资进入而获得更高的工资呢？该项研究采用以下模型对此进行了实证研究：

$$Y_{jik} = \alpha_{ik} + \beta_1 FDI_{jik} + Z'_{jik}\Gamma + \epsilon_{jik} \tag{10.1}$$

$$Y_{jik} = \alpha_i + \alpha_k + \beta_3 FDI_{ik} + \beta_4 PR_{jik} + \beta_5 FDI_{ik} \cdot PR_{jik} + Z'_{jik}\Gamma + \epsilon_{jik} \tag{10.2}$$

　　其中，Y_{jik} 均表示在行业 i 和城市 k 运营的公司 j 的工资水平。（10.1）中 FDI_{jik} 表示工业 i 和城市 k 中的公司 j 中的外国所有权份额（即该模型中的公司 j 包括外资企业），Z_{jik} 为控制变量。该模型可以甄别外资企业的的的工资水平是否显著高于其他企业。在（10.2）所示的回归模型中，FDI_{ik} 表示工业 i 和城市 k 中的外资比重（此时该模型中的公司 j 仅包括内资企业），PR_{jik} 表示相应的私营所有权份额。该模型用于检验外资进入是否带给其他内资企业工资上涨压力并造成工资水平溢出。模型如此设定的原因是，国有经济对工资水平的考虑与私营经济有很大的不同。外资进入更可能对私营经济造成工资上涨压力。研究控制了年龄及教育水平等劳动力质量质量（Quality），同时为了控制外国直接投资和当地经济的内生性，作者使用了工具变量方法进行估计，以企业的国外销售份额作为工具变量验证结论的稳健性。

　　实证结果见表 10-6 和表 10-7。表 10-6 发现即使是在控制了资本密集度和劳动力质量的情况下，国际直接投资仍为熟练劳动力支付了更高的工资，但是对于非熟练劳动力没有显示出类似的工资溢价。同时，表 10-7 反映外资进入后在通过增加熟练劳动力雇佣市场的竞争提升了内资企业熟

　　[①] Hale G, C Long. 2011. Did Foreign Direct Investment Put an Upward Pressure on Wages in China&quest. IMF Economic Review, 59 (3): 404-430.

练劳动力工人的工资。该竞争效应尤其反映在私营企业向其技术人员支付的工资增长中。对于非熟练劳动力的就业市场则没有发现这样的竞争效果。但是一些不同视角的研究也得出与此不一致的结论。近年来研究发现经济发展过程中的劳动者报酬占 GDP 份额并未随之得到提升甚至出现下降。部分研究认为外资在其中起到一定的影响作用。邵敏等（2010）研究表明，虽然外资进入在直接效应上支付了更高的劳动者报酬，但其进入对 1998—2003 年工业行业中的劳动份额下降具有一定的解释力，这可能是因为外资进入带来的竞争效应对行业中内资企业带来一定的负向工资溢出效应[①]。

表 10-6　国际直接投资和中国私营企业的工资差距

因变量：工资	β（FDI）	标准差	控制变量	Adj.R^2	观测值
生产性工人	0.16	(0.12)	Log（K/L）	0.06	791
工程师	0.29**	(0.13)	Log（K/L）	0.12	832
管理人员	0.50***	(0.11)	Log（K/L）	0.15	1075
生产性工人	0.14	(0.13)	Log（K/L），Quality	0.06	776
工程师	0.24*	(0.13)	Log（K/L），Quality	0.12	801
管理人员	0.36***	(0.12)	Log（K/L），Quality	0.16	1017

注：***、**和*分别表示在 1%、5%和 10%的水平上显著。标准差为稳健标准差。

表 10-7　国际直接投资对中国内资企业的工资压力

因变量：工资	PR	FDI	FDI·PR	控制变量	Adj.R^2	观测值
生产性工人	-0.079	0.60	0.20	Log（K/L）	0.06	793
工程师	0.057	1.17*	0.69	Log（K/L）	0.11	828
管理人员	-0.016	0.46	1.35**	Log（K/L）	0.12	1076
生产性工人	-0.075	0.58	0.25	Log（K/L），Quality	0.06	778
工程师	0.008	1.33*	0.50	Log（K/L），Quality	0.11	790
管理人员	-0.11	0.47	1.76***	Log（K），Quality	0.13	1013

注：***、**和*分别表示在 1%、5%和 10%的水平上显著。标准差为稳健标准差。

五、吸引外资与经济增长

中国吸引外资对经济增长的影响究竟如何？这个问题无疑是研究中的热点问题。自从改革开放以来，中国吸引外资的步伐不断加快，吸引外资的规模已达到世界前列甚至位列第一，外资爷从资本形成、制造业出口、国内就业各方面在中国经济中起到了举足轻重的作用，对中国经济的发展

---

① 邵敏，黄玖立. 外资与我国劳动收入份额[J]. 经济学（季刊），2010（7）.

产生了一定的助推与促进。但是，这个推动作用究竟有多大？是否可以量化？在研究中是否可以被显著地识别？

早期研究基本肯定了外资对于资本形成、技术溢出和经济增长的重要作用。孙海顺（1996）等学者率先证实国际直接投资对中国经济增长起到了重要的贡献[1]。江小涓（1999；2002）对外资进入对中国技术的影响进行了详细的考察和分析，指出外资经济在中国各行业增加值、税收、利润和出口等各方面指标中均占据较大的比重，对中国经济发展起到了重要的促进作用，如图 10-7 所示（江小涓，2002）。魏后凯（2002）证实了外资对中国经济发展的作用，认为中国对外开放是率先从东部沿海地区开始，而东部沿海地区因区位条件、基础设施和经济技术基础较好吸引了进入中国的绝大部分外商直接投资。进而，外商直接投资的大规模进入通过增加资本形成、扩大出口和创造就业等途径，显著推动了东部沿海地区经济的快速发展，使得东部地区进入了吸引外资—经济发展—进一步吸引外资的区域循环累积因果效应。但是对于西部地区，未能发现外资显著推动了经济进步，因此东部发达地区与西部落后地区之间 GDP 增长率的差异，大约有 90%由外商投资的差异所引起[2]。王成岐等（2002）同样证实了外资对经济增长的重要作用和对东西部地区的促进效应差异，但同时指出国内投资仍是推动经济增长的首要决定因素，但市场化改革能够促进国际直接投资对于经济增长的推动，并且国内外企业之间竞争越激烈，则越有助于国际直接投资发挥其作用。因此，在中国二十世纪九十年代吸引外资的过程中，外资和市场化对于经济增长的作用是互补的[3]。

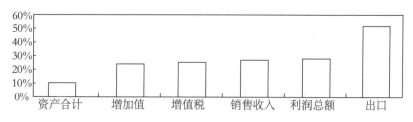

图 10-7　外资在中国经济中的作用（1999）

随着中国入世后的经济高速增长，外资对于中国经济增长作用的争论，特别是质疑外资进入是否带来总体负面效应的讨论逐渐减少，更多研

---

① Sun H. 1996. Direct Foreign Investment and Linkage Effects: The Experience of China. Asian Economics, 25 (1): 5-28

② 魏后凯. 外商直接投资对中国区域经济增长的影响[J]. 经济研究, 1992（4）.

③ 王成岐, 张建华, 安辉. 外商直接投资、地区差异与中国经济增长[J]. 世界经济, 2002（4）.

究关注于外资与技术进步、外资与环境等比较具体的问题。郭熙保等（2009）则继续以外资对经济增长的影响为研究视角，探讨了外资特征对中国部分地区经济增长的影响。研究结论表明外商直接投资和国内固定资本投资都会促进经济的增长，但是由于国际直接投资中所包含的先进技术、管理经验、外溢性等因素，外国直接投资的促进作用显著大于国内固定资本投资所起到的作用。但是，该项研究也指出外资的具体特征会对经济增长产生不同机制的影响，例如外资在制造业部门投资的比重越高越有利于促进经济增长；但是外资企业出口比重越高越不利于经济增长，同时对于国际直接投资在经济中比重不同的地区，国际直接投资对经济增长的促进作用也会因国际直接投资技术水平的差异而产生不同的影响[①]。

正如外资进入对其他东道国经济增长作用的普遍性研究，衡量外资在经济增长中的作用并量化作用的程度是实证分析中一个较难的问题。外资进入和经济增长在经济的长期动态经济发展中相互影响、互为因果，很难采用类似微观计量中的因果推断来给出比较明确的结论。而中国作为发展中经济体中的大国，又具有比较鲜明的独特特征，使得将中国和其他发展中经济体作为同类东道国的国际比较分析也较难得到准确结论。但各项研究仍然达成了一定的共识。外资对中国经济增长的作用影响往往同中国的市场化进程、地区经济竞争、外向型出口经济、劳动力市场结构调整等各项因素交织在一起，对中国经济增长起到了重要的推动作用。而从中国经济改革的进程来看，坚持吸引外资的改革开放方向也始终贯穿中国经济发展的各个阶段。当前与各国共同努力，深入推进国际直接投资自由化，在区域经济协作中探讨区域投资自由化加深模式也成为中国探索国际经济合作新发展的重要领域。

第三节　中国对外直接投资和中国跨国公司的发展

一、中国对外直接投资的发展历程

改革开放以来，中国在吸引外商直接投资方面取得了巨大成就，成为吸引外资最多的发展中国家。中国对外直接投资也因改革开放开始起步。但改革初期因经济实力尚弱，企业规模相对较小且国际竞争力较弱，中国

---

① 郭熙保，罗知. 外资特征对中国经济增长的影响[J]. 经济研究，2009（5）.

企业"走出去"的动机不强，造成中国对外直接投资相对外资流入规模来说明显偏小。

1979 年 8 月，国务院发布文件提出要出国开办企业，标志着中国第一次把发展海外直接投资作为国家政策确立下来。但此后中国企业参与海外直接投资活动并不多。据联合国贸易和发展会议（UNCTAD）数据，从 1982 年到 1991 年，中国年均国际直接投资流出只有 5.4 亿美元，直到 1992 年邓小平南方谈话后对外直接投资才开始明显增长。

1992 年随着吸引外资进入快速发展阶段，对外直接投资也由 1991 年 9.1 亿美元增至 40 亿美元，国际直接投资流出占世界和发展中国家流出比例也分别达到 2.1% 和 17.2% 新高。但随后 1993 年和 1997 年颁布的《境外企业管理条例》和《境外贸易公司、代表处管理办法》对新增对外直接投资进行更严格的审批，且对各部门、各地方已开办的海外企业进行重新登记，对外直接投资增速放缓。1993 年后，中国国际直接投资流出在世界份额中处于下降趋势。当 2000 年国际直接投资达到高峰时，中国对外直接投资却下降到 9.16 亿美元，以致当年中国对外直接投资在世界和发展中国家比例分别下降到 0.07% 和 0.69% 的历史最低水平。

2001 年中国入世和《国民经济和社会发展第十个五年计划纲要》提出"走出去"战略后，中国对外直接投资进入新的增长阶段。在 2005 年 7 月实行汇率体制改革后，人民币升值带动中国对外直接投资大幅增长，到 2007 年我国对外直接投资达到 265.1 亿美元，占世界和发展中国家比例分别达到 1.33% 和 10.5%。2008 年迎来了对外直接投资的里程碑发展。受益于中国经济持续稳健增长、人民币升值、资本市场发展、国际融资能力提高和中国企业实力的壮大，以及国务院修订《中华人民共和国外汇管理条例》取消企业经常项目外汇收入强制结汇要求等政策激励，中国对外直接投资发展势头更加强劲。据商务部统计，2008 年中国对外直接投资突破 500 亿美元，达到 521.5 亿美元，同比增长达 93.3%。到 2012 年，中国对外投资达到 878 亿美元，对外投资存量突破 5000 亿美元，首次成为世界三大对外投资国之一。1980—2019 年间中国对外直接投资发展趋势如图 10-8 所示。

近年来随着改革开放深入、"走出去"战略不断推进以及"一带一路"等倡议受到各国热烈响应和参与，中国企业融入世界经济全球化的进程进入快速发展新阶段。2013 年对外投资总额超过千亿美元大关；2014 年后国际收支平衡表也从总体顺差转为总体逆差，中国成为资本对外净输出国；2016 年对外直接投资总额实现历史性飞跃达到 1701.1 亿美元,折合人民币 11299.2 亿元，首次突破万亿元大关。2019 年，在全球经济下行压力加大、贸易投资持续低迷、单边主义和贸易投资保护主义持续蔓延的大变局中，中国持续推进更高水平对外开放，扎实推进"一带一路"建设，对外投资合作取得新成效[①]。2020 年，中国超越美国成为世界第一大对外投资国。

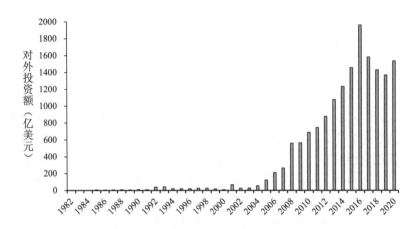

图 10-8　中国对外直接投资发展趋势（1980-2020）

数据来源：中国国家统计局。以下各表数据来源与本图相同。

专栏 10　中美之间的国际直接投资：误读与事实

　　作为世界前两大经济体，也同时作为近年来对外投资和吸引外资的前两大经济体，中美经贸关系和中美之间的直接投资往来受到全世界瞩目。从直觉上看，似乎中美也应该互相成为对方非常重要的直接投资目的地和来源地。但是事实并非如此。

　　布兰特斯特等（2010）撰文针对美国对华投资的误读进行了分析。该研究指出，美国公众对于美国对中国投资往往存在以下四点误读：（1）中国拥有大量来自美国的国际直接投资；（2）美国在华国际直接投资都是出口导向型；（3）美国对华投资替代了美国对其他国家的直接投资；（4）美国在华子公司促进了中国迅速增长的科技潜力。

　　基于中美两国 1994 年至 2005 年的相关数据，布兰特斯特用事实对上述四点进行了分析。虽然中国在改革开放后，特别是二十世纪九十年代确立市场经济目标和 2001 年入世以来吸引了大量的世界各国和地区的国际直接投资，但是来自美国的直接投资并未在中国吸引外资中占据重要比例。甚至在非侨资外资对华直接投资中，美国对华投资份额也低于欧盟和

---

① 2019 年数据摘自《中国对外投资合作发展报告》（商务部，2020）。

日本对华投资。同时，中国统计的吸引美资金额与美国统计的美国对华投资金额存在较大误差，美国经济分析局（BEA）统计的对华直接投资更少。2004 年，美国跨国公司在中国的子公司数目、销售额和雇员人数等指标均大幅度低于美国在欧洲和加拿大的投资，在美国对亚太投资中甚至也占比较低，部分指标甚至低于 1/10。关于第二点，虽然外资在中国制造业出口中占据较高比例，部分制造业行业甚至超过 50%，但据布兰特斯特统计，2004 年美国在华子公司的返销美国出口额也仅仅占到在中国当地销售额的 1/10。同时，资料表明该阶段中国也并非美国严格意义上的投资转移国，即美国对华投资并非撤走了其他国家的投资而转移到中国，而更多是因为对中国市场的准入动机。从研发和专利角度看，2004 年美国在华子公司的研发费用仅仅占到亚太地区总额的 1/8，而美国公司申请的中国专利和中国申请的美国专利数据也都显示，中国总体研发能力和美国公司在华研发活动都被公众高估。值得注意的是，布兰特斯特在研究结尾中也指出："中国 GDP 总量、人均收入和人力资本的增长势必会激发美国公司在中国的进一步扩张……如果中国经济继续这样增长长期保持高速态势，今天所分析的这些关于美国 FDI 在中国的误读就可能成为事实。"

现在看布兰特斯特对未来的中美投资格局估计过于乐观。2007 年以后，中国经济持续的确保持高增长态势，而美国则经历了严重的经济金融危机。其间，中国吸引各国直接投资也的确保持高增长，到 2020 年当年吸引外资金额为 1443 亿美元，但是美国仍然不是中国重要的外资来源国家。2020 年当年，中国吸引美国外资仅为 23 亿美元，仍然低于日本对华直接投资的 33 亿美元和欧洲对华直接投资金额 74 亿美元，在非侨资对华直接投资中仅占到 6%。美国对华投资的数量和金额，仍远低于中美相应的经济体总量和中美之间的贸易量水平。

而中国经济增长和吸引外资均快速增长的同时，对外直接投资也在入世后逐渐起步，并于 2013 年以后得到进一步快速发展。与美国对华投资情形不同的是，中国对美投资增幅较大，美国已成为除中国香港地区以外最重要的对外直接投资目的地。2020 年，中国对美国投资大幅增长58%，金额达到 60 亿美元，仅次于香港地区、开曼群岛和维京群岛。但从总量上看，中国对美投资仍然仅占到中国对外投资年总量 1537 亿美元的 4%，低于对欧洲投资金额 127 亿美元，对东盟投资 160 亿美元。因此美国虽然已成为中国重要的投资地，但投资额度仍与中美两国经济体量不相匹配。

而上述趋势中更值得注意的是，两国之间直接投资净头寸方向已经转变。或许公众仍然会停留在这样一个印象中：中国吸引美国投资超过中国对美国投资。而这已经成为一个新的误读。吸引外资尤其是吸引美国投资曾经是中国改革开放的标志信号①，但到了 2020 年，中国对美直接投资已大幅度超过美国对华直接投资金额，达到其 2.6 倍。当然，该净头寸的反转也并不算特殊。日本 1968 年成为世界第二大经济体，在 1980 年美国对日投资仍然为日本对美投资的 1.32 倍，但到了 1985 年，该比例已经转变为 0.48②。所以美国不仅仅是公众印象中的对外投资国，同样也是各国非常重要的投资目的地。虽然日本和中国的经济特征存在很大的差异，但其对美净投资头寸也都呈现了某种近似的历史发展趋势。

随着中美两国经济的发展变换和世界经济发展的不确定性，中美两国之间的直接投资发展趋势在未来也仍存在较大的不确定性。或许当前根据既往分析和趋势所得出的判断和预测，也会在将来再次成为误读。

二、当前中国对外直接投资的主要特征

前文已提到近年来中国对外直接投资规模快速发展，这是当前中国对外直接投资的首要特征（如表 10-8 所示）。截至 2019 年底，全球对外直接投资存量 34.6 万亿美元，美国、荷兰、中国为全球对外投资存量规模前三强，投资存量分别达到 77217 亿美元、25652 亿美元和 21989 亿美元。中国对外直接投资存量占全球比重保持稳定，2019 年占比为 6.4%。

表 10-8　中国对外直接投资及在世界位次

年份	流量	全球占比	位次
2010 年	688.1	4.9	5
2011 年	746.5	4.8	6
2012 年	878	6.4	3
2013 年	1078.4	7.8	3
2014 年	1231.2	9	3
2015 年	1456.7	8.5	2
2016 年	1961.5	12.7	2
2017 年	1582.9	9.9	3
2018 年	1430.4	14.5	2
2019 年	1369.1	10.4	2

① 参见本书第三章专栏 3 "中国汽车工业引进外资的历程"。

② 参见本书表 4-3.

从投资行业流向上看，近年来中国对外直接投资在制造业领域的投资流量规模和占比呈现上升。根据《2020 年度中国对外直接投资统计公报》显示，中国 2019 年在制造业的对外直接投资为 202.4 亿美元，占当年中国全部对外直接投资流量的 14.8%（见表 10-9）。2019 年中国对外直接投资依然主要流向服务业，当年流向服务业 1142.3 亿美元，占全部对外投资的83.4%。

表 10-9　中国对外投资行业分布（2018—2019）

行业	2018	2019
合计	1430.4	1369.1
租赁和商务服务业	507.8	418.8
制造业	191.1	202.4
金融业	217.2	199.5
批发和零售业	122.4	194.7
信息传输、软件和信息技术服务业	56.3	54.8
采矿业	46.3	51.3
交通运输、仓储和邮政业	51.6	38.8
电力、热力、燃气及水生产供应业	47	38.7
建筑业	36.2	37.8
科学研究和技术服务业	38	34.3
房地产业	30.7	34.2
农、林、牧、渔业	25.6	24.4
居民服务、修理和其他服务业	22.3	16.7
教育	5.7	6.5
住宿和餐饮业	13.5	6
文化、体育和娱乐业	11.7	5.2
水利、环境和公共设施管理业	1.8	2.7
卫生和社会工作	5.2	2.3

从投资地域上看，亚洲仍是中国当年对外直接投资的主要流向目的地，但是对欧洲直接投资呈现上升趋势。2019 年流向亚洲 1108.4 亿美元，占中国对外直接投资总额的比重达到 80%。同时，中国对"一带一路"国家直接投资增长迅猛。截至 2019 年末，中国对"一带一路"沿线 63 个国家开展了直接投资，设立企业近 1.1 万家，累计直接投资 1794.7 亿美元，占当年中国对外直接投资总额比重 13.7%。

具体到中国对外直接投资企业即中国跨国公司来看，表 10-10 给出了2020 年中国前 20 位跨国公司的海外经营情况和跨国指数统计。从总体上来看，中国跨国公司近年发展迅猛，海外资产规模较高，海外经营收入快速增长，但跨国指数低于世界知名跨国公司。同时中国榜单前列的跨国公司较为集中于能源、石化和矿产等资源类行业，但腾讯、华为、联想等企业分别进入中国跨国公司百强榜单的第 5、第 9、第 11 位，说明中国上述科技制造类企业的跨国经营程度和竞争力在不断增强。

表 10-10　中国跨国公司前二十位（2015—2019）

企业名称	海外资产（亿元）	海外收入（亿元）	海外员工（人）	跨国指数
中国石油天然气集团有限公司	9297	12501	133734	26.54
中国中信集团有限公司	5869	972	34573	12.64
中国石油化工集团有限公司	5770	9524	38765	22.2
中国远洋海运集团有限公司	5664	564	5790	29.26
腾讯控股有限公司	5413	2453	4679	43.07
中国海洋石油集团有限公司	5218	4580	4819	35.58
中国中化集团有限公司	3996	769	22623	41.44
中国化工集团有限公司	3773	600	30172	26.22
华为投资控股有限公司	3714	3330	3282	32.87
国家电网有限公司	3167	979	15367	4.3
联想控股股份有限公司	2764	2881	27267	49.87
中国交通建设集团有限公司	2673	1488	36710	19.27
中国铝业集团有限公司	2190	321	2125	14.6
广州越秀集团股份有限公司	1992	37	1748	14.99
中国建筑股份有限公司	1962	1040	26914	8.33
中国五矿集团有限公司	1908	99	11568	14.21
浙江吉利控股集团有限公司	1712	1578	44726	41.62
中国电力建设集团有限公司	1501	1105	134682	37.96
中国广核集团有限公司	1391	229	3612	16.09
中国兵器工业集团有限公司	1300	2337	13766	28.77

注释：引自中国企业联合会，中国企业家协会《2020 中国 100 大跨国公司榜单》。按照海外资产排序。跨国指数为 TN1 指数（%），计算方法参见表 1-7。

三、中国对外直接投资的动因及影响效应研究

1. 中国企业对外直接投资的动因研究

中国对外直接投资的快速发展首先与中国经济的发展特征密切相关。基于第四章阐述的"对外直接投资发展路径"理论，发展中经济体的对外直接投资发展由其经济发展阶段所决定。而人均 GDP 接近 10000 美元是

重要的发展阶段，该阶段一国企业会出于市场、资源等各种动机展开对外直接投资并逐渐向第四阶段即成熟对外投资经济体发展。而中国正是在该路径上迅速崛起的对外投资经济体。随着中国经济成为世界第二大经济体、国内企业竞争力不断增强、科研实力逐年提升，中国企业中大量涌现跨国公司是经济发展的必然。第二方面的因素则可能源于新兴经济体对外直接投资会存在"战略性跳板"和快速扩张动机（罗亚东等，2018）[①]。该动机表明，新兴经济体为了寻求技术提升和快速获取国际竞争力等战略性目标，会将对外投资作为技术进步和产业腾飞的跳板，企业则相应采取较为快速化的国际扩张路径。相应实证分析也证实了中国企业对外投资的快速扩张促进了投资企业的绩效提升（周燕等，2019）[②]。

考虑到中国经济的特殊性，也有学者对中国企业对外直接投资相较于其他发达国家或发展中国家的特殊模式和动因进行研究。上述研究观点主要包括以下几类。第一，中国吸引外资规模所带来的国际经济联系、出口增长和技术溢出有助于中国企业在海外建厂，促进了中国企业的对外直接投资。李磊等（2018）的实证分析也表明，"引进来"显著地促进了中国企业"走出去"。第二，中国国有企业在炼油、天然气、矿产行业等行业分布广泛，而随着中国经济对能源矿产的需求快速增长，以国有企业为主题的资源寻求型对外投资增长迅猛（参见表 10-10）。而近年来中国科技产业的快速发展，也促进了科技类行业对外"技术寻求型"投资。第三，中国政府的战略和政策推动起到很大作用，比如目前中国已签订了一百多个双边投资协定，发起了"一带一路"倡议和"走出去"战略，这一系列发展战略、政策措施及相应支持性制度体系为企业对外直接投资提供了良好的发展空间和政策保障。这都解释了近年来中国对外直接投资的迅猛发展。

以上因素都是基于宏观层面的。从微观层面看，包括第五章异质性企业理论在内的前述各类理论都指出，最具生产率的企业才进行对外直接投资成为跨国公司。那么对于中国企业而言是否仍然如此呢？田巍等（2012）用浙江省制造业企业对外投资的数据考察了关于生产率对企业对外直接投资的影响。研究发现，生产率对企业投资的动机和投资额都有显著正向的

[①] 有学者（Luo & Tung，2007）认为，发展中经济体会通过加速对外投资来获取竞争力的提升，因此对外投资属于战略性跳板（Springboard）。参见 Luo Y, R L Tung. 2018. A general theory of springboard MNEs. Journal of International Business Studies, 49 (2): 129-152.

[②] 周燕，郑涵钰. 对外扩张速度与对外投资绩效:对中国上市公司的考察[J]. 国际贸易问题，2019（1）.

影响。生产率越高的企业有越大的概率对外直接投资，生产率越低的企业投资的概率越低，同时生产率高的企业投资额也更大。表 10-11 从描述性统计上可直观地得出对外直接投资企业具有更高的生产率，而研究中的实证分析也证实了上述结论[①]。

表 10-11　浙江省对外投资企业和国内企业的生产率差异

生产率	年份		
	2006	2007	2008
非对外直接投资企业	91.02	99.17	86.07
对外直接投资企业	270.09	170.31	70.51
差值	−179.07***	−71.14***	15.57
	（−12.10）	（−5.35）	（1.08）
观察值：非对外直接投资	34371	39087	27284
观察值：对外直接投资	77	113	67

2. 中国对外直接投资的影响效应

中国企业对外直接投资并购的快速发展也给国内经济带来一定的影响效应。中国作为发展中经济体投资母国，需要重点关注的问题主要在于以下两方面。第一方面是对全要素生产率和技术进步带来的影响，第二方面则是对国内就业的影响。

全要素生产率和技术进步吸引了较多文献研究的注意。从理论机制上看，第八章对外投资的母国效应中的相应影响都会在中国对外直接投资的效应中得到体现，例如海外投资因为规模效应、资源整合等各方面因素使得中国跨国公司的全要素生产率得到进一步提升；而中国企业海外投资如果以技术寻求为动机，可能会对技术进步产生更为显著的影响。蒋冠宏等（2013）发现技术研发型对外直接投资显著提升了企业的全要素生产率；毛其淋等（2014）研究也证实了对外直接投资有效促进企业创新，并延长了企业的创新持续期。但也有部分研究指出对外投资并购甚至可能带来绩效的恶化，或绩效提升效应也仅仅体现在民营企业和长期经营中，而非所有企业。严兵等（2016）分别以江苏省企业和全国企业层面的微观数据进行研究也得出类似的结论，即"走出去"在短期内对企业生产率提升不具有显著的促进作用，直到 3 年后才能提升生产率，

---

① 田巍，余淼杰. 企业生产率和企业"走出去"对外直接投资：基于企业层面数据的实证研究[J]. 经济学（季刊），2012（1）.

且提升作用十分微弱①。

中国对外投资对国内就业的影响研究相对较少。对于发达国家经济体投资母国而言，甄别对外直接投资是否增加了国内失业就业是各项研究的焦点。但中国作为投资输出国，对外投资可能带来的失业效应尚未受到国内研究和公众的关注。一方面，中国企业在对外直接投资过程中表现为资源寻求型和技术寻求型投资较多，而不是将国内的劳动密集型产业转移至要素更廉价的发展中经济体；另一方面，流向制造业的投资占比较小，更多是投资于中国香港地区等地的总部服务业。因此对外直接投资产生的就业转移效应在中国程度相对有限。对外投资还可能因为资源整合和经营效率的提升对国内就业产生一定的拉动作用。部分文献针对该问题进行了检验，但目前尚未达成较为一致的结论。当然，随着未来中国劳动力工资水平逐渐上升，可能会在将来产生少量旨在降低劳动成本的对外投资。

同时也应该注意到，中国对外直接投资近些年迅猛发展的同阶段，在国内受"一带一路"倡议和"走出去"战略等相应政策推动，在外部则受到了国外经济环境和国际经济关系变化的冲击，因此其变化趋势、波动幅度、影响因素都会表现得更为复杂，而对国内经济所带来的各方面影响效应也需要在更长的一段历史时期内进行分析，才能得到更稳健的考察。而当前随着中国经济稳健增长和对外直接投资的快速变化，既走出了不同于发达国家的对外投资历程，也同时有别于其他发展中经济体的发展过程，中国对外直接投资所带来的特殊性，也为后续经济研究提供了很多有待研究的全新课题。

本章思考题

1. 回顾中国吸引外资和对外直接投资的发展历程。

2. 中国吸引外资和中国对外投资之间存在何种联系？是否最先吸引外资的行业会成为最先对外投资的行业？吸引外资相对比重较高的行业，是否会相应成为对外直接投资比重较高的行业？为什么?请查找相应数据进行分析以支持你的观点。

---

① 参见蒋冠宏，蒋殿春，蒋昕桐. 我国技术研发型外向 FDI 的"生产率效应"——来自工业企业的证据[J]. 管理世界，2013（9）：44-54；毛其淋，许家云. 中国企业对外直接投资是否促进了企业创新[J]. 世界经济，2014（8）：98-125；严兵，张禹，李雪飞. 中国企业对外直接投资的生产率效应——基于江苏省企业数据的检验[J]. 南开经济研究，2016（4）.

3. 中国跨国公司同发达国家代表性跨国公司相比，存在哪些相同点和不同点？形成上述特征的原因是什么？

4. 回顾第九章跨国公司对东道国资本形成、生产与就业、技术进步等方面的影响。中国作为东道国，受到跨国公司的上述影响与其他发展中国家相比，相同点和差异体现在哪些方面？为什么？

5. 2020 年 11 月，第四次区域全面经济伙伴关系协定（RCEP）领导人会议举行，会后东盟 10 国和中国、日本、韩国、澳大利亚、新西兰共 15 个亚太国家正式签署了《区域全面经济伙伴关系协定》。该协定中的投资方面条款尤为引人注目。15 方均采用负面清单方式对制造业、农业、林业、渔业、采矿业 5 个非服务业领域投资做出较高水平开放承诺，大大提高了各方政策透明度。而中方投资负面清单反映了国内改革最新进展，同样也是中国首次在自贸协定项下以负面清单形式对投资领域进行承诺。查询并了解协议的具体内容。你认为该协议签订会如何影响中国吸引外资和对外投资的未来发展进程？

6. 回顾本书各章节所阐述的跨国公司对外直接投资的主要理论。中国吸引外资的进程和对外投资的历程是否证实了上述理论？在哪些方面对前述理论提出了挑战？你认为应当对前述理论做出何种修订或补充，以更好地解释中国吸引外资和对外投资发展历程？

主要参考文献

彼得·德鲁克. 企业的概念[M]. 慕凤丽，译. 北京：机械工业出版社，2011.

彼德·巴克利，马克·卡森. 跨国公司的未来[M]. 冯亚华，池娟，译. 北京：中国金融出版社，2005.

陈勇兵，曹亮，何兴容. 中国经济为何偏好 FDI[J]. 宏观经济研究，2011（1）：30-35.

大前研一. 无国界的世界[M]. 凌定胜，张瑜华，译. 北京：中信出版社，2011.

费尔南·布罗代尔. 15 至 18 世纪的物质文明、经济和资本主义[M]. 顾良，译. 北京：生活·读书·新知三联书店，2002.

芬斯特拉，魏尚进. 全球贸易中的中国角色[M]. 鞠建东，余淼杰，等译. 北京：北京大学出版社，2013.

郭熙保，罗知. 外资特征对中国经济增长的影响[J]. 经济研究，2009（5）.

何兴平. iPhone 制造外包模式下的苹果公司供应链管理研究[D]. 天津大学，2014.

江小涓. 中国的外资经济：对增长、结构升级和竞争力的贡献[M]. 北京：中国人民大学出版社，2002.

江小涓. 跨国投资、市场结构与外商投资企业的竞争行为[J]. 经济研究，2002（9）.

江小涓. 利用外资与经济增长方式的转变[J]. 管理世界，1999（2）.

蒋冠宏，蒋殿春，蒋昕桐. 我国技术研发型外向 FDI 的“生产率效应”——来自工业企业的证据[J]. 管理世界，2013（9）.

李春顶. 中国企业“出口—生产率悖论”研究综述[J]. 世界经济，2015（5）.

李岚清. “合资经营”是我国对外开放的重大战略举措：纪念邓小平同志诞辰 100 周年[J]. 求是，2004（16）.

李磊，等. 中国最低工资上升是否导致了外资撤离[J]. 世界经济，2019（8）.

李小平，朱钟棣. 国际贸易、R&D 溢出和生产率增长[J]. 经济研究，2006（2）.

李泳. 中国企业对外直接投资成效研究[J]. 管理世界，2009（9）.

林欣，李春顶. 中国利用外资 70 年：回顾、现状及展望[J]. 国际贸易，2019（10）.

刘建丽. 新中国利用外资 70 年：历程、效应与主要经验[J]. 管理世界，2019（11）.

刘小玄，吴延兵. 企业生产率增长及来源，创新还是需求拉动[J]. 经济研究，2009（7）.

陆瑶，等. 对外跨国并购能否为中国企业创造价值[J]. 清华大学学报：自然科学版，2011（8）.

罗伯特·布鲁纳. 应用兼并与收购[M]. 彭永江，译. 北京：中国人民大学出版社，2011.

罗长远，司春晓. 外商撤资的影响因素：基于中国工业企业数据的研究[J]. 世界经济，2020（8）.

马克思. 资本论：第一卷[M]. 中共中央编译局，译. 北京：人民出版社，2004.

中共中央编译局. 马克思恩格斯选集：第 1 卷[M]. 北京：人民出版社，1995：277.

马歇尔. 经济学原理[M]. 廖允杰，译. 北京：华夏出版社，2005.

毛其淋，许家云. 中国企业对外直接投资是否促进了企业创新[J]. 世界经济，2014（8）.

帕特里克·高根. 兼并、收购与公司重组[M]. 顾苏秦，李朝晖，译. 北京：中国人民大学出版社，2010.

彭水军，赖明勇，包群. 环境贸易与经济增长——理论模型与实证[M]. 上海：上海三联书店，2006.

平新乔，等. 外国直接投资对中国企业的溢出效应分析:来自中国第一次全国经济普查数据的报告[J]. 世界经济，2007（8）.

邵敏，黄玖立. 外资与我国劳动收入份额[J]. 经济学（季刊），2010（7）.

邵新建，巫和懋，肖立晟. 中国企业跨国并购的战略目标与经营绩效：基于 A 股市场的评价[J]. 世界经济，2012（5）.

沈安. 阿根廷经济跨国公司化及其后果[J]. 拉丁美洲研究，2003（2）.

沈坤荣，耿强. 外国直接投资，技术外溢与内生经济增长——中国数据的计量检验与实证分析[J]．中国社会科学，2001（5）．

盛斌，吕越．外国直接投资对中国环境的影响——来自工业行业面板数据的实证研究[J]．中国社会科学，2012（5）．

史青，赵跃叶．中国嵌入全球价值链的就业效应[J]．国际贸易问题，2020（9）．

斯坦利·恩格尔曼．剑桥美国经济史：第三卷[M]．高德步，等译．北京：中国人民大学出版社，2008．

田素华．FDI占中国固定资产投资比重变动的倒U形特征与决定因素实证分析[J]．数量经济技术经济研究，2012（2）．

田巍，余淼杰．企业生产率和企业"走出去"对外直接投资：基于企业层面数据的实证研究[J]．经济学（季刊），2012（1）．

佟家栋，刘程．"逆全球化"浪潮的源起及其走向：基于历史比较的视角[J]．中国工业经济，2017（6）．

王成岐，张建华，安辉．外商直接投资、地区差异与中国经济增长[J]．世界经济，2002（4）．王红岭，李稻葵，冯俊新．FDI与自主研发：基于行业数据的经验研究[J]．经济研究，2006（2）．

魏后凯．外商直接投资对中国区域经济增长的影响[J]．经济研究，2002（4）．

魏自儒，李子奈．进入顺序对企业出口持续时间的影响[J]．财经研究，2013（8）．

吴延兵．R&D与生产率——基于中国制造业的实证研究[J]．经济研究，2006（11）．

小艾尔弗雷德·D.钱德勒．看得见的手——美国企业的管理革命[M]．重武，译．北京：商务印书馆，1987．

小岛清．对外贸易论[M]．周宝廉，译．天津：南开大学出版社，1987．

谢千里，罗斯基，张轶凡．中国工业生产率的增长与收敛[J]．经济学（季刊），2008（3）：809-826．

邢天添，任怡．海外上市VIE结构企业的税收监管问题[J]．税务研究，2015（7）．

许和连，邓玉萍．外商直接投资导致了中国的环境污染吗？[J]．管理世界，2012（2）．

亚当·斯密．国民财富的性质和原因的研究[M]．郭大力，王亚南，译．北京：商务印书馆，2015．

严兵，张禹，李雪飞．中国企业对外直接投资的生产率效应—基于江苏省企业数据的检验[J]．南开经济研究，2016（4）．

阎大颖．中国企业对外直接投资的区位选择及其决定因素[J]．国际贸易问题，2013（7）.

阎大颖. 制度约束与中国企业跨国并购的经营绩效[J]. 山西财经大学学报，2009（1）.

姚洋，章奇. 中国工业企业技术效应分析[J]. 经济研究，2001（10）.

姚枝仲，何帆. 外国直接投资是否会带来国际收支危机？[J]. 经济研究，2004（11）.

余永定. 亚洲金融危机 10 周年和中国经济[J]. 国际金融研究，2007（8）.

约翰·邓宁，萨琳安娜·伦丹. 全球经济中的跨国公司[M]. 马述忠，等译. 北京：中国人民大学出版社，2016.

张海洋. R&D 两面性、外资活动与中国工业生产率增长[J]. 经济研究，2005（3）.

张纪康. 跨国公司与国际直接投资[M]. 上海：复旦大学出版社，1998.

张军，郭为. 外商为什么不以订单而以 FDI 的方式进入中国[J]. 财贸经济，2004（1）.

张军，陈诗一，Gary H Jefferson. 结构改革与中国工业增长[J]. 经济研究，2009（7）.

张为付. "金砖四国"国际直接投资比较研究[J]. 国际贸易，2008（10）.

张小蒂，王焕祥. 国际投资与跨国公司[M]. 杭州：浙江大学出版社，2004.

中共中央文献研究室. 邓小平文选：第 2 卷[M]. 北京：人民出版社，2006.

中央档案馆，中共中央文献研究室. 中共中央文件选集：第 12 册[M]. 北京：中共中央党校出版社，1991.

周黎安. 晋升博弈中的政府官员的激励与合作[J]. 经济研究，2004（6）.

周燕，郑涵钰. 对外扩张速度与对外投资绩效：对中国上市公司的考察[J]. 国际贸易问题，2019（1）.

宗芳宇，路江涌，武常岐. 双边投资协定、制度环境和企业对外直接投资区位选择[J]. 经济研究，2012（5）：71-82.

邹玉娟，陈漓高. 我国对外直接投资与技术提升的实证研究[J]. 世界经济研究，2008（5）.

约翰·邓宁，萨林安娜·伦丹. 跨国公司与全球经济[M]. 2 版. 马述忠，等译. 北京：中国人民大学出版社，2016.

Aghion Philippe, Peter Howitt. 1992. A Model of Growth Through Creative Destruction. Econometrica, 60: 323-351.

Aghion Philippe, Peter Howitt. 1998. Endogenous Growth Theory. The

MIT Press.

Aitken B J, A E Harrison. 1999. Do Domestic Firms Benefit from Direct Foreign Investment? Evidence From Venezuela. American Economic Review, 89 (3): 605-618.

Aitken Brian, Harrison Ann and Lipsey Robert. 1996. Wages and Foreign Ownership: A Comparative Study of Mexico, Venezuela, and the United States. Journal of International Economics, 40, Issue 3-4: 345-371.

Aizenman J, N Marion. 2004. The Merits of Horizontal Versus Vertical FDI in the Presence of Uncertainty. Journal of International Economics, 62 (1): 125-148.

Almfraji M A, M K Almsafir. 2014. Foreign Direct Investment and Economic Growth Literature Review From 1994 To 2012. Procedia-Social and Behavioral Sciences, 129: 206-213.

Amiti M, B Smarzynska Javorcik. 2008. Trade Costs and Location of Foreign Firms in China. Journal of Development Economics, 85 (1): 129-149.

Ancarani A, C Di Mauro, et al. 2015. Prior To Reshoring: A Duration Analysis of Foreign Manufacturing Ventures. International Journal of Production Economics, 169: 141-155.

Ancarani A, C Di Mauro, et al. 2019. Backshoring Strategy and The Adoption of Industry 4. 0: Evidence from Europe. Journal of World Business, 54 (4): 360-371.

Antras P, T C Fort, et al. 2017. The Margins of Global Sourcing: Theory and Evidence from Us Firms. American Economic Review, 107 (9): 2514-2564.

Atalay E, A Hortaçsu, et al. 2014. Vertical Integration and Input Flows. American Economic Review, 104 (4): 1120-1148.

Autor D, D Dorn, et al. 2021. On The Persistence of The China Shock. National Bureau of Economic Research.

Baldwin R, T Okubo. 2019. GVC Journeys: Industrialisation and Deindustrialisation in the Age of The Second Unbundling. Journal of The Japanese and International Economies, 52: 53-67.

Barba Navaretti and Davide Castellani. 2003. Investments Abroad and Performance at Home Evidence from Italian Multinationals, No 180. Development Working Papers, University of Milano.

Barba Navaretti and A J Venables. 2004. Multinational Firms in The World Economy. Princeton University Press.

Barkema H, R Drogendijk. 2007. Internationalising in Small, Incremental or Larger Steps? Journal of International Business Studies: 1-17.

Barro Robert J, Xavier Sala-Martin. 1992. Convergence. Journal of Political Economy, 100: 223-251.

Bas M, O Causa. 2013. Trade and Product Market Policies in Upstream Sectors and Productivity in Downstream Sectors: Firm-Level Evidence from China. Journal of Comparative Economics, 41 (3): 843-862.

Behrman J N. 1972. The Role of International Companies in Latin America: Autos and Petrochemicals. Lexington Books.

Bems R, A K Kikkawa. 2021. Measuring Trade in Value Added with Firm-Level Data. Journal of International Economics, 129: 103434.

Ben-David D. 1996. Trade and Convergence Among Countries. Journal of International Economics, 40 (3-4): 279-298.

Bilir. 2014. Patent Laws, Product Life-Cycle Lengths, and Multinational Activity; American Economic Review 2014, 104(7): 1979–2013.

Blanchard E J. 2010. Reevaluating The Role of Trade Agreements: Does Investment Globalization Make the WTO Obsolete? Journal of International Economics, 82 (1): 63-72.

Blanga-Gubbay M, P Conconi, et al. 2020. Lobbying For Globalization.

Blomstrom M And Edward N Wolff. 1994. Multinational Corporations and Productive Convergence in Mexico. In Baumol William J, Richard R Nelson and Edward N Wolff (Eds.). Convergence of Productivity: Cross National Studies and Historical Evidence. Oxford: Oxford University Press: 263-283.

Blomstrom M, Ari Kokko and Mario Zejan. 1994. Host Country Competition, Labor Skills, And Technology Transfer by Multinationals. Weltwirtschaftliches Archiv, Vol. 130: 521-533.

Blomstrom M, Wolff E. 1994. Multinational Corporations and Productivity Convergence In Mexico. In W Baumol, R Nelson and E Wolff. Convergence of Productivity: Cross-National Studies and Historical Evidence. Oxford: Oxford University Press.

Blomstrom M, D E Konan, et al. 2000. FDI In the Restructuring of The Japanese Economy. National Bureau of Economic Research Cambridge, Mass, USA.

Blonigen B, A C M. 2011. China's Growing Role in World Trade: Please Pass the Catch-Up: The Relative Performance of Chinese and Foreign Firms in

Chinese Exports.

Blonigen Bruce, Slaughter Matthew J. 2001. Foreign-Affiliate Activity and U. S. Skill Upgrading. The Review of Economics and Statistics, 83, Issue 2: 362-376.

Bloom N, K Handley, et al. 2019. The Impact of Chinese Trade on Us Employment: The Good, The Bad, and the Apocryphal. American Economic Association Annual Meetings.

Boehm, Flaaen And Pandalai-Nayar. 2020. Multinationals, Offshoring, and the Decline of U. S. Manufacturing. Journal of International Economics, 127.

Bombardini M, F Trebbi. 2020. Empirical Models of Lobbying. Annual Review of Economics, 12: 391-413.

Borensztein E, J De Gregorio, et al. 1998. How Does Foreign Direct Investment Affect Economic Growth? Journal of International Economics, 45 (1): 115-135.

Brainard L, Riker D. 2001. Are US Multinationals Exporting US Jobs? Globalization And Labour Markets. Globalization And Labour Markets, Edited by D Greenaway, D R Nelson, Cheltenham, UK And Northampton, MA, Edward Elgar.

Brainard S Lael. 1997. An Empirical Assessment of The Proximity-Concentration Trade-Off Between Multinational Sales and Trade. American Economic Review, 87 (4): 520-544.

Brandt L, J Van Biesebroeck, et al. 2017. WTO Accession and Performance of Chinese Manufacturing Firms. American Economic Review, 107 (9): 2784-2820.

Branstetter L. 2006. Is Foreign Direct Investment A Channel of Knowledge Spillovers? Evidence From Japan's FDI in the United States. Journal of International Economics, 68 (2): 325-344.

Branstetter L, C F Foley. 2010. Facts and Fallacies About US FDI In China. China's Growing Role in World Trade, University of Chicago Press: 513-539.

Branstetter L G. 2001. Are Knowledge Spillovers International or Intranational In Scope? Microeconometric Evidence from The US And Japan. Journal of International Economics, 53 (1): 53-79.

Branstetter L G. 2013. Producing Prosperity: Why America Needs a Manufacturing Renaissance. JSTOR.

Branstetter L G, B Glennon, et al. 2019. The IT Revolution and The Globalization of R&D. Innovation Policy and The Economy, 19 (1): 1-37.

Broda C, N Limao, et al. 2008. Optimal Tariffs and Market Power: The Evidence. American Economic Review, 98 (5): 2032-2065.

Brown, et al. 2003. The Effects of Multinational Production on Wages And Working Conditions In Developing Countries.

Bruno G S, R CrinÒ, et al. 2012. Foreign Direct Investment, Trade, And Skilled Labour Demand In Eastern Europe. Labour, 26 (4): 492-513.

Bruno G, A Falzoni, et al. 2003. Measuring The Effect of Globalization on Labour Demand Elasticity: An Empirical Application to OECD Countries. Unpublished Paper. Universita Bocconi, Milano.

Buckley P J. 2009. Internalisation Thinking: From the Multinational Enterprise to The Global Factory. International Business Review, 18 (3): 224-235.

Buckley P J, M Casson. 1976. The Future of The Multinational Enterprise. Macmillan London.

Buckley P J, M Casson. 1996. An Economic Model of International Joint Venture Strategy. Journal of International Business Studies, 27 (5): 849-876.

Buckley P J, J Clegg, et al. 2007. Is The Relationship Between Inward FDI And Spillover Effects Linear? An Empirical Examination of The Case of China. Journal of International Business Studies, 38 (3): 447-459.

Buckley P J, L J Clegg, et al. 2007. The Determinants of Chinese Outward Foreign Direct Investment. Journal of International Business Studies, 38: 499-518.

Burke-Hartke Bill Opposed by Chamber of Commerce. New York Times, 1972-4-10: 57.

Cai Kevin G. 1999. Outward Foreign Direct Investment: A Novel Dimension of China's Integration into The Regional and Global Economy. The China Quarterly, Vol. 160: 856-880.

Caves R E. 1999. Spillovers From Multinationals in Developing Countries: The Mechanisms at Work.

Caves R. 1971. International Corporation: The Industrial Economics of Foreign Investment. Economics, 38 (149): 1-27.

Chang S J, J H Rhee. 2011. Rapid FDI Expansion and Firm Performance. Journal of International Business Studies, 42: 979-994.

Chen. 1996. Competitor Analysis and Interfirm Rivalry: Toward A

Theoretical Integration. Academy of Management Review, 21: 100-134.

Chen C, W Tian, et al. 2019. Outward FDI And Domestic Input Distortions: Evidence from Chinese Firms. The Economic Journal, 129 (624): 3025-3057.

Chenery H B. 1966. Foreign Assistance and Economic Development. Capital Movements and Economic Development, Springer: 268-292.

Chenery H B. 1966. Foreign Assistance and Economic Development. American Economic Review, Vol. 56, No. 4: 679-733.

Cheng L K, Kwan Y K. 2000. What Are the Determinants of The Location of Foreign Direct Investment? The Chinese Experience. Journal of International Economics, 51 (2): 379-400.

Cheng L K, Z Ma. 2007. China's Outward FDI: Past and Future, School of Economics. Renmin University of China, Working Paper.

Cheung, Qian. The Empirics of China's Outward Direct Investment. Cesifo Working Paper NO. 2621.

Cheung K Y, P Lin. 2004. Spillover Effects of FDI On Innovation in China: Evidence from The Provincial Data. China Economic Review, 15: 25-44.

Cheung Y W, X Qian. 2009. Empirics of China's Outward Direct Investment. Pacific Economic Review, 14 (3): 312-341.

Child John, Suzana B Rodrigues. The Internationalization of Chinese Firms: A Case for Theoretical Extension? Management And Organization Review 1: 3, 381-410.

Choi C. 2004. Foreign Direct Investment and Income Convergence. Applied Economics, 36 (10): 1045-1049.

Chuang Y C, P F Hsu. 2004. FDI, Trade, And Spillover Efficiency: Evidence from China's Manufacturing Sector. Applied Economics, 36: 1103-1115.

Clerides, Lach and Tybout. 1998. Is Learning by Exporting Important? Micro-Dynamic Evidence from Colombia. Mexico.

Coase R H. 1937. The Nature of The Firm. Economica, 4 (16): 386-405.

Cole M A, R J Elliott, et al. 2009. Corruption, Governance and FDI Location in China: A Province-Level Analysis. The Journal of Development Studies, 45 (9): 1494-1512.

Copeland B R. 2008. The Pollution Haven Hypothesis. Handbook On Trade and The Environment 2 (7). Edited By Kevin P. Gallagher. Edward Elgar

Publishing: 60-71.

Coughlin C, J Terza, V Arromdee. 1991. State Characteristics and The Location of Foreign Direct Investment Within the United States. Review of Economics and Statistics, 73: 675-683.

Criscuolo C, R Martin. 2009. Multinationals and US Productivity Leadership: Evidence from Great Britain. The Review of Economics and Statistics, 91 (2): 263-281.

Dachs B, S Kinkel, et al. 2019. Bringing It All Back Home? Backshoring of Manufacturing Activities and The Adoption of Industry 4. 0 Technologies. Journal of World Business, 54 (6): 101017.

Daudin G, M Morys, et al. 2008. Globalization, 1870—1914. IIIS.

Davies K. 2012. Outward FDI From China and Its Policy Context.

De Backer K, L Sleuwaegen. 2005. A Closer Look at The Productivity Advantage of Foreign Affiliates. International Journal of The Economics of Business, 12 (1): 17-34.

De Backer K, S Miroudot. 2014. Mapping Global Value Chains. Global Value Chains and World Trade: Prospects and Challenges for Latin America. Santiago: ECLAC, LC/G. 2617: 43-78.

De Mooij R A, S Ederveen. 2003. Taxation and Foreign Direct Investment: A Synthesis of Empirical Research. International Tax and Public Finance, 10: 673-693.

Defever F, A Riano. 2017. Subsidies with Export Share Requirements in China. Journal of Development Economics, 126: 33-51.

Desai M A, C F Foley, et al. 2005. Foreign Direct Investment and The Domestic Capital Stock. American Economic Review, 95 (2): 33-38.

Dorn D, G Hanson, et al. 2020. Importing Political Polarization? The Electoral Consequences of Rising Trade Exposure. American Economic Review, 110 (10): 3139-3183.

Duhigg C, D Kocieniewski. 2012. How Apple Sidesteps Billions in Global Taxes. New York Times.

Dunning J. H. 1998. American Investment in British Manufacturing Industry (2nd Ed.). Routledge.

Dunning, J. H. 1977. Trade, Location of Economic Activity and the MNE: A Search for An Eclectic Approach. The International Allocation of Economic Activity, Springer

Dunning J H, Sarianna M Lundan. 2008. Multinational Enterprises and

The Global Economy (Second Edition). Edward Elgar Publishing, Inc.

Dunning J H, A M Rugman. 1985. The Influence of Hymer's Dissertation on The Theory of Foreign Direct Investment. American Economic Review: 228-232.

Dunning J H, C N Pitelis. 2008. Stephen Hymer's Contribution to International Business Scholarship: An Assessment and Extension. Journal of International Business Studies, 39: 167-176.

Dunning J H, R Narula. 1996. The Investment Development Path Revisited. Foreign Direct Investment and Governments: Catalysts for Economic Restructuring: 1-41.

Dunning J H, R Narula. 2010. Multinational Enterprises, Development and Globalization: Some Clarifications and A Research Agenda. Oxford Development Studies, 38: 3, 263-287.

Dunning J H, C S Kim, et al. 2001. Incorporating Trade into The Investment Development Path: A Case Study of Korea and Taiwan. Oxford Development Studies, 29 (2): 145-154.

Dunning J H. 1981. Explaining The International Position of Countries: Towards A Dynamic or Developmental Approach. Weltwirtshaftliches Archiv, 117: 30-64.

Eichengreen B, H Tong. 2007. Is China's FDI Coming at The Expense of Other Countries? Journal of The Japanese and International Economies, 21 (2): 153-172.

Eskeland G S, A E Harrison. 2003. Moving to Greener Pastures? Multinationals and the Pollution Haven Hypothesis. Journal of Development Economics, 70 (1): 1-23.

EU. 2020. The 2020 EU Industrial R&D Investment Scoreboard.

Fajgelbaum P D, P K Goldberg, et al. 2020. The Return to Protectionism. The Quarterly Journal of Economics, 135 (1): 1-55.

Fan C S, Y Hu. 2007. Foreign Direct Investment and Indigenous Technological Efforts: Evidence from China. Economics Letters, 96 (2): 253-258.

Feenstra Robert C, Hanson Gordon H. 1997. Foreign Direct Investment and Relative Wages: Evidence from Mexico's Maquiladoras. Journal of International Economics, Elsevier, Vol. 42 (3-4): 371-393.

Firms Elhanan Helpman, Marc J Melitz, Stephen R Yeaple. 2004. Export Versus FDI With Heterogeneous. American Economic Review, Vol. 94, No. 1:

300-316.

Fort T C, J R Pierce, et al. 2018. New Perspectives on The Decline of Us Manufacturing Employment. Journal of Economic Perspectives, 32 (2): 47-72.

Fosfuri A, M Motta and T Ronde. 2001. Foreign Direct Investment and Spillovers Through Workers' Mobility. Journal of Internatinal Economics, 53: 205-22.

Fu X, Y Gong. 2011. Indigenous and Foreign Innovation Efforts and Drivers of Technological Upgrading: Evidence from China. World Development, 39 (7): 1213-1225.

Fung K C, H Iizaka and Stephan Parker. 2002. Determinants of U. S. and Japanese Direct Investment In China. Journal of Comparative Economics, 30: 567-578.

Fung K C, H Iizaka and S Y Tong. 2004. FDI In China: Policy, Recent Trend and Impact. Global Economic Review, 32: 99-130.

G Barba-Navaretti, A J Venables. 2004. Multinational Firms in The World Economy. Princeton University Press: Chapter1, Page2.

Gorg H, D Greenaway. 2004. Much Ado About Nothing? Do Domestic Firms Really Benefit from Foreign Direct Investment? The World Bank Research Observer, 19 (2): 171-197.

Gao T. 2005. Foreign Direct Investment in China: How Big Are the Roles of Culture and Geography? Pacific Economic Review, 10: 153-166.

Garred J. 2018. The Persistence of Trade Policy in China After WTO Accession. Journal of International Economics, 114: 130-142.

Ghemawat P, Porter M E, Rawlinson R. 1986. Patterns of International Coalition Activity. In Porter (Ed.): 345-366

Girma S, R Kneller, et al. 2005. Exports Versus FDI: An Empirical Test. Review of World Economics, 141 (2): 193-218.

Girma Sourafel, David Greenaway and Katharine Wakelin. 2001. Who Benefits from Foreign Direct Investment in the UK? Scottish Journal of Political Economy, Vol. 48: 119-133.

Glass A, K Saggi. 2002. Multinational Firms and Technology Transfer. Scandinavian Journal of Economics, 104: 495-514.

Goldberg P K, G Maggi. 1999. Protection for Sale: An Empirical Investigation. American Economic Review, 89 (5): 1135-1155.

Goldman J, M Guadalupe, et al. 2017. The Birth of a Multinational. Innovation And Foreign Acquisitions, Working Paper, London School of

Economics.

Gorg H, D Greenaway. 2004. Much Ado About Nothing. The World Bank Research Observer, 19: 171-197.

Griffith And Simpson. 2001. Characteristics of Foreign-Owned Firms in British Manufacturing, NBER.

Griffith Rachel, Redding Stephen and Simpson Helen. 2003. Productivity Convergence and Foreign Ownership at The Establishment Level. CEP Discussion Papers, Centre for Economic Performance, LSE.

Grossman And Elhanan Helpman. 1990. Comparative Advantage and Long-Run Grown. American Economic Review, 90 (2).

Grossman And Elhanan Helpman. 1991a. Innovation and Growth In The Global Economy. Cambridge: MIT Press.

Grossman And Elhanan Helpman. 1991b. Quality Ladders and Product Cycles. Quarterly Journal of Economics, 106: 557-586.

Grossman G M, E Helpman. 1994. Protection for Sale. The American Economic Review, 84 (4): 833-850.

Haaker M. 1999. Spillovers From Foreign Direct Investment Through Labour Turnover: The Supply of Management Skills. Discussion Paper, London School of Economics.

Hale G, C Long. 2011. Are There Productivity Spillovers from Foreign Direct Investment in China? Pacific Economic Review, 16 (2): 135-153.

Hale G, C Long. 2011. Did Foreign Direct Investment Put an Upward Pressure on Wages in China&Quest. IMF Economic Review, 59 (3): 404-430.

Hall Bronwyn H, Adam B Jaffe, Manuel Trajtenberg. 2001. The NBER Patent Citation Data File: Lessons, Insights and Methodological Tools. NBER Working Paper 8498.

Hallward-Driemeier M, S J Wallsten and L C Xu. 2003. The Investment Climate and The Firm: Firm-Level Evidence from China. World Bank Policy Research Working Paper No. 3003, World Bank.

Handley K, N Limo. 2017. Policy Uncertainty, Trade, And Welfare: Theory and Evidence for China And The United States. American Economic Review, 107 (9): 2731-2783.

Harrison A, M Mcmillan. 2011. Offshoring Jobs? Multinationals And US Manufacturing Employment. Review of Economics and Statistics, 93 (3): 857-875.

Haskel J E, S C Pereira, et al. 2002. Does Inward Foreign Direct

Investment Boost the Productivity of Domestic Firms? National Bureau of Economic Research.

Haskel Jonathan, Slaughter Matthew J. 2002. Does The Sector Bias of Skill-Biased Technical Change Explain Changing Skill Premia? European Economic Review, 46, Issue 10: 1757-1783.

Hawk A, Pacheco-De-Almeida G, Yeung B. 2013. Fast‐Mover Advantages: Speed Capabilities and Entry Into The Emerging Submarket of Atlantic Basin LNG. Strategic Management Journal, 34 (13): 1531-1550.

Hayakawa K, T Machikita, et al. 2012. Globalization And Productivity: A Survey of Firm‐Level Analysis. Journal of Economic Surveys, 26 (2): 332-350.

Hayashi F. 2000. Econometrics. Princeton, NJ: Princeton University Press.

He D, W Zhang. 2010. How Dependent Is the Chinese Economy on Exports And In What Sense Has Its Growth Been Export-Led? Journal of Asian Economics, 21 (1): 87-104.

Head K, J Ries. 2001. Overseas Investment and Firm Exports. Review of International Economics, 9 (1): 108-122.

Head K, J Ries. 2002. Offshore Production and Skill Upgrading by Japanese Manufacturing Firms. Journal of International Economics, 58 (1): 81-105.

Head K, J Ries. 2003. Heterogeneity and The FDI Versus Export Decision of Japanese Manufacturers. Journal of The Japanese and International Economies, 17 (4): 448-467.

Heckman J. 1979. Sample Selection Bias as a Specification Error. Econometrica, 47: 153-161.

Heckman J J, H Ichimura, et al. 1997. Matching as an Econometric Evaluation Estimator: Evidence from Evaluating A Job Training Programme. The Review of Economic Studies, 64 (4): 605-654.

Hedlund G, A Kverneland. 1985. Are Strategies for Foreign Markets Changing? The Case of Swedish Investment In Japan. International Studies of Management & Organization, 15 (2): 41-59.

Helpman E. 1984. A Simple Theory of International Trade with Multinational Corporations. Journal of Political Economy, 92 (3): 451-471.

Helpman E, M J Melitz, et al. 2004. Export Versus FDI With Heterogeneous Firms. American Economic Review: 300-316.

Hennart J F, Park Y R. 1994. Location, Governance, And Strategic

Determinants of Japanese Manufacturing Investment in The United States. Strategic Management Journal, 15 (6), 419-436.

Hoekman B, D Nelson. 2020. Rethinking International Subsidy Rules. The World Economy, 43 (12): 3104-3132.

Hoffmann R, C G Lee, et al. 2005. FDI And Pollution: A Granger Causality Test Using Panel Data. Journal of International Development: The Journal of The Development Studies Association, 17 (3): 311-317.

Holger Gorg, David Greenaway. 2004. Much Ado About Nothing? Do Domestic Firms Really Benefit from Foreign Direct Investment? The World Bank Research Observer, Volume 19, Issue 2: 171-197.

Hsieh C T, R Ossa. 2016. A Global View of Productivity Growth in China. Journal of International Economics, 102: 209-224.

Hsu W T, Y Lu, et al. 2020. Foreign Direct Investment and Industrial Agglomeration: Evidence from China.

Hu A G, G H Jefferson. 2002. FDI Impact and Spillover: Evidence from China's Electronic and Textile Industries. The World Economy, 25: 1063-1076.

Huang J T. 2004. Spillovers From Taiwan, Hong Kong, And Macau Investment and From Other Foreign Investment in Chinese Industries. Contemporary Economic Policy, 22: 13-25.

Huang Y. 2003. Selling China: Foreign Direct Investment During the Reform Era, Cambridge University Press.

Huang Y, Y Ma, et al. 2008. A Fire Sale Without Fire: An Explanation of Labor-Intensive FDI In China.

Huffman W E, Evenson R E. 1993. The Effects of R & D On Farm Size, Specialization, And Productivity. Industrial Policy for Agriculture in The Global Economy, 12: 41-72.

Hymer S. 1970. The Efficiency (Contradictions) of Multinational Corporations. American Economic Review, 60: 441-448.

Hymer S H. 1960. The International Operations of National Firms: A Study of Direct Foreign Investment. Phd Dissertation. Published Posthumously. The MIT Press, 1976. Cambridge, Mass.

James R Melvin. 1968. Production and Trade with Two Factors and Three Goods. American Economic Review, 58 (2): 1249.

Javorcik B S. 2004. Does Foreign Direct Investment Increase the Productivity of Domestic Firms? In Search of Spillovers Through Backward Linkages. The American Economic Review, 94 (3): 605-627.

Javorcik B S, M Spatareanu. 2008. To Share Or Not To Share: Does Local Participation Matter For Spillovers From Foreign Direct Investment?. Journal of Development Economics, 85 (1): 194-217.

Johanson J, J E Vahlne. 1990. The Mechanism of Internationalisation. International Marketing Review, 7(4):10-24

Johanson J, J E Vahlne. 2009. The Uppsala Internationalization Process Model Revisited: From Liability of Foreignness to Liability of Outsidership. Journal of International Business Studies, 40 (9): 1411-1431.

Johnson, Harry Gordon. 1970. The Efficiency and Welfare Implications of The International Corporation. Studies In International Economics: Monash Conference Papers: 83-103.

Johnson R C. 2018. Measuring Global Value Chains. Annual Review of Economics, 10: 207-236.

Johnson R C, G Noguera. 2017. A Portrait of Trade in Value-Added Over Four Decades. Review of Economics and Statistics, 99 (5): 896-911.

Kee H L, H Tang. 2016. Domestic Value Added in Exports: Theory and Firm Evidence from China. American Economic Review, 106 (6): 1402-1436.

Keller W, S R Yeaple. 2020. Multinationals, Markets, And Markups. Working Paper.

Keller W, B Li, et al. 2013. Shanghai's Trade, China's Growth: Continuity, Recovery, And Change Since the Opium Wars. IMF Economic Review, 61 (2): 336-378.

Khandelwal A K, P K Schott, et al. 2013. Trade Liberalization and Embedded Institutional Reform: Evidence from Chinese Exporters. American Economic Review, 103 (6): 2169-2195.

Kim, W. C. and P. Hwang .1992. Global Strategy and Multinationals' Entry Mode Choice.Journal of International Business Studies. 23 (1):29-53.

Kim S. 1998. The Rise of Multiunit Firms in U. S. Manufacturing. NBER WP 6425.

Knickerbocker F T. 1973. Oligopolistic Reaction and The Multinational Enterprise. Harvard University Press, Cambridge.

Knight G A, S T Cavusgil. 2004. Innovation, Organizational Capabilities and The Born-Global Firm. Journal of International Business Studies, 35 (2): 124-141.

Kogut B, S J Chang. 1991. Technological Capabilities and Japanese Foreign Direct Investment In The United States. Review of Economics and

Statistics, 73: 401-413.

Kojima Kiyoshi. 1977. Kaigai Chokusetsu Toshi Ron. Theory of Foreign Direct Investment.

Kokko A. 2006. The Home Country Effects of FDI In Developed Economies. European Institute of Japanese Studies Stockholm.

Kokko Ari. 1994. Technology, Market Characteristics, And Spillovers. Journal of Development Economics, Vol. 43: 279-293

Kokko Ari, Ruben Tansini and Mario C Zejan. 1996. Local Technological Capability and Productivity Spillovers from FDI In the Uruguayan Manufacturing Sector. Journal of Development Studies, Vol. 32: 602-611

Kowalski P, J L Gonzalez, et al. 2015. Participation of Developing Countries in Global Value Chains: Implications for Trade and Trade-Related Policies.

Kumar V, D Singh, et al. 2020. Springboard Internationalization by Emerging Market Firms: Speed of First Cross-Border Acquisition. Journal of International Business Studies, 51 (2): 172-193.

Lanzillotti R F. 1958. Pricing Objectives in Large Companies. American Economic Review, 48: 921-940.

Lardy N R. 1995. The Role of Foreign Trade and Investment in China's Economic Transformation. The China Quarterly, 144: 1065-1082.

Latorre M C, H Yonezawa, et al. 2018. A General Equilibrium Analysis of FDI Growth in Chinese Services Sectors. China Economic Review, 47: 172-188.

Lee H, K G Smith, C M Grimm and A Schomburg. 2000. Timing, Order and Durability of New Product Advantages with Imitation. Strategic Management Journal, (21): 23-30.

Levinsohn J, A Petrin. 2003. Estimating Production Functions Using Inputs to Control for Unobservables. The Review of Economic Studies, 70: 317-341.

Levitt T. 1965. Exploit The Product Life Cycle. Harvard Business Review, 43: 81-94.

Lewis W A. 1954. Economic Development with Unlimited Supplies of Labour. The Manchester School of Economic and Social, 22: 139-191

Liberman M B, D B Montgomery. 1998. First-Mover Advantages. Strategic Management Journal: 41-58.

Limio N. 2016. Preferential Trade Agreements. Handbook of Commercial

Policy, Elsevier, 1: 279-367.

Limio N, P Tovar. 2011. Policy Choice: Theory and Evidence from Commitment Via International Trade Agreements. Journal of International Economics, 85 (2): 186-205.

Lin P, Z Liu, et al. 2009. Do Chinese Domestic Firms Benefit from FDI Inflow? Evidence of Horizontal and Vertical Spillovers. China Economic Review, 20 (4): 677-691.

Lipsey R E. 2004. Home-And Host-Country Effects of Foreign Direct Investment. Challenges To Globalization: Analyzing the Economics. University of Chicago Press: 333-382.

Lipsey R E, M Y Weiss. 1981. Foreign Production and Exports in Manufacturing Industries. The Review of Economics and Statistics: 488-494.

Lipsey R E, M Y Weiss. 1984. Foreign Production and Exports of Individual Firms. The Review of Economics and Statistics: 304-308.

Lipsey R E, M Schimberni, et al. 1988. Changing Patterns of International Investment In And By The United States. The United States in The World Economy. University of Chicago Press: 475-538.

Lipsey R E, Sjoholm F. 2004. FDI And Wage Spillovers in Indonesian Manufacturing. Review of World Economics, 140: 321-332.

Lipsey Robert. 1994. Foreign-Owned Firms and U. S. Wages, No 4927. NBER Working Papers, National Bureau of Economic Research, Inc.

Liu D, L Sheng, et al. 2018. Highways And Firms' Exports: Evidence from China. CCER Working Paper.

Liu M. 2017. The New Chinese Foreign Investment Law and Its Implication on Foreign Investors. Nw. J. Int'l L. & Bus, 38: 285.

Lu J, X Liu, et al. 2011. Motives For Outward FDI of Chinese Private Firms: Firm Resources, Industry Dynamics, And Government Policies. Management And Organization Review, 7: 223-248.

Lundin N, S Schwaag Serger. 2007. Globalization of R&D And China: Empirical Observations and Policy Implications. IFN Working Paper.

Luo Y, M A Witt. 2021. Springboard Mnes Under De-Globalization. Journal of International Business Studies: 1-14.

Luo Y, R L Tung. 2007. International Expansion of Emerging Market Enterprises: A Springboard Perspective. Journal of International Business Studies, 38 (4): 481-498.

Luo Y, R L Tung. 2018. A General Theory of Springboard Mnes. Journal of International Business Studies, 49 (2): 129-152.

Lyles M. 2015. Chinese Outward Foreign Direct Investment Performance: The Role of Learning. Management And Organization Review, 10: 326-350.

M V Posner. 1961. Irnantional Trade and Techncal Change. Oxford Economic Papers, V13 (3): 323-341.

Makhija M V, K Kim, And S D Williamson. 1997. Measuring Globalization of Industries a National Industry Approach, Empirical Evidence across Five Countries and over Time. Journal of International Business Studies, 28,679-710.

Mankiw N G, Swagel P. 2006. The Politics and Economics of Offshore Outsourcing. Journal of Monetary Economics, Elsevier, 53 (5): 1027-1056.

Manova K, S-J Wei, et al. 2015. Firm Exports and Multinational Activity Under Credit Constraints. Review of Economics and Statistics, 97 (3): 574-588.

Markusen J R. 1984. Multinationals, Multi-Plant Economies, and the Gains from Trade. Journal of International Economics, 16 (3): 205-226.

Mayer-Foulkes D, P Nunnenkamp. 2009. Do Multinational Enterprises Contribute to Convergence or Divergence? A Disaggregated Analysis of US FDI. Review of Development Economics, 13 (2): 304-318.

Melitz. 2003. The Impact of Trade on Intra-Industry Reallocations and Aggregate Industry Productivity. Econometrica, Vol. 71: 1695-1725

Modern China Series. Cambridge; New York; Melbourne: Cambridge University Press.

Morck R, B Yeung, et al. 2008. Perspectives on China's Outward Foreign Direct Investment. Journal of International Business Studies, 39 (3): 337-350.

Mundell R A. 1957. International Trade and Factor Mobility. American Economic Review, 47 (3): 321-335.

Nair-Reichert U, D Weinhold. 2001. Causality Tests For Cross－Country Panels: A New Look at FDI And Economic Growth in Developing Countries. Oxford Bulletin of Economics and Statistics, 63 (2): 153-171.

Narula R, J H Dunning. 2010. Multinational Enterprises, Development and Globalization: Some Clarifications and A Research Agenda. Oxford Development Studies, 38 (3): 263-287.

Navaretti G B, A J Venables. 2020. Multinational Firms in The World Economy. Princeton University Press.

Navaretti G B, D Castellani. 2004. Investments Abroad and Performance at Home: Evidence from Italian Multinationals. Available At SSRN 527562.

Navaretti G B, D Checchi, et al. 2003. Adjusting Labor Demand: Multinational Versus National Firms: A Cross-European Analysis. Journal of The European Economic Association, 1 (2-3): 708-719.

North Douglass C. 1991. Institutions. Journal of Economic Perspectives, 5 (1): 97-112.

Nurkse, Ragnar. 1933. Causes and Effects of Capital Movements. International Investment, Harmondsworth: Penguin, (1933): 97-116.

OECD. 2008. OECD Benchmark Definition of Foreign Direct Investment (FOURTH EDITION), Chapter3: 49.

Oviatt, Mcdougall. 1994. Toward A Theory of International New Ventures. Journal of International Business Studies, 25 (1):45-64.

Piatanesi B, J M Arauzo-Carod. 2019. Backshoring and Nearshoring: An Overview. Growth And Change, 50 (3): 806-823.

Pisano G P, W C Shih. 2012. Producing Prosperity: Why America Needs a Manufacturing Renaissance. Harvard Business Press.

Pitelis C N. 2002. Stephen Hymer: Life and The Political Economy of Multinational Corporate Capital. Contributions To Political Economy, 21: 9-26.

Potterie B V P D L, F Lichtenberg. 2001. Does Foreign Direct Investment Transfer Technology Across Borders? Review of Economics and Statistics, 83 (3): 490-497.

Quer D, E Claver, et al. 2015. Chinese Outward Foreign Direct Investment: A Review of Empirical Research. Frontiers of Business Research in China, 9 (3): 411-437.

Rachel Griffith, Helen Simpson. 2003. Characteristics of Foreign-Owned Firms in British Manufacturing. NBER Working Papers 9573, National Bureau of Economic Research.

Ramasamy B, M Yeung, et al. 2012. China's Outward Foreign Direct Investment: Location Choice and Firm Ownership. Journal of World Business, 47 (1): 17-25.

Ramstetter Eric D. 1999. Comparisons of Foreign Multinationals and Local Firms in Asian Manufacturing Over Time. Asian Economic Journal, 13 (2): 163-203

Raymond Vernon. 1968. Manager in The International Economy. The International Executive.

Riker D A, S L Brainard. 1997. US Multinationals and Competition from Low Wage Countries. National Bureau of Economic Research Cambridge,

Mass., USA.

Rodriguez-Clare A. 1996. Multinationals, Linkages, And Economic Development. The American Economic Review: 852-873.

Rodrik D. 2018. What Do Trade Agreements Really Do? Journal of Economic Perspectives, 32 (2): 73-90.

S Hirsch. 1967. Location of Industry and International Competitiveness. S Pizer, F Cutler. Growth of Foreign Investments in The US And Abroad.

Salomon R, X Martin. 2008. Learning, Knowledge Transfer, And Technology Implementation Performance, A Study of Time-To-Build in The Global Semiconductor Industry. Management Science, 54: 1266-1280.

Slaughter M J. 2000. Production Transfer Within Multinational Enterprises and American Wages. Journal of International Economics, 50 (2): 449-472.

Slaughter M J. 2007. Globalization And Declining Unionization in The United States. Industrial Relations: A Journal of Economy and Society, 46 (2): 329-346.

Slaughter, M. J. (2003), Host Country Determinants of US Foreign Direct Investment, In: H. Hermann and R E Lipsey (Eds.), Foreign Direct Investment in The Real and Financial Sector of Industrial Countries, Springer-Verlag Berlin, 7-32.

Mankiw N G, Swagel P. 2006. The Politics and Economics of Offshore Outsourcing. Journal of Monetary Economics, Elsevier, 53 (5): 1027-1056.

Smarzynska Javorcik B. 2004. Does Foreign Direct Investment Increase the Productivity of Domestic Firms? In Search of Spillovers Through Backward Linkages. American Economic Review, 94 (3): 605-627.

Song Z, K Storesletten, et al. 2011. Growing Like China. American Economic Review, 101 (1): 196-233.

Stiebale J. 2010. The Impact of Foreign Acquisitions on The Investors' R&D Activities: Firm Level Evidence. RUB, Department of Economics.

Sun H. 1996. Direct Foreign Investment and Linkage Effects: The Experience of China. Asian Economics, 25 (1): 5-28.

Tang H, Y Zhang. 2021. Do Multinationals Transfer Culture? Evidence On Female Employment in China. Journal of International Economics, 133: 103518.

Te Velde D W. 2011. Regional Integration, Growth and Convergence. Journal of Economic Integration: 1-28.

Teece D J. 1986. Transactions Cost Economics and The Multinational

Enterprise an Assessment. Journal of Economic Behavior & Organization, 7: 21-45.

Thompson E R. 2002. Clustering of Foreign Direct Investment and Enhanced Technology Transfer: Evidence from Hong Kong Garment Firms in China. World Development, 30 (5): 873-889.

Timmer M P, S Miroudot, et al. 2019. Functional Specialisation in Trade. Journal of Economic Geography, 19 (1): 1-30.

Turnbull P W. 1987. Interaction And International Marketing: An Investment Process. International Marketing Review, 4 (4): 7-19.

U. S. Department of Commerce. Bureau of Economic Analysis. U. S. International Economic Accounts: Concepts and Methods: 56.

Vermeulen F, H Barkema. 2002. Pace, Rhythm, And Scope, Process Dependence in Building a Profitable Multinational Corporation. Strategic Management Journal, (23): 637-653.

Vernon. 1966. International Investment and International Trade in The Product Cycle.

Vernon. 1968. Manager in The International Economy. The International Executive, Vol. 58, No. 5: 1249-1268.

Wang J, X Wang. 2015. Benefits of Foreign Ownership: Evidence from Foreign Direct Investment in China. Journal of International Economics, 97 (2): 325 338.

Wei Y, X Liu. 2006. Productivity Spillovers From R&D, Exports and FDI In China's Manufacturing Sector. Journal of International Business Studies, 37 (4): 544-557.

Wells L T. 1977. The Internationalisation of Firms from Developing Countries. In Agmon T, Kindleberger C. Multinationals from Small Countries Mass, MIT Press.

Wells L T. 1969. Test of A Product Cycle Model of International Trade: US Exports of Consumer Durables. The Quarterly Journal of Economics, 83 (1): 152-162.

Whalley J, X Xian. 2010. China's FDI And Non-FDI Economies and The Sustainability of Future High Chinese Growth. China Economic Review, 21 (1): 123-135.

Xu Bin. 2000. Multinational Enterprise, Technology Diffusion and Host Country Productivity Growth. Journal of Development Economics, 62 (2), 477-493.

Xu X, Y Sheng. 2012. Are FDI Spillovers Regional? Firm-Level Evidence from China. Journal of Asian Economics, 23 (3): 244-258.

Yao Y, R Salim. 2020. Crowds in or Crowds out? The Effect of Foreign Direct Investment on Domestic Investment in Chinese Cities. Empirical Economics, 58 (5): 2129-2154.

Yeaple S R. 2003. The Role of Skill Endowments in The Structure of US Outward Foreign Direct Investment. Review of Economics and Statistics, 85 (3): 726-734.